알기쉬운
부처님 유언  묘법연화경 분석

# 법화론 소
## 法華論疏.

법화론 세친(천축 4-5세기)지음

보리류지(인도 572-727-156세)한역

호길장(胡吉藏(549~623)지음

김 진 철 2011.국역

三諦圓融裏 三界夢雲中

3제가 원융한 속에 3계가 꿈속 구름가운데 있네.

## 법화선원 마하사

법화변상도

## 추천사(追薦辭)

법고 울리다 擊法鼓

묘법연화경은 부처님이 72세경에 2야(夜) 1대간(代間)의 설하신 말씀 8만 대장경을 총 정리하여 남기신 유언(遺言)의 경입니다. 3 아승지 겁을 닦아야 성불한다는 가르침(소승)에서 이 자리에서 이 몸으로 바로 성불한다[1불승.즉신성불(卽身成佛)-도통]는 3제원융(三諦圓融-공,가,중으로 원만하게 융통함). 회삼귀일(會三歸一-삼승을 가르쳐 일불승으로 인도함)로 지극대승(至極大乘)의 실상(實相) 묘법에 인도하시고자 하신 것이 바로 불타의 본회(本懷--自內證)인 것입니다.

이 가르침을 부처님이 깨치신 후 바로 설하지 못하고 가슴에 품고 어린중생들을 교화하여 근기가 점점 성숙하기를 기다렸다가 42년여 만에(四十二年末顯眞實) 그 들이 성숙함에 비로소 가슴을 열고 그 동안의 회포(懷抱)를 털어놓으신 것이 이 대법(大法)의 경. 묘법연화경입니다.

그런데 이 경을 설하시기는 하셔도 이 경은 후5.× 500세(2500년.)에 가서 곧 선유포(廣宣流布)하라고 하시되 그것도 아무에게나 함부로 설하지 말라. 왜냐하면 그 들이 아직도 미숙하여 듣고 이해하지 못하고 도리어 이 경을 비방하여 죄업에 떨어질 수 있기 때문이다. 라고 하셨다.

지금이 그 때라. 이제 중생들의 근기가 성숙하여 거의 이 뜻을 받아들일 수 있기 때문이라. 이 경을 저 수명한 1000부(部-대소승 각500부)의 논사(論師) 천축의 세친(世親)이 묘법연화경을 깊이 탐독(耽讀)하고 그 정수(精髓)를 뽑아 놓은 것이 『묘법연화경 논(우바제사) 곧 법화론(보리류지가 한역(漢譯)』이다. 진실로 불타의 핵심(核心)사상; 곧 묘법연화경, 비밀의 법장이요 8만 법장(法藏)의 간심(肝心)이며 안목(眼目)이다.

실로 세친이 아니고는 찾아낼 수 없는 간요(肝要)인 것이다. 그러나 그 문장이 짧고 간결(簡潔)하여 밝은 눈이 아니고는 볼 수 없었는데 총 26공 112권의 저술을 남긴 길장(吉藏)이 다시 내용을 분석 판단하여 풀어서 후생을 위해 남겨 주신 것이 바로 이 법화론 소(法華論疏-세친의 법화경론을 풀이 한 것)이다.

피소 법화경을 신행(信行)한 법화(法華)행자(行者) 법화선원 원장(김진철)이 **한자풀이**

(字解) 「법화삼부경.」 「사경(寫經)본(本) 법화삼부경」 전14권. 『세종왕조 국역 장경 묘법연화경(계환 해. 일여 집주)』를 이미 역출(譯出) 하였고 이어서 8만 장경을 쉽게 해설한 『천태사교의(天台四敎義)』와 어려운 길장(吉藏)의 『법화론소(法華論疏)』를 누구나 쉽게 이해 할 수 있게 번역출간(譯出)하여 세상에 내 놓음에 아낌없는 찬사(讚辭)를 보내며 부처님의 사상을 쉽게 이해할 수 있는 이 책(疏)을 아울러 추천하는 바입니다. 동서 사상의 혼란기에 이 책이 지남(指南)이 되어 원월(圓月)같은 삶이 되시고 공덕의 경 묘법연화경의 가피력(加被力)으로 법화(法華)삼매에서 신통묘력을 얻고 즉신성불(卽身成佛)하시어 보살도를 구현(俱現)하여 사바(娑婆)세계의 보현보살이 되어 주시기를 기원(祈願) 하는 바입니다.                    나무 묘법연화경.

불기 2555년(2011신묘) 부처님 오신날.
            대한불교 조계종 포교원 원장 혜총 화남(和南)

# 서문

해탈도(解脫道)

불교를 어렵다고 하나 바로 알면 아주 쉬운 것이다. 고려 제관이 기록한 우주, 법계도 해설, 알기 쉬운 팔만대장경의 구조를 분해한 「**천태4교의**」를 보면 8만 대장경이 일목 요연(一目瞭然)하게 정리 되고  또 길장의 「**법화경론 소(해설)**」를 보면 불교의 핵심(核心)사상을 다 밝혀 놓았다. 다만 어렵다면 그 수행, 실천이다.

'천태4교의' 이 한권으로 8만 장경의 구조를 알고 다음 세친이 지은 법화경론을 길장이 자세히 풀어놓은 「법화경론 소(해설)」 이 두 권으로 바로 부처님 마음을 바로 찾을 수 있는 쉬운 불교.. 후 오백 세(後五百世-2500년 뒤)에 바로 열어보고 알고 들어갈 수 있는 법화경 최초의 논문. 불타의 본회(本懷). 이 시대의 우리가 걸어가는 어두운 길을 훤히 밝혀 준 등불, 인류의 위대한 길잡이가 '법화경론 소(疏)'다.

불교(佛敎)란 부처님(佛)의 가르침(敎)이요. 그 가르침이 8만 대장경(藏經)이다. 말씀으로 가르치니 그 것이 교(敎)요. 그 가르침으로 부처님의 마음을 찾는 것이 선(禪-선정, 삼매, 여래장, 실상)이다. 가르침으로 중생의 전도(顚倒)된 생각. 잘못에 집착(執着)하는 마음을 올바르게 바로잡아 인도하는 것이 부처님의 가르침이다

그 가르침 49년 설법을 5시기(時期)로 나누면

  제1 화엄시. 화엄경(華嚴經)을 설 한 시기(최 초 3,7일 설법).
  제2 아함시. 아함경(阿含經)을 12년 간 설법.
  제3 방등시. 방등경(方等經)을 8년 간 설법.
  제4 반야시. 반야경(般若經)을 22년 간 설법).
  제5 법화, 열빈시. 최후 8년 간 법화경(法華經), 열반경(涅槃經)을 설 한 시기다.

이와 같이 이 법화경은 부처님의 방대(厖大)한 경전 8만장경의 중요한 내용을 총 정리 하여 간단하게 한권으로 줄여 쉽게 알려 주신 이 법화경(法華經). 곧 그 동안의 대(大),

# 법화론 소

소승(小乘)의 가르침을 모두 모아 엮어 삼승(三乘)을 일승(一乘)으로 이끄시니 일승은 대승(大乘)이요 대승이란 중생이 성불(成佛)하는 하나의 큰 가르침(大乘)임을 말한다. 이는 3 아승지겁을 닦아야 도를 이루는 것이 소승이요 대승 법화경은 이 몸으로 바로 성불(도통. 즉신성불-卽身成佛)한다는 가르침이다. 그래서 법화경은 최상승(最上乘)이요 불타(佛陀)의 마지막 유언(遺言)인 것이다. 이 경을 "묘법연화경"이라 한다. 이 다섯 자에 '나무'를 붙여서 일곱 자 '나무 묘법연화경'을 외우면 신통하게 쉽게 법화삼매(法華三昧)에 들어가는 것이다.

세친은 묘법연화경을 깊이 탐독(耽讀)하고 『묘법연화경 논 (우바제사)』 곧 『법화론(보리류지가 한역(漢譯)』을 지은 것이다. 진실로 법화경 핵심(核心)사상, 부처님의 속마음을 알지 못하고는 함부로 해설 할 수 없는 경이 이 묘법연화경(妙法蓮華經), 비밀(秘密)의 법장(法藏)입니다. 이 논은 해설이 아닌 정수(精髓)를 뽑아

제1 「서품(序品)」을 **7 공덕(功德)**,

제2 「방편품(方便品)」을 **5문(門)**(5가지 증득하는 법)과

제3 「비유품(譬喩品)」에서 제11 「견보탑품(見寶塔品)」까지 열 가지 중생의 병(病)을 고치는 **10단(段)**.

제5 「약초품(藥草品)」부터 이 경 끝 제28 보현보살권발품까지 **10가지 위없음(十種無上)**을 밝혀 합하여 **32장(章-문장)**으로 법화경을 풀어 놓았다.

이것이 8만법장의 간심(肝心)이요 안목(眼目)이다. 실로 1000부(部)의 논사(論師) 세친(世親)이 아니고는 찾아낼 수 없는 간요(肝要)인 것이다. 그러나 그 문장이 짧고 간결(簡潔)하여 밝은 눈이 아니고는 희미(稀微)하여 볼 수 없었는데 길장(吉藏)이 다시 내용을 분석(分析) 판단하여 풀어서 후생을 위해 남겨 주신 것이 바로 이 **소(疏-논문)**이다.

고해(苦海)에 빠진 중생을 8만개의 문(돌다리)을 열고 한 문(門)으로 건저 이끌어 내어 교화하여 연화 극락(極樂)으로 인도하시니 부처님 깨치신 본회(本懷)의 권모(權謀-權法)가 아니었던들 어찌 능히 하시리요.

묘법연화경은 바로 마지막 방편(方便)문(門)이라. 이 법의 극치(極致)가 **'황홀(恍惚)하여 말로 다 할 수 없다'**고 원효가 설파(說破)하셨다. 원효도 이 논을 보고 '법화경 종요'를 지으신 것이나 안타깝게도 서론만 남고 법화경 본문이 없어졌으니 세월의 이끼를 어찌하랴!

부처님이 깨치신 후 42년여 만에 비로소 가슴을 열고 그 동안의 회포(懷抱)를 털어놓으신 것이(四十二年末顯眞實) 72세경에 설하신 경. 바로 이 묘법연화경입니다.
  3제원융(三諦圓融) 회삼귀일(會三歸一)로 지극대승(至極大乘) 일불승(一佛乘)에 인도하심이 불타의 본회(本懷) 실상(實相)묘법인 것이다.
  그런데 이 경을 설하시기는 하셔도 이 경은 "후 500세에 가서 광선유포(廣宣流布)하라"고 하시되 아무에게나 함부로 설하지 말라. 왜냐하면 그 들이 아직도 듣고 이해(理解)하지 못하고 도리어 비방(誹謗)하여 죄업(罪業)에 떨어지기 때문이다. 라고 하셨다.
  그 후 500세가 바로 5x500세=2500년. 지금이 그 .때라. 이 제 중생들의 근기(根器)가 거의 성숙(成熟)하였기 때문이라.(애기가 다 자라 이제 모든 음식을 먹고 소화할 수 있는 시기가 되었기 때문이다) 이 경이 너무 쉽고도 어려워 높은 이는 너무 낮아 내려다보지 않았고 낮은 이는 너무 높아 쳐다보지 못하여 우리나라에서는 한 때 맥이 끊어진 듯 하였으나 그러나 다행(多幸)히 그 뿌리가 깊고 두터워 때가 되어서 이제 싹이 터 연꽃이 피기 시작하니 인연 있는 이들은 집 문을 열고나서면(아집의 문 열고 나아가면) 연꽃을 구경을 할 수 있으리라.
  그 모두가 부처님의 은혜(恩惠)와 선인(先人)들의 덕(德)이라. 서천(西天) 서역(西域) 구법(求法)의 장정(長程)을 가시다가 미처 도달하지 못하고 혹은 돌아오다가 중도(中道)에 넓고 넓은 사막에 뼈를 남겨 후생들이 이 뼈를 보고 길을 찾으라고 이 길을 가라고 표적(標的)을 남기고 가신 구법의 삼장(三藏)법사들, 신라의 혜초 등 그 수가 얼 마리요?
  이글을 번역하면서 절절(切切)히 그 구법(求法)의 혼(魂)이 뼈에 사무치도록 스며들어 추모(追慕)의 정이 깊어지고 눈물겹도록 그리워진다.
  인정(人情) 버리고 법을 찾아 가신 님 들을 이 글로나마 후생(後生)의 갈앙(渴仰)의 뜻을 전할까? 입김으로 구름에 실어 서천 서역국으로 전할 뿐이다.
  아 님 들은 가셨지만 옆에서 일러 주신다고 여기고 근엄(謹嚴)한 마음으로 옷을 여미고 이 말씀을 옆에서 일러 주시는 것을 듣는 듯이 하여 이 글을 번역하면서 수천 년의 세월을 앞질러 님 들을 만난 것을 환희(歡喜)할 뿐이다.
이제 선덕(先德)들이 남기신 이 금과옥조(金科玉條)를 읽고 느낌(감응)이 있는 이들은 바로 즉신 성불, 법화삼매로 들어가 불심을 보고 나와 하나로 일합상(一合相-物我無間)이 이루어 질 것입니다.

아 불심(佛心), 불성(佛性), 여래장(如來藏), 법장(法藏), 신통장(神通藏), 묘법의 법장. 보살도(菩薩道). 법화(法華) 삼매(三昧)를 찾아 알려고 하는 모든 이들은. 이 길을 이렇게 쉽게 보도록 전해주신 임(任)들께 감사한 뜻으로 묘법연화경에 귀의하여 "나무 묘법연화경"을 눈 감고 부르며 하루 밤이라도 철야(徹夜)정진하면 그 어렵던 여래장, 법화삼매에 묘법의 가피력(加被力)으로 쉽게 쉽게 들어갈 수 있으리라.

이제 이 논으로 불타의 본회(本懷)를 알고 기도 정진하여 여래장, 불심 찾아 산천 명찰(名刹)을 헤매고 아니 복 빌러 명산(名山)대찰(大刹) 찾아 헤매든 임들이 이 한 권으로써 복이 지혜로 지혜가 삼매(선정), 법화 삼매로 바뀌어 즉신성불 하리라 확신합니다. 왜 법화경은 쉽기 때문에 행하기 쉽기 때문이다. '천태 4교의'와 이 '법화론 소'를 읽으면 불교를 바로 보고 바로 닦을 수 있기 때문이다.

거저 눈감고 "나무 묘법연화경"을 무조건 부르면 온갖 번뇌(煩惱), 고뇌(苦惱)가 주마등(走馬燈) 같이 지나가고, 지나가고 갑자기 별안간 들어가는 삼매, 법화삼매, 무심(無心), 무념(無念), 무상(無想), 그것이 부처님의 마음 여래장. 아뢰야식이 아니던가. ?

그러나 눈뜨고 나면 또 끓는 것이 걱정 근심 번뇌 망상(妄想) 그것이 우리 중생 아닌가. 그러나 눈 감고 나무묘법연화경을 부르면 어느 순간에 무념(無念)에 들어가니 무념, 무상(無想)이 불심(佛心), 삼매. 여래장(如來藏)인 것을 알기만 하면 이제 그 경계(境界)에 들어가는 것은 세수(洗手)하다 코만지는 격(格)이라. 세수만 하면 코는 저절로 만져 지는 것, 거저 눈 감고 나무묘법연화경을 부르기만 하면 삼매에 들어가기 마련 인 것 번뇌, 고민, 생각은 끊지 말고 (번뇌가 보리 되니) 그냥 두고. 나무묘법연화경만 부르면 되는 것, 장거리 경주에 다 같이 동시에 출발하여 뛰는데 뒤돌아보지 말고 달리고 달리면 저절로 차츰차츰 약한 자는 뒤 떨어져 나가듯 열심히 **제목봉창(題目奉唱)**(이것은 천태대사가 창시(創始)한 것입니다.) 만 부르면 번뇌도 그렇게 절절로 없어지고 무상(無想)삼매에 들어가게 되는 것이다. 이것이 쉬운 법화 삼매. 무념(無念) 무아(無我)에 들어가는 방법이다. 잠시 들어갔다 깨더라도 그것이 자주면 어느 때는 완전한 삼매가 이루어지는 것입니다.

선(禪)은 부처님 마음, 교(敎)는 부처님 말씀, 마음은 선(禪). 말씀은 교(敎). 그 교를 쉽게 말씀하신 것이 묘법연화경이요, 그 경을 분해(分解)한 것이 **'묘법연화경 논(우바제사)'**이요 그 것을 다시 호분(毫分) 누석(縷析)하여 자세히 풀어 놓은 것이 **'법화론 소(疏)'**요 그 뜻을 알고 부처님 마음을 찾는 것이 불교 수행(修行)이요 그 방법이' 나무묘법연화경'을 외움으로 번뇌 속에서 법화삼매로 쉽게 들어가는 것이 법화의 수행법이다.

2야(夜) 1대(代)간(間)의 설하신 말씀 8만 대장경을 총 정리하신 묘법연화경, 지극대승(至極大乘)에로 인도하심이 실상(實相)묘법(妙法)(방편품). 불타의 본회(本懷), 8만장경의 요제(要諦). 이 경을 풀어놓은 이 논(論). 먼지에 덮였던 것을 찾아 먼지를 털어내고 천학(淺學)이라 우리말로 번역을 시작한지 5년여 만에 이 책과 '천태4교의'를 번역 출간하여 세상에 내놓으니 여래장(如來藏)을 찾는 이나 보려는 이나 들어가려는 초심자는 이한 권으로 그 어렵던 불교 수행의 길을 쉽게 배우고 쉽게 불심에 계합(契合)하리라 여겨집니다.

아울러 법화경을 독송하고 연구하시는 이는 위의 두 책과 한자로 풀어 놓은 '법화삼부경'과 우리말로 번역한 '세종왕조 국역장경 묘법연화경.' (송나라 계환. 명나라 일여 스님이 주해(註解) 함) 이 4책을 보시면 8만장경이 한눈에 보이고 부처님 본회(本懷)를 바로 짐작하시리라 여겨집니다.

이 논은 너무 난해(難解)하여 오역(誤譯)이 많을 것이나 원문 한문을 같이 넣었으니 참고하시고 이점 양지(諒知)하시기 바라오며 끝으로 이 책을 번역함에 조역(助譯)과 교정(校正)에 동참하신 전 동국대역경원 출판부장 김두재 님과 마하사 도성(道成) 이성규 거사님에게 심심한 감사를 드립니다.

선덕(先德)이 열어주신 이 책의 인연으로 인연 있는 이는 법화삼매 수행이 깊어지고 실상묘법을 체득(體得)하시어 선연(善緣), 공덕(功德) 많이 지어 고해(苦海)중생 교화하는 상불경(常不輕)보살 같은 보살이 되시기를 법계(法界)의 모든 불보살님과 특히 본문 보살님께 기원(祈願)합니다.

나무 묘법연화경.

신묘년(2011) 불환희일(佛歡喜日). 서울 동작동 법화선원 마하사 토굴에서   역자 합장

## 찬(讚) 묘법연화경

좁은 사고(思考-생각)를 넓은 사고로 전환하는 경, 격식 형식을 초월한 경.
3승을 1승으로(會三歸一). 열반도에서 보살도로(자기수행에서 자비실천으로)
출가 중심에서 재가(在家)중심으로 증상만(增上慢)은 접근하기 어려운 경.
차별에서 평등으로-대개혁. 대혁명(周易)의 경.   묘법연화경.

부처님을 향해 한번 손 흔들고 한발 자욱 옮겨도 성불하는 경.
아니 이미 성불한 몸임을 자각하는 경- 묘법연화경
보는 것마다 닫는 것마다 모두 부처(도-道)임을 깨닫는 경.
한번만 읽으면 강풍이 구름 흩듯.
봄바람에 눈 녹듯 쌓인 의심 저절로 사라지는 경. 묘법연화경.
온갖 근심 이슬 녹듯 사라지는 경 묘법연화경.

공덕이 속히 성취되는 공덕의 경. 신통에 유희(遊戲)하는 신비의 경. 묘법연화경.
사고(思考)의 대 전환 없이는 법화경(깨침 부처님 참 모습)은 보지 못 한다.
후 500세(5X500세=2500년)의 중생 근기에 맞는 경. 실상의경. 묘법연화경.
천태 지자 대사가 창시한(唱始-처음 부른)「나무 묘법연화경」제목(題目)봉창(奉唱)
아 늪에서 편 연화여! 허공에서 마음에서 편 법연화.
가섭의 미소여 ! (염화미소-拈華微笑.염화시중-拈華示衆-부처님이 든 연꽃을 가섭이 보고 미소 지은 일)
**나무 평등대혜(大慧) 실상(實相) 묘법연화경**

'봄이 왔다기에 봄 찾아 헤매다가(수행)
지쳐서 돌아오니
뜰 앞 매화가 방긋이 웃고 있네!(본래면목, 본래성불, 본제(本際). 법성, 실상.)

신묘년 법화선원

**아침 햇살**

이른 아침
창틈에 스며드는 햇살
방안 자욱한 먼지
남김없이 다 비추 네

법화삼매의 떠오르는 지혜의 빛
8만 번뇌의 먼지 다 들어내어
 다 가라 안치어
6도(道)에 휘도는 몸(윤회)
고요히 쉬게 하리라

묘법연화경 해탈주(解脫呪)로
출렁대는 사바(고해)의 파도
고요히 멈추고
열락(悅樂)의 새가 춤을 추리라.
     나무묘법연화경.
---------------------------

### 귀경(歸敬) 송(頌)

귀의 합니다. 공경 합니다 .  부처님께 귀의하고 공경합니다.
귀의 합니다. 공경 합니다.   묘법에 귀의하고 공경합니다.
이 경 풀어주신  세친 보살께  귀의 합니다.
그것도 부족하여 더 자세히 풀어주신
길장(吉藏)님께 귀의 합니다.
이 공덕 시방에 널리 퍼져
다함께 즉신(卽身)성불 하시기 기원하나이다.
모든 님들 에게 귀의 하여 공경 합니다.   나무 묘법연화경.


불기 2555년(신묘,2011) 우람분 재일
길장의 법화론 소(疏)를 출간 하면서  역자(譯者) 합장.

### 구원(救援)의 소리, 묘법의 기치(旗幟)아래.

말세 중생 먼지(俗塵 번뇌. 근심, 욕망)에 뒤 덮혔는데
나 홀로 청산에 맑은 물마시며
청정(淸淨)만을 구하고 지킨다면
저 뒤 덮힌 먼지 뉘 털어주며

   쓰라린 가슴들을 뉘 쓰다듬어 주랴?
   아 원효가 아니었으면
   구중궁궐(九重宮闕) 그 고독
   주막집 나그네의 쌓인 한들을!

아, 말세(末世)중생 구제(救濟)할 묘법이 있다.
일어나라 영산회상(靈山會上) 불보살들아!
고요(寂靜)에 졸던 잠 어서어서 깨고서
광제창생(廣濟蒼生) 바쁜 길 어서 나서자!

포덕(布德)천하(天下) 넓은 길 어서 나서자.
이 몸 아껴서 어디에 쓰랴?
쌓아둔 재보(財寶)를 어디에 쓰랴!
보시공덕 베풀어 어린 아들(궁자(窮子)) 구하자.

불난 집(火宅)의 어린이를 어찌 하려는가?
오락에 탐착하여 불 난 것도 모르고
눈마저 어두워 허둥대는데
묘법의 횃불 들어 길을 밝히자.

후 500세 말법이 지금 아닌가.

아— 복 있는 이들아 이 묘법 만나서
원효가 태어난 곳 이 곳 아닌가?
원효가 들었던 묘법의 기치(旗幟)들고

손에 손 잡고 산 넘고 물 건너며
늪에 빠진 중생 숨결 급하다.
이 몸 젖지 않고 어찌 건지랴?
애욕의 늪, 탐욕의 늪이여!

그 늪에서 허우적대며 헐떡거리는
말세 중생들의 숨결소리여!
천수 천안 관세음 가쁜 숨소리
깬 이 들아 이소리가 들려오느냐???

어린 자식 구하는데 무엇을 생각하랴!
구고(救苦) 구난(救難) 관세음보살들이여!
무엇을 그렇게 망설이느냐?
이 몸 살아서 이 묘법 만나

이 생명 다 바쳐 중생 구하자!
묘법의 깃발(旗幟)들고 중생 구하자!
세세(歲歲) 생생(生生) 그 공덕 길이 빛나리.
부처님 같이 부처님 같이

왕궁을 버리고 묘법을 찾으셨 네. 얻으셨네. 알으셨 네
얻고 나서, 거리마다 50 여년을
쉼 없이 8만 방편 베풀어
광제(廣濟) 창생(蒼生) 하셨네.

그리운 임. 거룩하신 임이여!

무명(無明)의 잠 깊은 이들아
묘법의 목탁소리 잔잔히 들리거든
놀라듯 그 잠 깨어나소서.

무명의 긴 잠 깨어난 임아
찬란한 연화세계 함께 삽시다.

영원하신 임!
불멸의 혼이여!
나의 혼이여!
실상의 법 연화여!

이슬비 촉촉이 내리는 봄날
비에 젖어 들려오는 묘법의 소리
끓어오르는 번뇌의 용광로
점점 차차 식어 지리라.

묘법의 이슬비여!
캄캄 한(無明) 천지에 혜광(慧光)이 뜨네.    나무 묘법연화경.

불기 2555년(2011) 백중 일  백우.

## 차례(큰 항목)

이 논소(疏所)은
「1서품(序品)」 7 공덕(功德) (문단), ·················· 66
「2방편품(方便品)」 5 문(門)(5공덕)(문단) ·················· 200
「3비유품」에서 10 단(段·10문단),(●마~●마(까지) 거만의 병 치료. ····· 371
「5약초품」에서 제28품 까지 10 단(10가지 위없음十種無上) (10 문단). 
총 32문단(章)으로 구성됨. ·················· 432

법화경 변상도 ·················· 1
추천사 ·················· 7
서문 ·················· 9
찬 묘법연화경 ·················· 14
귀경게송 ·················· 16
권 묘법유통 시 ·················· 17
차례 ·················· 21
일러두기 ·················· 38
해제(解題)- 길장 ·················· 39
1, 삼보에 귀경(歸敬)하는 게송 ·················· 42

**서품 제1 (4, 일곱 가지 공덕의 성취)** ·················· 61
2, 아라한의 덕목(아라한의 공덕)16종【세친 14】 ·················· 62
3, 보살의 덕목 13종 (보살의덕 13구)【세친 16】 ·················· 64
**4, 일곱 가지 공덕의 성취(●나1-나7)【세친 19】 (7공덕)** ·················· 66
●나1. '서분(서품)을 성취,【세친 20】 ·················· 67
●나2. '대중을 성취【세친 24】 ·················· 74
●나3. '여래께서 설법하시고자 하는 때가 이르렀음【세친 53】 ········ 124

22 법화론 소

　　　　이 대승수다라에 17 가지 이름 【세친 55】 【세친 56】 ……… 124
● 나4. '설법에 의지하여 위의(威儀)에 머무름을 성취. 【세친 74】 …… 141
● 나5. "설법하실 원인이 성취됨【세친 83】 ……………………… 150
● 나6 대중들이 앞에서(現前) 법을 듣고자 함의 성취【세친 91】 …… 158
● 나7. 성자(聖者) 문수사리보살의 답【세친 108】 【세친 109】 ……… 173

**방편품 제2** …………………………………………………… 200
**1, 5단계. 다섯 가지 공덕 (● 가1-가5) [길장 1]** …………… 200
● 가1 대① 묘법의 공덕이요. [길장3]. …………………………… 202
● 가2 대② 제2 다음으로 법사의 공덕,[길장 62 【세친 63】 ……… 239
● 가3. 여기부터 아래는 대중의 세 가지 뜻 【시친 137-138】 …… 303
● 가4. (이래의) 네 가지 일을 설 함 【세친 147】 【세친 148】 …… 310
　　($라1. 먼저 6문(六門)을 열고,) [길장 172】 【세친 173】 …… 327
● 가5 " 미래설법으로 네 가지 의심을 해석- 밝다 【세친 227】 … 363

**비유품 제3.** (10 단(段)★7종의 증상만과★3종의 거만) 10 단(10가지 위없음). … 373
1, 존자 사리불의 가책(呵責)의 게송 【세친 1】 . ………………… 374
2, 가책한 5종의 글 ,【세친 3】 ……………………………… 375
3, 중생이 의심을 10력(力)에 의하여 의심을 끓다【세친 9】 …… 381
4, 공양이란, 【세친 10】 …………………………………… 379
5. 18불공법(不共法)이란, 【세친 11】 ………………………… 380
6, 공경한다는 것은【세친 12】 , ……………………………… 381
　　★7종의 번뇌. 【세친 15】 ……………………………… 386
　　(10 단(段★7종의 증상만과★3종의 거만)
　　★7종의 증상만의 치료 【세친 17】 …………………… 387
　　★3종의 거만 【세친 19】 ……………………………… 388
　　★7종의 번뇌를 구족한 소품(마1-마7) 【세친 23】 ……… 391

차례 큰 항목 23

7, ★**7종의 증상만**의 마음과 그 치료(★마1-★마7) 【세친 24】 ·················· 392

　★마1-1. 뒤바뀐(顚倒) 체 온갖 공덕을 구하는 증상만 【세친24】 ········· 392

　　◉사1 이것을 대치(對治)하기 때문에 화택의 비유를 설함. 【세친 25】 ······ 393

　★마2-2. 성문인은 오로지 증상만의 마음이 결정되었음. 【세친 26】 ········· 394

　　◉사2. 이것을 대치(對治)하는 고로 궁자의 비유를 설함 【세친 27】 ········ 395

　★마3-3. 대승인이 오로지 증상만의 마음이 결정됨이, 【세친 28】 ·············· 396

　　◉사3 이것을 대치(對治)하기 위한 까닭으로 구름과 비의 비유 【세친 29】 ·397

　★마4-4. 실은 없는데 그러나 증상만의 마음이 있음 【세친 30】 ··············· 397

　　◉사4. 이것을 대치하는 고로 화성의 비유를 설함 【세친 31】 ········ 399

　★마5-5.산란함과 증상만의 마음이니, 【세친 32】 ···························· 400

　　◉사5. 이것을 대치(對治)하기 때문에 보배 구슬을 달아준 【세친 34】 ·· 301

　★마6.-6실은 공덕이 있다는 증상만의 마음. . 【세친 35】 ···················· 403

　　◉사6. 이것을 대치하기 때문에 상투속의 밝은 구슬의 비유 【세친 36】

　★마7.-7 실로 공덕이 없는 증상만의 마음 내지 제1이라 함. 【세친 37】 ·· 404

　　◉사7. 이것을 대치하는 까닭으로 의사의 비유를 설 함 【세친 38】 ······ 405

　　★라1.제1인【세친39】 ★라1~제7인【세친 45】 ★라7).까지 증상만을 고침

　　【세친 39】 ········405

8, ★마 **3종의 전도**(★마8-8~★마10-10)(앞의 7종의 병(★마-1-1~마7-7)과 합하여 10종의 병) 【세친 47】 ···························································· 412

　★ 3종의 번뇌가 있다는 사람이 3종의 전도 【세친 47】 ···················· 412

　▼.라2. 제2. 3종병을 나누어 나타내었다. 【세친 48】

　★마8-8　제1. 가지가지 가르침(乘)이 다르다고 믿는다.

　★마9-9　제2. 세간과 열반이 다르다고 믿는다.

　★마10-10 제3. 피차(彼此)의 몸이 다르다고 믿는다. 【세친 48】

이 3종의 거만을 치료하기 위하여 3종 평등을 설함(◉사8-◉사10) 【세친 49】 ········413

★마8.-8 제1. 가지가지 가르침(乘)이 다르다고 믿는 것에 대하여. 【세친 48】 ······ 412
　◎시8　◎제1. 가르침(乘)이 평등을 설 함.(◎제1.에서 제3은 약치라) 【세친 50】 ······ 414
★마9-9 제2 세간과 열반이 다르다고 믿는 것에 대하여. 【세친 48】 ············ 412
　◎시9　◎제2. 세간과 열반이 평등함을 설 함 【세친 51】 ················· 414
★마10-10 제3 피차(彼此)의 몸이 다르다고 믿는데 대하여. 【세친 48】 ······ 412
　◎시10　◎제3. 법신이 평등하다고 설 함. 【세친 52】 ················· 415

9 ●10종의 위없음(十種無上)( ●가1.-가10)  【세친 80. 82】 ·······415
　●가1. 종자가 위없음을 나타내 보인 까닭 【세친 82】 ············435
　●가2. 수행이 위없음을 나타내 보여준 까닭. 【세친 85】 ············· 436
　●가3. 더욱 자라는(增長) 힘이 위없음을 나타내 보여준 까닭 【세친 87】 ·········· 439
　●가4. 위없음을 알게 하려고 보배구슬을 비유를 설함 【세친 88】 ············ 439
　●가5. 청정한 국토가 위없음을 나타내 보이는 까닭 【세친 89】 ············ 442
　●가6. 위없는 설법을 나타내 보여주는 고로 【세친 90】 ············ 443
　●가7. 중생을 교화함이 위없음을 나타내 보여주기 때문 【세친 91】
　●가8. 위없는 대 보리를 보여준 때문에 3종의 불 보리. 【세친 92】 ········· 445
　●가9. 열반이 위없음을 나타내 보여준 것이다. 【세친 117】 ·········· 464
　●가10. 수승하고 미묘한 힘이 위없음을 나타내 보이다. 【세친 119】 ········ 466
　　●라2. 제2. 정토의 8종이 있음을 나타내 보임 【세친121-122】 ········ 468
　◆자1. '법력'의 5종의 글(문) 【세친 136-138】 ·············· 480
　◆자2. 가진 힘이라는 것은 3종이 있다. 【세친 161】 ·············· 497
　◆자3. 수행하는 힘이란, 5문(門)있다. 【세친 164-165】 ············ 499
　　♣사1 '설법하는 힘'이라고 한 것에 3군이 있다. 【세친 166】 ·········· 500
　　♣사2. 고행하는 힘이란, 약왕보살품에 중생을 교화함 【세친 169】 ········ 503
　　♣사3. 중생을 보호하는 힘이란, 보문품과 다라니품에 보였다. 【세친 170】
　　♣사4. 공덕의 수승한 힘이란, 묘장엄왕품에 나타내 보였다. 【세친 171】
　　♣사5.. 법을 수호하는 힘-보현보살품과 구경 촉루품에 보임【세친 172】 ······ 504

*카1. 제1. 앞에 믿는 힘의 글(門)을 해석하였다.

가1. 제1. 믿는 힘【세친 175】 ················506

'필경이는 안다.' 라고 한 것은, 【세친 176】 ·········507

제1. 서품에서는 7종 공덕의 성취를 나타내 보였고,【세친 178】············508

제2. 방편품에 다섯 가지로(五分-5단(段) )승을 깨뜨리고 1승을 밝혔다.

제3. 나머지 품(비유품 - 28품)은 앞(비유품)에서 분류(處分)한 것과 같다.

법화론 소 권하 (비유품)    차례(큰 항목) 끝

## 차례 (세부 항목)

차례 법화경 변상도 ················· 1
추천사 ················· 7
서문 ················· 9
찬 묘법연화경 ················· 16
귀경게 ················· 17
권 묘법홍통 시 ················· 18
차례 ················· 21
일러두기 ················· 35
해제(解題)- 길장 ················· 37
삼보에 귀경(歸敬)하는 게송 ················· 41
서품 제1 ················· 61
아라한의 덕목(아라한의 공덕)16종【세친 14】 12 ················· 62
보살의 덕목 13종 (보살공덕 13구)【세친 16】 12 ················· 64
**일곱 가지 공덕의 성취**【세친 19】  (7공덕 ●나1-7)12 ················· 66
　●나1. '서분(서품)을 성취한 것', 【세친 20】 12 ················· 68
　●나2. '대중을 성취했다.'는 것에, 네 가지 뜻의 성취 【세친 24】 ················· 75

♥나1. 수를 성취함'이란 법회에 모인 대중이 수없이 많음, 【세친 26】 ………… 76
♥나2. '수행(行)을 성취하였다'고 한 것에 네 가지 뜻, 【세친 27】 ……… 76
아라한(성문)의 덕목(공덕) 16구【세친 14】가 세 가지 문【세친 29】 …… 78
◆나1. 상상기문(上上起門) 16덕목 중, 【세친 30】 ………………………… 79
◆나2. 총상문(總相門,) 별상문(別相門)이 있는데 【세친 31】 …………… 86
　　16구 중 첫 구(비구대중 1200)는 총상이고, 나머지 구(15구)는 별상, 【세친 32】 87
◆나3. 섭취 4문(攝取事門)이란, 5 구절이 10종 공덕을 섭취함. 【세친 33】 …89
♠다1. 어떤 것들이 열 가지인가? (전체를 표방(標=摽榜)한 것) 【세친 34】 … 90
　　'보살의 공덕 13구(句) 【세친 16】가 2문으로 그 뜻을 섭취함. 【세친 35. 36】 …… 97
●가1. '상지문과 하지문'이란 이른 바, 【세친 38】 ……………………… 98
　●나1. 총상(總相)과, ……………………………………………………… 99
　●나2. 별상(別相)이니, 이 뜻을 꼭 알아야 한다.
　●나1. "다 아뇩보리에서 물러나지 아니하는"것은 바로 총상. ……… 99
　●나2. 나머지(보살공덕13구의 2부터 나머지 12구)는 별상. 【세친 38】 …… 98
　●나3. 물러나지 아니한다는 것에 열 가지로 나타내 보임 【세친 39】 …… 99
●가2, '(보살이) 일을 섭취한다.'고 한 것은(해야 할 일), 【세친 40】 ……… 105
●가3. 모든 보살은 어떤 청정한 지(地) 가운데 머물며, 【세친 41】 ………… 106
　　나1. 어떤 방편을 인연하여
　　나2. 어떤 경계 가운데서,
　　나3. 마땅히 지어야 할 것을 지음을 나타내 보이는 까닭 【세친 41】
'지(地)의 청정함'이란, 【세친 42】 ……………………………………106
가1 지(地)의 방편에 네 가지가 있으니, 【세친 43】 ………………………107
'경계(境界 : 경지 대상)'라고 한 것은 쉽게 이해가 될 것이다. 【세친 44】 ………110
'또 다시 섭취해야할(攝取事門) 일이 있으니, 【세친 45】 …………………… 111
가1. 모든 지(地 : 1~10지)에서 뛰어난 공덕 【세친 46】 ………………… 111
　♥나3 '공덕을 섭취함을 성취하였다.'는 것. 5가지에 대한 질문, 【세친 47. 48】 · 118

차례 큰 항목 27

♥나4 ' 4위의(威儀)를 법도에 맞게 머물음을 성취한 것이다.', 【서친 50】 ········ 123
●나3. '여러께서 설법하시고자 하는 때가 이르렀음을 성취함이요.' 【세친 53】 ······ 124
　　이 대승수다라에 열일곱 가지 이름이 있으니, 【세친 55-56】 ················ 124
●나4. '설법에 의지하여 위의(威儀 : 계율)에 순히 따라 머무름. 【세친 74】 ········ 141
　가❶. 어떤 법에 의거하여 설법해야 할지 나타내 보인 것이다. 【서친 75】 ········ 142
　가❷ 세 가지 법에 의지하는 까닭이니, 【세친 76】 ························· 142
　　♥나1. 첫째는 삼매를 성취하는 데 의지하는 까닭이다. 【세친 77】 ········ 143
　　♥나2 둘째 기세간(器世間)에 의지함과, 【서친 80】 ······················ 148
　　♥나3 셋째 중생세간(衆生世間)에 의지함이다. 【세친 80】
●나5. "설법하실 원인이 성취됨(조건이 갖추어 짐) 【세친 83】 ················ 150
●나6. 대중들이 앞에서 법을 듣고자 함 【세친 91】 ···························· 158
●나7. 성자 문수사리보살의 답의 성취다 【세친 108】 【세친 109】 ·············· 173
　※다2-1 과거의 인상(因相)과 【세친 110】
　※다2-2. 과거의 과상(果相)과
　※다2-3. 열 가지 일을 성취함을 미륵보살에게 대답. 【세친 110.113】 ········ 173
　▲라① '큰 뜻의 인연을 성취한다.'고 한 것, 【서친 114】 ········· 176
　어떤 것을 이름 하여 여덟 가지 큰 뜻이라 하는가? 말하자면, 【서친118】 ··· 178
　　　　　　　　　서품 차례(세부항목) 끝.


방편품 제2 ·························································· 201
1. 5단계. 다섯 가지 공덕 (●가1-가5) [길장 1] ······················ 201
●가1 묘법의 공덕을 설하고,
●가2 여래께서 법사의 공덕을 설하고,
●가3 대중의 세 가지 뜻(三義)을 밝히고,
●가4 여래의 네 가지 뜻(四義)을 밝히고,
●가5 네 가지 의심(四種疑)을 해석하였다.

①가1 (묘법의 공덕)에 나아가면 문단이 두 가지다.
　나■ 먼저는 경문을 이끌어오고(牒-연계하고, 되새기고),([세친2]의 경문.)……202
　나② 다음은 논의 해석이다.(아래 논에 이르되-論曰 라고 한 세친의 논의 글)
　　●1. 제1 논에 의하여 경의 과단을 세 가지로 하였으니.(♥나1-3)

## 방편품 제2 (본문)　方便品 第二

♥나1. 여래가 선정에서 일어나신 것을 서술하였다.【세친 2】………………202
♥나2. 상대하여 나타낼 사람을 나타낸 것이다.【세친 3】
♥나3. 두 가지 공덕(二種功德)을 밝힌 것이다.[길장 3]………………… 203
　●가1. 대① 묘법의 공덕이요,.【세친 2에서 12까지】………………… 203
　●가2. 대② 법사의 공덕이다.[길장 3]
　●가1 다①. 제1의 글(묘법의 공덕)에 두 가지는,
　　라①. 내면의 깨달음이 깊음과 아함이 매우 깊음을 밝힘【세친 4】………203
　　라②. 아함이 깊음을 여덟 가지(가1부터 마8. 세친5-11까지)로 전개.([길장 4])
　●가2　대②. 제2 다음으로 여래께서 **법사의 공덕(1차로)**을 밝힘 [길장 12]……206
　　　　([길장 62] 나2 제2 다음으로 경을 인용하여(2차로 밝힘) 와 연결...239)
　　　라①. 처음은 법사의 공덕을 총괄적으로 밝힌 것이다.[길장 12] ………… 206
　　　라②. 제2 법사공덕을 나누어 또 두 가지, [길장 13]- [세친 27] 까지 ………… 207
　　　　마1 제1 여래께서 네 가지 공덕을 (具四功德)을 밝히셨으니【길장 13】……207
　　　　마2. 제2 네 가지 공덕을 광범위하게(자세하게) 밝혔으니
　　　　　나3. 위에 길경에 성취하는 공덕을(11종으로【세친 17】) 자세하게 해설‥208
　　　　　나4. 위에 설법하는 공덕을 다시 일곱 가지.(아래 다1에서 다7까지)……209
　　다7. 중생을 순(順)히 따르는 뜻이 또 네 가지가 되니,라1-라4.[길장 23] ………211
　　라2. 증득(깨달음)을 설하신 것 등의 5가지 법을 나누어 밝혔다.【길장24】………211

차례 큰 항목 29

　　([세친 27] 까지 1차 법사의 공덕이다. 2차는→ [세친 62] ) ·················································
　　(아래는 묘법의 공덕)
나❷ 논의 해석이다. 그 글에 가면 두 가지가 된다. [길장 27] ····························· 213
　　가다1. 제1. 일부(一部)의 경을 총괄적으로 해석하고,
　　가다2. 제2. 나누어 해석하였다.
깊은 지혜에 따르면(근거하면), 여래와 상응(相應)하기 때문이다. [세친 32] ········ 216
'무엇 때문에 보살들에게는 이르지 않은 까닭인가?' [길장 32], [세친 33, 35] 바1-5까지) ··· 217
오직 성문에게만 다섯 가지 뜻이 있음을 밝혔으니, 그 까닭을 굳이 말하면, ······· 218
'모든 부처님의 지혜는 매우 깊고 무량하다.'는 것은, [길장 35][세친 36] ·············· 220
([길장 1] 나❷). 다음이 논의 해석이다.↔연속) ·················································· 2
([길장 27] 나❷). 논의 해석이다. 글에 가면 두 가지로 만들었다.↔연속) ··········· 2
　나❷ 두 가지 공덕을 해석한 것인데, 곧 두 가지로 나누었다.[길장 36] ············ 220
　　다1 묘법을 해석한 것 중에 나아가면 두 가지로 만들어 졌다.
　　　다1 두 가지 매우 깊은 것은 총괄적으로 해석하고,
　　　다2 아함이 매우 깊은 것은 나누어 해석하였다.
"모든 부처님의 지혜는 매우 깊고 무량하다."고 한 것은, [세친 36] ···················· 220
차1. 제1 깨달음이 매우 깊으니, 말하자면 모든 부처님 지혜는 매우 [세친 38] ···· 222
차2. 제2. 아함(阿舍)이 매우 깊으니, 말하자면 지혜의 문이 [세친 38] [길장 39]
차1. 제1 깨달음이 매우 깊다고 한 것에 다섯 가지 카1에서 5가지. [세친 40] ······ 224
차2 아함이 매우 깊다는 것은 여덟 가지 [세친 45-60] →,(가1-8까지). ················ 232
이와 같이 묘법(연화경)의 공덕을 구족하게 설하시고 나서, [세친 62] ················· 239
　(법사공덕을 2차로 밝힘)
'다음으로 여래께서 법사의 공덕을 설하셨다.' 고 한 것[길장 62] [세친 63]
　　(길장3다①[길장 12] ●다②. 제2 다음으로 여래께서 법사의 공덕을 밝힌 것이다.↔연속)
●대② 제2 다음으로 법사의 공덕을 밝힌 것이니, [세친 63] [길장 62] ················ 239
　타①. 제1. 법사의 공덕을 총괄적으로 밝힌 것이다. [세친 63] [길장 62]
　타②. 제2 법사공덕을 나누어 밝힌 것이다. 그 중에 또 두 가지 [길장 62], ······ 240

30 법화론 소

●가2. 다음으로 여러 께서 법사의 공덕을 성취한 것을 설하심 【세친 63】.
바2 제2 경을 인용하여 네 가지 공덕을 밝혔다[길장 65].

【세친 66】 ~ 【세친 75】 ●가1.-●가4 까지 ················································ 243
 가1. 다시 뜻이 있으니 가지가지 방편이란, 방편으로 의도가 소유 【세친 78】 253
 가2. 다시 가지가지 방편이란, 모든 부처님 정법은 이러이러한 가지. ········ 253
또 **방편**이란 4섭법에 의하여 중생을 거둬들여 해탈을 얻게 함. 【세친 81】 ········ 256
모든 **집착**하는 곳이란, 저 곳곳에 집착하는 것이다. 【세친 82】 ······················· 259
모든 **경계**(界)에 집착한다는 것은, 【세친 84】 ······················································· 260
모든 **경지**(地)에 집착한다는 것은 【세친 85】
**분**(分부분)에 집착한다는 것은 【세친 86】 ······························································ 261
 가1 **재가**의 부분(分)에 집착한다는 것은 【세친 87】,
 가2 **출가**의 분에 집착한다는 것은 【세친 87】,
여러 가르침에 집착한다는 것은 【세친 88】 ·································································· 262
차2.. 제2 다음은 두 글(門=성문.연각)을 해석하였다. [길장 88]
 가1 제1 **성문승**에 집착한다는 것은 【세친 89】
 가2 제2 **대승**에 집착한다는 것은, 【세친 89】
  가1 '다시 가지가지 지견'이라고 한 것은, 【세친 90】 ································· 263
  피안에 이른다는 것은 【세친 92】 ·································································· 264
 가3. "다시 가지가지 **생각하는 관법**(念觀)"이라 한 것은, 【세친 93】
경에 "사리불아, 여래의 지견은, 다1.에서 다14까지 【세친 94】 ···················· 265
네 가지 성취 (가1에서 가4까지) 【세친 95】 ·································································· 266
 가1. 또 제1의 성취는 중생을 교화 【세친 95】
 가2. 제2의 성취는 근기가 성숙한 중생은 해탈을 얻게 【세친 96】 ············· 267
 가3. 제3의 성취는 힘과 집을 자재하고 청정하게 항복 받음 【세친 97】
 가4. '제4 설법을 성취함이다.' 라는 것에 다시 일곱 가지 【세친 98】 ············· 269
  (【세친 99】 ·· 【세친 114】 ★나1에서 ★나 7까지)

차례 큰 항목 31

경에 "사리불아, 오직 부처님 여래는 능히 모든(일체) 법 【세친 23-24】 을 설하기 때문이니라."라고 한 것과 같다. 【세친 116】 ················································ 279

●나 제1 경에 대하여 자세히 일곱 가지 법을 해석하였다.(★나1에서★나7까지)

　([길장 1]●나 제2 다음은 논의 해석이다. ↔ 연속)

●나 제2 논에 나아가 거듭 일곱 가지 법을 해석한다. 【세친 117】 ✤라1에서 【세친 123】 ✤라7 까지" ················· 280

　✤라1 '제1 가지가지 법문'[세친 117]이라고 한 것은, 위에 제1 ([세친 99]★나1) 가지가지 성취한 것을 연계(牒)한 것이다 ················ 280

"또 더불어 교화하여 그들을 성추하게 하게 한다." 고 한 것은 【세친 125】, ······ 284
'두 가지 법을 주어 저들을 (교화하여) 성취하게 하느라.' 라고. 【세친 126】 ······ 286
가1-1. 깨닫는 법을 주어 성취하게 하는 것은, 말하자면 【세친 127】
가2-2. 설법하여 주어 성취하게 하는 것은, 말하자면 설법에 의하 【세친 127】
"또 깨달은 뒤에 의하면 다섯 가지가 있다." 【세친 131】. ································ 289

●가3 지금은 제3이 대중의 세 가지 뜻(三義) [길장 136] 【세친 137-138】 ········ 303
　가1 결정한 뜻 【세친 138】 【세친 140】 ················································ 304
　가2. 의심하는 뜻 【세친 142】 ································································ 306
　가3. 어떤 일의 뜻에 의하여 의심한다고 한 것은, 【세친 144】 ················ 307

●가4. 여래의 네 가지 뜻을 밝힌 것 [길장 146] ·············································· 310
　●여기서 부터 기하는 네 가지 일(四種事)에 의하여 【세친 147】 ●가1~7 ········· 310
　($라1. 먼저 6문(六門-여섯 가지●)을 열고,) 【세친 173】 ●마~7 ················ 328
　　●마1, 아직 듣지 못한 것을 듣게 하는 것은 【세친 173】
　　●마2, 설한다(법을 설한다.)고 한 것은, 【세친 175】 ···························· 329
　　●마3, '어떤 뜻에 의한다.' 고 한 것은, 【세친 178】 ···························· 332
　　"저 일대사란 네 가지 뜻(四義)에 의한 것 【세친 18】
　　또 다시 보인다는 것은, 【세친 194】 ······················································ 342
　　깨달아 들어간다는 것은, 【세친 196】 ···················································· 343

○마4. 머물기 한다는 것은, 【세친 198】 ………………………… 344

○마5. 법에 의한다고 한 것은, 【세친 200】 ………………………… 346

○마6. 막는다는 것은, 【세친 213】 ………………………… 254

●가5 " 여래설법으로 네 가지 의심을 해석하여 끊다 라1.~4까지 【세친 227】 … 363

라1. '어느 때에 설하시는가?' 【세친 229】 ……………………… 364

라2. '어떻게 증상만을 아느냐?' 【세친 231】 …………………… 365

라3. '어떻게 설법을 감당하는가?' 【세친 233】 ………………… 366

라4. '어찌하여 여래는 거짓말이 이루어지지 않은가?' 【세친 235】 ……… 368

법화론 소 권 중(방편품) 차례(세부·항목) 끝.

**비유품 제3..** (10단(段)★7종의 증상만과★3종의 거만) 10단(10가지 위없음) ………37.3

1, 존자 사리불이 가책의 게송. ……………………………………… 374

2, 가책한 6종의 글, 【세친 3】 ……………………………………… 375

3, 중생이 의심이 있을 때에 10력에 으하여 의심을 끊다. 【세친 9】 ……… 381

4, 공양이란, 【세친 10】

5. 18불공법이란, 【세친 11】 ………………………………………… 382

6, 공경한다는 것은 【세친 12】, ……………………………………… 383

●가1. 제1. 처음은 10종의 사람의 병을 깨뜨리고, [길장 15] ……………… 385

【아래[길장 7] 가2. 제2 10종의 우 없는. 문단에서 거듭 이어서 다시 [길장121]에서 또 다시 연계해서 문단 끝까지 이어진다.)】

●나1. 제1. 처음(10종의 사람을 위하여 능히 치료함과)이 또 둘이다.

★다1. 제1. 먼저 7종 범부의 사람을 위하여 능히 치료함과 치료할 대상을 나열하여 권하여 알게 하고,

★다1. 제1. 처음(7종 범부의 사람을 위하여 능히 치료함과)이 또 넷이다

★ 여기서부터는, 다음에 7종의 번뇌가~물들인 중생을 위함이니, 【세친 15】….386

7, <u>7종의 증상만</u>의 마음과 그 치료(γ·마1-1~★마7-7은 병) 【세친 24】 ……… 392

㐌마1-1. 뒤바뀐(顚倒) 체 온갖 공덕을 구하는 증상만 【서친24】
(비유품. 화택비유-네 번째 장항. 네 번째 게송.)

　●사1. 이것을 대치하여 화택의 비유를 설함(●사1-●사10은 약치료)【세친 25】 …… 393
㐌마2-2성문인은 오로지 증상만의 마음이 결정되었음【세친 26】 ……………… 394
(예4. 신해품-궁자의 비유)

　●사2. 이것을 상대하여 치료(對治)하는 고로 궁자의 비유를【세친 27】 …… 395
㐌마3-3. 대승인이 오로지 증상만의 마음이 결정됨이라, 【세친 28】 ………… 396
(5 약초유품-구름과 비의 비유)

　●사3. 이것을 대치하기 위한 구름과 비의 비유【세친 29】 …………………… 397
㐌마4.-4.실은 없는데 그러나 증상만의 마음이 있음이라【세친 30】 …………
(예7. 화성유품-신통 변화로 만든 성의 비유)

　●사4. 이것을 대치하는 고로 화성의 비유를 설함【세친 31】 ……………… 399
㐌마5-5.산란함과 증상만의 마음이니, 【세친 32】 ……………………………… 400
(예8. 500제자 수기품 -옷 속의 보배 구슬의 비유)

　●사5. 이것을 대치(對治)하기 때문에 보배 구슬을 달아줌【세친 34】 ……… 401
㐌마6.-6실은 공덕이 있다는 증상만의 마음. . 【세친 35】 …………………… 402
(예14. 안락행품-상투속의 구슬의 비유)

　●사6. 이것을 대치하기 때문에 상투속의 밝은 구슬의 비유【세친 36】 …… 403
㐌마7.-7 실로 공덕이 없는 증상만의 마음으로 내지 제1이라 함.【세친 37】 …… 404
(예16. 여래수량품 - 의사의 비유)

　●사7. 이것을 대치하는 까닭으로 의사의 비유를 설 함【세친 38】 ………… 405
　★라1.제1인【세친 39】★라1~제7인【세친 45】★라7.까지가
　　　증상만을 고침【세친 39】 ……………………………………………… 405
8, 3종의 거만(전도)【세친 47】 ………………………………… 412
　㐌마 3종의 전도

(아래 ★마8에서 마10)(앞의 7종의 병(★마1-1에서마7-7)과 합하여 10종의 병이 됨.) 【세친 47】
★마 3종의 번뇌가 없다는 사람이 마3종의 거만에 물듦 【세친 47-48】 ············ 412
★마8-8 제1 가지가지 가르침(乘)이 다르다고 믿는 것. 【세친 48】 ·············· 412
◉가8. ◎제1. 가르침(乘)이 평등함.(◎제1.에서 ◎제3은 약,치료) 【세친 50】
★마1-9 제2 세간과 열반이 다르다고 믿는 것. 【세친 48】 ·················· 412
◉가9 ◎제2. 세간과 열반이 평등함 【세친 51】 ·························· 414
★마10-10 제3 피차(彼此)의 몸이 다르다고 믿는다.. 【세친 48】 ················ 412
◉가10 ◎제3. 법신이 평등함이다. 【세친 52】 ·························· 415
ㅇ 와 같은 3종(★마8-8,9-9,10-10)은 번뇌가 없다고 하는 사람 때문에
【세친 53】 ·················································· 418
( 6. 수기품-성문에게 수기를 주다) ·································· 419
◉ㅇ 것을 대치하는 고로 모든 성문에게 수기를 주는 것이다. 【세친 56】
수기에 여섯 가지 경우가 있다. 【세친 62】 ··························· 423
(제12. 제바달다품-제바달다에게 수기를 주다) ························· 425
제바달다에게 수기를 주는 이유 【세친 67】
(제20. 상불경 보살품-보살에게 수기를 주다) ·························· 426
ㅂ1. 보살에 수기 준다고 한 것은, 상불경보살품에 【세친 69】
( 6. 수기품-성문에게 수기를 주다) ································· 427
성문에게 수기를 준다고 말한 것에, 성문이 4종이 있다. 【세친 70】

9, 10종의 위없다는 뜻 【세친 80】 ·········434
● 10종의 위없다는 뜻(●가1.-10) 【세친 81】 ······················· 435
❶가1. 종자가 위없음을 나타내 보인 까닭이다. 【세친 82】
(제5. 약초유품-구름과 비의 비유)
구름과 비의 비유를 설하였다. 【세친 83】 ······················ 436
❶가2. 수행이 위없음을 나타내 보여준 까닭이다. 【세친 85】 ············ 438
(제7. 화성유품) ········································· 438

대통지승여래의 본사(과거의 일) 등을 설한 것이다. 【세친 86】
- ●가3. 더욱 자라는 힘이 위없음을 나타내 보여준 까닭 【세친 87】
  (제8. 500제자 수기품) ···································· 439
- ●가4. 위없음을 알게 하려고 나타내 보여주기 때문. 【세친 88】
  (제11. 견보탑품) ···································· 442
- ●가5. 청정한 국토가 위없음을 나타내 보이는 까닭 【세친 89】
  (제14. 안락행품)
- ●가6. 위없는 설법을 나타내 보여주는 고로 . 【세친 90】 ············ 443
  (제15. 종지용출품)
- ●가7. 중생을 교화함이 위없음을 나타내 보여주기 때문에 【세친 91】 ······ 443
- ●가8. 위없는 대 도리를 보여준 때문에 3종의 불 보리. 【세친 92】 ······ 445

3종의 불 보리. 【세친 93】 ☀나1~【세친 98】 ☀나3까지. ············ 445

☀나1. 응,화의 부처님의 보리다. 【세친 93】 ···················· 446

응하는 것(중생)에 따라 나타나므로. 【세친 94】

(제15. 종지용출품) ···································· 447

경에 " '여래는 석씨궁을 나와 내지 아뇩보리를 얻었노라.' 【세친 95】

☀나2. 보신불의 보리로 10지의 수행이 만족하여. 【세친 96】 ·········· 448

(제16. 여래수량품) ···································· 449

경에 ' 내가 실로 성불한 지가 무량무변 백 천 겁.'(자아게) 【세친 97】

☀나3. 법신불의 보리다. 【세친 98】 ···················· 449

] 삼계(욕계, 색계, 무색계)의 모습 【세친 99】 ·············451

- ◉마1. '삼계의 모습' 10종 【세친 100】 ···················· 452
- ●가9. 열반이 위없음을 나타내 보여준 것이다. 【세친 117】 ·········· 464
- ●가10. 수승하고 미묘한 힘이 위없음을 나타내 보이다. 【세친 119】 ······ 466

나머지는 경(수다라)에서 설하여 나타내 보여준 것 【세친 120】

(제11. 견보탑품) ···································· 468

●라1. 다보여래의 탑의 8종의 뜻 【세친 121】 【세친 122】
●라2. 제2. 정토의 8종이 있음을 나타내 보임 【세친121-122】 ········· 469
나1. 제1. 세 가지 힘(三力)을 모두 표하여 알게 권하였다. 【세친 135】 ······· 480
◆다1. '법력'의 5종의 글(문) 【세친 136】
&마2. 제2 문 【세친 137~138】 ········································· 481

**미륵품(제17. 분별공덕품)**중에 4종 문, 상정진보살품 중 한 법문. 【세친 139】 482
'미륵품 중에 4종문' 이라고 한 것은, 【세친 140】
　★바1. 깨달음의 문이다. 【세친 141】 ································· 483
　　(제17. 분별공덕품) ················································ 483
　★바2. 믿음의 문이라고 한 것은, 【세친 149】 ····················· 488
　★바3. 공양의 문이란, 【세친 151】 ································· 490
　　(제18. 수희공덕품) 491
　★바4. 법문을 들음이 수희품의 설법과 같음을 알지라. 【세친 152】
　　(제19. 법사공덕품=상정진보살품) ······························· 492
독송·해설·서사 등으로 6근의 청정함을 얻다. 【세친 154】-【세친 160】 ······ 492
◆다2. 가진 힘이라는 것은, 3종이 있다. 【세친 161】 ················ 497
◆다3. 수행하는 힘이란, 5문(門)이다. 【세친 164-165】 ············ 499
♣사1 제1. '설법하는 힘' 이라고 한 것은, 【세친 166】 ·············· 500
　　(제21. 여래신력품)····501
　　●아1. 3종의 법문중에 신력품 중에 3종으로 나타내 보임 【세친 167】..501
　　(제23. 약왕보살품) ············································· 502
♣사2. 고행하는 힘이란, 약왕보살품에 중생 교화하는 것 【세친 169】
　　(제25. 관세음보살 보문품·제26. 다라니품)
♣사3. 중생을 보호하는 힘은 관세음보살보문품. 다라니품 【세친 170】 ········ 503
　　(제27. 묘장엄왕본사품) ········································ 503
♣사4. 공덕의 수승한 힘이란, 묘장엄왕품에 나타내 보임 【세친 171】 .503

(제28. 보현보살 권발품) ·················································· 504

♣사5. 법을 수호하는 힘, 보현보살품과 뒤 품(구경 촉루품)에 보임. 【세친 172】

제1. 서품에서는 7종 공덕(7종 공덕) 【세친 178】 ·················· 508

제2. 방편품 에서는 다섯 가지로 나누고(五分-5단(段)) ·················

제3. 나머지 품(제3 비유품부터 후 28품)은 비유품에서 처분(분류)한 것과 같으니 쉽게 알리라

부록(인물 고(考)) ···················································· 511

무착, 세친, 제바달다, 승랑, 구마라집, 보리유지 호길장. 단어-7유(喩)등

법화론 소 권 하 法華論疏卷下(畢) (비유품 ) 차례(세부 항목  끝)

## 일러두기

1. 이 소(疏)는 역자에게는 너무나 난해(難解)한 글이었습니다. 겨우 번역하여 알기가 쉽게 본문에 항목(項目)의 분별이 없었으나 이해하기 쉽도록 세부 항목으로 나누어 같은 항열(行列)의 부호를 넣어 보기 쉽게 하였습니다.
2. 다소 복잡하나 문장이 소(疏) 전체에 연결되어 있어서 선후(先後)의 구별이 어렵고 문장의 연결을 찾기 어려워 큰 항목, 작은 항목을 분류하여 항열(行列)을 만들어 넣었습니다.
3. 그렇지 아니하면 문장이 너무 복잡하여 이해기가 어렵기 때문이었다.

그런 과정에 오역(誤譯)이 많으리라 생각하며 한문 원문(原文)이 있으니 독자 제현(諸賢)은 이를 참조하시기 바랍니다. 후일 명안 종사(宗師)가 다시 역출(譯出)하리라 기대하며 미약하나 이로써 불타의 혜명을 밝히는데 일조가 되었으면 하는 마음 간절합니다.

# 법화론소 권상(서품)法華論 疏 卷上

호길장 ( 549-623,.) 지음 胡吉藏 撰

*아래 글- [세친]은 세친이 지은 논의 글.(묘법연화경 론=묘법연화경 우바제사)
[길장]은 길장이 논을 풀이 한 글.(법화론소)


【세친1】 妙法蓮華經優婆提舍


『묘법연화경 우바제사 : 묘법연화경 논』은 바수반두가 저술,

婆藪槃豆(此云天親=世親)菩薩 造

보리류지(菩提留支(572-727)가 왕명을 받아 번역. 三藏法師 菩提流支 奉詔 譯

김진철(金鎭澈) 국역(國譯)


[길장 1] 妙法蓮華經優婆提舍。婆藪槃逗 造。菩提留支 譯。

『묘법연화경 우바제사 : 묘법연화경 논』는 바수반두(세친)가 저술하고, 보리류지(菩提留支(북인도 세친, 4-5세기))가 번역하다.


婆藪云天。槃逗云親。其人本是天帝釋之弟。釋遣其下閻浮提伏修羅。故云天親。

바수(婆藪)는 이곳(중국) 말로는 천(天-하늘)이라 하고 반두(槃逗)는 이곳 말로는 친(親-친함)이라 한다. 그 사람은 본래 하늘 제석(帝釋-제석천)의 아우로 제석이 염부제에 내려 보내 아수라를 항복하게 하였다. 그런 까닭에 천친(天親)이라고 한 것이다.


菩提云道。留支曰希。謂道希也。玆有別傳。今不具敘

보리(菩提)는 이곳 말로 번역하면 도(道)이고 유지(留支)는 희(希-드물희)이니 도희(道希)라고 말한다. 아울러 따로 전해지는 게 있지만 여기서는 다 갖추어 말하지 않다.

斯論譯之甚久. 而不盛傳於世者 良有二焉意.
이 논을 번역한 지 매우 오래되었음에도 세상에 성대하게 전해지지 못한 데는 진실로 두 가지 뜻이 있다.

一 文旨簡略 前後似亂籠 尋之者 不見首尾故也.
[길장1-1]. 하나는 글의 요지가 간단하고 생략되어 앞뒤가 혼란스럽고 매끄럽지 못한 것 같아 찾는 사람이 시작과 끝을 보지 못하기 때문이요,

二 昔北土江南 多以五時四宗 以通斯敎.
[길장1-2]. 다른 하나는 옛적 북토(北土-양자강 북)와 강남(江南-양자강 남)에서는 대부분 5시(五時)1)와 4종(四宗)2)으로 이 가르침(법화경)을 유통하였기 때문이다.

竝與論違. 講匠守於舊執 背聖信凡. 故不傳於世也.
둘 다 이 논과 비교하면 어긋난다. 강장(講匠 : 강사)들이 옛것에 집착하여 고수(固守)함으로 성인을 등지고 범부를 믿은 때문에 그래서 세상에 전해지지 못했던 것이다.

余講斯經文疏三種. 一用關河叡朗舊宗. 二依龍樹提婆通經大意. 三採此論綱領以釋法華.
[길장1-3]. 내가 이 경문의 소(疏-논문) 세 가지를 강론했는데,
가1. 첫째는 관하3)예랑(關河 : 장안. 叡朗-僧肇·僧叡·朗師-지금 장안의 구마라집의 문하생)의 구종(舊宗)을 사용하였고,
가2 둘째는 용수(龍樹-부법장(付法藏) 28조(祖) 중 제 14조)와 제바(提婆-가나제바 15조), 보살의 이름, 용수의 제자, 바라문의 종족, 가나제바, 남천축.=28조)]의 통경대의(通

---

1) 오시(五時) : 불교의 여러 경교(經敎)를 전체적으로 총괄하고 석존의 설법을 차례에 따라 다섯 단계로 배열한 것이다. 이 오시는 화엄시(華嚴時)·아함시(阿含時)·방등시(方等時)·반야시(般若時)·법화열반시(法華涅槃時)로 나눈다.
2) 사종(四宗) : 후위(後魏221-265)의 혜광(慧光)의 설로써 1, 인연종(因緣宗-모든 것은 인연이다) 유부(有部)의 주장. 2, 가명종(假名宗-모든 것은 가 뿐이다-파성종(破性宗-성실논) 3, 광상종(誑相宗-不眞宗) 반야중.중논의 주장. 4,상종(常宗-顯眞宗-정토종)·불성.진여를 갖추고 있어서 r 자체가 미혹과 깨달음을 나타내는 근원이라고 봄.-화엄경.열반경의 설.중국 북쪽의 지론종(地論宗)이 인용.
3) 관하(關河) : 함곡관(函谷關)과 황하(黃河).함곡관에 있는 관문. 즉 관중(關中)을 말하는 것으로 지금의 섬서성(陝西省) 장안(長安)이다. 이곳은 후진(後晉) 요흥(姚興)이 통치하던 지방이며 또한 구마라집(鳩摩羅什)이 요흥의 예우를 받으면서 불경을 대량으로 번역했던 곳이기도 하다. 이로 인해 '관하구종(關河舊宗)'이라는 말은 바로 구마라집과 그의 제자들을 지적하는 것으로 예를 들면 승조(僧肇)와 승예(僧叡) 낭사(郎師) 등의 불학연구적(佛學硏究的) 성과(成果)를 이르는 말이다.

經大意)에 의거하였으며,

가3 셋째는 이 논의 강령(綱領)을 채택(採擇)하여 『법화경』을 해석하였다.

但昔三出經疏 猶未解論文。今具釋之。使經論煥然可領

다만 옛적 경소(經疏)를 세 번이나 출간하면서도 미처 풀이하지 못한 논문(論文)들을 이제야 자세하게 해석하여 경론[(經論 : 현성(賢聖)의 저작(著作)을 논(論)이라하고 경론을 쉽게 해석한 것을 소(疏)라고 한다)]을 분명하고 밝게 이해할 수 있게 하였다.

但此論有二本。一無前序 直云經云 歸命一切諸佛菩薩。此是集經者 請護之辭也。

단 이 논서는 두 가지 본(本)이 있는데,

**[길장1-4].** ●가1. **하나**는 앞의 서문이 없이 곧바로 '경에 이르기를'이라 하면서 '일체의 부처님과 보살님께 **귀명(歸命)**합니다.'라고 한 것으로서 이것은 바로 경을 편집한 사람이 가호(加護)를 청한 말씀이다.

二有歸敬 此是天親自作。今具依二文 大開三分。一歸敬三寶 申造論意。請威靈加護爲緣起分。

**[길장1-5].** ●가2. **다른 하나**는 "귀의하여 경례(歸敬)합니다." 라고 한 것이 있는데, 이것은 여기서 천친(天親)이 직접 지은 글이다. 지금은 두 글([길장1-4].가1. [길장1-5].가2.)을 다 갖추고 그것에 의거하여,

**[길장1-6].** 크게 세 부분으로 나누어 전개하였다.

가1. '삼보와 재정립하여 지은(申造) 논의 뜻(論意)에 귀경하오니, 청컨대 위엄과 신령으로 가호해 주소서'라고 한 것이 **연기분**이고,(서분.서론.)

二牒經解釋 爲正體分。三重牒章門 追示分齊 爲餘勢分。

가2. 둘째는 경문을 이끌어 와서(牒 : 連繫.) 해석한 것이 **정체분(正體分)**이며,(정종분, **본론**,)

가3. 셋째는 글(章門 : 세친의 논의 글)을 이끌어 와서(牒 : 連繫 : 연결. 되새겨서) 분류

한 내용(分齊)에 따라 보여준 것이 **여세분**이다.(나머지 부분, 유통분. **결론.** )

就初有二。一天親歸敬 申造論意。二集經者 歸敬申集經意。
**[길장1-7]**. 첫 번째([길장1-6]. 가1.연기분)에 또 둘이 있으니,
 가1. 천친(세친)이 재정립하여 지은(申造) 논의 뜻(論意)에 귀경하는 것이고,
 가2. 경을 편집한 사람이 재정립하여 편집(申集)한 경의 뜻(經意)에 귀경하는 것이다.

就初又二。前兩偈 歸敬三寶 申造論意。次一偈半 歸敬佛僧 請威靈加護。
 가1 첫 번째[(재정립하여 지은 논의 뜻(申造論意)에 귀경함)]에 나아가면 또 둘이 있으니,
    나1. 앞의 두 게송은 삼보와 재정립하여 지은 **논의 뜻**(申造論意)에 귀경하는 것이고,
    나2. 다음 한 게송 반은 부처님과 승가에 위엄과 신령함으로 가호해 주시기를 청하여 귀경하는 것이다.

就初又二。一通歸敬一體三寶 申造論意。次別歸敬 釋迦佛僧 申造論意。
    나1. 첫 번째(삼보와 재정립하여 지은 논의 뜻(申造論意)에 귀경함)에 두 가지 뜻이 있으니,
       다1. 일체 삼보와 재정립하여 지은 논의 뜻(申造論意)에 통틀어 한꺼번에 귀경하는 것이고,
       다2. 다음 석가불(釋迦佛)과 승가와 재정립하여 지은 논의 뜻(申造論意)에 따로 귀경하는 것이다.

就初又二。前半偈 歸敬一體三寶。次半偈 申造論意。就初又二。初兩字 敍能敬之至誠。次八字敍所禮之尊極。頂禮者 第一句也。
       다1. 첫 번째(통틀어 한꺼번에 귀경하는 것)에 또 두 가지가 있으니,
          라1. 앞의 반 게송은 일체 삼보에 귀경하는 것이요,
          라2. 다음 반 게송은 재정립하여 지은 논의 뜻(申造論意)에 귀경(歸敬 : 귀의하여 경례함)하는 것이다.
          라1. 처음(라1.일체 삼보에 귀경하는 것)에 또 두 가지가 있으니,

마1. 처음 두 글자(頂禮)는 예경하는 이의 지극 정성(至誠)을 서술한 것이고,
마2. 다음 여덟 글자(正覺海 淨法 無爲僧)는 예경 받는 이의 존귀함이 극에 달한 바를 찬탄한 것이다.
'정례(頂禮)' 라고 한 것이 첫 구(句)이다.( 【세친 2】 [길장1-4] (◉ - 1))
◉주(註)- 참고 : 한문 4字가 1句, 4구가 1항(行) = 16자.

참고.- 보기 쉽게 본문을 모아 번역하였습니다.
「 頂禮正覺海    淨法無爲僧    (◉ - 1) 찾기 위한 기호
  爲深利智者    開示毘伽典    (◉ - 2)
  祇虔牟尼尊    及菩薩聲聞    (◉ - 3)
  令法自他利    略出勒伽辯    (◉ - 4)
  歸命過未世    現在佛菩薩    (◉ - 5)
  弘慈降神力    願施我無畏    (◉ - 6)
  大悲止四魔    護菩提增長    (◉ - 7) 」

「 정각의 바다(깨침의 바다) 청정한 법, 함이 없는(자연) 스님께
머리 숙여 정례하옵고
깊고 예리한 지혜로운 이를 위하여
논의 법전(毘伽典)을 열어 보이옵니다.


부처님(牟尼尊)과 보살·성문(聲聞 : 스님)들께
거듭 공경하옵고
법으로 나와 남을 이익 되게 하려고
간략하게 늑가의 논을 냅니다.


과거·현재·미래의 불,보살님께

생명 바쳐 귀의 하오니

큰 자비로 신력(神力)을 내리시와

저에게 두려움 없음(無畏)을 베풀어 주시고


큰 자비(大悲)로 네 가지 마(四魔)를 물리치시어

보리(도)를 보호하여 더욱 자라게(增長)하여 주소서.　　　　참고 끝」


【세친 2】 頂禮

'정례합니다.' 라고 한 것에서, ([길장1-4] (● - 1))


[길장 2] 禮有三種。謂下中上。今須上品禮也。所敬旣其尊極。能禮必謂最上

　예(禮)에는 세 가지가 있으니, 하(下)·중(中)·상품(上品)을 말한다. 지금 여기서는 마땅히 상품의 예(禮)를 말하는 것이다.

❀가1 제1 예경을 받는 분은 이미 그 존귀함이 극에 달하신 분이고, 능히 예를 올리는 이도 반드시 최상이어야 한다. ([길장1-4] (● - 1)),


正覺海下 第二明所敬之尊極。

　'정각해(正覺海)'라고 한 (正覺海→淨法 無爲僧)(【세친 3】 아래는,[길장1-4] (● - 1))

❀가2 제2 (반 게송으로) 예경을 받는 이의 존귀함이 극에 달했음을 밝힌 것이다.


問。何以知 此是一體三寶。　答。旣稱 淨法無爲僧。卽知是明常住僧。在僧旣爾、法佛例然。

　問 무엇으로 이것이 일체(一體)의 삼보임을 알 수 있는가?

　答 이미 "청정한 법과 함이 없는 스님(淨法無爲僧)"께 정례한다. 라고 말하였으니 즉, 이

는 상주하는 스님(常住僧)을 밝힌 것임을 알 수 있다. 스님에게 있어 벌써 그러하다면, 법과 부처님의 예(例)는 자연스러우리라!

問。何故 敬一體三寶耶。答。旣是一乘究竟之經。必明究竟三寶。又以究竟三寶 顯知一乘。一乘 是圓極之經。仍用此言 斥北十四宗之說 江南五時之敎也。

문 무엇 때문에 일체 삼보(三寶)에게 예경을 올립니까?

답 이미 이것이(이 경이) 일승(一乘)의 구경(究竟 : 마지막, 최고)의 경이라 했고, 구경의 삼보임을 틀림없이 밝혔으며, 게다가 구경의 삼보로 일승을 드러내 알게 한 때문에, 일승이야말로 이는 원극(圓極 : 원만하고 지극함)한 경인 것이다.(법화경이 최고의 경이다.)

이러한 말씀을 인용함으로 인하여 북토(北土)의 4종(宗)의 설(說)과 강남(江南)의 5시(時)의 교(천태5시교에서는 열반경을 최고에 둔 것)를 물리친 것이다.

## 【세친 3】 正覺海 淨法 無爲僧

"정각의 바다(正覺海), 청정한 법, 함이 없는(無爲) 스님께"라고 한데에서,(【길장1-4】(◉ - 1))

[길장 3] 言正覺海者。一 法身佛。遍一切處 如海之大。故普賢觀云。毘盧舍那+遍,一切處也。

[길장3-1]. '정각의 바다'라고 말한 것은,

가1. 첫째 법신불(法身佛)이 일체의 곳에 두루 한 것이 마치 광대한 바다와 같으므로 그 때문에 『보현관경(普賢觀經)』에 이르기를, "비로자나(毘盧舍那)가 일체처(一切處)에 두루 퍼져 있다"고 한 것이며,

二 深如海。謂七辨不能說。五眼忘其照。故謂深也。

가2. 둘째 그 깊기가 바다와 같아 말하자면 일곱 가지 변재(七辨才)[4]로도 제대로 능히

말하지 못하고 다섯 가지 눈(五眼)5)으로도 비추어 볼 수 없기 때문에 깊다(深)고 말한 것이다.


三 一味如海。平等法身 一身如味。

가3. 셋째 일미(一味 : 한맛)는 바다와 같으니, 평등한 법신은 한 몸이라 한맛과 같다.


四 法身具一切功德。如海之備衆珍。餘法僧易知 爲深利智者。第二申造論意又二。初句明教所爲人。

가4. 넷째 법신은 일체의 공덕을 갖추고 있으니, 마치 바다가 온갖 보배를 갖춘 것과 같다. 그러니 나머지 법(法)과 승(僧)에 대해서는 쉽게 알 수 있을 것이다.

'깊고 예리한 지혜로운 이를 위하여(爲深利智者)' 【세친 4】라고 한 것은, 제2 ([길장1-7].가2 천친(세친)이 재정립하여 지은(申造) 논의 뜻(論意)에 귀경하는 것이고,)의 재정립하여 지은(申造) 논(세친의 논)의 뜻(論意)에 대한 것으로 또한 두 가지 뜻이 있다.

첫 구(初句)는 사람 됨됨이를 위한 것임(所爲人)을 분명하게 가르친 것이다.
(가르침은 사람 된 이. 된 바의 사람. 사람을 위한 것임을 밝힌 것이다.(明敎所爲人)


## 【세친 4】 爲深利智者
'깊고 예리한 지혜로운 이를 위하여', ([길장1-4] (● - 2))


[길장 4] 謂深利智者。一聞卽解爲利+能。達至理+曰深。所以斯論 不盛傳者。末世群生. 旣多淺鈍。故知 知音者希矣 開示毘伽典者。上明所爲之緣。今明能被之敎。

'깊고 예리한 지혜로운 이' 라고 한 말은, 한 번 들으면 바로 아는지라 재능(지혜)이 예

---

4) 칠변(七辯) : 변은 말솜씨. 불보살님의 뛰어난 7가지 말솜씨. ① 첩질변(捷疾辯) - 일체 법에 걸림이 없고 말을 더듬지 않는 것. ② 이변(利辯) - 사리에 깊이 통달하도록 유창하게 대답해 주는 것. ③ 부진변(不盡辯) - 재법 실상을 무궁무진하게 설벼 내는 것. ④ 불가단변(不可斷辯) - 아무리 어려운 질문을 하여도 다 대답하는 것. ⑤ 수응변(隨應辯) - 중생의 근기에 맞추어 설법하는 것. ⑥ 의변(義辯) - 열반과 깨달음의 이익을 설법하는 것. ⑥ 일체세간 최상변(一切世間最上辯) - 최상의 법인 대승법을 설하는 것.
5) 오안(五眼) : 부처의 경지에 이룬 사람이 갖은 다섯 눈. -육안·천안·법안·혜안·불안.

리하고(날카롭다) 능하며, 지극한 이치를 통달한지라 깊다고 말한 것이다.

◉ [주(註)-깊고 예리한 지혜로운 이(상근기. 생이지지(生而知之)한 이)를 위한 것이라 얕은 사람은 잘 알 수 없기 때문이다..]

그런 까닭에 이 논서가 성대하게 전해지지 못한 것이다.

말세(末世)의 중생들은 이미 대부분 지식이 얕고 우둔(愚鈍)하기 때문에 아는 자(知音者)6)가 드물다는 것을 알라.

'논의 법전을 열어 보인다(開示毘伽典)'고 【세친 5】 라고 한 것은, 위에서는 연(緣)이 될 대상을 밝혔고, 지금은 능피(能被: 중생에게 이롭게 하려고 교법을 가르쳐 혜택을 주는 것. 능히 은혜를 입는 )의 가르침을 밝힌 것이다.

### 【세친 5】 開示毘伽典

논의 법전(毘伽典)을 열어 보이니, ([길장1-4] (◉ - 2))

[길장 5] 所爲之緣 有利有深。能被之論 有開有示。卽大開與=而 曲示也。

인연 될 대상이 예리함도 있고 깊이도 있고, 능피(能被: 능히 은혜를 입는. 중생에게 교법을 가르쳐 혜택을 입는 것))의 논을 열수도 있고 보일 수도 있으니, 곧 크게 열어 간곡하게 보이는 것이다.

毘伽論者。斯文引=列 涅槃般若所說 以歎今法華敎也。稚子但敎半字之經。長成則 訓滿字毘伽羅論。昔說三乘喩同半字。今明一極 謂滿字經。亦用斯言 斥五時四宗之說。以彼謂涅槃之經獨滿。法華等敎 猶半 敎也。

'비가론(毘伽論)'은 그 글의 내용이 『열반경(涅槃經)』과 『반야경(般若經)』에서 설한 내용을 인용하여 열거함으로써 오늘날에 이 『법화경』의 가르침을 찬탄한 것이다.

어린 아이는 단지 반자경(半字經 : 만자는 완전한 글, 반자는 불완전한 글. 만자는 대승, 반자는 소승에 비유함)만 가르치다가, 장성하면 만자(滿字)인 『비가라론(毘伽羅論)』을 가

---

6) 지음(知音) : 소리를 알아듣는다는 뜻으로 자기의 속마음을 알아주는 친구를 이르는 말.

르친다.

　예전에 설하신 3승(三乘)은 비유하면 반자와 같고, 오늘에 밝히신 일극(一極: 최상, 일불승)은 말하자면 만자경이다.

　또한 이 말씀을 사용하여 5시(時)와 4종(宗)의 설(說)을 ('법화가 최상이다.'하고) 배척한 것이다.

　저들이 말하기를 "『열반경』만이 오직 만자경(滿字經: 완전 한 가르침. 대승↔半字敎=아직 완전하지 못 한 가르침. 소승)이요, 『법화경』등의 가르침은 오히려 반자(半字)의 가르침이다." 라고 하였다.


毘伽羅 此云字本。毘伽羅論 未見翻譯。河西朗師云。是大權菩薩之所造也

　'비가라(毘伽羅)'는 여기(중국)서는 글자의 뿌리(字本)라 한다.『비가라론』에서는 그러한 번역을 아직 보지 못했다. 하서(河西)의 낭사(朗師)7)가 이르기를 "이 논(論)은 큰 방편을 지닌 보살이 지은 것이다."라고 하였다.


祇虔牟尼尊下。第二別敬　釋迦佛僧。所以須別敬者。三寶具有一體別體。故須通敬別敬也。又釋迦當今敎主。欲釋所說之敎。必須敬演敬之人。

　[길장5-1]. '모니(牟尼)세존을 거듭 공경합니다(祇虔牟尼尊)'라고 【세친 6】한 아래는,

　　【가(1). 첫째는 정례합니다.(頂禮)의 정례정각해(頂禮 正覺海)길장1-7]- 마2】연결

　가(2). 둘째 (正覺海 淨法無爲僧)는 석가불(釋迦佛)과 승가에 따로따로 귀경하는 것이다. 오로지 따로 귀경하는 까닭은 삼보는 일체(一體: 전체)와 별체(別體: 개체)를 다 갖추고 계시니, 그래서 오로지 통틀어 귀경하기도 하고 또 따로 귀경하기도 하는 것이다.

　또 석가모니불은 미래와 현재의 교주(當今敎主)시니, 그분이 설하신 가르침을 해석하고자 공경하는 마음으로 연설(강연)하는 사람에게는 반드시 꼭 경예해야만 한다.

---

7) 승랑(僧朗): 고구려, 요동성(遼東城) 출신으로 3논종(三論宗)의 개조(開祖), 제(齊), 명제대(明帝代 494-497?). 장안(長安)에 들어가 구마라습(鳩摩羅什) 계통의 삼론(中論·十二門論·百論)을 연구하였고 화엄(華嚴)에도 능통했다고 한다. 그 후 양쯔강 하안으로 내려가 종산(鍾山)의 초당사(草堂寺)에 머물면서(住錫) 제의 은사 주옹을 가르쳐 이체설(二諦說)에 관한 《삼종론(三宗論)》을 저술하게 하였다. 그 후 섭산(攝山)의 지관사(止觀寺)에 들어가, 양(梁)의 무제(武帝:재위 502～549)가 보낸 열 명의 학승을 통해 무제에게 간접적으로 대승의 가르침을 전하였다. 호법왕으로 불리는 무제는 원래 소승계통의 《성실론(成實論)》을 공부하였으나, 승랑의 영향으로 대승으로 전향하였다고 한다. 양 무제와의 교류 이후 서하사(栖霞寺)로 거처를 옮겨 교화활동을 계속하였다. 《화엄의소》 8권을 저술했다고 하나 현존하지는 않는다. 그 사상은 직제자인 지관사 승전(僧詮), 손제자인 홍황사 법랑(法朗, 507-581)을 거쳐 증손제자인 길장에 이르러 방대한 저술로 집대성되었다 섭산대사(攝山大師)라고도 불린다.

就文又二。初半歸敬佛僧。後半申造論意。兩章各二。初章二者。初-祇虔兩字 述能敬之至誠。次八字敍=彰所禮之尊極。

[길장5-2]. 이 글에 나아가보면 여기에 또 두 가지 뜻이 있으니,

가1. 처음 반 게송은 부처님과 승가에 귀경(歸敬 : 공경하여 의지 함)하는 것이고,

가2. 뒤의 반 게송은 재정립하여 지은 논의 뜻(申造論意)에 귀경하는 것이다.

　　두 문장(兩章 : [ 처음 반장(頂禮 正覺海)과　뒤의 반장(淨法無爲僧))에 각각 두 가지 의미가 담겨 있으니,

가1. 첫 번째 문장(章 : (頂禮 正覺海)(찾기[길장5-2]-가1.)에 대한 두 가지는,

나1. 첫째 '기건(祇虔 : 거듭 공경합니다)'의 두 글자 【세친 6】 는 능히 귀의하여 공경하는 이(能敬)의 지극 정성을 서술한 것이고,

나2. 둘째는 다음 여덟 자(牟尼尊 及菩薩聲聞)는 경예 할 대상(所禮 : 모니세존과 보살 성문)의 존귀함이 극에 달했음을 찬탄한 것이다.

◉ 주(註)-능소(能所 : 동작의 주체(主體 : 주관, 능동적, 공경하는 이)가 되는 것을 능(能). 그 동작의 객체(客體 : 객관, 대상, 피동체가 되는 것을 소(所)라 한다. 공경 받는 사람)

## 【세친 6】 祇虔

'기건(祇虔 : 거듭 공경합니다)'이라 한데서, ([길장1-4] (◉ - 3))

[길장 6] 祇者重也。虔者敬也。前已通=遍禮。今復別敬。故名重也。亦可前明頂禮 用震旦之音。此稱祇虔 依天竺之訓。猶未詳次=決。別請問譯人。

'기(祇)'는 거듭(重)이라는 뜻이고, '건(虔)'은 공경한다(敬)는 뜻이다. 앞(頂禮正覺海 淨法無爲僧이라 한 글)에서는 이미 통틀어 고루 경예를 올렸고, 지금은 다시 따로 경예하기 때문에 '거듭'이라 이름 한 것이다.

또 앞에서 밝힌 정예(頂禮)는 중국(震旦)의 음을 사용한 것으로서 옳고, 여기서 말하는 기건(祇虔)은 천축(天竺)의 훈음(訓 : 언어의 새김)에 의거하였다. 아직 마땅히 상세하게

뒷받침할만한 결론이 없으니, 따로 번역하는 사람에게 청하여 물어보라.

### 【세친 7】 牟尼尊 及菩薩聲聞
'모니 부처님(牟尼尊)과 보살·성문(聲聞 : 스님들)께' (찾기[길장1-4] (● - 3))


[길장 7] 令法自他利下。明申造論意。亦開爲兩。初句申造論意。

[길장7-1]. '법으로 나와 남을 이익 되게(令法自利他)하려고' 라고 한【세친 8】아래는, 재정립하여 지은(申造) 논의 뜻(세친의 논서 뜻)을 밝힌 것인데, 이것 또한 두 가지로 만들어 전개한다.

  가1. 첫 구(初句)【세친 9】는 재정립하여 지은(申造) 논의 뜻(論意)이다.


### 【세친 8】 令法自他利
'법으로 나와 남을 이익 되게 하려고' ([길장1-4] (● - 4))


[길장 8] 謂令解此妙法 得自利益。謂自成佛也。更傳授於他。使他成佛也 略出勒伽論者。第二正明+此下 造論。

말하자면 이 미묘한 법을 알아 나 자신의 이익을 얻게하는 것이니, 말하자면 스스로 성불(成佛)하는 것이요. 다시 다른 사람에게도 전해 주어 다른 사람도 성불하게 하는 것이다.(성불하고 교화 함)

  '간략하게 늑가(勒伽)의 논(論)을 낸다.'고 한 것[세친 9]은,

  가2. 둘째는 바로 이 아래 지은 논(造論)을 밝힌 것이다.


### 【세친 9】 略出勒伽論
'간략하게 늑가의 논을 냅니다.'라고 한 것은, ([길장1-4] (● - 4))

[길장 9] 從首至尾 委曲釋者。謂爲廣論。今但折其樞要。震領提網。如脫犀象之牙甪=角。擿翡翠之毛羽也。

처음부터 끝까지 자세하고 소상(委曲)하게 해석한 것이라. 이를 일러 광론(廣論 : 넓은 의미의 논, 자세한 논)이라 한다. 진

오늘에 오직 그 중추적 요점만을 잘라 가장 중요한 핵심만 끌어들였으니, 마치 물소 뿔과 코끼리의 어금니를 뽑고 비취(翡翠 : 청호반새. 물총새.)의 깃털을 뽑은 것(擿出 : 들춰 뽑아냄)과 같다.


勒伽論者。卽摩德勒伽。謂解阿毘曇論。此翻爲境界。尋斯論旨 能生自他利解。卽生解之境界也

'늑가론(勒伽論)'이란, 곧 마덕륵가(摩德勒伽)이니 『아비담론(阿毘曇論 : 아비달마. 비바사론)』을 풀이한 것을 말한다. 이곳 말로 번역하면 경계(境界 : 어떤 표준에 서로 맞닿는 자리. 구분되는 한계)라 하는데, 이 논의 취지를 찾아 살펴보면 능히 나와 남에게 (利解)이 생길 것이니, 즉 이 앎이 생기는 경계라 하겠다.


歸命過未世下。第二次 明申敬請護。卽開爲兩。半行致敬。一偈請護各兩。初二者 歸命兩字 明能歸之至誠。

'과거·현재·미래의……목숨 바쳐 귀의하나이다.'라고 【세친 10, 11】 한 아래는,

([길장1-7] 다1. 일체 삼보와 재정립하여 지은 논의 뜻(申造論意)에 통틀어 한꺼번에 귀경하는 것.,에서 먼저 귀경했고)

([길장1-7] **다2.** 다음 석가불(釋迦佛)과 승가와 재정립하여 지은 논의 뜻(申造論意)에 따로 귀경하여 보호해 줄 것을 청했고)

[길장9-1]. 제2차로 거듭 공경하여 보호해 줄 것을 청한 것을 밝힌 것이니

곧 이것도 열어보면 두 가지 의미가 있으니,

가1. 반항(半行)은 공경을 다하는 것이고,

가2. 한 게송은 보호해 주기를 간청한 것인데, 각각 두 가지 뜻이 있다.

나1. 처음 두 가지는 '귀명(歸命)'이라는 두 글자로서 능히 귀명(歸命)하는 이의 지극

정성을 밝힌 것이다.

**【세친 10】 歸命**

생명 바쳐 귀의하오니, ([길장1-4] (● - 5))

**[길장 10]** 次之+八字 敍所敬之尊極。

나2. 다음 여덟 자(過未世 現在佛菩薩)는 공경할 대상의 존귀함이 극에 달했음을 서술한 것이다. ([길장1-4] (● - 5))

**【세친 11】 過未世 現在佛菩薩 弘慈降神力 願施我無畏**

'과거·현재·미래의 불보살께(생명 바쳐 귀의하오니)……큰 자비로 신력(神力)을 내리시어 저에게 두려움 없음(無畏)을 베풀어 주시고…'라고 한 것은, ([길장1-4] (● - 6))

**[길장 11]** 弘慈降神力+ (第二請護 亦二. 初半請大慈加護 即降神力) 使我所說 合理稱機。無違理傷機之過 次半請 大悲加護 使離彼四魔 得三菩提增長。

'큰 자비로 신력을 내리시어8)', ([길장1-4] (● - 6))

 (두 번째 가호를 청함도 또 둘이니,

가1. 처음 반 게송은 대자비로 가호해 주시기를 청한 것이니. 곧 신력을 내리시어) 나 자신으로 하여금 말하는 것마다 이치에 맞고 근기에 맞으며, 이치에 어긋나거나 근기를 상하게 하는 과실이 없게 해 달라는 것이다.

가2. 다음 반 게송은 **【세친 12】** 큰 자비로 가호(加護)하시어 저들로 하여금 네 가지 마(四魔 : 1.온마(蘊魔 : 5온이 마다) · 2.번뇌마(煩惱魔) · 3.사마(死魔) · 4.천마(天魔))를 여의고 삼보리(三菩提 : 도)가 더욱 자라게(增長) 해 달라는 말이다.

 (한 게송이 20자.4구절. 반 게송은 10자,2구절. 1구절은 5자)

---

8) 다른 본에는 이 아래에 "두 번째 보호해 주기를 간청한 데에도 역시 두 가지가 있으니 처음 반 게송은 큰 자비로 가호(加護)하여 주시기를 청한 것이니 곧 신비한 힘을 내리시어[第二請護亦二初半請大慈加護即降神力]"라는 글이 더 있다.

【세친 12】大悲止四魔 護菩提增長

"대비(大悲: 큰 자비)로 네 가지 마(四魔)를 물리치시고 보리를 보호하여 더욱 자라게(增長)하소서."라고 한 것에서, ([길장1-4] (● - 7))

[길장 12] 初句 請所應離者皆離。次明所應得者皆得也 經曰 歸命一切諸佛菩薩者。此第二集經者 請護之辭。

나1. 첫 구(大悲止四魔)는 응당 여의어야 할 대상은 다 여의게 해 달라는 간청이고,

나2. 다음 구(護菩提增長)는 응당 증득해야 할 것은 다 증득하게 해 달라는 것을 밝힌 것이다.

경에서 말한 "일체 불보살에게 귀명한다."고 한 것은,

이것은,([길장1-5]. ●가2. 다른 하나는 "귀의하여 경례(歸敬) 합니다." 라고 한 것. 에서 첫 번째로 간청했고)

여기서는 두 번째로(●가3.) 경을 편집(集)한 사람이 가호(加護)해 달라고 간청한 말이다

經曰 歸命一切諸佛菩薩 前歸敬 申造論意 請威靈加護。此歸敬 集經者 欲出佛經。亦請威靈加護。一切衆經 皆並=應 有於此辭。但隨寄一文 示存略故也

경에 이르기를 "일체 모든 불보살께 귀명하나이다."라고 한 것은,

● 참고: [歸命過未世 現在佛菩薩을 말 한 것 같고 '경에 이르기를'이라고 한 것은 '글(논)에 이르기를'이라고 해야 될 것 같다. 경은 여시아문으로 시작하니 이런 구절은 없다?신수?. 역자 주]

앞(弘慈降神力 願施我無畏)에서는 신조(申造)한 논의 뜻(論意)에 위신력과 신령함(威靈)으로 가호해 달라고 간청하여 귀경 한 것이고,

여기(大悲止四魔 護菩提增長)서는 경을 집성(集成)한 사람이 불경(佛經)을 내고자하여 또 위신력과 신령함으로 가호해 달라고 간청하여 귀경 한 것이다.

일체의 숱한 경전들에 모두 이런 말씀이 있으나, 여기서는 다만 한 문장에만 붙임에 따라 간략하게 보일 수도 있는 것이다.

經曰 如是我聞。此是第二。正明論體。但論略難明。今引二門 敍其體例。

경에는 "이와 같이 나는 들었다."고 하였다. 여기서는 이것을 두 차례나 논서(論書)의 본체에서 정확하게 밝혔다. 단지 논에서는 생략된지라 밝히기가 어려울 뿐이다.

**[길장12-1].** 이제 두 글(門)을 인용해서 그 본체의 예(例)를 서술(敍述)한다.

一辨二經同異。二敍斯論製作之方。二經同異者。卽羅什所譯經 及留支所出 帶論之經。其文不同。凡有=爲 五種。

가1. 첫째 두 경의 같고 다른 점을 분별하고,
가2. 둘째 이 논서의 제작 방법을 서술(敍述)한다.
가1. '두 경의 같고 다른 점(二經同異)'이란, 곧 구마라집(鳩摩羅什)이 번역한 경(구경-舊經)과 보리유지(菩提留支)가 낸 것은 논의 성격을 띠고 있는 경이다. 그 문장이 서로 같지 않은 것이 대체로 다섯 가지가 있다.

一者舊經略論經廣。如舊經 歎羅漢德 唯有五句。論經有十六句。或可梵本廣略不同。或可聲聞常衆無會不集 處處歎之。故羅什略歎其德也。天親欲示解一經歎德。令幾=識 衆經歎德之意。故廣說也。

나1. 첫째 구경(舊經 : 옛 경. 구마라집(鳩摩羅什)이 번역한 경)은 간략하고 논의 경문은 자세한 것이니.

구경(舊經)에 따르면 아라한의 덕을 찬탄한 것이 다섯 구절만 있는 뿐이고, (세친의) 논한 경(論經)에는 16구절이 있다.

혹 범본(梵本) 자체가 자세하다거나 간략하다거나 같지 않을 수도 있으며, 혹은 성문이거나 일반 대중이거나 어느 회상이든 모이지 않는 곳이 없어, 곳곳마다 찬탄하기 때문에 그래서 구마라집이 그들의 덕을 간략하게 찬탄한 것이다.

천친(天親)은 이 하나의 경에서 덕을 찬탄한 것을 풀어 보여 주어 보다 많은 경에서 덕을 찬탄한 뜻을 알게 하고자, 그래서 자세하게 설한 것이다.

二舊經廣而論經略。如方便品。舊經爲十句。謂如是相如是性等。論經唯 有五門。當是天親以略攝廣故也。

**나2.** 둘째 구경(舊經)은 자세하고 논의 경문은 간략한 것이니.

「방편품(方便品)」에 따르면, 구경(舊經)은 '이와 같은 모습(如是相)', '이와 같은 성품(如是性)' 등 **10구(10여시)**로 되었는데, 논의 경전(論經: 묘법연화경과 첨품법화경에는 10여시로 되어 있고 정법화경에는 보이지 않는다.)에는 오직 **다섯 부문 만(五門--何等, 云何, 何似등** 5종은 천친이 지은 것) 있을 뿐이다.

마땅히 이것은 천친(天親)이 간략한 것(5문-하등(何等), 운하(云何)등)을 가지고 자세한 것(10여시)을 흡수한 때문이다.(천친이 10 여시를 5문으로 줄인 것이라는 뜻.)

三二經同無廣略。如歎菩薩德。四品次前後。舊經屬累 在藥王之前。論經在普賢之後。羅什依於義
意。是故在前。天親同經常法。所以在後。

**나3.** 셋째 두 경이 똑같아 자세하고 간략함이 없는 것이니 보살의 덕을 찬탄한 것과 같다.

**나4.** 넷째 품의 앞뒤 차례다(品次前後 : 품의 앞뒤 차례가 바뀌어 배정된 위치가 다름). (나집의) 구경(舊經)은 「촉루품(囑累品)」이 「약왕보살품(藥王菩薩品)」 앞에 있는데, 논의 경에는 「보현보살권발품(普賢菩薩權發品)」 뒤에 있다.

구마라집은 뜻에 의거한 때문에 앞에 두었고, 천친은 상식적인 방법으로 경전과 같게 한 때문에 뒤에 둔 것이다.

五名義不同。舊經稱六十二億恒河沙菩薩。論經稱六十二億恒河沙佛。羅什依經文譯之。故云菩薩。論取義意歎 釋其福正等。

**나5.** 다섯째 명의(名義 : 이름)가 같지 않은 것이다. 구경에는 "62억 항하사(恒河沙) 보살"이라 했고, 논경에는 "62억 항허시 부처님"이라고 했다.

구마라집은 경문에 의거하여 번역했기 때문에 보살이라 했고, 논에는 뜻(義意)을 취하여 찬탄하고 그 복(福)을 정등(正等 : 바르고 같게)하게 해석하였다.

顯初地菩薩 得眞如法身 故卽是佛。以觀音與六十二億法身不二。故言福平等。所以稱佛。次明論製作不同者。如龍樹釋經。不預 開=明 章門。至後追詰=詔 於前。天親釋此經 凡有二意。

초지보살(初地菩薩)로 현신한 것은 진여(眞如)의 법신(法身)을 증득했기 때문에 곧 이는 부처님이시다. 관세음보살과 62억의 법신은 둘이 아니기 때문에 복이 평등하다고 말한다. 그런 까닭에 부처님이라고 칭한다.

다음 이 논서의 제작 방법이 같지 않음을 밝힌 것은, 용수(龍樹)보살이 해석한 경에 따르면 미리(전반에) 장문(章門 : 글의 가르침, 분야)을 열어 밝히지 않고 뒤(후반)에 이르러야 앞(전반)의 것들을 추적하여 설명하고 이름을 붙였다.

[길장12-2]. 천친(天親)이 이경을 해석함에 무릇 두 가지 뜻이 있다.
一者預開起盡。如初品七分。二至後方陳。如論末云　方便品凡有五門。蓋是聖人適時而用也。

> 가1. 첫째 미리 시작과 끝을 개방하는 것이니, 초품(初品 : 서품)을 **일곱 등분**으로 나눈 것과 같다.
> 가2. 둘째 뒤에 이르러야 비로소 펼쳐놓은 것이니, 논의 말미에 이르기를 "「방편품(方便品)」에 모두 **다섯 문(五門)**이 있다."고 한 것과 같으니, 대개 이것은 성인이 그때 그때 때맞추어서 쓰는 것이다.

天親大開此經 凡有三十二章。所言三十二者。卽序品七分 方便品五門 謂十二也。從=譬喩品 竟=寶塔品。破十種病 利益十人卽十 段=數也。

[길장12-3]. 천친은 이 경을 크게 열어 **무릇 32장**을 두었다. 이른 바 32장이란 곧,
> 가1. 제1「서품(序品)」을 **7가지로 나누고**(7 공덕), 제2「방편품(方便品)」을 **5문(5가지 증득하는 법)**으로 나누어 합하여 **12가지**로 하였다.
> 가2. **제3**「비유품(譬喩品)」부터 제11「보탑품(寶塔品)」까지 **10가지 병**(病 : 7종 증상만과 3전도=10)을 깨뜨리고 10사람에게 이익을 준 데까지(7종 대치법 + 3종평등=10장)를 곧 10단(段)으로 만들었다.(비유품 앞쪽.)

從藥草竟一經明十無上。又有=成 十章。故 合=-成 :十二也。

가3. 또 제5 「약초품(藥草品)」부터 이 경 끝 28 보현보살 권발품 까지 **10가지 위없음**(無上)을 밝혀서, 또 10장(十章 : 10종 위없음-비유품 뒤 쪽)을 이룩하였다. 그러므로 모두 **합하면 32장이** 된다.

問。初從火宅 竟於寶塔 所破十病。云何更從藥草 竟一經 明十無上耶。答。付法藏經云。婆藪槃陀=逗 善解一切修多羅義。修多羅者凡有五義。

▣ 처음 화택(火宅)부터 시작하여 「보탑품」의 10가지 병을 깨뜨린 것에서 마무리를 했는데, 무엇 때문에 다시 「약초품」부터 이 경 끝까지 10가지 위없음(無上)을 밝혔는가?

▣ 『부법장경(付法藏經 : 부법장인연傳)』에 이르기를 "바수반타(婆藪槃陀)가 일체 수다라(修多羅 : 경을 말함)의 뜻을 잘 풀이하였다."고 하였는데,

**[길장12-4].** 수다라에는 모두 다섯 가지 뜻이 있다.

一者顯示。謂顯示諸義故。如序品七段 方便五門 卽顯示十二種義也。

가1. 첫째 나타내 보인 것이다. 말하자면 모든 진리를 나타내 보인 때문이다.

「서품(序品)」 7단과 「방편품(方便品)」 5문은, 곧 **12가지** 진리를 나타내 보여주는 것과 같은 이치다.

二涌泉。謂義味無盡故。如解譬喩 竟於寶塔 更從藥草竟於一經。釋於後竟而追解於前 示義味無盡。卽涌泉義也。

가2. 둘째 솟아나는 샘물이다. 말하자면 그 의미가 끝이 없기(無盡) 때문이다.

「비유품」에서 「보탑품」 끝까지 해석하고(3품-17품)나서, 다시 「약초품」부터 이 경 끝까지 해석한 것은, 해석하다가 후반에서야 끝까지 전반에 것들을 추적하여 풀이함으로 그 의미가 끝이 없음을 보여줌으로, 곧 솟아나는 샘물의 이치와 같은 것이다.(5품-28품)

三出生。諸義出生故。如解第十無上勝功德力。歎經廣生 功德無盡。卽出生義也。四者繩墨。裁諸邪顯正故。破十病名曰裁邪。顯十種義 所謂顯正。

가3. 셋째 출생(出生 : 생겨남)이다. 모든 진리가 생겨나기 때문이다.

제10종(10종 공덕력)의 더 없는 수승한 공덕의 힘을 해석함과 같으니 이 경을 찬탄하면 많은 공덕이 무진하게 생겨난다고 하였으니 곧 출생(생겨남)의 뜻이다.

가4. 넷째 승묵(繩墨 : 먹줄을 놓는 것)이다. 모든 삿됨을 재단하여 바른 것을 나타내기 때문이다.

열 가지 병(十病)을 깨뜨림은 삿됨을 재단(裁斷 : 잘라 마름)함을 말하고, 10가지 뜻을 나타낸 것은 이른바 바른 것을 나타내는 것이다.

五者結鬘貫 穿諸佛法。則三十二章同爲顯一道 唯敎一人。如結華鬘 令身首嚴飾也。

가5. 다섯째 화만(鬘 : 꽃다발)을 맺어 모든 부처님의 법을 관천(貫穿 : 뚫어 꿰다)한다.

곧 32장(章)이 동일하게 한 가지 도(道)만 나타내어 오직 한 사람(1승)만 가르침이, 마치 화만(華鬘 : 꽃다발)을 맺어 몸과 머리에 장엄하게 장식하는 것과 같은 것이다.

又釋 後竟而更追解前者。聖人內有無礙之智。外有無方之辯。故能自在而 譯=釋。也。

또 경이 끝나는 맨 마지막까지 다 풀이하고 나서 다시 앞을 추적하여 풀이한 것은 성인은 안으로는 걸림 없는 지혜(無礙之智)가 있고 밖으로는 무방(無方)[9]의 변별력(辨別力)[10]이 있기 때문에 능히 자재하게(自在 : 속박이나 장애가 없이 마음대로) 해석할 수 있는 것이다.

又從前譯向後示 鳥目疾轉。從後向前 如師子返擲。又前譯經竟 有疑者重問之。故後更釋之。如今人義深 後章別有料簡重也。蓋是外國聖人制=製 論之大體也。

---

9) 무방(無方 : 부정(不定)이란 뜻. 일정한 방법에 따르지 않고 자유로이 함)
10) 변별력(辨別力 : 사물의 시비나 좋고 나쁨을 분별할 만한 힘)

또 전반의 해석을 따라 후반을 향하여 보여줌이 마치 새가 눈알을 빨리 굴려 뒤에서 앞으로 돌리는 것이 마치 사자가 몸을 돌려 덮치는 것과 같다.

또 경에 전반부 번역을 끝내고 의심나는 것이 있으면 거듭 질문하니 그 때문에 뒤에 다시 그것을 해석해 주니

지금 사람들은 의미심장하여 뒷장에 따로 갖추려주는 것(料簡)이 거듭 있는 것과 같은 것이다. 대개 이런 것(요간)은 외국의 성인(聖人)이 논을 재단하여 짓는 대체적인 것(大體 : 기본이 되는 큰 줄거리)이다.

**아래는 【세친 13】 의 해설이다.**

就釋初品 大開爲二。一者牒經。二者論譯。牒經但牒二章。謂序分經 衆分經。牒序分經 始從如是 終竟崛山。卽牒經序分

**[길장12-5].** 초품 해석에 나아가면 크게 두 가지로 전개 된다.

㉠가1. 첫째 경문을 이끌어오고(牒 : 連繫-이끌어다 기록함.연계함)

㉠가2. 둘째 논의 해석(論釋)이다.

㉠가1. 경문을 이끌어 오는데(牒 : 連繫) 단 2장(二章,-두 문장)만 이끌어 왔다. 말하자면 서분(序分.)의 경문(1장)과 중분(衆分)의 경문(2장)이다.

㉡나1. 서분의 경문을 이끌어 온 것은 '여시아문(如是)'로부터 시작하여 끝은 기사굴산(崛山)에서 마쳤으니, 곧 경의 서분을 이끌어 온 것이다.(【세친 19】 7공덕의 첫째 서분 성취분이다.)

# 서품 제1 序品第一

**【세친 서13】** 如是我聞 一時 佛住王舍城 耆闍崛山中

[세친 서13-1]. "이와 같이 내가 들었다. 어느 때 부처님께서 왕사성(王舍城) 기사굴산중(耆闍崛山中)에 계시면서,

[길장 서13] 與大比丘+衆下。第二牒衆成就分也。什譯經有三。一聲聞。二菩薩。三人天衆。今但牒前二。(衆)以二衆有歎德。今欲釋之。故牒以人天衆無歎德。

"큰 비구 대중들과……"라고 한 【세친 14】 아래는,

Ⓒ 나2. 둘째 대중의 성취부분(二者衆成就分: 구성원이 다 모인 것, 【세친 서19】 7공덕 의 제2 중성취분)을 이끌어 왔다.(牒: 連繫.)

[길장서13-1]. 구마라집(鳩摩羅什)이 번역한 경문에 세 가지 의미가 있다.

가1. 첫째 성문(聲聞)이고,

가2. 둘째 보살(菩薩)이며,

가3. 셋째 사람과 하늘 대중이다.

지금 여기서는 단지 앞의 둘만 연계(牒)하였다. 두 대중만으로 그들의 덕에 대해서만 찬탄하였기 때문에 지금 그것을 해석하고자 한다. 그러면 사람과 하늘 대중을 이끌어 오되(牒) 그들의 덕을 찬탄한 것은 없다.

又易解兼餘經=論 已釋。故不牒之。就牒二衆卽二。牒聲聞衆中 舊經有比丘比丘尼。今但牒比丘。

또 이해하기가 쉽고 겸하여 다른 경론(經論)에서 이미 해석한 것인지라 더 이상 연계(牒: 連繫.)하여 해석하지 않는다.

누 대중을 연계(牒: 連繫)한 것에 나아가 보면 두 가지 뜻이 있으니, 성문 대중을 연계한 중에 구경(舊經)에는 비구(比丘)와 비구니(比丘尼)가 있었고 지금 여기서는 단지 비구만 연계하고 있다.

比丘衆中有二。一顯名。二密行。今但牒顯名不牒密行。竝爲易解兼不歎德故也。

[길장서13-2]. 비구 대중 가운데 두 가지 의미가 있으니,
가1. 첫째는 이름을 드러낸 것이고,
가2. 둘째는 밀행(密行 : 비밀의 수행, 선행)한 것이다. 지금은 오직 이름만 드러내 연계했을 뿐 밀행은 연계하지 않았다. 아울러 이해하기 쉽게 해설한 것이라 겸하여 그 덕을 찬탄할 필요는 없기 때문이다.

比丘中有六。一標通號。二唱數。三明位。四歎德。五列名。六總結。今但列初四。不列後二+也。而論釋中 不釋初一通號及第五列名。

【길장 서14】 나1. 비구 대중 가운데 여섯 가지 뜻이 있으니,
　　다1. 첫째는 통호(通號 : 공통된 이름)를 표방(標榜 : 앞에 내세움)하고,
　　다2. 둘째는 그 수효를 말 한 것이며,
　　다3. 셋째는 지위를 밝히고,
　　다4. 넷째는 덕을 찬탄하며,
　　다5. 다섯째는 이름을 나열하고,
　　다6. 여섯째는 전체를 결론지었다.
　지금은 다만 처음 네 가지만 열거하고, 뒤에 두 가지는 열거하지 않았으며, 논의 해석 중에 첫 번째 통호와 다섯 번째 이름 열거는 해석하지 않았다.

## 2. 이상 아라한의 덕목(공덕)16구

【세친 서14】 與大比丘衆萬二千人俱 1皆是阿羅漢 2諸漏已盡 3無復煩惱 4心得自在 5善得心解脫 6善得慧解脫 7心善調伏 8人中大龍 9應作者作 10所作已辦 11離諸重擔 12逮得己利 13盡諸有結 14善得正智心解脫 15一切心得自在 16到第一彼岸

[세친서14-1]. 큰 비구 대중 1만 2천 명과 함께 계셨다.
　　가1. 이들은 다 아라한으로
　　가2. 모든 번뇌(漏)가 이미 다 하였고(없어졌고)
　　가3. 더 이상 번뇌가 없으며
　　가4. 마음에 자재(자유)를 얻었고

가5. 마음의 해탈(心解脫)을 잘 얻었고,

가6. 지혜의 해탈(慧解脫)을 잘 얻은 이들이었다.'

【세친 서15】 가7. '마음을 잘 길들여 항복 받아

가8. 사람 가운데 큰 용으로

가9. 마땅히 해야 할 일을 하며,

가10. 해야 할 일들이 이미 갖추어져 있고

가11. 모든 무거운 짐을 벗어 버렸으며,

가12. 자신의 이로움을 얻은 데에 이른 분 들이었다.

가13. 존재의 결박(有結)11)에서 벗어나

가14. 바른 지혜와 마음의 해탈을 잘 얻었으며,

가15. 모든 마음에 자재(自在)를 얻어

가16. 제일의 피안(第一彼岸 : 최고의 경지)에 이른 이들이었다.'。 아라한의 공덕16구.

[길장 서15] 菩薩中亦六門=一。一通號。二唱數。三明位。四歎德。五列名。六總結。而後 論釋中 不釋初一及以後二。至文當顯。

[길장서15-1]. 보살 대중에 있어서도 여섯 가지 문(六門)이 있으니, 【세친 서16】

가1. 첫째는 통호(通號 : 공통의 이름=비구대중)이고,

가2. 둘째는 그 대중의 수를 말하며,

가3. 셋째는 지위를 밝히고,

가4. 넷째는 그 덕을 찬탄한 것이며,

가5. 다섯째는 이름을 나열하고,

가6. 여섯째는 전체를 결론지은 것이다.

그런데 나중 논을 해석한중에 첫 번째(가1)와 뒤에 둘(가5,가6)은 해석하지 않았으니, 그것은 본문에 이르면 당연히 나타나기 때문이다.

---

11) 유결(有結) : 사람을 미혹(迷惑)에 얽매이게 하는 번뇌(煩惱). 유(有-존재)는 생사(生死)의 과보(果報), 결(結)은 결박(結縛)의 뜻으로 삶과 죽음에 집착(執着)시키는 만 가지의 번뇌(煩惱)라는 뜻.

## 3. 보살의 덕목(공덕) 13구

**【세친 서16】** 菩薩摩訶薩八萬人 1皆於阿耨多羅三藐三菩提不退轉 2皆得陀羅尼 3大辯才樂說 4轉不退轉法輪 5供養無量百千諸佛

[세친서16-1]. '보살마하살 8만 명이 있었으니,

　가1. 다 아뇩다라삼먁삼보리(阿耨多羅三藐三菩提)에서 물러나지 않은 이들이며,

　가2. 다 다라니(陀羅尼)와

　가3. 말 잘하는 말솜씨를 얻어

　가4. 물러나지 않는 법륜(法輪)을 굴리며,(설법을 계속하시며)

　가5. 한량없는 백 천의 모든 부처님께 공양하였고,'

**【세친 서17】** 6於諸佛所種諸善根 7常爲諸佛之所稱數 8以大慈悲而修身心 9善入佛慧 10通達大智 11到於彼岸 12名稱普聞無量世界 13能度無數百千衆生  이상13구

　가6. '여러 부처님 계신 곳에서 온갖 선의 종자(善根)를 심었으며,

　가7. 항상 여러 부처님께 칭찬을 들었으며,

　가8. 큰 자비로써 몸과 마음을 닦아서

　가9. 부처님의 지혜에 잘 들어갔으며,

　가10. 큰 지혜를 통달하여

　가11. 피안(彼岸 : 평화,열반)에 이르렀고,

　가12. 그 이름이 한량없는 세계에 널리 들리어

　가13. 능히 수없는 백 천 중생을 제도하는 이들이었다.' ”  이상 보살공덕 13구

[길장 서17] 論曰下。第二論釋 就文爲二。第一通釋一品。凡 爲七門。第二別列七門。

( [길장서12-5]. 초품 해석에 나아가면 크게 두 가지로 전개 된다. ●가1. 첫째 경문을 이끌어오고 (牒) ●가2. 둘째 논의 해석(論釋)이다. 연결)

　'논에 이르되(論曰) 라고 한 이하는,(아래[세친 18])

1, 삼보에 귀경(歸敬)하는 게송  65

[길장서17-2]. ◐가2. 제2 논의 해석이니(論釋), 그 글에 나아가면 두 가지 뜻이 있다.

　가1. 첫째 1품(一品)에 대한 전체적인 해석인데 무릇 일곱 가지 문(七門 : 일곱 가지 성취,7공덕)으로 구성되어 있다.

　가2. 둘째 일곱 가지 문(七門)을 따로따로 열거하였다.


(가1. 첫째 1품에 대한 전체적인 해석인데 무릇 일곱 가지 문(七門)으로 구성되어 있다.)

【세친 서18】論曰 此經法門中 初第一品 示現七種功德成就 此義應知

[세친18-1]. "논에 이르기를 '이 경의 법문 중에 첫째 제1품(서품)에서 일곱 가지 공덕의 성취를 나타내 보였다. 이 뜻을 마땅히 알라!'"


[길장 18] 就初又二句. 此法門者 一部之通號也. 初第一品者 一章之別稱也. 七種皆稱功德者. 此之七種 皆能顯道利物故 竝云功德. 一一章中明義具足無餘. 不可破壞故 云成就

[길장서18-1]. 첫 글【세친서 18】을 접해 보면, 또 2구(句)가 있다.

◉이 첫 구는 이 경의 법문이란(此經法門=法門者) 1부(一部)의 통호(通號 : 공통된 이름)이다.

◉둘 째구는 '첫째 제1품'(初第一品=제1 서품),이란 한 문장(一章 : 한 문장. 한 품. 품을 장이라 하
였음 )의 별칭(別稱 : 다른 이름. 별명)이다.

　가1. 일곱 가지를 다 공덕이라고 일컬은 것은 이 일곱 가지가 다 능히 도(道)를 나타내어 중생을 이롭게(利物) 하기 때문에 아울러 공덕이라고 말한 것이다. ([길장서17-2] 가2.연결.)

하나하나의 문장(7종 의 문장, 7공덕)마다 그 가운데는 이치를 구족하게 밝혀 남긴 것이 없고 파괴(破壞)할 수 없기 때문에 성취(成就)라고 말한 것이다.


이 아래는【세친 서19】의 해설

何等爲七下. 第二別列七門. 就文 又二. 初列 次釋文.

'어떤 것들이 일곱 가지인가 (아래[세친 19])'라고 한 아래는,

가2. 둘째 일곱 문을 따로따로 열거했다. 그 글에 나아가 보면 또 두 가지 뜻이 있다. ([길장 서17-2])

★나1. 첫째는 일곱 가지를 열거하고,(7공덕) 【세친 서19】

★나2. 다음은 글을 해석한 것이다.

4, 일곱 가지 공덕의 성취 ( ★나1. 첫째는 일곱 가지를 열거하고,-7공덕)

【세친 서19】何等爲七 一者序分成就 二者衆成就 三者如來欲說法時至成就 四者 依所說法 威儀 隨順住成就 五者依止說因成就 六者大衆欲聞法現前成就 七者文殊師利答成就

가1. 어떤 것이 일곱 가지인가? (일곱 가지(공덕)을 열거한 것)

●나1. 첫째 서분(序分)을 성취함이요, (서분, 서론의 완성)

●나2. 둘째 대중을 성취함이며(청중이 구성됨),([길장 23]에서 연속)

●나3. 셋째 여래께서 설법하시고자 하는 때가 이르렀음을 성취함이요,(때가 된 것)

●나4. 넷째 설하신 법과 위의[威儀 : '계율' 행(行), 주(住), 좌(坐), 와(臥), 동작이 모두 계율에 어긋남이 없어서 위엄이 있는 것. 을 달리 이르는 말]에 의지하여 순히 따라(隨順) 안주함을 성취함(住成就)]이며,(법과 위의가 갖추어져 중생 수준 따라 안정 된 것)

●나5. 다섯째 설법 할 원인에 의지함이 성취된 것이요,(설법할 인(因-조건)이 갖추어짐)

●나6. 여섯째 대중이 법을 듣고자 하여 앞에 나타남을 성취함이며,(설법을 듣고자 하는 대중이 앞에 있음)

●나7. 일곱째 문수사리(文殊師利)보살의 대답을 성취함이다.(받은 것이다.)

일곱 가지 성취(공덕)

아래는 [세친 서20]의 해설이다.

[길장 서19]

序分成就者下。第二釋七章門。卽成七分。初分有五。一如是。二我聞。三一時。四敎主。五住處。今但釋第五。初分四餘經已明。兼復易解故不釋也。

'서분을 성취하였다'【세친 서20】라고 한 아래는,

★나2. 둘째 일곱 가지 글(七章門)을 해석한 것인데, 곧 일곱 부분으로 이루어져 있다.
　다1. 초분(初分-서분)에 다섯 가지가 있으니,(라⑤)
　　라①. 첫째는 이와 같이(如是)
　　라②. 둘째는 나는 들었다(我聞)
　　라③. 셋째는 한 때(一時)
　　라④. 넷째는 가르치는 주인공이신 교주(敎主 : 부처님)
　　라⑤. 다섯째는 머무는 곳(住處)12)이다.
지금 여기서는 다만 다섯째만 해석하였다. 초분의 네 가지(①.에서④.)는 다른 경에서 이미 밝혔을 뿐만 아니라, 겸하여 또 쉽게 이해할 수 있기 때문에 해석하지 않는다.


(★나2. 다음은 글을 해석한 것이다.)

【세친 서20】 論曰 序分成就者。

●나1.(세친의) 논에 이르되 '서분(서품)을 성취한 것은' 이라고 한 것은,


[길장 20] 此牒序分成就義也。又序分成就者 此法門中。示現二種勝義成就 應知者。第二釋序分成就。就文爲二。一正釋。二擧經示釋處。

이것은 서분을 성취하였다는 뜻(義)을 연계(牒 : 이끌어 옴. 되새김. 연계함. 이어 기록함)한 것이다.

또 "서분을 성취하였다는 것은, 이 법문 가운데 두 가지 뛰어난 의의를 성취하였음을 나타내 보인 것임을 마땅히 알아야 할 것이다."라고 한 것은,

---
12) 이는 주처(住處)가 아니라 설경처(說經處)라 해야 맞을 듯하다.

다2. 둘째 서분을 성취한 것에 대한 해석이다. 이 글에 나아가면 두 가지 뜻이 있다.
　라①. 첫째 바로 해석(正釋)하고,
　라②. 둘째 경문을 들어 해석한 곳을 보인 것이다.

就初又四。一標二種勝義勸知。何等爲二下。第二別出二種勝義。如王舍城下。第三正擧城山示二種勝義。顯此法門 最勝義故下。第四正明勝義。
　라①. 첫째(정석(正釋)) 글에 나아가 보면, 또 네 가지 의미가 있으니,
　　마①. 첫째 두 가지 뛰어난 뜻을 표방(標:標榜·앞에 내세움)하여 알게 권하는 것이고,
　　'어떤 것들이 두 가지인가?' 라고 한 아래는,
　　마②. 제2 두 가지 뛰어난 의의를 따로따로 나타낸 것이니. '왕사성'이라 한 아래와 같다.
　　마③. 제3 성(城)과 산(山)을 바로 들어 두 가지 뛰어난 뜻을 보인 것이고,
　　'이 법문의 가장 뛰어난 의의를 드러낸 때문에' 라고 한 아래는,
　　마④. 제4 뛰어난 의의를 바로(정확하게) 밝힌 것이다.

(라①. 첫째 바로 해석(正釋)하고, 【세친서 21.22】)

【세친 서21】 此法門中 示現二種勝義成就 此義應知 何等爲二

[세친서21-1]. 이 법문 중에서 두 가지 뛰어난 의의를 성취한 것을 나타내 보이니, 이 의의를 꼭 알아야 한다.

어떤 것들을 두 가지라 하는가?

【세친 서22】 一者示現諸法門中 最勝義成就故 二者示現自在功德義成就故 如王舍城 勝於諸餘一切城舍 耆闍崛山 勝餘諸山 故

　가1. 첫째 모든 법문 중에 가장 뛰어난 의의를 성취한 것을 나타내 보이기 때문이요,

**가2.** 둘째 자재(自在)한 공덕의 의의를 성취한 것을 나타내 보이기 때문이다.

왕사성은 다른 모든 성보다(城舍) 뛰어나고, 기사굴 산도 다른 모든 산보다 뛰어난 것과 같은 때문이다.

[길장 서22]問。王舍城云何勝一切城。答。別傳云。五天竺國十六大國 五百中國 十千小國 有六大城。而王舍城最大。龍樹云。佛滅度後 阿闍世王 人民減小故 更別立一小城。猶勝一切城。何況本王舍城。

☞ 왕사성은 무슨 까닭에 다른 모든 성보다 뛰어난가?

☞ 별전(別傳)13)에 이르기를 "다섯 천축국(天竺國 : 인도)에는 16대국(大國)과 5백 중국(中國), 그리고 10천(十千 : 10×1000=10000)의 소국(小國)이 있고, 여섯 개의 큰 성이 있는데, 그 가운데

왕사성이 가장 크기 때문이다.

용수(龍樹)가 이르기를 "부처님께서 멸도(滅度)한 뒤로 아사세왕(阿闍世王)이 백성들이 감소한다는 이유로 다시 따로 한 작은 성을 만들었는데, 그 성도 오히려 다른 모든 성들보다 빼어나거늘 어찌 더구나 본 왕사성이겠는가?!" 라고 하였다.

譬此經於一切經中勝者。凡乘有四種。一是人天 卽世間乘。二小乘。三大乘。四一乘。此經正明一佛乘故 衆中經勝。又說盡理之法 暢衆聖之心 滿諸佛之願。華嚴等法華前敎 雖盡理之法 未明五乘衆生皆成佛。未暢諸佛之心。是故斯經最勝。結束一化始終。是故最勝。

**[길장서22-1].** 이 경이 모든 경중에 수승하다(빼어나다)고 비유한 것은, 무릇 가르침(乘)에 네 가지가 있는데,

**가1.** 첫째 인간과 천상이니 곧 세간의 가르침(人天世間乘)이고,

**가2.** 둘째 소승(小乘 : 작은 가르침)이며,

**가3.** 셋째 대승(大乘 : 큰 가르침)이고,

**가4.** 넷째 일승(一乘 : 하나의 가르침)이다.

---

13) 별전(別傳) : 선종의 깊은 뜻은 교(敎) 밖에 따로 근기에 대하여 이심전심(以心傳心)하는 것을 별전·단전(單傳)이라함. 또 교외별전(敎外別傳)·불립문자(不立文字)등이라 함)

이 경은 일불승(一佛乘 : 부처가 되는 하나의 가르침)을 정확하게 밝힌 때문에, 그 많은 가운데서도 이 경이 (가장) 빼어나다고 한 것이다.

또 지극한 진리가 담긴 법을 설하여 숱한 성인들의 마음을 드날리고 모든 부처님의 원(願)을 만족케 하였지만, 화엄(華嚴) 등은 법화(法華) 이전의 가르침으로 비록 지극한 진리가 담긴 법을 설하였다하더라도, 5승(五乘)의 중생들이 다 성불한다는 것을 밝히지 못하였으며 모든 부처님의 마음을 드날리지도 못하였으니 이러한 까닭에 이 경이 가장 빼어난 것이요, 일대 교화(一化)의 시종(始終)을 하나로 묶었으니(結束) 이러한 까닭에 가장 빼어난 것이다.(이 경,법화경)에 일생 교화하신 시작과 끝을 모두 묶어 총 정리한 때문이다)

如神力品云。如來所有一切諸法。一切自在神力。一切祕要之藏 甚深之事。皆於此經 宣示顯說。餘經但當教明義 未暢諸佛之心。是故此經最勝。又如論下品云。此經有十七種名 顯示十七種甚深功德。是故最勝。

「신력품(神力品)」에 "여래께서 소유하신 일체의 법과 일체의 자재한 신통력과 일체의 비밀하고 요긴한 법장과 매우 심오한 일을 이 경(법화경)에서 다 펴 보이고 나타내어 설하셨다."라고 한 것과 같다.

다른 경들은 단지 그 경에 해당한 가르침(當敎)의 뜻만 밝혔을 뿐, 모든 부처님의 마음을 드날리지는(暢) 못하였으니, 이러한 까닭에 이 경이 가장 빼어난 것이다.

또 논의 아래 품(下品 : 서품 뒷부분)에 "이 경(대승수다라)은 열일곱 가지 명칭을 두고 열일곱 가지 매우 깊은 공덕을 나타내 보인 것이라 이러한 까닭에 이 경이 가장 빼어나다." 라고 한 것과 같다.

問。大乘一乘此有何異。答。有同有異。所言同者 卽一而包故 一乘稱大。卽大無二故大乘名一。故下文云。爲諸聲聞 說大乘經 名妙法蓮華。亦如勝鬘 攝受正法 名摩訶衍。故知 一大無二。

**[길장서22-2].** 🙂 대승(大乘)과 일승(一乘)은 무엇이 다릅니까?

🙂 같은 것도 있고 다른 것도 있다.

가1. 같은 것을 말하면, 하나이면서도 모두가 포함된 때문에 일승을 대승(大)이라 일컫고, 곧 크면서도 둘이 없기 때문에 대승(大乘)을 일승(一)이라 하는 것이다.

그러므로 아래 글에 "모든 성문들을 위하여 대승경을 설하시니, 그 이름이 묘법연화(妙法蓮華)다."라고 하였고, 또 "승만(勝鬘 : 아유사국의 왕비)이 정법(正法)을 섭수(攝受 : 흡수해 들임)하는데, 그 이름이 마하연(摩訶衍 : 대승)이다."라고 한 것과 같다. 그러므로 일승(一)과 대승(大)이 둘이 아님을 알라.

所言異者。攝論已稱　小乘大乘一乘。金剛般若云。爲大乘者說。　最上乘者說。故知大與一異。

가2. 다른 것을 말하면, 『섭론(攝論)』에서 이미 "소승(小乘)·대승(大乘)·일승(一乘)"이라 칭했고, 『금강반야경(金剛般若經)』에 "대승을 행하는 자를 위해 설했고 최상승인 자(最上乘者) 위해 설하였다."고 하였으니, 그러므로 대(大)와 일(一)이 다르다는 것을 알 수 있다.

所言異者　大乘未廢二。一乘已廢二。大乘密廢二。一乘顯廢二。大乘但是因。一乘卽是果。如智度論云。是乘從三界出 至薩婆若中住。

또 다른 것을 말하자면, 대승은 아직 두 가지(소승, 대승)를 폐하지 못했고, 일승은 이미 두 가지를 폐였으며, 대승은 밀교(密敎)로서 두 가지를 폐하였고, 일승은 현교(顯敎)로서 두 가지를 폐하였으며, 대승은 다만 인(因)일 따름이고, 일승은 곧 과(果)이니, 『지도론(智度論)』에 "이 승(乘 : 수레. 가르침)이 삼계로부터 나와 살바야(薩婆若 : 일체지(一切智). 모든 법을 깨닫는 지혜)에 이르러 머문다."라고 한 것과 같다.

至佛乘反名一切種智。不復名乘。故知大乘但因。法華明三車一城皆是果位。故知一乘但果。又大乘通因果。如十二門論。諸佛所乘故名爲大。大士所乘故名爲大。

불승(佛乘)에 이르시는 도리어 '일체종지(一切種智)'라고 이름 하고 다시는 '승(乘)'이라고 이름 하지 않는다. 그러므로 알라, 대승(大乘)은 오직 '인(因)'일 뿐이다.

『법화경』에서 밝힌 세 가지 수레(三車)와 하나의 성(一城)은 모두 과위(果位 : 결과의 자리)이다. 그러므로 알라, 일승(一乘)은 오직 과(果)일 뿐이다.

또 대승은 인과 과(因果 : 원인과 결과. 수행과 깨달음)에 다 통하니, 『십이문론(十二門論)』에 "모든 부처님들께서 이 수레를 타기(乘) 때문에 대(大)라 하고, 대사(大士 : 보살)들이 타기 때문에 대(大)라고 한다."라고 한 것과 같다.

一乘但果 如法華說。又法華論云。一乘者 謂無上菩提果 究竟故。此一 徒=往判。更有餘義。涅槃經云。佛性謂一乘波若 首楞嚴 師子吼。若如此文 卽一乘亦因 與大無二。

일승은 오직 과(果 : 결과, 깨달음)로 『법화경』에서 설한 것과 같다. 또 『법화론(法華論)』에 "일승이란 위없는 보리과(菩提果)를 말하니 구경(究竟)의 경지인 때문이다."라고 하였다.

이것은 대충 판단(一徒判 → 一往判)한 것이고 다시 또 다른 뜻이 있다.

『열반경(涅槃經)』에 "불성(佛性)은 일승반야(一乘波若)·수릉엄(首楞嚴)·사자후(師子吼)를 이른다."라고 하였으니, 만약 이 글과 같다면 일승도 역시 인(因)으로써 대승(大)과 둘이 아니다.

問。何故一乘偏屬果。答。昔明三果究竟。至此經卽 二果非究竟 唯佛果是究竟。是故一乘偏屬佛果。鷲山勝一切山者。摩伽陀國 有五山。於五山中鷲山最勝也。

▣ 무슨 까닭에 일승을 과(果)에 기우려 소속시켰는가?

▣ 예전에는 3과(果 : 3승의 과)의 구경(究竟)을 밝혔는데, 이 경에 이르면 2과(果 : 2승의 과)도 구경이 아니고 오직 불과(佛果)만이 진실한 구경이니, 이런 고로 일승을 불과에 기우려 소속시킨 것이다.

'영취산이 일체 다른 산보다 뛰어나다.'는 것은 마가타국(摩伽陀國)에 다섯 산이 있는데 그 다섯 산 가운데 영취산이 가장 뛰어나다는 말이다.

問。如十地等經明十寶山。云何 及取鷲山勝一切耶。答。鷲山是三世諸佛常所住處。餘山不爾故偏言勝。

▣ 십지 등(을 밝힌 것)과 같이, 경에 열 개의 보배 산도 밝혔는데, 어째서 영취산만 골라 뽑아 일체의 산보다 뛰어나다고 말한 것인가?

▣ 영취산은 바로 3세(三世)의 모든 부처님이 항상 머무시던(常住) 곳이지만, 다른 산들

은 그렇지 못한 때문에 기우려 뛰어나다고 말한 것이다.

問。云何是自在義耶。答。旣明佛乘。佛卽自在。又餘經 當敎明義。此經 結束融會 一化始終 出生收入。故言自在。

  問 자재하다는 뜻이 무엇을 말함인가?

  答 이미 불승(佛乘)에서 밝혔듯이 부처님이 바로 자재하신 것이다. 또 다른 경에서는 그 경의 가르침에 당면하여 그 뜻을 밝혔지만, 이 경에서는 일대교화(一化 : 일생 교화)의 시작과 끝(始終)과, 태어나서 입멸함(出生收入 : 태어남과 입멸함)을 거둬 한 덩이로 묶어서(結束) 피차를 두루 알았기(融會) 때문에 자재하다고 말한 것이다.

問。章門中 明一勝義 二自在義。今辨城山竝是勝義。云何是自在耶。答。卽此二勝故 是自在。又王城取自在。山取其勝也。

  問 글(章門 : 앞의 경문) 중에 첫째 뛰어난 뜻(勝義)과 둘째 자재(自在)한 뜻을 밝혔다. 지금은 성(城)과 산(山)을 아울러 이들이 뛰어난 뜻임을 분명히 하였다. 무엇이 그리 자재하단 말인가?

  答 곧 이 두 가지가 뛰어난 때문에 이것이 자재한 것이다. 또 왕사성(王城)은 자재함을 지녔고 산은 뛰어남을 지닌 것이다.

(라②. 둘째 경문을 들어 해석한 곳을 보인 것이다.)

【세친 서23】顯此法門 最勝義故 如經 如是我聞 一時 佛住王舍城 耆闍崛山中故

  이 법문(法門 : 부처님의 가르침)이 가장 수승한 뜻을 나타내기 때문에, 경에 "이와 같이 나는 들었다. 어느 때 부처님께서 왕사성(王舍城 : 범어 Rjagha의 음사. 인도 마갈타국의 수도이다.) 기사굴산(耆闍崛山 : 범어 Gdhraka의 음사. 왕사성 동북쪽에 있는 산 이름. 영취산(靈鷲山)이라고도 한다.)에 계셨다"라고 한 것과 같은 맥락이다.

[길장 23] [세친서24의 해설]衆成就下。七分中第二衆成就分 文爲二。初標 次釋。

  '대중을 성취함(衆成就)'이라 (【세친 서24】 한 아래는 [세친 19]. [세친18-1].-가1.나2 연결.),

74 법화론 소

　일곱 부문으로 나눈 중에서 두 번째인 대중을 성취(第二衆成就)한 부분으로서, 그 글에 두 가지 뜻이 있으니,
*가1. 첫째는 글을 표방(標榜 : 앞에 내세움)하고 【세친 서24】
*나2. 둘째는 글의 해석(釋)이다.(4가지 열거와 4가지 해석이 있다)


　　(*가1. 첫째는 글을 표방(標榜 : 앞에 내세움)하고)
【세친 서24】 衆成就者 有四種義成就 應知
[세친24-1]
●나2. '대중을 성취했다.'는 것에, 네 가지 뜻의 성취가 있음을 꼭 알아야 할 것이다.


[길장 24] 釋中 初列四種章門。次釋四種章門。
*나2. 둘째 글(章門)을 해석한 가운데
●가1. 첫째 네 가지 글(章門)을 열거하였고,
●가2. 다음에는 네 가지 장문(章門)을 해석하였다.【세친 서25】


　　(●가1. 첫째 네 가지 글(章門)을 열거하였고,)
【세친 서25】 何等爲四 一者數成就 二者行成就 三者攝功德成就 四者威儀如 法(住)成就

가1. 어떤 것들이 그 네 가지인가? (4가지 열거)
　♥나1. 첫째는 수를 성취한 것이요,(참가할 대중이 다 참석 하였다)
　♥나2. 둘째는 행(行)을 성취한 것이며,
　♥나3. 셋째는 공덕을 섭수(攝=攝受 : 흡수해 들임)함을 성취한 것이요,
　♥나4. 넷째는 위의(威儀 : '계율'을 달리 이르는 말))를 법도에 맞게 성취한 것이다.


[길장 서25] 初四章總釋。大小乘有此四事也　一數成就下。第二別釋四章門。卽成四別也。

&첫째 네 가지 글(章)을 모두 해석하였으니(總釋) 대승이건 소승이건 다 이 네 가지 일이 있다.

♥나1 '첫째 수를 성취함[數成就]'이라 한 이하는, 【셰친 서26】

나1-1. 둘째 네 가지 글(章門)을 따로따로 해석한 것이니, 곧 네 가지가 따로 이루어진다.

(♠가2, 다음에는 네 가지 장문(章門)을 해석하였다)

【셰친 서26】 一數成就者 謂大衆無數故

♥나1. '첫째 수를 성취함'이란 법회에 모인 대중이 수없이 많기 때문이며,

[길장 26] 數成就 總明大小二衆之數。如聲聞一萬二千 菩薩八萬之 流也。

'수를 성취함'이란 대승과 소승 두 대중의 수를 전부 밝힌 것이니, 성문(聲聞) 1만 2천명과 보살(菩薩) 8만의 부류와 같은 것이다.

所言無數者。示存略故 總云不可說耳 二行成就下 釋第二章也。就文又二。初總釋大小二衆。凡有四行。次別釋行體。

'수없이 많다(無數)'고 말한 것은 존재하는 대중을 간략하게 보인 것이기 때문에 전체적으로 '말로는 이루 다할 수 없다고' 말한 것뿐이다.

(아래는 【셰친 서27】 의 해설이다.)
♥나2. '둘째 행(行)을 성취한 것'이라 한 이하는, 【셰친 서27】
제2장( 【셰친 서25】 ♥나2.)을 해석한 것이다. 그 글의 내용을 접해 보면, 또 두 가지 의미가 있으니,

다1. 첫째는 대승과 소승 두 대중에게 네 가지 행(行)이 있음을 통틀어 해석한 것이고, [셰친서27]

다2. 다음은 행의 실체를 따로따로 해석한 것이다.

【세친 서27】 二行成就者 有四種。一者諸聲聞修小乘行。二者謂諸菩薩 以修大乘行。三者謂諸菩薩 神通自在力 隨時示現 能修行大乘行 衆行 如颰-台+(友-又+又)]颰陀婆羅菩薩等 十六賢士 具足菩薩不可思議事 而常示現種種形相。謂優婆塞優婆夷比丘比丘尼等故。四者出家聲聞人 威儀一定 不同菩薩故。

♥나2. '둘째 수행(行)을 성취하였다'고 한 것에 네 가지 뜻이 있으니, (다4)

다1. 첫째 모든 성문들이 소승의 수행법을 닦았음을 말하고,

다2. 둘째 모든 보살들이 대승의 수행법을 닦았음을 말하며,

다3. 셋째 모든 보살들이 신통의 자재한 힘으로, 때에 따라 잘 수행한 대승행(大乘行)의 많은 행들을 나타내 보여주니, 발타바라(颰陀婆羅)보살 등 16현사(賢士)들과 같이 보살의 불가사의(不可思議)한 일을 완전하게 갖추고서 항상 갖가지 형상을 나타내 보이니, 우바새(優婆塞)·우바이(優婆夷)나 비구(比丘)·비구니(比丘尼) 등을 (나타내 보인 것을) 말한다.

다4. 넷째 출가한 성문인은 위의(威儀 : '계율'을 달리 이르는 말)가 일정한 것이, 보살과 같지 않은 점이다.

[길장 서27] 四行凡有二。一對大小。二定不定。大小者 聲聞定 修小行。菩薩定 修大行。

♥나2 네 가지 행에도 두 가지 뜻이 있으니,

다1. 첫째는 크고 작음(소승과 대승)에 대(對)한 것이고,

다2. 둘째는 일정함(定-정해진 계행)과 일정하지 아니함(不定 : 일정한 방법에 따르지 않고 자유로이 행함.)이다.

다1. '크고 작음(大小-대승,소승)'이란,

라1. 성문의 선정은 소승의 행을 닦는 것이요,

라2. 보살의 선정은 대승의 행을 닦는 것이다.

次明定不定者。菩薩雖大行　方能示無定無方之行。如十六賢士　能示爲小乘四衆。卽大包小故。大示小行也。

다2 '다음 정과 부정을 밝힌다(次明定不定)'고 한 것은,

라1. 보살이 아무리 대승법을 수행했다하더라도 바야흐로 능히 (행이)일정함이 없고(無定) 방정힌 행이 없는(無方) 행을 보일 수 있으니, 발타바라(颰陀婆羅 : 善守. 賢守)보살 등 16현사(賢士 : 大士=16나한)가 소승의 4부중을 위하여 (여러 형상을) 보여줄 수 있었던 것과 같으니.

즉 이는 대승(大)으로 소승(小)을 포용하기 때문이며, 대승이 소승의 행을 보여주는 것이다.

次比丘出家　　聲聞定行者。畢定住出家威儀也。問。論何故擧十六大士。答。十六是在家菩薩。以對小乘出家 明道俗 明定不定也

라2. '다음 출가한 비구(比丘出家)의 성문의 일정한 행(定行-계율의 행)'이란, 일정한 행을 다하여(정한 계율의 행을 다 지켜) 출가한 모습(위의威儀 : '계율'을 달리 이르는 말)에 머물러야 한다는 것이다.(계율을 지켜야 한다)

問 논에서는 무엇 때문에 16대사(大士)를 거론했는가?

答 16대사는 이들은 재가(在家)보살들이다. 소승의 출가자를 대상(對)으로 도인과 속인을 밝히고 정(定)과 부정(不定)을 밝힌 것이다.

아래는 【세친 서28】 의 해설이다.

皆是阿羅漢下。此第二別釋小乘大乘二種行事。又二。初總列大小二功德數 次別釋二也。

'다 아라한들이다'라고 한 아래 【세친 서28】 는,

이는 제2 소승행과 대승행의 두 가지 수행하는 일을 따로 해석 하였다. 또 둘이 있으니,

마1. 처음은 대소승의 두 공덕의 수를 모두 나열하고,

마2. 다음은 따로 둘을 해석하였다. ● 한문 4字가 1句, 4구가 1항(行)=16자.

【세친 서28】 皆是阿羅漢等者 有十六句 示現聲聞功德成就故 皆 於阿耨多羅三藐三菩提

不退轉等者 有十三句 示現菩薩功德成就故

'다 아라한들이다'라고 한 것에 16구(句):[세친14-1].-(1) - (16)까지)를 둔 것은 성문(聲聞)의 공덕의 성취를 나타내 보여주기 때문이며,
'다 아뇩다라삼먁삼보리(阿耨多羅三藐三菩提)14)에서 물러나지 아니한다.'고 한 것 등에 13구(十三句:[세친16-1].1 - 13까지)를 둔 것은 보살의 공덕의 성취를 나타내 보여주기 때문이다.


[길장 서28] 小乘十六句功德者。論經廣故 有十六也。菩薩十三句者。羅什經與天親論經同也  阿羅漢功德成就者。釋上章門也。今前釋羅漢章門。又開爲二。初列三章門, 次釋三章門。

'소승의 16구절의 공덕'이란 논경(論經)에서 자세하게 밝힌 고로 16가지를 둔 것이요, '보살의 13구'라고 한 것은 구마라집(鳩摩羅什)의 경과 천친(天親)의 논의 경과 동일하다.
아래는 【세친 서29】 의 해설이다.
아라한의 공덕의 성취라는 것 【세친 서29】 은, 위의 글(章門)을 해석한 것이다. 지금 여기서 풀이한 것도 앞에서 해석한 나한의 글(羅漢章門)이다.
또 그것을 열어보면 두 가지 뜻이 있으니

&가1. 첫째는 세 가지 글(三章門-세 문장)을 나열하고,
&가2. 둘째는 세 가지 글을 해석하였다.


(&가1. 첫째는 세 가지 글(三章門)을 나열하고,)

【세친 서29】 阿羅漢功德成就者 彼十六句 示現三種門攝義 應知 何等三種門 一者上上起門 二者總別相門 三者攝取事門

'아라한(성문)의 공덕의 성취'라는 것은, 저 16구가 세 가지 문에 섭수(攝受 : 흡수해 들임)15)된 이치를 나타내 보여준 것임을 마땅히 알아야 할 것이다.

---

14) 아뇩다라삼먁삼보리(阿耨多羅三藐三菩提 : 범어 Anuttara-samyak-sabodhi의 음사. 무상정등정각(無上正等正覺)이라 번역한다. 위없이 바른 깨달음, 곧 부처님의 지혜를 말한다.정각).
15) 섭수(攝受 : 중생을 교화하는 도리를 따르는 방법으로서 중생의 사정에 따라 주는 것(←→절복(折伏). 상대(중생)를 받아들여 조용히 섭득하는 것.)섭수(攝受 : (1).중생을 교화하는 도리를 따르는 방법으로서 중생의 사정에 따라 주는 것(←→절복(折伏). (2).상대를 받아들여 조용히 섭득하는 것. (3).자비로운 마음으로 일체중생을 살피어 보호함. (4).끌어들여 받음(흡수))

가1. 어떤 것이 세 가지 문(三種門: 三章門)인가 하면,

◆나1. 첫째는 상상기문(上上起門: 최고의 지혜를 일으키는 글. 아라한 지위)이고,

◆나2. 둘째는 총상, 별상문(總別相門: 전체 가르침과 개체 가르침)이며,

◆나3. 셋째는 섭취사문(攝取事門: 일을 흡수하는 가르침)이다.

[길장 서29] 即用此三門 以釋上十六句經文也  上上起門者 第二釋也.

곧 이 세 문(三門)을 가지고 위의 16구 경문(經文)을 해석한 것이다. 상상기문은 (16구의 제2 모든 **번뇌(漏)가 이미 다 하였고(없어졌고)**([세친14-1].-가2.)를 해석한 것이다.

(&가2. 둘째는 3장문을 해석하였다.)

【세친 서30】 上上起門者. 謂諸漏已盡故 名爲阿羅漢. 以心得自在故 名爲諸漏已盡. 諸漏已盡故 名爲羅漢. 以心無復煩惱故 名心得自在.

◆나1. (첫째 상상기문(上上起門)에 대한 해석.)

  다1. '상의 상기문(上上起門: 상의 상의 지혜를 일으켜내는 가르침,아라한의 지위)'이란 모든 번뇌가 이미 다하였기 때문에 '아라한'이라고 이름 한 것이고,

  다2. 마음에 자재함을 얻었기 때문에 모든 번뇌가 다하였다고 이름 한 것이며,

  다3. 모든 번뇌가 다하였기 때문에 아라한이라고 이름 한 것이요,

  다4. 마음에 더 이상 번뇌가 없기 때문에 마음에 자재함을 얻었다고 이름 한 것이다.

以善得心解脫 善得慧解脫 故名心得自在. 以遠離能見所見故 名無復煩惱. 以善得心解脫 善得慧解脫故 名心善調伏.

  다5. 마음의 해탈(心解脫)과,

  다6. 지혜의 해탈(慧解脫)을 잘 증득하였기 때문에 마음이 자재함을 얻었다고 한 것이요,

능견(能見: 주관적 견해)과 소견(所見: 객관적 견해)을 멀리 여의었기 때문에 더 이상 번뇌가 없다고 이름 한 것이다.

다7. 마음의 해탈과 지혜의 해탈을 잘 얻었기 때문에 마음이 잘 길들여져 항복받았다고 이름 한 것이다.

人中大龍者 行諸惡道 如平坦路 無所拘礙。應行者已行。應到處已到故。應作者已作者 人中大龍 已得對治 降伏煩惱怨敵故。所作已辨者 更不後生。如相應事已成 辨=就故。

다8. 사람 가운데 큰 용이란, 온갖 험한 길(惡道)을 가는데도 마치 평탄한 길을 가는 것과 같아서 구애됨(拘礙:구속되어 막힘)이 없이 꼭 가야 할 것이면 길을 가고, 이르러야 할 곳은 이미 이르렀기 때문이다.

다9. '꼭 지어야 할 것은 지었다'는 것은 사람 가운데 큰 용이 대치(對治:상대를 치료 함) 하는 법을 얻어 번뇌의 원적(怨敵:원한이 있는 적)을 항복 받았기 때문이며,

다10. '지어야 할 것은 이미 변별(辨:분명하게 가려내 밝힘)했다'는 것은 다시는 죽은 뒤에 생(生)을 받지 않는 것이니 상응하는 일을 이미 판별하여 성취한 것과 같기 때 문이다.

**離諸重擔者 已應作者作 所作已辨 後生重擔 已捨離故。逮得己利者 已捨重擔 證涅槃故。**

다11. 모든 무거운 짐을 여의었다는 것은 이미 꼭 지어야 할 것은 짓고, 지을 것은 이미 판별하여(辨:분명하게 판단하여 밝힘) 후생의 무거운 짐을 이미 버리고 여읜 때문 이요,

다12. 제 자신의 이로움을 얻었다는 것은 이미 무거운 짐을 벗어버리고 열반을 증득했기 때문이다.

**盡諸有結者 已逮得己利 斷諸想惱因故。善得正智 心解脫者 諸漏已盡故。**

다13. 모든 존재의 결박을 다하였다는 것은, 이미 제 자신의 이로움을 얻어 모든 생각과 번뇌의 원인을 끊었기 때문이요,

다14. 바른 지혜와 마음의 해탈(心解脫)을 잘 얻었다는 것은 모든 번뇌가 이미 다 했기 때문이다.

一切心得自在者 善知見道修道智故。到第一彼岸者 善得正智 心得解脫 善得神通 無諍
三昧等 諸功德故。

다15. 모든 마음에 자유로움을 얻었다는 것은 견도(見道)의 계위와 수도(修道)의
계위의 지혜(智)를 잘 알기 때문이요,

다16. 제일의 피안(彼岸)에 이르렀다는 것은 바른 지혜를 잘 얻어, 마음의 해탈(心
解脫)을 얻고 신통과 다툼이 없는 삼매 등 모든 공덕을 잘 얻었기 때문이다.

大阿羅漢等者 心得自在 到第一彼岸故。衆所知識者 諸王王子大臣人民帝釋(天王)梵天王
等 皆知識故。又 復 聲聞菩薩佛等 是勝智者 彼勝智者 皆悉善知 是名衆所知識

'대아라한 등'이란 마음에 자유로움을 얻어 제일의 피안에 이르렀기 때문이요, '여러
사람들이 잘 아는 이들'이란 여러 왕과 왕자와 대신(大臣)·인민·제석천왕·범천왕들
이 다 잘 알고 있기 때문이다.

또 다시 성문·보살·부처님 등은 바로 뛰어난 지혜를 지닌 분들인지라, 그렇게 뛰
어난 지혜를 지닌 분들은 모두 다 잘 아시니. 그래서 '여러 사람들이 잘 아는 이들'이
라고 한 것이다.

[길장 30] 可就二義釋門。一就義釋。二 依=約文釋。就義釋者。學人功德 比凡夫功德爲
上。無學人功德 勝於學人功德。故云上上。

[길장30-1]

◆나1. [또 첫째 상상기문(上上起門 : 최상의 지혜, 아라한 지위)에 대한 해석.]

두 가지 뜻을 해석한 가르침(門)에 나아가 살펴보면,

다1. 첫째는 뜻에 대하여 해석한 것이고,

다2. 둘째는 문장에 의거하여 해석한 것이다.

다1. '뜻에 대하여 해석한 것'이라 한 것은,

라①. 배울 것이 있는 이(學人 : 有學學)의 공덕은 범부의 공덕에 비교하면 훨씬 위
이고,

라②. 배울 것이 없는 이(無學人 : 無學, 아라한)의 공덕은 배울 것이 있는 이의 공덕보다 훨씬 뛰어나다. 그런 까닭에 상의 상(上上 : 최상)이라고 한 것이다.

如下論云。善得正智心解脫 名上上功德。唯羅漢方有此功德也。

아래 논(論)에 이르기를 "바른 지혜와 마음의 해탈(心解脫)을 잘 얻은 것을 이름 하여 상의 상공덕(上上功德 : 최상의 공덕)이라고 하니, 오직 아라한만이 비로소 이러한 공덕이 있다."고 하였다.

又羅漢有二種。一鈍根小羅漢功德爲上。今歎大羅漢功德故 云上上也。

라②. 또 아라한(학,무학)에 두 가지 의미가 있다.
  마①. 첫째는 둔근(鈍根 : 둔한 근기)의 소아라한(小阿羅漢)의 공덕이 상이 되고,
  마②. 지금 여기서는 대아라한의 공덕을 찬탄한 때문에 상의 상(上上)이라고 한 것이다.

又大羅漢有二功德。一上功德。二上上功德。今十六句 歎上上功德也。起者欲生起 此上上功德也。依下 文釋之。已云上上 卽一上爲上 一上爲下。上下互相顯釋 爲上上起門也。

마②. 또 대아라한에 두 가지 공덕이 있으니,
  바(1). 첫째는 상의 공덕(上功德)이고,
  바(2). 둘째는 상의 상 공덕(上上功德-최상의 공덕)이다. 지금 여기에 나온 16구(句)는 상의 상 공덕을 찬탄한 것이다.

'일으킨다(起)'고 한 것은 이 상의 상 공덕을 생기(生起)게 하고자 하는 것이니, 아래 해석한 글에 의거하라.

이미 상의 상(上上)이라고 했으니, 그렇다면 하나는 상(上)의 상(上 : 대아라한의 공덕)이 될 것이고, 다른 하나는 상의 하(下 : 소아라한의 공덕)가 될 것이다. 상하가 서로서로 나타내어 해석하고 있으니, 이것이 상의 상 기문(上上起門 : 상의 상 공덕,(가르침))이 되는 것이다.

觀下釋中都有五意。一以下釋上。二以上釋下。三以上釋上。四以下釋下。五以上及下 足釋一句。以下釋上者。謂諸漏已盡故 名爲阿羅漢。

(둘째 문장에 의거하여 해석한 것) **[길장30-1]다2.**

다2. 아래 해석을 관찰해 보면 그 가운데 전부 다섯 가지 뜻이 있으니,

　라①. 첫째는 하(下:소아라한의 공덕)로써 상(上:대아라한의 공덕)을 해석한 것이고,

　라②. 둘째는 상으로써 하를 해석한 것이며,

　라③. 셋째는 상(대아라한의 공덕)으로써 상(대아라한의 공덕)을 해석한 것이요,

　라④. 넷째는 하(下:소아라한의 공덕)로써 하를 해석한 것이며,

　라⑤. 다섯째는 상과 하로써 1구(句)를 족히 해석한 것이다.

　라①. '하(下)로써 상을 해석한다.'는 것은

　　마①. '모든 번뇌(諸漏:下)가 이미 다한 때문에 이름 하여 아라한(阿羅漢:上)이라 한다.'라고 한 것을 말한다.

諸漏已盡者。以心得自在故。此亦是以下釋上也。與前句異者。前是攝次以下釋上。今是超句以下釋上。以無復煩惱故 名心得自在。此以上釋下也。

　　마②. '모든 번뇌가 이미 다하였다'는 것은 마음에 자재함을 증득하였기 때문이니, 이것도 역시 하(下:心得自在)로써 상(上:아라한)을 해석한 것이다.

　　마③. 앞 구절(前句:諸漏已盡)과 다른 것은, 앞에 것은 곧 다음 것(次:無復煩惱)을 섭수(攝受:흡수해 들임)하고서 하로써 상을 해석한 것이고, 지금 것은 이 구절을 초월하 고서 하(下)로써 상(上)을 해석한 것이다.

　라②. 다시는 번뇌가 없기 때문에 '마음에 자재함을 얻었다.'고 한 것이니, 이것은 상(上:無復煩惱)으로써 하(下:心得自在)를 해석한 것이다.

善得心解脫 名心得自在。此以下釋上也。故釋心自在一句 用兩句上下釋之。問。云何心得解脫 慧得解脫。答。智度論云。屬愛盡名心脫。屬見惑盡 名慧脫。又釋云。定障盡名心解脫。慧障盡名慧解脫。

　　마④. 마음의 해탈을 잘 얻은 것(善得心解脫:下)을 이름 하여 '마음에 자재함을 얻었다(心得自在:上)'고 한 이것은 하로써 상을 해석한 것이다.

래⑤. 그러므로 '마음이 자재하다(心自在)'는 1구를 해석하는 데, 상과 하(上下)라는 두 구절 (兩句)을 사용하여 해석한 것이다.

ㄹ 어떤 것이 마음의 해탈을 얻은 것이며 지혜의 해탈을 얻은 것인가?

ㅁ 『대지도론(大智度論)』에 이르기를 "

( 【세친 30】 나1.- 다5. 다6. 다7.(마음의 해탈, 지혜의 해탈)연결)

마1. 애욕에 속한 것을 다 끊으면 '마음의 해탈'이라 하고,

마2. 견혹(見惑 : 혹은 수행에 장애가 되는 번뇌, 3계안의 사물에 의해 상대적으로 일어나는 계내(界內)의 혹)에 속한 것을 다 끊으면 지혜의 해탈이라 한다."라고 하였다. 또 해석하여 이르기를 "

마3. 선정의 장애(定障)가 다 끊어진 것을 마음의 해탈이라 하고,

마4.지혜의 장애(慧障)가 다 끊어진 것을 지혜(慧)해탈이라 한다." 라고 하였다.

依毘曇　定是定數。慧是數慧-(慧數)。解脫亦是解脫數。與定相應解脫　名定解脫。慧解脫亦爾。以遠離能見所見故　名無復煩惱者。此當句釋。　夫起惑要由能見所見生。已遠離能見所見卽煩惱不起。善得心解脫慧解脫　名心善調伏者。此以上釋下也。

『비담(毘曇 : 阿毘曇. 大法・無比法이라 번역. 大法・無比法이란 지혜의 別名. 論部의 總名)』에 의하면 "정(定)은 바로 정수(定數)요, 혜(慧)는 바로 수혜(數慧)다.
[* 수혜(數慧 : 慧數)-신역(新譯)에는 심소법(心所法)이다. 구역(舊譯) 수법(數法)이라 함. 심왕(心王)은 하나 심소법은 수가 많다. 그러므로 곧 혜수(慧數)는 혜(慧)의 심소[心所-신역. 심수-구역. 이것은 심(心)법으로서 그 법수가 많아 심수(心數)다. 지관(止觀) 5의 상(上)에 선(禪)에 관지(觀支)가 있다. 지관(止觀) 10에 관지(觀支-관법의 가지. 법을 관(觀)하는 부분,)는 혜수(慧數)다. 라고]

해탈도 역시 해탈수(解脫數)다. [*정수(定數) 수혜(數慧)는 다 관심(觀心)법의 일부분이다.]

정(定)과 상응(相應)하는 해탈을 정해탈(定解脫)이라 하니, 혜해탈 또한 그러하다. 능견(能見 : 주관,견해에 대한 집착)과 소견(所見 : 객관, 견해에 대한 집착의 대상)을 이미 멀리 여의었기 때문에 '다시는 번뇌가 없다'고 한 것이다.

여기에 해당하는 구절(句 : 上釋下=상(上)으로써 하(下)를 해석한 것)을 해석하면 무릇 혹(惑 : 수행에 장애가 되는 번뇌)을 일으키는 요인은 능견(能見)과 소견(所見)으로 말미암아 생기는 것이니, 이미 능견과 소견을 멀리 여의고 나면 번뇌는 일어나지 않는 것이다.

마음의 해탈과 지혜의 해탈을 잘 얻은 것을 '마음에 잘 조아려 항복받았다'고 한 것이니, 여기서는 상(上)으로써 하(下)를 해석한 것이다.

人中大龍者。此當句釋也。前明遠離能見所見。是當上釋上。今是當下釋下也。應作者此用上釋下。所作已辨者 此當句也。

'사람 가운데 큰 용'이라 한 것은, 여기에 해당하는 글귀(當句 : '지을 것은 이미 지었다'고 한 것. (【세친 30】다8에서 다11까지)을 해석한 것으로, 앞에서 밝힌 '능견과 소견을 멀리 여읜 것'은 이것은 상(上)으로 상을 해석한 것에 해당하고, 지금 이것은 하(下)로 하를 해석한 것에 해당한다.

'꼭 지어야 할 것'이라 한 것은, 이것은 상을 사용하여 하를 해석한 것인데, '지어야 할 것은 이미 갖추었다는 것(辨 : 분명하게 가려내 밝힘)' 이니 여기에 해당하는 구절(當句)이다.

如相應事已成就者。與四諦理相應也。離諸重擔者。此以上釋下。用上二句 以釋此句也。

'상응하는 일을 이미 성취한 것과 같다'는 것은 4제(四諦)의 진리와 상응하는 것이며, '모든 무거운 짐을 벗었다'고 한 것은 상(上)으로써 하(下)를 풀이한 것이니, 위의 2구(二句 : 人中大龍者, 應作者)를 써서 이 구절을 해석한 것이다.

逮得己利者。用上釋下也。盡諸有結者。以上釋下。善得正智心解脫者。用上釋下。一切心得自在者。當句釋也。

'제 자신의 이로움을 얻었다'고 한 것은 상을 사용하여 하를 해석한 것이고, '모든 존재의 결박을 다하였다'고 한 것도 상으로써 하를 해석한 것이며, '바른 지혜와 마음의 해탈(心解脫)을 잘 얻었다'고 한 것도 상으로써 하를 해석한 것이요, '모든 마음에 자유로움을 얻었다'는 것은 이 구(當句 : 해당하는 구절-'마땅히 지어야 할 것')를 풀이한 것이다.

到第一彼岸者。以上釋下。亦當句釋也 大阿羅漢者。下釋經中如是等 衆所知識 大阿羅漢也。用上歎德中 心得自在 及到彼岸 二句釋之。以到彼岸 是究竟聲聞故 稱大阿羅漢。

'제일의 피안(彼岸)에 이르렀다'고 한 것은 상으로써 하를 해석한 것으로서 이 역시 당

구(常句)를 풀이한 것이며, '대아라한'이란, 아래 경문 중에 "이와 같은 여러 사람들이 잘 아는 큰 아라한들이었다."라고 한 말을 해석한 것이다.

또 위에 덕을 찬탄한 글 가운데 "마음에 자유로움을 얻고 또 피안에 이르렀다.(心得自在 及到彼岸)"고 하는 2구를 사용하여 풀이한 것이다. 이들은 피안에 이르므로써 이것이 구경(究竟)의 성문들이므로 '대아라한'이라고 호칭한 것이다.

問。心得自在 云何是釋大阿羅漢。答。前釋心得自在 具定慧。兩障俱盡 名心自在。此必是大阿羅漢。釋衆所知識中。前明凡衆知識。

▣ '마음에 자유로움을 얻었다.'는 것이 어째서 이것이 '대아라한'을 해석한 말인가?

▣ 앞에서 "마음에 자유로움을 얻어 선정(定)과 지혜(慧)를 갖추었고 두 가지 장애가 다 끊어진 것을 '마음에 자유로움'이라고 한다."라고 해석하였으니, 이런 사람이야말로 필시 대아라한일 것이다.

'여러 사람들이 잘 아는 이들'이란 말을 해석한 가운데, 앞에 범부 대중이 아는 것을 밝힌 것이다.

又聲聞下 明聖衆知識。以具凡聖二衆所知 故 稱爲衆也 總 別門者 釋第二門。初標章門。皆是阿羅漢等下 釋總別門。阿羅漢一句爲總。漏盡已下 十五句爲別。

또 '성문(聲聞)'이라 한 아래는 성인 대중들이 아는 것을 밝힌 것이니, 범부와 성인의 두 대중들이 함께 알기 때문에 대중이라고 말한 것이다.

'총상과 별상문'이란 【세친 31】

제2의 글(門-위의 세친29●나2. 둘째는 총상, 별상문(總別相門)(번뇌)을 해석한 것이다. 첫째는 글(章門)을 표방(標榜)한 것이니, '다 이들은 아라한이다.'라고 한 아래는 총상문과 별상문【세친 31】을 해석한 것이다. '아라한'이라는 1구는 총상(總-전체)이고, '번뇌가 다 하였다(漏盡)'고 한 이하 15구는 별상문(別-개체)이다.

【세친 31】 總別相門者

◆나2. '총상문(전체적인 가르침)과 별상문(개체적인 가르침)이란,

[길장 31] 皆是阿羅漢者。從此下 但釋總不釋別。

아래 '다 아라한으로서'라고 한 것은 여기서부터 아래는 단지 총상만을 해석한 것이고, 별상은 해석하지 않았다.

【세친 32】皆是阿羅漢等十六句中。初句是總。餘句別故。皆是阿羅漢者。彼阿羅漢 名之爲應 有十五種義 應知。

'다 이들은 아라한이다.'라고 한 것 등 16구 가운데,
첫 구(비구대중 1200)는 곧 총상(전체)이고,
그 나머지 구(餘句 : 15구)는 별상(개체)이다.

'다 이들은 아라한이다.'라고 한 것은, 저 아라한을 이름 하여 응(應 : 응한다)이라하니, 15가지의 뜻이 담겨 있음을 알아야 할 것이다.

何等十五。一者 應受飮食臥具 供養恭敬等故。二者 應將大衆敎化一切故。三者 應入聚落城邑等故。四者 應降伏諸外道等故。五者 應以智慧速觀察諸法故。六者 應不疾不遲說法 如法相應不疲倦故。

七者 應靜坐空閑處 飮食衣服 一切資生不積不聚 少欲知足故。八者 應一向行善行 不著諸禪故。九者 應行空聖行故。十者 應行無相聖行故。

十一者 應行無願聖行故。十二者 應降伏世間 禪淨心故。十三者 應起諸神通 勝功德故。十四者 應證第一義勝功德故。十五者 應如實知 同生諸衆生 得諸功德 爲利益一切諸衆故

어떤 것이 그 15가지인가?(아라한의 조건)

가1. 음식(飮食)과 와구(臥具 : 침구)와 공양과 공경 등을 받음에 응하는 일이요,(공양과 공경을 받을 수 있다)
가2. 대중을 거느리고 교화할 적에 일체에 응하는 일이며,(중생을 교화할 수 있다)
가3. 마을과 성읍 등에 들어가는 것에 응하는 일이요,
가4. 모든 외도 등을 항복 받는 일에 응하는 일이며,

가5. 지혜로써 신속하게 모든 법을 관찰함에 응하는 일이요,
가6. 빠르지도 않고 느리지도 않게 법대로 설법하되 피곤해 하거나 싫증을 내지 않고 상응함에 응하는 일이며,
가7. 텅 빈 한적한 곳에 조용히 앉아 음식과 의복, 모든 생필품을 쌓아두지도 않고 모으지도 않으며 적은 것으로도 만족할 줄 앎에 응하는 일이요,
가8. 한결같이 선행을 행하되 모든 선정에 집착하지 아니함에 응하는 일이며,
가9. 공(空)을 행하고 계(戒)·정(定)·혜(慧)의 3학(三學:聖行)에 응하는 일이요,
가10. 무상(無相:상이 없음)을 행하고 계(戒)·정(定)·혜(慧)의 3학(三學:聖行)에 응하는 일이며,
가11. 무원(無願:바라는 게 없음)을 행하고 계(戒)·정(定)·혜(慧)의 3학(三學:聖行)에 응하는 일이며,
가12. 세간을 항복받은 선정의 깨끗한 마음(禪淨心)에 응하는 일이며,
가13. 모든 신통의 뛰어난 공덕을 일으킴에 응하는 일이며,
가14. 제일의(第一義:최고의 진리)의 뛰어난 공덕을 증득함에 응하는 일이며,
가15. 같이 사는 모든 중생들이 온갖 공덕을 얻는 것을 여실(如實:사실 그대로)하게 알아서 일체 중생들을 이익 되게 하는 일에 응하는 일이다.(마땅히 일체중생을 이익 되게 할 수 있기 때문이다)

[길장 32] 總羅漢 或翻不生 殺賊 無著 應供。今天親直翻爲應。十五中釋初一句。明應受飮食 正是應供 義。餘十四但稱爲應。如文所列。第十五云應如實知 同生衆生 得諸功德者。然經云。有二種五種佛子。竝從佛口生。謂同生衆生。一者四果并緣覺 爲五種佛子。二者四果并法身菩薩 爲五種佛子

아라한을 통틀어 혹은 불생(不生:다시 태어나지 아니 함)·살적(殺賊:마음의 도적을 죽임)·무착(無著:집착이 없음)·응공(應供:공양에 응함)으로 번역하는데, 지금 천친(天親)은 직역(直譯:直翻외국어를 주로 그 자구·어법에만 충실하게 번역하는 일)하여 응(應:응함)이라고 하였다.

열다섯 가지 가운데 처음 1구를 해석한 것에 '음식을 받음에 응(應)한다.'고 밝혔는데

서품의 제2 대중성취 89

바로 이것이 공양에 응한다(應供)는 의미이고, 나머지 14구는 다만 '응한다.'고만 호칭한 것으로 경문에 열거한 바와 같다.

제15구에서는 '같이 사는 모든 중생들이 온갖 공덕을 얻는 것을 여실하게 앎에 응한다.'고 말했다. 그러나 경에 이르기를 "두 가지 5종(種)의 불자(佛子)가 있으니, 모두 부처님의 입에서 나왔다."고 하였다. 말하자면 동반하여 사는 중생(同生)이다.

두 가지(5종(種) 불자(佛子)) 중에,

　나1. 첫째는 4과(四果 : 수다원·사다함·아나함·아라한)와 연각(緣覺)이 5종 불자가 되고,
　나2. 둘째는 4과(四果)와 법신(法身)보살이 5종 불자가 된다.


攝取事門者。釋第三門。就文爲二。初總標 次別釋。

◆나3. '일을 섭취하는 문(攝取事門)' (아래 【셰친 33】 )이란 제3문( 【셰친 29】 ◆나3.)을 해석한 것이다.

그 글의 내용을 접해 보면 두 가지 뜻이 있으니,
　다1. 첫째는 전체를 표방(標 : 標榜..앞에 내세움)한 것이고,
　다2. 다음은 따로 해석(別釋)한 것이다.


(다1. 첫째는 전체를 표방(標 : 標榜..앞에 내세움)한 것이고,)

【셰친 33】 攝取事門者 此十五句 攝取十種功德 應知 示現可說果 不可說果故

◆나3. 섭취사문(攝取事門-모든 일을 흡수해 들이는 문)이란, 이 열다섯 구절이 열 가지 공덕을 섭취하고 있음을 반드시 알아야만하니, 말로 할 수 있는 과(果)와 말로 할 수 없는 과를 나타내 보이기 때문이다.


[길장 33] 此十五句攝取十種功德應知者。明用十五句攝取十種功德也。

'이 열다섯 구절에 열 가지 공덕을 섭취하고 있음을 알아야 한다.'고 한 것은 15구를 사용하여 열 가지 공덕을 섭취함을 밝힌 것이다.

示現可說果 不可說果故者。一解云。有爲果可說。無爲果不可說。若依之釋者。作十功德名者名爲可說。不作十功德名者 不可說也 何等爲十下。明別十種功德。

'말로 할 수 있는 과(果)와 말로 할 수 없는 과를 나타내 보이는 까닭이라.'라고 한 것은, 어떤 풀이에 이르기를 "유위과(有爲果 : 인연에 의해서 작위(作爲)되는 것)는 말로 할 수 있고, 무위과(無爲果 : 생멸변화를 여읜 상주절대(常住絶對)의 법을 일으킴)는 말로 할 수 없는 것이다." 라고 하였다.

만약 해석한 것에 의거한다면 10공덕의 이름을 지은 것은 이름으로 말로 할 수 있는 것이고, 열 가지 공덕의 이름을 짓지 못하는 것은 말로 할 수 없는 것이다.

'어떤 것들이 열 가지인가?'라고 한 아래는 열 가지 공덕을 따로따로 밝힌 것이다.


(다2. 다음은 따로(각각) 해석(別釋)한 것이다.)

【세친 34】何等爲十。一者 攝取 德功德 [德(신수=得)功德(=功德德)] 二句示現 如經 (1句)諸漏已盡 (2구)無復煩惱故。

☢다1. 어떤 것들이 열 가지인가? (전체를 표방(標=標榜)한 것)

라①. 첫째는 덕(德)의 공덕을 섭취(흡수)하는 것을 두 구절(二句)로 나타내 보였으니, 경에서 "

마①. (1구)모든 번뇌가 이미 다하고,

마②. (2구)다시는 번뇌가 없다."라고 한 것과 같고, (번뇌가 없는 것이 최상의 덕이다)


二者 三句攝取諸功德。一句降伏世間功德 如經 心得自在故。二句降伏出世間學人功德 如經善得心解脫 善得慧解脫故。

라②. 둘째는 세 구절(3句)로 모든 공덕을 거두어들였으니(攝取)

마①. 1구절(心得自在故)로 된 것은 세간을 항복 받은 공덕으로써

경과 같이 1구절 " 마음에 자재로움을 얻은(心得自在) " 까닭이요.

마②. 2구절(1善得心解脫 2善得慧解脫故)로 된 것은 출세간 학인(學人)을 항복 받은 공덕이니, 경과 같이·"마음의 해탈을 잘 얻고(善得心解脫),( 1구절)

마③. 3구절-지혜의 해탈을 잘 얻은(善得慧解脫)"까닭이요. ( 1구절.합해서 3 구
절이다.)

三者 攝取不違功德 隨順如來教行故. 如經心善調伏故.

라③. 셋째는 위배되지 않는 공덕을 섭취하여 여래의 가르침과 행(行)에 따라 순응
하는 것으로써, 경에 "마음을 잘 조절하여 항복받았다."고 한 연유와 같다.

四者攝取勝功德 如經人中大龍故.

라④. 넷째는 뛰어난 공덕을 섭취하는 것이니, 경에 "사람 가운데 큰 용이다."라고
한 연유와 같다.

五者攝取所應作勝功德 所應作者 謂能依法供養 恭敬尊重如來故 如經應作者作故.

라⑤. 다섯째 꼭 지어야 할 뛰어난 공덕을 섭취하는 것이니, 반드시 지어야 할 것
이란 능히 법공양(法供養)에 의지하여 여래를 공경하고 존중하는 것을 말하
는 것으로서, 경에 "꼭 지어야 할 것은 지었다."라고 한 연유와 같다.

六者攝取滿足功德. 滿足學地故. 如經所作已辨故.

라⑥. 여섯째는 공덕을 원만하고 구족(具足)하게 섭취하는 것이니, 학지(學地 : 배우
는 수준, 경지)를 원만하고 구족하게 하는 것으로서, 경에 "지을 것은 이미 갖
추었다(辨 : 분명히 판단하여 밝힘)"고 한 연유와 같다.

七者 三句攝取過功德. 一者過 愛故. 二者過求命供養恭敬故. 三者過上下界已過學地
故. 如經離諸重擔逮得已利盡諸有結故.

라⑦. 일곱째 세 구절(三句)은 넘는 공덕(過功德 : 초월하는 공덕)을 섭취하는 것이
니,

마①. 첫째는 사랑을 넘는(초월하는) 일이요,
마②. 둘째는 생명을 구하여 공양과 공경 받음을 넘는 일이며,
마③. 셋째는 상하(上下 : 상계는 색계, 무색계. 하계는 욕계니 3계를 말한 것)의 세계를 넘고 (3계를 벗어남) 이미 학지(學地 : 배우는 경지)를 넘은 것으로서, 경에 "모든 무거운 짐을 여의고 제 자신의 이로움을 얻음에 이르렀으며, 모든 존재의 결박(번뇌)을 다 하였다." 라고 한 연유와 같다,

**八者 攝取上上功德。如經 善得正智心解脫故。**
라 ⑧. 여덟째는 상의 상(上上 : 최상) 공덕을 섭취하는 것이니, 경에 "바른 지혜와 마음의 해탈을 잘 얻었다."고 한 연유와 같다.

**九者 攝取應作利益衆生功德。如經一切心得自在故。**
라 ⑨. 아홉째는 반드시 중생을 이익 되게 하는 공덕을 짓는 것을 섭취하는 것이니, 경에 "일체 마음에 자유로움을 얻었다."고 한 연유와 같다.

**十者 攝取上首功德。如經到第一彼岸故**
라 ⑩. 열째는 가장 으뜸가는 공덕을 섭취하는 것이니, 경에 "제일의 피안에 이른다."고 한 연유와 같다.(피안에 이르는 것이 최상의 공덕이다)

♣ (다 2. 다음은 따로 해석(別釋)한 10가지 공덕)
**[길장 34]** 一者攝取德功德者二句示現者。問。云何名德功德。答。一切羅漢 必應諸漏已盡 無復煩惱故 說德功德。
라 ①. '첫째는 덕(德)의 공덕을 섭취(흡수해 들임)하는 것을 두 구절(二句)로 나타내 보였으니,' 라고 한 것에서,
문 어떤 것을 덕(德)의 공덕이라 하는가?
답 일체 아라한은 '이미 모든 번뇌가 다하여 다시는 번뇌가 없으며,'라고 한 것에 반드시 응한 때문에 덕의 공덕이라고 말한 것이다.

二者三句攝取諸功德者。問。云何名諸功德。答。三句之中初句降凡。次兩句降聖。所以名諸也。攝取過亦三句何不名諸。以初故。又後三云過。此三應三降伏功德。但立名不同耳。

래②. '둘째는 세 구절(三句)로 모든 공덕을 섭취(攝取)함이니,'라고 한 것에서,
문 어떤 것을 모든 공덕이라고 하는가?
답 3구([세친34]래②.마①. ②. ③.) 가운데 첫 구(降伏世間功德 : 心得自在)는 범부를 항복받는 것이요,
다음의 두 구(降伏出世間學人功德 : 善得心解脫, 善得慧解脫)는 성인(聖人)을 항복 받는 것이다. 이런 이유로 '모든' 이라고 한 것이다.
'넘는 공덕(過功德 : 초월하는 공덕)을 섭취하는 것이니,'라고 한 말에도 역시 3구([세친34]래⑦.마①. ②. ③.)로 되어 있는데, 왜 '모든'이라고 하지 않았는가?
처음이기 때문이고, 또 뒤에는 세 번 '넘는다(過)'고 했는데, 이것은 세 번 응하여 세 번 항복 받은 공덕인지라 다만 이름만 세웠을 뿐 내용은 동일하지 않다.

三者攝取不違功德者 前句明能於下降。此句歎其上順。謂得羅漢已後 方能善順佛教行故。

래③. '셋째는 위배되지 않는 공덕을 섭취하여'라고 한 것에서, 앞쪽 글귀는 능히 아래에서 항복받을 수 있음을 밝힌 것이고, 이 구절은 윗사람에게 순종하는 것을 찬탄한 것이니, 아라한이 된 뒤라야 비로소 능히 불교에 잘 순응하여 실천하는 것을 말한 것이다.

四者攝取勝功德。謂。諸羅漢中最勝故 如人中大龍。

래④. '넷째는 뛰어난 공덕을 섭취하는 것이니,'라고 한 것에서, 말하자면 모든 아라한 가운데 장 뛰어난 때문에 '사람 가운데 큰 용과 같다'라고 한 것이다.

五者攝取所應作勝功德。明雖得羅漢 爲報佛恩 更應敬養尊重於佛。前第三敘順法。此句辨尊人。

래⑤. '다섯째 꼭 지어야 할 뛰어난 공덕을 섭취하는 것이니,'라고 한 것에서, 비록 아

라한 이 되었더라도 부처님의 은혜에 보답하고, 다시 응당 부처님께 공경 공양
하고 존중해야 하는 것임을 밝힌 것이다.
앞쪽 제3(위라③.)에서는 순종하는 법을 서술한 것이고 이 구절에서는 존귀한 사람을
분명하게 판별하는 것이다.

六者攝取滿足功德。學地所作未辨故未滿足。今所作已辨。故云滿足也。

라⑥. '여섯째는 공덕을 원만하고 구족(具足)하게 섭취하는 것이니,'라고 한 것에서, 배
우는 자 리에서 지어야 할 것을 아직 분명하게 갖추지 못하였기 때문에 '아직
원만하고 구족하지 못하다' 고 한 것이고, 지금은 지어야 할 것을 이미 분명하게 갖추었
기 때문에 원만하고 구족하다고 한 것이다.

七者三句攝取過功德。前列三過。初二過過凡。後一過過上下界。謂。過學地實過三界。而言
上下界者欲界爲散。上二界爲靜。故上下攝三界也。

라⑦. '일곱째 세 구절(三句)은 넘는 공덕(過功德 : 초월하는 공덕)을 섭취하는 것이니,'
이라 한 것에서, 앞에서는 세 가지 넘을 것을 열거하였는데,
첫째와 둘째(①.과 ②.)에서 넘을 것은 범부가 넘을 것이요, 뒤에 하나(③.)에서 넘을 것은
상하계(上下界 : 上界는 색계・무색계. 下界는 욕계니 3계를 말한 것)를 넘는 것이다.([세친 34⑦.
마①. ②. ③.) 말하자면 배우는 자리를 넘어 실제로 삼계(三界)를 넘은 것이다.
'상하계(上下界)'라고 말한 것은 욕계(欲界)는 산만하고, 위의 두 세계(색계・무색계)는 고
요하다. 그러므로 상하는 3계를 섭취(攝 : 흡수해 들임. 받아들임)한 것이다.

次擧三句者。離諸重擔 釋上過愛。重擔雖具五陰 而愛爲其主。逮得已利 釋過求命供養恭
敬。以得涅槃利故 不求世間 求命敬養利也。盡諸有結 釋上過上下界。已盡三有之結。故過
上下界也。

다음 거론한 3구([세친 34]라⑦.마①. ②. ③.)에서 '모든 무거운 짐을 벗고'라고 한 것에
서는, 사랑을 넘어(초월하여) 올라간 것을 해석한 것으로, 무거운 짐이 비록 5음(五陰)을
다 갖추고는 있으나 사랑이 그 중에 주(主 : 주인)가 되는 것이다.

'제 자신의 이로움을 얻음에 이르렀으며,'라고 한 것은, 생명을 구하여 공양과 공경을 받게 됨에서 넘어선 것(초월한 것)을 해석한 것이니, 열반의 이익을 얻은 때문에 세간의 생명을 구하여 공경과 공양 받는 이로움을 구하지 않는 것이다.

'모든 존재(諸有 : 3有. 25有등. 有는 생사의 과보. 중생의 인과)의 결박(번뇌)을 다하였다.'고 한 것은 상하계(上下界)를 넘어 올라간 것을 해석한 것이다. 이미 세 가지 존재의 결박을 다하였으니, 그러므로 상하 세계를 넘었다(초월함. 벗어남)고 한 것이다.

八者攝取上上功德者。問。善得正智心解脫 云何名上上功德。答。論前上上起門中云。云何名善得正智心解脫者。諸漏已盡故。就義釋者 意在漏盡。是故漏盡 爲上上功德。就文釋者。諸漏盡者 十五功德中 最初功德。故云上上也。

라⑧. '여덟째는 상의 상(上上 : 최상) 공덕을 섭취하는 것이니,'라고 한 것에서,

㉠ 바른 지혜와 마음의 해탈(心解脫)을 잘 얻은 것을 왜 상의 상(上上) 공덕이라고 말하는가?

㉡ 논(論)의 앞(위)에서 상 의 상(지혜)을 일으켜 내는 가르침(上上起門) 중에 이르되, "어떤 것을 바른 지혜와 마음(心)의 해탈을 잘 얻었다고 하는가?"라고 한 말은, 모든 번뇌가 이미 다한 때문이니, 의의를 따라 해석하면 그 의미가 누진(漏盡 : 번뇌가 다함)에 있다.
이런 고로 번뇌가 다하면 상의 상의 공덕이라고 하는 것이며, 경문에 따라 해석하면 모든 번뇌를 다한 것은 열다섯 가지 공덕 중에 최초의 공덕이다. 그러므로 상의 상(上上)이라고 말한 것이다.


九者攝取應作利益衆生功德。以一切心得自在故。能自在利益於物。

라⑨. '아홉째는 반드시 중생을 이익 되게 하는 공덕을 짓는 것을 섭취하는 것이니,'라고 한 것에서, 일체 마음에 자유로움(自在)을 얻은 때문에 능히 자유자재로 중생에게 이익 되게 할 수 있는 것이다.


十者攝取上首功德。毘婆沙云 波羅蜜聲聞。此經到第一彼岸。第一彼岸 卽是波羅蜜也。

라⑩. '열째는 가장 으뜸가는 공덕을 섭취하는 것이니,'라고 한 것에서, 『대비바사론(大毘婆沙論)』에 "바라밀성문(波羅蜜聲聞 : 바라밀을 얻은 성문)"이라 하였고, 이 경에서는 "제1의 피안(彼岸)에 이르렀다."고 하였는데, '제일의 피안'이란 곧 바라밀(波羅蜜 : 도피안. 깨달음의 저 언덕)이다.

問。 云何名到彼岸。 答。 一切羅漢諸勝功德。 如無諍三昧等 皆悉究竟。 故名到彼岸。 。

❓ 어떤 경우를 피안에 이르렀다고 말하는가?

❗ 일체 아라한의 온갖 수승한 공덕은 무쟁삼매(無諍三昧 : 공의 이치에 안주(安住)하여 남과 다툼이 없는 선정) 등과 같아서 모두 다 구경(究竟)의 경지다. 그러므로 피안에 이르렀다고 말하는 것이다.

問。 羅什經十功德中  凡具幾耶。 答。 但三功德。 諸漏已盡 無復煩惱。 卽十功德中  德功德也。 逮得己利  盡諸有結。 卽是第七過功德。 論過功德中有三句。 今不攝離諸重擔。 但有逮得己利 盡諸有結也。

❓ 구마라집(鳩摩羅什)이 번역한 경의 열 가지 공덕 중에 몇 가지나 갖추고 있는가?

❗ 오직 세 가지 공덕뿐이다.

'모든 번뇌가 이미 다하여 다시는 번뇌가 없으며'라는 것은 곧 열 가지 공덕 중에 덕의 공덕이며, '제 자신의 이익을 얻음에 이르렀으며 모든 존재의 결박을 다하여'라고 한 것은, 곧 제7(위 ⑦.)의 과공덕(過功德 : 초월하는 공덕, 벗어나는 공덕)이다.

논(論)은 벗어나는 공덕(過功德) 안에 3구(句)를 두었는데, 지금 여기서는 모든 무거운 짐을 벗었다는 것(離諸重擔 : 諸漏已盡無復煩惱)은 섭취하지 않았고, 다만 제 자신의 이익을 얻음에 이르렀으며 모든 존재의 결박(번뇌)을 다했다는 것만 두었다.

心得自在。 卽是十功德中    第二諸功德。 論明諸功德有三句。 今但有降伏世間功德。 謂心自在。 善得心解脫  善得慧解脫。 此二降伏學人功德。 今不攝也  菩薩功德成就者。 第二次別釋菩薩功德。 就文有二。 初總標。

'마음에 자유로움(自在)을 얻어서'라고 한 것은, 곧 열 가지 공덕 중에 제2(【세친 34】

라2.)의 모든 공덕(諸功德)이다. 논(論)에 모든 공덕을 밝힌 것에 3구가 있는데, 지금 여기서는 다만 세간을 항복받은 공덕만 있으니 마음에 자유로움을 말한 것이고, '마음의 해탈(心解脫)을 잘 얻고 지혜의 해탈(慧解脫)을 잘 얻었다'고 한, 이 2구는 학인(學人)을 항복받은 공덕인데, 지금 여기서는 포함시키지 않았다.

'보살의 공덕을 성취했다.'고 한 것은, 【세친 35】
제2차로 보살의 공덕을 해석한 것인데,
♠다3. 그 글을 접해 보면 두 가지 뜻이 있다.

*라①. 첫째 전체를 표방(總標)하고,
【세친 35】諸菩薩功德成就者
'모든 보살의 공덕을 성취한다는 것에,

[길장 35] 有十三句已下。第二解釋又二。初標二門。次釋二門。初又二。前總標二門勸知。

'13구가 있다'고 한 아래는, (아래[세친 36])
*라②. 제2 해석인데, 또 두 가지 뜻이 있으니,
 마①. 첫째는 2문(二門)을 표방한 것이고,
 마②. 다음은 2문을 해석한 것이다.
 마①. 첫째 2문을 표방한 것에 또 두 가지 뜻이 있으니,

*바1. 앞에 전체적으로 2문을 표방(總標)하여 알게 권유한 것(勸知)이다.
【세친 36】有十三句功德 二門攝義示現應知

13구(句)의 공덕이 있는데, 2문으로 그 뜻을 섭취하여 나다내 보인 것임을 마땅히 알아야 한다.

[길장 36] 何等二門下。此別出二門。

'어떤 것이 2문(門)인가? ([세친 37])'라고 한 아래는,

*바2. 이것은 따로 2문을 나타낸 것이다.

[세친 37] 何等二門 一者上支下支門 二者攝取事門

바2. 어떤 것이 2문인가?

●가1. 첫째 상지문(上支門 : 총상의 가르침.최고의 가르침)과 (총상)

　　　　하지문(下支門 : 별상의 가르침. 다음의 가르침)이요,(별상)

●가2. 둘째 섭취사문(攝取事門-모든 일를 섭취하는 가르침)이다.


[길장 37] 一上支下支。門者。謂總相別相也。總相在前爲上支。別相在後爲下支也。欲辨總別二義枝條不同。故稱爲支也。

●가1. '첫째 상지문과 하지문'이란 총상(總相)과 별상(別相)이다.

　나1. 총상은 앞에 있으니 상지(上支 : 위 가지. 위 문단)가 되고,(총상(總相))

　나2. 별상은 뒤에 있으니 하지(下支 : 아래 가지. 아래 문단)가 된다.(별상(別相))

총(總 : 전체)과 별(別 : 개체) 두 가지 뜻을 분명히 가리고자 하면 가지(枝條 : 문단 분기와 조항)가 같지 않다. 그러므로 지(支 : 가지)라고 말한 것이다.


攝取事門者。以十三句 攝取菩薩要功德事。故云攝取事門　皆於三菩提不退轉者 是總者。此第二釋二門。卽成二別。今前釋上支下支門。

●가2. '일(事)을 섭취하는 문(가르침)'이란, 13구(句-([세친16-1] 보살공덕13구)로 보살의 중요한 공덕에 대한 일을 섭취하는 것이다. (보살의 할 일을 실천하는 것) 그러므로 일을 섭취하는 문(攝取事門)이라고 하였다.

'다 삼보리(三菩提)에서 물러나지 아니한다.'는 것은 곧 총상(總相)이니, 이는 둘째 2문의 해석으로서 두 개의 별상(別相)을 이루었다. 여기서는 앞의 상지문(총상)과 하지문(별

상)을 해석한 것이다.

**【세친 38】** 上支下支門者 所謂總相 別相 (比=)此義應知

●가1. '상지문과 하지문'이란 이른 바,

　●나1. 총상(總相)과,

　●나2. 별상(別相)이니, 이 뜻을 꼭 알아야 한다.

皆得阿耨多羅三藐三菩提不退轉者 是總相 餘者是別相 彼不退轉有十種示現 應知

　●나1. "다 아뇩다라삼먁삼보리에서 물러나지 아니하는 경지를 얻었다."

　　　　([세친16-1] 보살공덕13구의 가1. 그들은 다 아뇩다라삼먁삼보리에서 물러나지 않은 이들이며,) 는 것은 바로 <u>총상</u>이요,

　●나2. 나머지(보살공덕13구의 가2부터 나머지 12구)는 <u>별상</u>이다.

　●나3. 저 물러나지 아니한다는 것에 열 가지로 나타내 보인 것이 있음을 마땅히 알아야 한다.


**[길장 38]** 一者住聞法不退+轉。此十句之別。卽第二釋別門 亦次第相生也。

　다1. '첫째 법을 듣고 머물러 물러나지 아니한다.'함은 10구(【세친 39】나1.)의 별상이니, 곧　제2([세친29])의 ◆나2.별상문을 해석한 것이고, 또 차례로 상생(相生 : 서로 살려가는 것↔상극(相剋))하는 것이다.


**【세친 39】** 何等爲十。

어떤 것이 열 가지인가?


一者 住聞法不退轉。如經 皆得陀羅尼故。

　다1. 첫째 법을 듣고 머물러 물러나지 아니함이니, 경에 "모두 다라니(陀羅尼)를 얻었다."고 한 것과 같은 것이요,

二者 樂說不退轉。如經 大辯才樂說故。
다2. 둘째 말 잘하는(樂說)데에서 물러나지 아니함이니, 경에 "말 잘하는 변재를 얻었다."고 한 것과 같은 것이며,

三者 說不退轉。如經 轉不退轉法輪故。
다3. 셋째 설법(說)함에서 물러나지 아니함이니, 경에 "물러나지 않는 법륜을 굴린다."고 한 것과 같은 것이며,

四者 依止善知識不退轉 以(已=혹以)身心業 依色身攝取故。如經 供養無量百千諸佛故。於諸佛所種諸善根故。
다4. 넷째 선지식에 의지하여 머물러 물러나지 아니함이니, 몸과 마음의 업으로써 색신(色身:육체)에 의하여 섭취(攝取)하므로, 경에 "한량없는 백 천의 모든 부처님께 공양한 까닭이요, 여러 부처님 계신 곳에서 모든 선근을 심은 까닭이다."라고 한 것과 같다.

五者 斷一切疑不退轉。如經 常爲諸佛之所稱歎故。
다5. 다섯째 일체의 의심을 끊음에서 물러나지 아니함이니, 경에 "항상 여러 부처님께서 칭찬하시는 바이라."고 한 것과 같다.

六者 爲何等何等事說法 入彼彼法不退轉。如經 以大慈悲 而修身心故。
다6. 여섯째 어떠어떠한 일을 설법하기 위하여 저러저러한 법에 들어가 물러나지 아니함이니, 경에 "대자비로써 몸과 마음을 닦는다."고 한 것과 같다.

七者 入一切智 如(如-자가 없는 본도 있다)實境界不退轉。如經 善入佛慧故。
다7. 일곱째 일체지(一切智:모든 존재에 대하여 해괄적(該括的)으로 아는 지혜)로 여실한 경계에 들어가 물러나지 아니함이니, 경에 "부처님의 지혜에 잘 들어갔

다."고 한 것과 같다.

八者 依我空法空不退轉。如經 通達大智故。
다8. 여덟째 아공(我空 : 내가 공함)과 법공(法空 : 법도 공함)에 의지하여 물러나지 아니함이니, 경에 "큰 지혜를 통달하였다."라고 한 것과 같다.

九者 入如實境界不退轉。如經 到於彼岸故。
다9. 아홉째 여실(如實)한 경계에 들어가 물러나지 아니함이니, 경에 "피안(彼岸)에 이른다."고 한 것과 같다.

十者 作應作 所作住持不退轉。如經 名稱普聞無量世界 能度無量百千衆生故
다10. 열째 마땅히 지어야 할 것은 지어, 지은 것에 머물러 지녀 물러나지 아니함이니, 경에 "그 이름이 한량없는 세계에 널리 들리어 능히 한량없는 백 천의 중생을 제도한다."고 한 것과 같다.

[길장 39] 初聞法不退 謂聞持也。二樂說不退者。內雖聞法不忘 外復有樂說辯才也。三說不退者已聞法不忘。復有辯才。然復得爲物說法也。

다1 '첫째 법을 듣고 물러나지 아니한다.'라고 한 것은, 듣고 지니는 것을 말한 것이고,
다2. '둘째 요설변재(樂說辯才 : 말 잘하는 재주. 말솜씨)에서 물러나지 아니 한다.'라고 한 것은 안으로는 비록 법을 듣고 잊어버리지 않으나 밖으로도 또 즐겨 설법하는 말솜씨가 있는 것을 말한다.
다3. '셋째 설(說)함에서 물러나지 아니 한다.'라고 한 것은, 이미 법을 듣고 나면 절대로 잊지 않으며, 게다가 말솜씨까지 있는 것이다. 그러니 다시 중생을 위해 설법을 해 줄 수 있는 것이다.

四依止善知識不退者。以上三功德 皆由善知識 所成故須說也。以身心業 依色身攝取故者。身心業 謂菩薩身心等三業 供養百千佛。依色身者。色身卽是佛身。菩薩依止佛色身種善根

也.

다4. '넷째 선지식에 의지하여 머물러 물러나지 아니 한다.'라고 한 것은, 이상의 세 가 지공덕이 모두 선지식(善知識)으로 말미암아 이루어지는 것이기 때문에 그렇게 말한 것이다.

'몸과 마음의 업으로써 색신(色身)에 의지하여 섭취(攝取)하는 일이다.'라고 한데에서 '몸과 마음의 업'이란, 보살이 몸과 마음 등 3업으로 백 천 부처님을 공양하는 것이고, '색신(色身)에 의지한다.'는 것은 색신은 곧 부처님의 몸이니 보살이 부처님의 몸을 의지하여 머물러 있으면서 선근(善根)을 심는 것이다.

問。何故 不依法身 種善根。答。卽明供養種善根等事。故須明色身也。攝取者依佛色身 種一切善根爲攝取也。

📖 무슨 까닭으로 법신(法身)에 의지하여 선근을 심지 않는 것인가?

📖 그것은 곧 공양을 올려서 선근을 심는 따위의 일을 밝힌 것이기 때문에 모름지기 색신을 밝힌 것이다.

'섭취(攝取)'란 부처님의 색신에 의지하여 일체 선근을 심어 섭취하는 것을 말한다.

五斷一切疑不退者。雖種善根 有疑未了 就佛決之。故於三寶 得不壞信。已無疑及決了。故爲佛歎也。

다5. '다섯째 일체 의심을 끊음에서 물러나지 아니 한다.''라고 한 것은, 아무리 선근을 심었다 하더라도 의심이 있으면 완전하게 깨닫지 못한 것이기에 부처님께 나아가 결정지어야 한다.(의심을 풀어야 한다.)

그러므로 삼보(三寶)께 허물어지지 않는 믿음을 얻어 의심을 없애고 나서 결정코 완전한 깨달음에 미치니, 그러므로 부처님을 위하여 찬탄하는 것이다.

六者爲何 何等事說法 入彼彼法不退者。已得無疑。便竝起慈身口意 爲物說法。故須上智也。爲何等事說法者。所爲事不同故 重言何等也。入彼彼法者。於種種法門中通達也。

다6. '여섯째 어떠어떠한 일을 설법하기 위하여 저러저러한 법에 들어가 물러나지 아니 한다,'고 한 것은, 이미 의심이 없는 경지에 이르렀으면 문득 몸과 입과 뜻과 아울러 자비한 마음을 일으켜 중생을 위하여 법을 설함으로, 그러므로 반드시 최상의 지혜(上智)인 것이다.

'어떠어떠한 일을 설법하기 위하여'라고 한 것은, 하는 일이 모두 같지 않기 때문에 어떠하다는 말을 거듭 말한 것이다.

'저러저러한 법에 들어간다.'고 한 것은, 가지가지 법문 중에 통달한 것을 말한다.

七一切智如實境界不退者。上明慈悲 今辨智慧。故相須也。問。一切智 云何是如實境界。答。佛一切智 於菩薩 是所入之境界也。

다7. '일곱째 일체지의 여실한 경계에서 물러나지 아니 한다,'라고 한 것은, 위에서는 자비(慈悲)를 밝히고 여기서는 지혜를 밝힌 것이니, 그러므로 서로 필요로 하는 것이다.

問 일체지(一切智)가 어째서 여실(如實)한 경계인가?

答 부처님의 일체지는 보살에게는 바로 들어가야 할 경계(境地 : 위치)인 것이다.

八依我空法空不退者。上明有慧 今辨空慧。故相須也。問。我空法空 何故名大智。答。我空法空 是諸法實相。實相理廣大。依實相所生故 云大智。又小乘但得人空 以爲小智。菩薩具得二空。故言大智也。

다8. '여덟째 아공(我空)과 법공(法空)에 의지하여 물러나지 아니 한다,'라고 한 것은, 위에서는 유(有)의 지혜를 밝혔고 여기서는 공의 지혜(空慧)를 밝힌 것이니, 그러므로 서로 필요로 하는 것이다.

問 아공(我空 : 내가 공함)과 법공(法空 : 법이 공함)을 무슨 까닭에 큰 지혜(大智)라고 하는가?

答 아공과 법공은 곧 모든 법의 실상(諸法實相)이다. 그 실상의 이치는 넓고 커서 그 실상에 의지하여 생겨나는 것이기 때문에 큰 지혜라고 한 것이다.

또 소승(小乘)은 다만 인공(人空 : 사람이 공함)만 깨달았기 때문에 작은 지혜라 하고, 보살은 2공(二空 : 人空과 法空. 사람도 공하고 법도 공함)을 다 깨달았기 때문에 큰 지혜라고 한 것이다.

九如實境界不退者。上明空有二慧。今辨空有二境。亦可接上空慧。但明空境界　謂如實境也。

다9. '아홉째 여실(如實 : 진실과 같은, 실다운)한 경계에서 물러나지 아니 한다,'라고 한 것은 위에서는 공(空)과 유(有)의 두 가지 지혜를 밝혔고 여기서는 공과 유의 두 가지 경계를 밝혔으며, 또 최상의 공의 지혜(空慧)에 접하였으나, 다만 공의 경계만 밝혔을 뿐이라 여실한 경계라고 말한 것이다.

十作所應作不退轉者。菩薩已入如實境界。得到彼岸。復欲令物 亦到彼岸。故接上也。

다10. '열째 마땅히 지어야 할 것은 지어 물러나지 아니 한다,'라고 한 것은, 보살은 이미 여실한 경계에 들어가서 피안(彼岸)에 이르렀고, 다시 중생들로 하여금 역시 피안에 이르게 하고자함으로 그러므로 최상에 접했다고 한 것이다.

作所應作者化物也。化物是應作也。以常化物不絶故 云住持也。

'마땅히 지어야 할 것을 지었다'고 한 것은, 중생들을 교화하는 것이다. 중생들을 교화하는 것이 곧 마땅히 지어야 할 일인데(해야 할 일), 항상 중생들을 교화하는 일이 끊이지 않기 때문에 머물러 지닌다(住持)고 한 것이다.

問。化物何故 偏言作所應作。答。大品云。大事者 所謂救一切衆生。此是菩薩常所應作事。智度論云。菩薩得無生忍已後 更無餘事。唯成就衆生淨佛國土。

▣ 중생을 교화하는 일을 무엇 때문에 치우쳐서 마땅히 해야 할 일을 해야 한다(應作)고 말했는가?

▣ 『대품경(大品經)』에 이르기를 "큰일이란 이른 바 일체 중생들을 구원하는 것이다."라고 하였으니, 이것은 곧 보살이라면 항상 꼭 해야 할 일이기 때문이다.

『대지도론(大智道論)』에 이르기를 "보살이 무생인(無生忍 : 무생 무멸(無滅)의 진리에 안주하여 움직이지 않는 것)을 증득하고 난 뒤에는 더 이상 다른 일은 없고, 오직 중생이

깨끗한 불국토(佛國土)를 이루게 하는 것(成就)뿐이다."라고 하였으니,

此中 正明得無生忍菩薩。故唯當應敎化衆生。所以云作所應作也 攝取事門者 釋第二攝取事門。凡有二周。初周 別標章門。次釋章門。

이 안에서는 무생인(無生忍)을 얻은 보살을 바르게 밝혔다. 그러므로 오직 반드시 중생을 교화하여야만 한다. 그 이유는 마땅히 해야 할 일을 할뿐임을 말한 것이다.

([길장 37] ●가1. '첫째 상지문과 하지문'이란 총상(總相)과 별상(別相)이다. 【세친 29. 30】 -연속)

●가2.) '일(事)을 섭취하는 문(가르침)'이라 한 【세친 40】 것은,
제2 '일(事)을 섭취하는 문(가르침)([길장 37] ●가2연결.)을 해석하는데' 무릇 두 번(二周)해석이 있다.
  &가1. 첫 번째(初周)는 글(章門)을 따로 표방하고,
  &가2. 다음은 글을 해석하였다.(두 번째는 [세친44] &가2.)


( &가1. 첫 번(初周)은 장문(章門: 글)을 따로 표방하고,)
【세친 40】攝取事門者
●가2. '(보살이) 일을 섭취한다.'고 한 것은(해야 할 일),


[길장 40] 所言攝取事者。以十三句攝取菩薩事也 示現諸菩薩下。第二釋章門。就文有二。初列三門。次釋三門。住何等淸淨地中者。下列三門也。

'일을 섭취한다.'고 한 것에 13구(句)로써 보살이 할 일을 섭취하는 것이다.(보살이 해야 할, 이루어야 할, 거둬들여야 할 일)

'모든 보살이.........나타내 보이는 것(示現諸菩薩)'이라고 한 【세친 41】 아래는,
&가2. 제2 글을 해석한 것인데, 그 글을 접해 보면 두 가지 뜻이 있다.
  &나1. 첫째는 세 가지 문(三章門 : 문은 가르침, 분야)을 열거하였고,
  &나2. 다음은 세 가지 문을 풀이하였다.

&가3. '어떤 청정한 지(地) 가운데에 머문다.'고 한 것은, 아래에서 세 가지 문 [【세친 41】 나1. 나2. 나3.]을 열거 한 것이고

( &나1. 첫째는 세 가지 문(三章門 : 문은 가르침, 분야)을 열거하였고,

【세친 41】 示現諸菩薩 住何等淸淨地中 因何等方便 於何等境界中 應作所作故

●가3. 모든 보살은 어떤 청정한 지(地) 가운데 머물러,

　　나1. 어떤 방편을 인연하여,

　　나2. 어떤 경계 가운데서,

　　나3. 마땅히 지어야 할 것을 지음(해야 할 일을 하는 것)을 나타내 보이는 까닭이다.


[길장 41] 淸淨地明菩薩位也. 龍樹十地論云. 地者 謂菩薩階級住處. 因何等方便者. 列第二章門. 卽地中所應作勝用 名爲方便.

'청정한 경지(地)'란, 보살의 지위를 밝힌 것이다. 용수보살(龍樹菩薩)이 지은 『십지론(十地論)』에
이르기를 "지(地)란 보살 계급이 머무는 자리이다."라고 하였다.
'어떤 방편을 인연한다.'라고 한 것은, 제2(위[길장 40]-가2.)의 글(章門)을 열거한 것이니, 곧 지(地)중에 마땅히 해야 할 수승한 작용을 방편(方便)이라고 말한다.

於何等境界者 列第三章門. 卽行所對境界. 於境界中 應所作故也 地淸淨者下 釋三章門. 卽成三別.

'어떤 경계에서'라고 한 것은, 제3([길장 40]-가3. ) 글(章門)을 열거한 것이니, 곧 마주 대한 경계를 행하는 것이니, 경계 가운데에서 마땅히 해야 할 일이기 때문이다.
'지(地)의 청정함'이라고 한 아래는, 3장문(章門)을 풀이한 것이니, 곧 세 가지가 따로 성립한다.


【세친 42】 地淸淨者 八地以上三地 無相行 寂靜淸淨故

'지(地)의 청정함'이란, 8지(地) 이상의 3지(8·9·10지)는 무상으로 수행(無相行: 무심의 행, 아상 등 4상이 없는 경지)하니 고요하고 청정하다.

[길장 42] 謂八九十三地 無相行 寂靜淸淨故者。六地定不淨。七地二國中間 亦淨不淨。八地已上 名定淸淨。

가1. 말하자면(보살10지중) 8·9·10의 3지(地)는 무상(無相)으로 수행하기 때문에 고요하며 청정한 까닭이다. 라고 한 것은

나1. 6지(地)는 고요(定)하기는 하나 깨끗하진 않고(不淨),

나2. 7지는 두 나라(6·8지) 중간에 있으면서 역시 깨끗하기도 하고 깨끗하지 못하기도 하며,

나3. 8지 이상은 정(定:고요함)하고 청정(淸淨)하다.

七地無相有功用故 未寂靜。八地無相 無功用故寂靜 寂靜故淸淨。又亦得無相爲八地 寂靜爲九地。淸淨者謂十地。以十地於惑智二障中 或=惑障結習纏盡。故名淸淨 方便者下 釋第二門也。

나4. 7지는 모습은 없고 공용(功用:공들인 작용. 효과)만 있기 때문에 고요하지 못하며,

나5. 8지는 모습도 없고 공용도 없기 때문에 고요(寂靜)하고, 고요한 때문에 청정(淸淨)하다.

나6. 또 모습이 없는 것을 얻으면 8지라하고,

나7. 고요(寂靜)하면 9지가 되며,

나8. 청정하면 10지라고 말한다.

나9. 10지는 의혹(惑:번뇌)과 지혜 두 가지 장애 중에 혹외 장애(惑障)·결박·습기(習)·얽매 임(纏) 따위의 번뇌가 다하였기 때문에 청정하다고 말한다.

'방편'이라고 한【세친 43】아래는,

&나2 제2 글을 풀이한 것이다.([길장40-&나2 다음은 세 가지 문을 풀이 하였다.와 연결)

**【세친 43】** 地方便者 有四種 一者攝取妙法方便 住持妙法 以樂說力 爲人說故 二者攝取善知識方便 以依善知識 所作應作故 三者攝取衆生方便 以不捨衆生故 四者攝取智方便 以敎化衆生 令入彼智故

가1 지(地)의 방편에 네 가지가 있으니,

◇나1 첫째는 묘법을 섭취하는(흡수해 들이는) 방편이니, 미묘한 법에 머무르고 지녀 말 잘하는 말솜씨(說力)로 사람들을 위하여 설법하기 때문이요,

◇나2 둘째는 선지식을 섭취하는 방편이니, 선지식에 의지하여 해야 할 일을 하기 때문이며

◇나3 셋째는 중생을 섭취하는 방편이니, 중생을 버리지 않기 때문이요,

◇나4 넷째는 지혜를 섭취하는 방편이니, 중생을 교화하여 그 지혜에 들어가게 하기 때문이다.

**[길장 43]** 有四種者。總唱方便 有四種也。一者攝取妙法方便者。標方便名住持。妙法已下釋方便名住持。

가1. '네 가지가 있다'고 한 것은 방편에 네 가지가 있음을 전체적으로 말한 것이다.

◇나1. '첫째 묘법의 방편을 섭취하는 것(흡수해 들이는)'이라 한 것은 방편을 표방(標:標榜-앞에 내세움)하여 '머물러 지닌다.'고 이름 한 것이니, '묘법'이라 한 이하는 방편을 (표방한 내용을) 해석하여 '머물러 지닌다.'고 한 것이다.

妙法者卽上皆得陀羅尼。以得聞持故。今=令所聞妙法不失=亡卽是住持。以樂說者 攝上樂說辨才。爲人說者 攝上轉不退轉法輪。故以經三句 攝取妙法方便。

'묘법'이란, 곧 위에서 모두 다라니를 얻어 듣고 지녔음으로 들은 바의 묘법을 잊어버리지 않게 하면 곧 이것이 머물러 지니는 것이다.

'말 잘한다는 것은' 위에서 '말 잘하는 말솜씨'라고 한 것을 섭취한 것이고, '사람들을 위해 설법한다.'고 한 것은 위에서 '물러나지 않는 법륜(法輪)을 굴린다.'고 한 것을 섭취한 것이다.

그러므로 경의 3구로 묘법의 방편을 섭취한 것이다.

問 云何名此爲方便。答。卽住持 乃至 爲人說名方便。

　　問 왜 이것을 방편이라고 했는가?
　　答 곧 머물러 가진다고 한데서부터 사람들을 위해 설법한다는 데까지를 방편이라고 한 것이다.

問。云何+方便,名妙法。答。初句皆於三菩提不退轉。卽以菩提爲妙法。

　　問 왜 방편을 묘법이라고 했는가?
　　答 첫 구에 다 삼보리(三菩提)에서 물러나지 아니한다고 했으니, 곧 보리이기 때문에 묘법(妙法)이라고 한 것이다.

二者攝取善知識方便者。標方便名。以依善知識下 釋方便。又攝經三句。以依善知識 卽經文 無量百千萬億諸佛。

　　◇나2. '둘째 선지식을 섭취하는 방편'이란, 방편의 이름을 표방(標榜)한 것이고 '선지
　　　　식에 의지하여'라고 한 아래는 방편을 풀이한 것이다.
또 경문의 3구를 섭취함은 선지식에 의지하는 까닭이니 곧 경문에 '한량없는 백 천 만억의 모든 부처님이(선지식이)시다.'라고 한 것이다.

所作應作者 攝經三句。一攝供養。二攝於諸佛所 種諸善根。三攝常爲諸佛之所護念。此三竝 是依善知識。所作應作事。

　　'해야 할 일을 마땅히 한다.'고 한 것은 경문 3구를 섭취한 것이니,
　　　다1. 첫째 공양함을 섭취한 것이요,(공양하는 것)
　　　다2. 둘째 모든 부처님 처소에서 온갖 선근을 심는 것을 섭취한 것이며,
　　　다3. 셋째 항상 모든 부처님께서 보호하시고 생각하시는(護念)바(대상)가 됨을 섭취한
　　　　　것이다. 이 세 가지를 아울러 선지식에 의지하여 반드시 해야 할 일을 하는 것을 말한다.

三者攝取衆生方便者 標方便名。以不捨衆生故者 釋方便。卽攝經以大方便。卽攝經以大慈悲而修身心。

　　◇나3. '셋째 중생을 섭취하는(받아들이는) 방편'이라고 한 것은, 방편의 이름을 표방한 것이고, '중생을 버리지 아니한다.'고 한 것은 방편의 풀이한 것이다. 곧 경문의 '큰 방편으로써'라는 말을 섭취한 것이고, 곧 경문의 '큰 자비로써 몸과 마음을 닦는다.'는 말을 섭취한 것이다.

四者攝取智方便者 標方便名。以敎化衆生令入彼智者 釋方便也。則攝經善入佛慧通達大智也。

　　◇나4. '넷째 지혜를 섭취하는(받아들이는) 방편'이라 한 것은, 방편의 이름을 표방한 것이고, '중생을 교화하여 그 지혜에 들어가게 하고자 한다.'고 한 것은 방편을 풀이한 것이다. 곧 경에서 '부처님의 지혜에 잘 들어갔으며, 큰 지혜를 통달하였다.'라고 한 것을 섭취한 것이다.

## 【세친 44】 境界者易解

'경계(境界 : 경지, 수준. 구분되는 한계. 대상)'라고 한 것은 쉽게 이해가 될 것이다.

[길장 44] 境界易解者。卽釋上第三於何等境界中 應作所作故。則攝經到於彼岸也。故前論文云 入如實境界不退轉 則到於彼岸。又後文更釋三智境界故 此文不釋

&나2 '경계를 쉽게 이해한다.'고 한 것 【세친 44】은, 곧 위 제3([세친 41]-가3..연결)

　　어떤 경계 가운데에서([세친 41]-나2) 마땅히 지어야 할 것을 지음을(해야 할 일을 하는 것.나3.)(於何等境界中 應作所作-[세친41])"이라고 한 말을 풀이한 것이니, 곧 경에서 "저 언덕(彼岸)에 이른다."고 한 말을 섭취한 것이다.

　　그러므로 앞에 논의 글(論文)에 이르기를 "여실(如實)한 경계에 들어가 물러나지 아니하면 피안에 이르는 것이다."라고 하였고, 또 뒤에 나오는 글에서 다시 세 가지 지혜의 경계를 풀이할 것이기 때문에 여기서는 글을 풀이하지 않는다.

復 有(更) 攝取事門者。第二周 重釋取事門。初標事門。

또 다시 일을 섭취하는 문(가르침)이 있다는 것은,【세친 45】. (첫번째는 (初周別標章門([길장 39]])

(&가1. 첫 번째(初周)는 [길장39, &가1] 글(章門)을 따로 표방하고, (두 번째는 여기[세친44]에 연속))

&가2. 두 번째(第二周) 일을 섭취하는 문을 거듭 해석한 것이다.

*가1. 첫째는 일에 대한 문(가르침)(標事門)을 표방하고
【세친 45】復更有攝取事門
'또 다시 섭취해야할(가져야 할, 이루어야 할 보살의 할일) 일(事門)이 있으니,

[길장 45] 從示現諸地 攝取勝功德下。釋門也。卽簡與前門爲異。前門明地位 及方便境界。今明攝取地上功德也。

'모든 지(地)에서 뛰어난 공덕을 섭취하여야 할 것을 나타내 보이는 것'이라고 한데서부터 아래는,

([길장 39]에 연속.->다시 여기[길장 45]에 연속.)
*가2. 둘째 글을 해석한 것이다.(釋門也)

곧 간략해서 앞의 글(門)과는 다른 점이 있으니, 앞의 문에서는 지위(地位)와 방편의 경계(境界)에 대해 밝혔고, 여기서는 지(地:1~10지)위의 공덕(上功德)을 섭취하는 것에 대해 밝힌 것이다.
[10지(十地)]
① 환희지(歡喜地) ② 이구지(離垢地) ③ 발광지(發光地) ④ 염혜지(焰慧地) ⑤ 난승지(難勝地)
⑥ 현전지(現前地) ⑦ 원행지(遠行地) ⑧ 부동지(不動地) ⑨ 선혜지(善慧地) ⑩ 법운지(法雲地)

( *가2. 둘째 글을 해석한 것이다.(釋門也))
【세친 46】示現諸地 攝取勝功德 不同二乘諸功德故。(謂)第八地中 無功用智 不同下上故。不同下者。下功用行 不能動故。不同上者。上無相行 不能動故。自然而行故。

가1. 모든 지(地:1~10지)에서 뛰어난 공덕을 섭취함(흡수해 들임)을 나타내 보이는 것은 2승(二乘)의 모든 공덕과는 같지 아니한 때문이다.

가2. 제8지(부동지不動地)중에는 공용(功用)이 없는 지혜(자연의 지혜)라.

위와 아래(上下)가 같지 아니하니,

아래(下)와 같지 않다는 것은 아래(7지)는 공용의 행(공들려 닦는 수행.)이라 능히 (7지에서) 움직이지 못하는 것이요,??

(7지는 공들여 닦는 수행의 위치라 그 수준, 그 경지에서는 아직은 그것을 지키어 움직이지 못하는(不能動) 정도다?)

위(上)와 같지 않다는 것은 위(9지)는 무상(無相수행한다는 상이 없는 것)의 행인지라 능히 움직이지 않는(不能動) 까닭이요,

(일체 경계에 마음이 이제 움직이지 않고, 흔들리지 않는다)

자연스럽게 행하는 까닭이다.

주(註)-◉ 공용 : 신구의(身口意)의 동작을 말한다. 공용 때문에 얻는 것이라 공덕이라 이름 한다.

◉ 공용지(功用地) : 초지 이상은 이미 진여를 깨달아도 오히려 가행정진(加行)의 공을 드려야하는 경지이고, 8지이상은 가행을 빌리지 아니하고 자연히 공덕이 증진되며 무공용지(無功用地)라고 한다. 8지 이상은 순(純) 무루도(無漏道)가 마음대로 일어나는 까닭이요 3계(界)의 번뇌가 영원히 나타나지 아니한다.

於第九地中 得勝進陀羅尼門。具足四無礙自在(智)故。於第十地中轉(轉＝得)不退轉法輪 得受佛位 如轉輪王太子故。以得同攝功德義故

가3. 제9지 중에서는 뛰어나게 정진하는 다라니문을 얻어 4무애자재지혜[無礙自在智]를 구족하기 때문이요,

가4. 제10지 중에서는 물러나지 않는 법륜을 굴리어 부처님의 지위를 받아 전륜성왕(轉輪聖王)의 태자와 같기 때문이요, 공덕을 섭취하는 이치도 같이 얻기 때문이다.

◎참고 「칠지이전(七地已前 名有功用道 八地已上 名無功用道) : 화엄경에 나오는 설인데, 7지까지는 작위적인(作爲·인위적인) 수행을 해야 이를 수 있지만 8지 이후부터는 중도의 한 부분을 증득하여 방편을 쓸 수 있으므로 작위적인 노력을 하지 않아도 나아간다는 뜻으로서 10지 가운데 7지를 기준으로 하

여 그 이상을 무공용위(無功用位-공들여 수행함이 없어도 되는 경지)라 하고 그 이하를 유공용위(有功用位-공들여 수행해야 되는 경지)라고 하는 것이다.」

**[길장 46]** 不同二乘功德者。總明地中 功德不同二乘也。第八地中無功用者下。別明三地中功德。不同下上故者。簡八地功德也。

**가1.** '2승(二乘)의 공덕과는 같지 않다.'고 한 것은, **【세친 46】** 지(地)중에는 공덕이 2승과 같지 않다는 것을 포괄적으로 밝힌 것이다.

**가2.** '제8지 중에는 공용이 없다.'고 한 아래는 **【세친 46】** 3지(地)중의 공덕을 따로 밝힌 것이다. ' 아래와 위가 같지 아니한 때문이니,'라고 한 것은, 8지의 공덕을 간추린 것이다.

初標不同上下。從不同下者 釋不同上下。(下下=下上)下功用不能動者。從初地到七地 兹是功用位。就功用位中 開爲上下二分。

**나1.** 처음은 상하가 같지 않은 것을 표방하고, '아래와 같지 않다.'고 한 것부터는 상하가 같지 않다는 것을 풀이한 것이다.

**나2.** '아래는 공용의 행인지라 움직일 수 없다.'는 것은 초지(初地)부터 7지에 이르기까지 모두가 공용(功用 : 공 드림, 힘서 닦음)의 지위니, 공용의 지위에 대한 중에 열어서 상하 둘로 나눈 것이다.

六地已下 名有相 有功用爲一位。七地一地 名無相 有功用爲一位。今登八地 不爲此上下二功用所動也。自然而行者。則第八地 無相無功用也。以無功用故 言自然而行也。

**나3.** 6지(地) 이하는 모습도 있고 공용도 있는(有相 有功用,) 하나의 지위라고 이름하고, (아래(下)).

**나4.** 7지 한 지위는 모습은 없고 공용만 있는(無相 有功用) 하나의 지위라 이름 한다.(위(上)).

**가3.** 지금은 8지에 오른지라
이러한 상하 두 공용으로는 움직이는 바가 되지 아니한다.(상하 두 공용에는 움직이지 않는 다)'자연스럽게 행해진다.'고 한 것은, 곧 제8지는 모습도 없고 공용도 없는 것이니, 공용이 없기 때문에 자연스럽게 행해진다고 말한 것이다.

又大判十地爲三位。一有相有功用位。二無相有功用位。三無相無功用位。初地至六地謂有相有功用位。第七地是無相有功用位。八地已上無相無功用位。

**가4.** 또 10지를 크게 나누면 3지위(位)로 나눌 수 있으니,
    나1. 첫째는 모습도 있고 공용도 있는 지위고,(1-6지는 초위.)
        (①환희지(歡喜地) ②이구지(離垢地) ③발광지(發光地) ④염혜지(焰慧地)
        ⑤난승지(難勝地) ⑥현전지(現前地) )
    나2. 둘째는 모습은 없고 공용만 있는 지위며,(7지는, 2위 ⑦ 원행지(遠行地))
    나3. 셋째는 모습도 없고 공용도 없는 지위다.(8지 이상은. 3위⑧ 부동지(不動地)
        ⑨ 선혜지(善慧地) ⑩ 법운지(法雲地) )
    나4. 초지에서부터 6지까지는 모습도 있고 공용도 있는 지위이고,
    나5. 제7지는 모습은 없고 공용만 있는 지위이며,
    나6. 8지 이상은 모습도 없고 공용도 없는 지위이다.

論云 下功用不能動 則是初位。上無相行 不能動 卽第二(+位)。自然而行 則第三位。
    논(論)에 이르기를 "'아래는 공용인지라 움직일 수 없다.'고 한 즉 이는 초위(初位 : 1-6지)이고,
'위는 모습(형상) 없는 행인지라 움직일 수 없다.'고 하니 즉 이는 제2위(7지)이며, '자연스럽게 행해진다.' 고 하는 것은 곧 제3위(位 : 8지 이상)이다." 라고 하였다.

問。何故 云下功用 上無相行 不能動。答。正釋不動地名。所以稱不動者 不爲二功用所動故名不動。唯法華論 有此三位。餘論所無。
    🔲 무슨 까닭에 '아래는 공용이 있고 위는 모습 없는 행이라 움직이지 않는다.'고 하였는가?
    🔲 부동지(不動地 : 마음이 보살의 경지에 올라 그 위치에서 움직이지 않는 경지, 흔들리지 않는 경지)의 이름을 바르게 해석한 것이다. 움직이지 않는다고 칭하는 까닭은 두 가

지 공용(6지. 7지-상,하)으로는 움직일 수 없기 때문에 부동이라고 말한 것이다. 오직 『법화론』에서만 이 세 가지 지위가 있고 다른 논에는 없다.

問。不同二乘及不同下位    釋何經耶。答。釋上於三菩提不退轉。言不退轉者。一不退爲二乘。則上不同二乘功德 謂勉=免位+不 退也。

㉠ '2승과 같지 않다.'고 한 것과 '아래 지위(位)와 같지 않다.'고 한 것은 무슨 경을 풀이한 것인가?

㉡ 위에 "삼보리에서 물러남이 없다."고 한 것을 풀이한 것이다. '물러남이 없다'고 한 것은 한결 같이 물러나지 않아 2승이 되면 위에 2승의 공덕과는 같지 않으니, 힘써 공부해야 할 자리에서 물러나지 아니함을 말한 것이다.

下功用不能動 謂行不退也。上無相行不能動 謂念不退也。以勉三(不)退故 言於三菩提不退轉也。亦得從不同二乘功德竟 至自然而行。竝是釋八地功德。次第八地 名爲不退轉地。以勉三(不)退故也。

'아래는 공용인지라 움직일 수 없다.'고 한 것은, 행이 물러나지 않음을 말하는 것이요, '위는 모습(相)이 없는 행인지라 움직이지 않는다.'고 한 것은, 생각이 물러나지 않음을 말하는 것이다.

세 가지 물러나지 않음에 힘쓰기 때문에 삼보리에서 물러나지 않는다고 말한 것이니, 역시 '2승의 공덕과는 같지 않다'하고 마친데서 부터 '자연스럽게 행해진다.'라고 한데까지 합쳐 8지의 공덕을 풀이한 것이다.

그 다음 제8지는 명칭이 불퇴전지(不退轉地 : 물러나지 아니하는 경지)이다. 세 가지 물러나지 않음에 힘써야 할 것이다.

於第九地中者    釋九地功德。得勝進陀羅尼    則攝上皆得陀羅尼。具足四無礙智    攝上樂說辨才。則九地菩薩 具足十種四無礙智。

'제9지 ⑨ 선혜지(善慧地)중에'라고 한 것은, 9지의 공덕을 풀이한 것이고, '뛰어나게 정진하는 다라니문을 얻었다.'고 한 것은 곧 위에서 "모두 다라니를 증득하였다."고

한 것을 섭취한 것이고,
　'4무애지(無礙智)를 구족하였다.'고 함은 위에서 "말 잘하는 말솜씨(樂說辨才)"라고 한 것을 섭취한 것이니, 곧 9지 보살은 열 가지 4무애지(四無礙智)를 구족한 것이다.

於第十地中者 簡第十地功德。不退轉法轉者。攝上經文 轉不退轉法輪。以得同攝功德義故者。則攝上善入佛慧 已下經文。已云善入佛慧。則與佛同慧 名同攝功德。
　'제10지 ⑩ 법운지(法雲地) 중에'라고 한 것은 제10지의 공덕을 설명한 것이고, '물러나지 않는 법륜을 굴린다.'라고 한 것은 위의 경문에 "물러나지 않는 법륜을 굴린다."고 한 것을 섭취한 것이다.
　'공덕을 섭취하는 이치도 같이 얻는 때문이다.'라고 한 것은 위에서 "부처님의 지혜에 잘 들어갔다."고 한 것을 섭취한 것이다.
이하 경문에서는 이미 "부처님의 지혜에 잘 들어갔다."고 말하였다. 즉 부처님과 동등한 지혜이니, 공덕을 섭취한 것도 동등하다.(同攝功德)고 이름한다.

又依仁王經五忍義。第五寂滅忍 佛與菩薩同共此忍。下忍爲菩薩 上忍爲佛。故言同攝功德。
　또 『인왕경(仁王經 : 인왕반야바라밀경)』의 5인(五忍)16)의 뜻에 의하면, "제5 적멸인(寂滅忍)17)은 부처님과 보살이 같이 이 인(忍-인욕의 행)을 공유하는데, 하인(下忍)18)은 보살이 되고, 상인(上忍)은 부처님이 된다."고 하였으니, 그러므로 공덕(同攝功德)을 섭취하는 것도 같다는 말이다.

初位稱歎菩薩德者。從初三菩提不退轉 是歎八地功德。皆得陀羅尼 樂說辨才 歎九地功德。從轉不退轉法輪 竟能度百千衆生。歎十地功德
　제1지위에 보살의 덕을 칭송하고 찬탄한다는 것은 처음부터 '삼보리에서 물러나지 아니한다.'고 하였으니 이것은 8지의 공덕을 찬탄한 것이고, '모두 다라니(陀羅尼)와 말 잘하는

---

16) 오인(五忍) : 보살의 인욕 수행을 다섯 단계로 나눈 것. 첫째 복인(伏忍)은 번뇌를 제복(制伏)하였으나 아직 끊지는 못한 지(地) 이전의 3현(賢), 둘째 신인(信忍)은 무루(無漏)의 신(信)을 얻은 초지·2지(地)·3지(地), 셋째 순인(順忍)은 이치에 순종하여 무생(無生)의 깨달음에 향하는 4지·5지·6지, 넷째 무생인(無生忍)은 모든 법의 무생의 이치를 인정하고 안주한 7지·8지·9지, 다섯째 적멸인(寂滅忍)은 모든 미혹을 끊고 적정의 깨달음에 안주한 제10지 및 불과(佛果). 앞의 넷은 각각 상·중·하, 뒤의 하나를 상·하로 나누어 14인(忍)이라 한다.
17) 모든 혹(惑)을 끊어서 적정(寂靜)에 안주하는 제10지 및 불과(佛果). 여기에 상·하의 인(忍)을 나누어 하인은 보살, 상인은 일체지(一切智·佛智)라고 한다.
18) 하인(下忍) : 4선근 중에 인법위(忍法位)에 상, 중, 하의 3품이 있는데 첫 위를 하인이라 한다. 16행상(行相)을 닦는 位를 말한다.

변재를 얻었다'라고 한 것은 9지의 공덕을 찬탄한 것이다.

'물러남이 없는 법륜을 굴린다.'고 한데서부터 '능히 백 천 중생을 제도한다.'고 한데까지는 10지의 공덕을 찬탄한 것이다.


三攝功德成就者 衆成就有四門。 一數。 二行已竟。 今釋第三攝功德門。 今詳此論文 當是 通釋大小二衆功德。 前二門  別釋二衆功德竟。 今後二門  總釋大小二衆功德。 就文爲二。 初標章。

♥나3. 공덕을 성취한 것을 섭수(攝受 : 흡수. 끌어들임)하였다는 것【세친 47】의, 대중(중생)을 성취한 것에 네 가지 글(四門)이 있으니,【세친 25】♥1. 연속

([세친24-1]->[세친 25] 의 ♥3. 셋째는 공덕을 섭수(攝受 : 흡수)함을 성취한 것이요)-연속

◉다1. 첫째는 대중의 수와,(수를 성취한 것. 구성원이 다 모인 것)

◉다2. 둘째는 수행(行)은 이미 다 마쳤고

　　　지금 여기서는

◉다3. 세째 공덕을 섭취한 글(아래 【세친 47】♥나3. )을 풀이한 것이다.(행(行)을 성취한 것이다)

지금 이 논문(論文)을 자세히 살펴보건대 마땅히 이는 대승과 소승의 두 대중(중생)의 공덕을 공통적으로 풀이한 것이다.

(4문(門) 중에) 앞에 2문은 두 대중의 공덕을 따로따로 해석해 마쳤고, 이제 뒤의 2문(二門 : ♥나3. 셋째는 공덕을 섭수(攝=攝受)함을 성취한 것,

　　　　♥나4). 넷째는 위의(威儀)를 법도에 맞게 성취한 것.)에 대승과 소승의 두 대중의 공덕을 모두 해석하였다.

그 글에 나아가 살펴보면 두 가지가 되니,


　　&다1. 첫째는 글(章)을 표방한 것이다.

【세친 47】三攝功德成就者

♥나3 '공덕을 섭취함을 성취하였다.'는 것은,(세친 [25]나3).연결)

[길장 47] 示現依何處下 釋章門。就文有二。初列五章門。則是問。

&다2 둘째 '어떤 곳에 의지하여 나타내 보인다.'고 한 아래는 【세친 48】 글(章門)을 해석 한 것이다.

그 글에 나아가면 둘이 있으니,

*라1. 처음은 다섯 가지 글(章門)을 열거하는데 이것은 질문이다.

【세친 48】 示現 1依何處 2依何心 3依何智 4依何等境界行 5依何等(境界) 能辯故

(여기는 5가지에 대한 질문이다.)

가1. 어떤 곳에 의지하고,

가2. 어떤 마음에 의지하며,

가3. 어떤 지혜에 의지하고,

가4. 어떤 경계에 의지하여 행하며,

가5. 어떤 능변(能辯 : 능란한 말솜씨. 판단할 경계)에 의지할 것인지를 나타내 보이는 것이다.


[길장 48] 從依何處下 釋五章門。卽是答

*라2 '어떤 곳에 의지하여'라고 한데서부터 아래는 다섯 가지 글(章門)을 해석한 것이니, 곧 이것은 대답이다.


【세친 49】 1依何處者 依善知識故 2依何心者 我依(度)衆生心敎化 畢竟利益 一切衆生故 3依何智者 依三種智

(여기는 5가지에 질문에 대한 대답이다.)+

가1. '어떤 곳에 의지하느냐?'함은, 선지식 의지 하는 까닭이요,

가2. '어떤 마음에 의지하느냐?'함은, 나는 중생을 건지겠다는 마음에 의지하여 그들

을 교화하여 필경(畢竟)에는 일체 중생을 다 이익 되게 하는 까닭이며,

가3. '어떤 지혜에 의지하느냐?'함은, 세 가지 지혜에 의지해야 하는 것이니,

一者授記密智 二者諸通智 三者眞實智 4依何等境界行 5依何等能辨者 卽三種智所攝 應知

나1. 첫째는 수기를 준 비밀의 지혜[授記密智]이고,

나2. 둘째는 모든 신통의 지혜[諸通智]이며,

나3. 셋째는 진실한 지혜[眞實智]이다.

가4. '어떤 경계에 의지하여 행하고,

가5. 어떤 능변(能辨 : 능란한 말솜씨. 판단할 경계)에 의지하는가?'라고 함은, 곧 세 가지 지혜를(지혜에 의지하여) 섭취한 것임을 마땅히 알아야 할 것이다.


[길장 49] 夫二乘菩薩 所有功德。必依善知識而有故。初明依善知識。依何心者 初句明上有所憑。此句明下有所利 菩薩正爾。二乘亦得分有之。故前釋羅漢。

가1. 무릇 2승과 보살이 소유한 공덕은 반드시 선지식(善知識)에 의지하여 있기 때문에 맨 처음에 선지식을 의지해야 한다고 밝힌 것이다.

가2. '어떤 마음에 의지하느냐?'라고 한 것은, 첫 구(句)에 위에 의지해야 할 대상이 있는 것을 밝혔고 ([세친24-]1.[세친 25] ♥4.위의(威儀 : 계율)를 법도에 맞게 성취함에 의지함이다.),

이 구절에서는 아래에 이익을 줄 수 있는 대상을 밝힌 것이니, 보살이 바로 그러한 것이다. 2승도 역시 나누어 얻은 것이 있으니 그러므로 먼저 아라한을 해석한 것이다.


總別門中云。應將大衆敎化一切故 故名爲應。乃至第十五句云。應如實知 同生衆生 得諸功德。爲利益一切諸衆生故。當知二乘亦有下濟之心。

총상, 별상문(總別門) 가운데 이르기를 "대중들을 거느리고 일체를 교화하는데 응함으로, 그러므로 응(應)이라고 이름 한 것이다."라고 하였으며, 나아가 제15구에 이르러 말하

기를 "마땅히 같이 사는 모든 중생들도 온갖 공덕을 얻어 일체 중생을 이익 되게 한다는 것을 마땅히 여실하게 알아야 할 것이다."라고 하였으니, 마땅히 2승도 아래로 중생들을 건져주려는 마음이 있다는 것을 알아야 할 것이다.

依何智者 釋第三智章門。授記是未來冥密之事。故云授記密智。二者,諸通智 則是五神通 並以智慧爲體。三者眞實智 謂無漏智及照空智。

가3. '어떤 지혜에 의지하느냐?'라고 한 것은, 제3 지혜의 글(章門 : 眞實智)을 해석한 것이니,

나1. 첫 째 '수기(授記)'는 바로 미래의 아무도 모르는 은밀한 일이기 때문에 수기한 비밀의 지혜라고 하였고,

나2. 둘째 '모든 신통의 지혜'란 곧 다섯 가지 신통과 함께 지혜로 본체를 삼는 것이요,

나3. 셋 째 '진실한 지혜'란 무루지(無漏智 : 번뇌 없는 지혜)와 조공지(照空智 : 공을 비춰보는 지혜)를 말한다.

依何等境界行 依何等能辨者。合彼第四五也。卽三種智所攝 應知者。合釋第四第五也。謂智所照境 則釋境界義。依三智所照境 起三智 名爲能辨。

가4. '어떤 경계에 의지하여 행하고, 어떤 능변(能辨 : 능란한 말솜씨. 판단할 경계)에 의지하는 가?'라고 한 것은 저 제4(가4.) 제5(가5.)를 합해서 말한 것이니,

'곧 세 가지 지혜로(지혜에 의지하여) 섭취해야할 것임을 마땅히 알아야할 것이다.'라고 한 것은 제4 제5를 합해서 풀이한 것이다.

가5. '지혜로 비추어야할 경계'라는 말은 곧 경계의 의미를 풀이한 것이니, 세 가지 지혜로 비추어야 할 대상의 경계에 의지해서 세 가지 지혜를 일으켜내므로 능변(能辨)이라고 말한 것이다

問。論主 依何文 明此五門。答。還依歎菩薩德中 起此五門。前第二周 攝取事門 歎八九十三地。第十地只釋其轉不退轉法輪。從供養無量百千諸佛 至能度無量百千衆生。其文未釋。

▣ 논주(論主 : 논을 만든 사람)는 어느 경문에 의지해서 이 다섯 가지 문(門 : 가르침,

분야)을 밝혔는가?

답 도로 보살의 덕을 찬탄한 것 중에 의지하여 이 다섯 가지 문을 일으켰는데,

(*참고 [길장 39]의(나10) ●가2. '일(事)을 섭취하는 문(가르침)'이라 한 것은, 【세친 40】제2 '일(事)을 섭취하는 문(가르침)([길장 37] ●가2.)을 해석하는데' 무릇 두 번(二周) 해석함이 있다. &가1. 첫 번째(初周)는 글(章門)을 따로 표방하고, &가2. 다음은 글을 해석하였다. 두 번째는 거듭 일(事)을 섭취하는 문을 해석 하였다.연계)

앞의 제2 번 째 (第二周 : 위의 [길장 39]의(나10).[세친42])의 '일(事)을 섭취하는 문(攝取事門)'이라고 한 것에서는 8지, 9지, 10지의 3지를 찬탄하였다.

제10지는 다만 '물러나지 않는 법륜을 굴리며'라고 한 것만 풀이하였고, '한량없는 백 천의 모든 부처님께 공양한다.([세친 39]-가1.-(나4).)'고 한데서부터 '한량없는 백 천의 중생을 제도한다.([세친 39]-가1.-(나10).)'고 한데까지는 그 글을 아직 풀이하지 않았다.

今欲釋此經文故 開爲五門。依善知識處起。卽供養無量百千萬億諸佛。依何心 卽是以大慈悲 而修身心。依何智 則善入佛慧通達大智。

지금 이 경문을 풀이하려고 하기 때문에 다섯 가지 문(門 : 가르침, 분야)을 열어놓은 것이다. 선지식을 의지하는 곳에서 일으킨 것은 곧 한량없는 백 천의 모든 부처님을 공양하는 것이고, '어떤 마음에 의지하는가?'라고 한 것은, 곧 큰 자비로써 마음과 몸을 닦는 것이며,

'어떤 지혜에 의지하는가?'라고 한 것은, 곧 부처님의 지혜에 잘 들어가 큰 지혜를 통달하는 것이다.

依何等境界 到於彼岸。依何等能辨 卽能度無量百千衆生。問。若依歎菩薩德中。起此五門者 云何釋二乘。答。二乘亦有上憑下濟之義。故得通明 四威儀 如法住成就者。釋第四。前標章。

'어떤 경계에 의지하는가?'라고 한 것은 피안(彼岸)에 이르는 것이고, '어떤 능란한 말솜씨에 의지하는가?'라고 한 것은 한량없는 백 천의 중생을 재도하는 것이다.

문 만약 보살의 덕을 찬탄한 것 중에 의지한다면, 이 다섯 가지 문을 일으킨 것은 왜 2승을 풀이했는가?
답 2승도 역시 위(지혜)로는 의지하고 아래(중생)로는 제도하는 뜻이 있으니, 그래서 통틀어 밝히게 된 것이다.
([세친24-1][세친 25][길장 46] 연속)

♥나4). '넷째는 위의(威儀 : '계율')를 법도에 맞게 머물음을 성취한다.'라고 한 것은, 제4를[세친 50] 풀이한 것이다.

&다1. 맨 먼저는 글(章)을 표방한 것이며,
【세친 50】 四威儀 如法住成就者
♥나4 ' 4위의(威儀)를 법도에 맞게 머물음을 성취한 것이다.'라고 한 것에,

[길장 50] 有四種下。釋章 又二。前釋。
'네 가지가 있다'고 한 아래는 【세친 51】
&다2. 글을 풀이한 것인데 또 두 가지가 있으니,

@라1 먼저는 글을 풀이하고,
【세친 51】 有四種示現 何等爲四 一者衆圍遶 二者前後 三者供養恭敬 四者尊重讚歎
네 가지가 있음을 나타내 보인 것이니, 어떤 것이 그 네 가지(위의)인가?
　가1. 첫째 대중들이 빙 둘러쌓는데,
　가2. 둘째 앞과 뒤를 둘러쌓으며,
　가3. 셋째 공양하고 공경하며,
　가4. 넷째 존중하고 찬탄함이다.

[길장 51] 次示經處。

@라2 다음은 경이 있는 곳을 보인 것이다.

**【세친 52】如經 爾時世尊 四衆圍遶 供養恭敬 尊重讚歎故**

경에서 "그 때에 세존께 4부 대중들이 빙 둘러 싸고 공양하고 공경하며 존중하고 찬탄하였다."라고 한 것과 같은 것이다.

[길장 52] 此亦通大小二衆。問。經云四衆圍遶。但聲聞出家二衆。在家二衆 云何通菩薩耶。答。菩薩亦有在家出家。智度論云。菩薩必 隨四衆中。四衆未必隨菩薩中 如來欲說法時至成就者。釋七分中第三 欲說時至分。

이것 역시 대승과 소승 두 대중에 공통되는 것이다.

▣ 경에 이르기를 "4부 대중들이 빙 둘러 쌓다."고 했는데, 단지 성문(聲聞)의 출가한 2부 대중(비구·비구니)과 재가(在家)의 2부 대중(우바새·우바이)뿐인데 어째서 보살까지 공통된다고 말하는 것인가?

▣ 보살도 역시 재가보살과 출가보살 두 가지가 있다.

대지도론(大智度論)에 이르기를 "보살은 반드시 4부 대중 안에 따르지만(속하지만), 4부 대중은 꼭 보살 안에 따르지는 않는다."고 하였다.

(위 [세친18-1].[세친 19] 나3). 셋째 여래께서 설법하시고자 하는 때가 이르렀음을 성취함이요,(때가 된 것))

'여래께서 설법하시고자 하는 때가 이르렀음을 성취함이요.'라고 한 것은 7분(七分 : 앞 [세친 19](1). 7종 공덕 중에 3).) 중에 제3 '설법하시고자 하는 때가 이르렀다'는 항을 풀이한 것이다.

問。今正說無量義經。云何言是欲說成就耶。答。望後說法華故爲欲耳。以將欲 明說法華故前說無量義。則無量義爲法華之由序也。就文爲二。初標章名。

▣ 지금 바로 『무량의경(無量義經)』을 설하신다면 왜 이에 설법하고자 함이 성취되었다고 말하는가?

▣ 나중에 『법화경』을 설하시기를 희망하기 때문에 '하고자 한다(欲)'라고 했을 뿐이다.

장차『법화경』을 설하시려고 하기 때문에 앞서『무량의경』을 설하였으니, 곧『무량의경』은『법화경』의 서막(而序 : 어떤 일의 시작이나 발단을 일으키는 원인)이 되는 셈이다.
이 글을 접해 보면 두 가지 뜻이 있으니,

&마1. 첫째는 글(章)의 이름을 표방한 것이고,
【세친 53】 如來 欲說法時至 成就者
●나3. '여래께서 설법하시고자 하는 때가 이르렀음을 성취함이요,'라고 한 것은,

[길장 53] 爲諸菩薩下。釋章名。就文爲三門。一示釋經處。二正解釋。三敍解釋之意。
'모든 보살들을 위하여'라고 한【세친 54】 아래는,
&마2. 둘째 글(章)의 이름을 해석한 것이다.
이 글도 접해 보면 세 가지 가르침(門)이 있으니,
　바1. 첫째는 경이 있는 곳을 해석하여 보인 것이고,
　바2. 둘째는 바로 해석하고
　바3. 셋째는 해석한 뜻을 서술한 것이다.


(바1. 첫째는 경이 있는 곳을 해석하여 보인 것이고,)
【세친 54】 爲諸菩薩 說大乘經故
'모든 보살들을 위하여 대승경을 말씀하신 까닭'이라고 한 것은,

[길장 54] 初如文 此大乘修多羅下。第二解釋。就文有二。初總標十七種名勸知。
　바1. 처음은 글과 같고,(바1. 첫째는 경이 있는 곳을 해석하여 보인 것이고,)
　　　'이 대승수다라(大乘修多羅)'라고 한【세친 55】 아래는
　바2. 제2 해석이다.
　그 글에 나아가 보면 두 가지 뜻이 있으니,

*사1. 첫째는 17가지 이름을 전체적으로 표방하여 알도록 권유한 것이고,

**【세친 55】** 此大乘修多羅 有十七種名 顯示甚深功德 應知

이 대승수다라(경)에 열일곱 가지 이름이 있으니, 매우 심오한 공덕을 나타내 보인 것임을 마땅히 알아야 한다.

**[길장 55]** 何等十七下。第二解釋。問。論何故辨此經有十七種名耶。答。略明五義。一者天親作論。多作總別釋經。此十七是一經之總目。十七之外 是一經之別。二者欲顯十七名 有十七功德。勸一切衆生 受持供養 生尊極之心。

어떤 것이 열일곱 가지인가?'라고 **【세친 56】** 한 아래는,

*바2. 둘째 해석이다.

▣ 논에서는 무슨 까닭으로 이 경에서 말한 17가지의 이름을 밝혔는가?

▣ 사1. 대략 다섯 가지 뜻을 밝혔으니,

    아1.첫째 천친(天親)이 논을 지을 적에 대부분 총(總:전체)과 별(別:개별)을 만들어서 경을 풀이했는데, 여기 17가지는 바로 이 한 경의 전체(總:총상(總相)=상지문(上支門)) 목록(目:제목)이고, 이 17종 이외의 것은 이 한 경의 개별의 모습(別:別相=하지문(下支門)이다.

    아2. 둘째는 17종의 이름에 17종의 공덕이 있음을 드러내어 일체 중생이 받아 지니고 공양하여 존중함이 극에 달한 마음을 내도록 권유하고자 한 것이다.

三者欲定敎淺深 使讀誦之流 改邪從正。有人謂法華是無常敎。二者謂是覆相明常。三者執定性常住。

    아3. 셋째는 가르침의 깊고 얕음을 정하여 읽고 외위(讀誦) 유통하게 하여 삿됨(邪)을 고쳐 정(正)을 따르게 하고자함이다.

첫째 어떤 사람이 『법화경』에 대해 말하기를 "이는 무상교(無常敎 : 항상 함이 없는 가르침)다." 라 하고,

두 번째 사람은 "이는 모습을 덮어 가리고 항상 함(常)을 밝힌 것이다."라고 하였으며,

세 번째 사람은 "정해진 성품(定性 : 성문·연각·보살은 각각 하나의 성품만을 갖춘 중

생. 곧 성문은 성문의 성품. 연각은 연각의 성품. 보살은 보살의 성품만을 갖추었다는 뜻)
이 항상 머문다고 설하는 경이다."고집한다.

今具十七種名 竝破此三說。故下第十二名 一切諸佛堅固舍利。謂如來眞如法身 於此修多羅
不壞故。

　여기서는 17가지 이름을 갖추고 아울러 이 세 가지 설(說)을 깨뜨리니, 그러므로 아래
제12에서 모든 부처님의 견고한 사리(舍利)라고 이름 하였다. 여래의 진여(眞如) 법신이
이 수다라에서 무너지지 않기 때문이다.(사리)

已明眞如法身。故知 非無常非覆相。眞如之體 言忘慮絶。亦非定性之常也。四者正欲解一經
之題。題云妙法蓮 華。妙法者 謂如來淨妙法身也。五者從來講人 謂無量義 異妙法蓮華。今
釋隨義異故 立於異名。或名無量義。或名妙 法+蓮華。就釋十七種名 則成十七。

　이미 진여(眞如) 법신을 밝혔으니, 그러므로 무상(無常)도 아니며, 복상(覆相 : 상을 덮은
것)도 아니라는 것을 알아야 할 것이다. 진여의 본바탕은 말도 잊고 생각도 끊어진 것이
니, 또한 정해진 성품(定性)이 항상 있는 것도 아니다.

　　아4. 넷째는 바로 이 한 경의 제목을 풀이하려는 것이다. 제목을 『묘법연화』라고
　　하는데, '묘법(妙法)'이란 여래의 청정하고 미묘한 법신을 말하는 것이다.
　　아5.다섯째는 예부터 오면서(從來) 강의(講)하는 사람들이 "무량의(無量義)는 묘법
연화(妙法蓮華)와 다르다."고 말해왔는데, 지금은 뜻에 따라 해석이 다르기 때
문에 다른 이름을 세워 혹은 무량의(無量義)라 하기도 하고, 혹은 묘법연화(妙法華)라 하
기도 한다. 17가지 이름을 풀이한데 나아가 보면 17가지를 성취할 것이다.


(*바2. 둘째 해석이다.)

【세친 56】何等十七 云何顯示 一名無量義經者 成就字義故 以此法門 方便說彼甚深法
妙境界故 彼甚深法妙境界者 諸佛如來最勝境界故
&사1 어떤 것이 17가지이며, 어떻게 나타내 보일 것인가?
●아1 첫째 "『무량의경(無量義經)』"이라 이름 한 것은 글자의 뜻을 성취한 것이니, 이

법문(法門)으로 저 매우 심오한 법의 미묘한 경계를 방편으로 말씀하신 때문이며, 저 매우 심오한 법의 미묘한 경계라는 것은, 모든 부처님과 여래의 가장 뛰어난 경계인 때문이다."라고 한데서,

[길장 56] 一無量義者 標經名。成就字義故者 釋無量義名也。字則是教。義謂爲理 明理教無量也。

★아1 첫째 '『무량의(無量義)』'란, 경의 이름을 표방한 것이고, '글자의 뜻을 성취한 것'이라 한 것은 무량의의 이름을 풀이한 것이다.
'자(字-문자,경문)'는 곧 가르침이고, '뜻(義)'은 이치를 이르는 말이니, 이치와 가르침이 한량없음을 밝힌 것이다.

此與無量義經相應。無量義經云。衆生根性無量故 教無量。教無量故 義無量。是故 今云成就字義也。以此法門說方便 說甚深法妙境界故者。釋上字義也。以說方便說甚深。此之二說 釋上字所說方便 及甚深也。釋上 字故。故云字義。

이 경은 『무량의경(無量義經)』과 상응(相應)하니, 『무량의경』에 이르기를 "중생의 근성(根性)이 한량없기 때문에 가르침도 한량없는 것이요, 가르침도 한량없기 때문에 이치도 한량없는 것이다."라고 하였다. 이러하므로 지금 여기서 글자와 뜻(字, 義 : 경문)을 성취한다고 말한 것이다.

'이 법문은 방편의 설한 것으로 매우 심오한 법의 미묘한 경계를 말씀하신 까닭이다.'라고 한 것은 위의 글자와 뜻(字義 : 가르침과 이치)에 대한 해석이다.

'방편'이라 말하고 '매우 심오하다'고 말한, 이 두 가지 말은 위의 글자(가르침)에서 설한 바의 '방편과 매우 깊다'고 한 것을 풀이한 것이다. 위에서 글자(가르침)를 해석하였음으로, 그러므로 글자와 뜻(字義 : 가르침과 이치)이라고 말한 것이다.

彼甚深妙境界 是諸佛如來妙境界。此亦與無量義經相應

'저 매우 심오한 법의 미묘한 경계'라는 것은 곧 모든 부처님 여래(佛如來)의 미묘한 경계인데 이것 역시 『무량의경』과 상응(相應)하니,

彼經云。無量者 從一法生。其一法者 謂無相也。如是無相 無相不相 名爲實相。故知 唯佛 與佛乃能究竟。盡諸法實相 名爲甚深境界。

저 경에 이르기를 "무량(無量)이란 한 법을 따라 생겨나는 것이니, 그 한 법이란 모습이 없음(無相)을 말하는 것이다.

이와 같이 모습이 없는 것(相)은, 모습(相)이 없고 모습도 아니니, 이름 하여 '실상(實相)'이라고 한다.

그러므로 알라! 오직 부처님과 부처님만이 이에 능히 구경의 경지요 모든 법의 실상(諸法實相)을 다하는 것(다 아는 것)을 이름 하여 '매우 심오한 경계'라고 하는 것을!

問。說甚深 已 是佛妙境界。說方便者 何等名爲方便義耶。答。無量義經 具前說於五乘。於中人天及二乘 名爲方便。說大乘稱爲甚深。又理實無五。說於五乘 皆是方便。又約理敎 明實方便。敎能詮理故 以敎爲理義之方便也。

㉠ '매우 심오하다.'는 것은 이미 부처님의 미묘한 경계(경지)임을 말했고 또 방편이라는 것도 말했는데, 그렇다면 어떤 것들을 이름 하여 방편의 뜻이라고 하는가?

㉡ 『무량의경』은 앞에서 5승(乘)에 대해 자세하게 설하였는데, 그 가운데 인천승(人天)과 2승은 방편이라고 말하고, 대승을 말하되 매우 심오하다(甚深)고 칭하였다. 또 이치는 실로 5승이 없는데, 5승(乘)에 대한 말씀은 다 이는 방편이다.

또 이치와 가르침에 대하여 실로 방편임을 밝혔으니, 가르침은 능히 이치를 나타내는 까닭으로 가르침을 가지고 이치의 뜻(理義)을 나타내는 방편으로 삼은 것이다.

是故 論文 但釋甚深不解方便。當知 方便爲顯於理。若識所顯之理 卽識能顯之敎。故不釋方便也。

이러하므로 논문에서는 다만 매우 심오하다는 것(甚深)만 풀이하였고, 방편에 대해서는 해석하지 않았다. 그러니 마땅히 방편은 이치를 드러내기 위함임을 알아야 한다. 만약 드러난 바의 이치를 안다면 능히 나타내는(能顯) 가르침도 알 수 있을 것이다. 그러므로 방편을 해석하지 않은 것이다.

제3 설법하실 때의 성취 129

【세친 57】 二. 名最勝修多羅者 於三藏中 最勝妙藏 此法門中 善成就故
◉아2. 둘째 "가장 뛰어난 수다라(修多羅:경)라 이름 한 것은 삼장(三藏:경·율·논장) 중에서 가장 뛰어나고 미묘한 법장(藏)을 이 법문 가운데서 잘 성취한 까닭이다."라고 한 데에서,

[길장 57] 二. 名最勝修多羅者。若對小乘三藏 則以此經 屬菩薩藏。二者於大乘中 自有三藏。如攝大乘說。而法華是修多羅藏。勝餘二藏。

([세친 57]과 [길장 57]의 아2.는 같다.)

★아2. 둘째 '가장 뛰어난 수다라(경)'라고 한 것은,
    자1. 첫째 만약 소승(小乘) 3장(경장-4아함경, 율장-4분,5분,10송율등. 논장-6족논,발지론 등)에 대한 것이라면 이 경을 보살장(菩薩藏)에 귀속시켜야 할 것이다.
    자2. 둘째 대승 중에는 저절로 3장이 있으니 대승의 설을 포함한 것과 같으니,『법화경』이 바로 수다라장(修多羅藏:경장)이라. 다른 2장(二藏:율장·논장)보다 수승한 것이다.

【세친 58】 三 名大方廣者 無量大乘 法門 隨順衆生根 住持成就故
◉아3. 셋째 "『대방광경(大方廣經)』이라 이름 한 것은 한량없는 대승의 법문(法門)은 중생의 근기에 순히 따라서 머물러 지님(住持:세상에 머물러서 법을 보호하여 가지는 것)을 성취하는 것이다."라고 한데서,

[길장 58] 三 名大方廣者。方廣是大乘通名。即釋此經 爲諸菩薩說大乘經。 又大乘文義俱廣。故名大方廣也。此論文釋者 正以教廣爲廣。故云無量大乘門。門[＊]則教也。

★아3 셋째 '대방광(大方廣)'이라 이름 한 것은 '방광(方廣)'은 곧 대승(大乘)을 통틀어 이름 한 것이니, 곧 이 경은 모든 보살을 위하여 설한 대승경임을 해석한 것이요, 또 대승경은 글과 뜻이 함께 자세하고 광대하니, 그러므로 대방광이라고 이름 한

것이다. 이 논문에 풀이한 것에 바로 가르침이 광범위함으로 넓다(廣)고 한 것이니, 그러므로 무량대승문(無量大乘門)이라고 말하였으니. 문(門)이란 가르침이다.

　　隨順衆生根　住持成就者。釋大乘門無量也。以大乘衆生　根無量故　大乘教無量。以教無量以教能顯理順機故名住持
　'중생의 근기에 순히(順: 順境. 몸과 마음에 맞는 경계) 따라서 머물러 지님(住持)을 성취한다.'라고 한 것은 대승문(大乘門)이 무량함을 해석한 것이다. 대승은 중생의 근기가 무량하기 때문에 대승의 가르침도 무량하며, 가르침이 무량하기 때문에 가르침으로써 능히 이치를 잘 나타내어 근기에 순응하는 까닭에 주지(住持: 머물러 지님)라고 말하는 것이다.

【세친 59】　四 名教菩薩法者　以爲 教化根熟菩薩　隨順法器　善成就故
●아4. 넷째 "보살을 가르치는 법이라고 이름 한 것은 근기가 성숙한 보살을 가르쳐서 법의 그릇에 순히(順: 順境. 몸과 마음에 맞는 경계)따라서 잘 성취하게 하기 위한 까닭이다."라고 한데서,

[길장 59] 四 名教菩薩法者。至法華時回小入大。及直往菩薩根皆已熟。故下云如來涅槃時到 衆又清淨也。
★아4. 넷째 '보살을 가르치는 법이라고 이름 한 것은'『법화경』을 설할 시기에 이르러 소승을 돌려 대승에 들어오게 한 것과 또 보살의 근기에 바로 가게 하여 다 이미 성숙된지라, 그러므로 아래에서는 여래께서 열반할 시기가 도래하고 대중 또한 청정하다고 말한 것이다.

【세친 60】　五 名佛所護念者 依佛如來 有此法故
●아5. 다섯째 " '부처님께서 보호하시고 생각하시는 바라.'고 이름 한 것은, 부처님 여래(佛如來)께 의지했음으로 이 법이 존재하기 때문이다."라고 한데서,

[길장 60] 五. 名佛所護念者. 下經云佛自任大乘. 故佛常護念此法. 今還爲衆生說大乘. 亦衆生得任大乘. 卽衆生亦 令爲佛所護念. 又如攝論云. 十二部經從法身流出. 卽是今文 依佛如來 有此法故也.

★아5. 다섯째 '부처님께서 보호하시고 생각하시는 바라.'고 한 것은 아래 경에 "부처님은 스스로 대승에 머무시기 때문에 부처님께서 항상 이 법을 보호하시고 생각하시는 것이요, 오늘에 돌이켜 중생을 위하여 대승법을 설하시니, 또한 중생도 대승에 머물게 된 것이다."라고 하였다.

즉 중생도 또한 부처님께서 호념(護念 : 보호하고 생각 함)하시는 바(대상)가 되게 된 것이다.

또『섭론(攝論)』에서 "12부 경이 법신(法身)으로부터 흘러 나왔다."고 한 것과 같다. 즉 오늘에 이 글도 부처님 여래(佛如來)에 의지하였음으로 이 법이 존재하기 때문이다.

**【세친 61】 六 名一切諸佛祕密法者 此法甚深 唯佛如來知故**

◉아6. 여섯째 " '모든 부처님의 비밀한 법'이라고 이름 한 것은, 이 법이 매우 심오하여 오직 부처님 여래께서만 아시기 때문이다."라고 한데서,

[길장 61] 六 名一切諸佛祕密法者. 亦如下文云. 唯佛能知不妄授 名爲祕密也.

★아6. 여섯째 '모든 부처님의 비밀한 법이라고 이름 한 것'도 역시 아래 글에 "오직 부처님 만이 함부로 주어서는 안 될 줄 알기 때문에 비밀하다고 말한 것이다."라고 한 것과 같다.

**【세친 62】 七 名一切諸佛之藏者 如來功德三昧之藏 在此經故**

◉아7. 일곱째 "모든 부처님의 법장(藏 : 법의 창고)이라고 이름 한 것은 여래 공덕인 삼매의 법장이 이 경에 있기 때문이다."라고 한 데서,

[길장 62] 七 名一切諸佛藏者. 如神力品云. 如來所有一切諸法一切自在神力 乃至一切甚

深之事。皆攝入此經也。

★아7. 일곱째 '모든 부처님의 (법의)창고(佛藏-대승경에 모든 부처님이 설한 법과 신통 변화로 나타내어 중생을 이로봅게 인도한 일. 모든 부처님 설법의 총칭한 것)라고 이름 한다.' 라고 한 것은 「신력품(神力品)」에 "여래가 소유한 일체법과 일체 자재한 신통력과 나아가 일체의 매우 심오한 일들을 이 경에 다 섭취하여 들였다.(다 거두어 들였다)"라고 한 것과 같다.

【세친 63】 八 名一切諸佛祕密處者 以根未熟衆生 等 非受法器不授與故

◉아8. 여덟째 " '일체 모든 부처님의 비밀한 곳이라.'고 이름 한 것은 근기가 미숙한 중생들이 법을 받을만한 근기가 못됨으로 아직 주지 못하는 때문이다."라고 한 데서,

[길장 63] 八名一切 諸.佛祕密處者。如五千之徒起 去。不堪聞故也。亦如四十餘年 未得演說。

★아8. 여덟째 '일체 모든 부처님의 비밀한 곳이라.'고 이름 한 것은, 5천의 무리가 일어나 가버린 것은(방편품), 그들이 듣고 감당하지 못하기 때문이다. 또한 40여 년 동안 아무 연설(설법)도 하지 않았다고 한 것과도 같은 맥락이다.

【세친 64】 九 名能生一切諸佛經者 聞此法門 能成諸佛大菩提故

◉아9. 아홉째 " '능히 모든 부처님을 탄생시키는 경'이라고 이름 한 것은 이 법문을 듣고 능히 모든 부처님의 큰 보리(대도)를 이루기 때문이다."라고 한데서,

[길장 64] 九名能生一切諸佛者。如法師品云。聞此經一句 皆與授記作佛也。

★아9. 아홉째 '능히 모든 부처님을 탄생시키는 경'이라고 이름 한 것은 「법사품(法師品)」에 "이 경 한 구절만 들어도 다 부처가 되리라는 수기(授記)를 준다."고 말한 것과 같다.

【세친 65】 十 名一切諸佛道場者 聞此法門 能成諸佛阿耨多羅三藐三菩提 非餘修多羅故

◉아10. 열째 " '모든 부처님의 도량(道場)'이라고 이름 한 것은, 이 법문을 듣고 능히 모든 부처님의 아뇩다라삼먁삼보리(阿耨多羅三藐三菩提 : 도. 정등정각)를 이루니, 다른 나머지 경은 그럴 수 없기 때문이다."라고 한데서,

[길장 65] 十名一切諸佛道場者。三菩提道起於此經。故稱 爲場。神力品云。當知 此處卽是道場。在處已然 經豈不爾。

★아10. 열째 '모든 부처님의 도량(道場)'이라 이름 한 것은 삼보리(三菩提 : 등정각)의 도가 이 경에서 일어나므로 도량이라고 일컬은 것이니, 「신력품(神力品)」에 이르기를 "이곳이 곧 도량이라는 것을 꼭 알아야 한다."고 하였다. 계시는 곳만으로도 이미 그러한데 경이 어찌 그렇지 않을 수 있겠는가?

【세친 66】 十一 名一切諸佛所轉法輪者 以此法門 能破一切諸障礙故

◉아11. 열한째 " '모든 부처님께서 법륜을 굴리신다.'고 이름 한 것은 이 법문을 가지고 능히 모든 장애를 깨뜨리기 때문이다."라고 한데서,

[길장 66] 十一 名一切諸佛所轉 妙法輪者。藥王品云。能破一切不善之闇。亦如下論 破決定等三義。 餘五種驚怖 斷四種著。乃至破十種人病也。

★아11. 열한째 '모든 부처님께서 법륜을 굴리신다.'고 이름 한 것은 「약왕품(藥王品)」에서 "능히 일체의 선하지 못한 어두움을 깨뜨린다."고 한 것과 같고, 또한 아래 논문에서 "결정코(決定) 깨뜨린다는 등 세 가지 뜻과 또 다른 다섯 가지 놀라 두려워함과 네 가지 집착을 깨뜨리며, 나아가 열 가지 사람의 병을 깨뜨린다."고 한 것과도 같다.

【세친 67】 十二 名一切諸佛 堅固舍利(經)者 謂如來眞如法身 於此修多羅 不 敗毁故

●아12. 열두째 " '모든 부처님의 견고한 사리(舍利)'라고 이름 한 것은, 말하자면 여래의 진여 법신이 이 수다라에서는 패하여 무너지지 않기 때문이다.(여래의 진여 법신이 이경에서 없어지지 않고 있다.)"라고 한데서,

[길장 67] 十二. 名如前解。此用多寶佛塔 意云法身不壞。亦如壽量品中 意明如來三身。及用法師品中 當知 此處有如來全身之文也。

★아12. 열두째 '이름'은 앞에서 풀이한 것과 같으며, 여기서 다보불탑(多寶佛塔)을 인용한 뜻 이 법신은 무너뜨리지 못함을 말한 것이리라.

또한「수량품(壽量品)」중에 뜻은 여래의 3신(身)을 밝힌 것과 같고, 또「법사품」을 인용 한 중에 "이곳이 여래의 온몸이 담긴 글임을 마땅히 알아야 한다."고 한 것과도 같은 맥락이다.

【세친 68】 十三 名一切諸佛大巧方便經者 依此法門 成大菩提 已爲衆生 說天人聲聞辟支佛等 諸善法故

●아13. 열셋째 " '모든 부처님의 크고 교묘한 방편의 경'이라고 이름 한 것은, 이 법문에 의하여 큰 보리를 이루고 나서 중생을 위하여 하늘사람과 성문·벽지불(辟支佛)등의 온갖 선한 법문을 설한 때문에"라고 한 것에서,

[길장 68] 十三 名大巧方便者。文正以一佛乘爲眞實。得一佛乘 竟於一佛乘 說二乘 及人天乘 名爲方便。

★아13. 열셋째 '모든 부처님의 크고 교묘한 방편'이라고 이름 한 것은, 경문에 "바로 일불승 (一佛乘)을 가지고 진실을 삼았으니, 일불승을 얻고는 마침내 일불승에서 2승(乘)과 인승(人乘)·천승(天乘)을 설하는 것을 방편이라고 한다."고 한 것과 같다.

【세친 69】 十四 名說一乘經者 以此法門 顯示如來 阿耨多羅三藐三菩提究竟之體 彼二乘道非究竟故

◉아14. 열넷째 " '일승(一乘)을 말하는 경'이라고 이름 한 것은, 이 법문으로써 여래의 아뇩다라삼먁삼보리의 구경의 실체를 나타내 보이고, 저 2승(二乘)의 도는 구경이 아니기 때문이다."라고 한 것에서,

[길장 69] 十四 名說一乘經者。此中正以無上菩提果 爲一乘體。方便品中 用眞如法身 爲一乘體。此二不違。就隱而言則 以眞如法身爲體。約顯而說 卽無上菩提果法爲體。

★아14. 열넷째 '일승을 말하는 경'이라 이름 한 것은, 이 중에서는 바로 무상보리과(無上菩提果:깨달음)로 1승의 체를 삼으며, 「방편품」 중에서는 진여(眞如) 법신(法身)을 사용하여 1승의 체로 삼았으니, 이 두 가지는 서로 위배됨이 없다.

은밀하게 말하면 진여 법신으로 체(體)를 삼는 것이요, 드러내놓고 말하면 무상보리(無上菩提)의 과법(果法:깨달은 법)을 체로 삼는 것이다.

【세친 70】 十五 名第一義住者 此法門 卽是如來法身 究竟住處故

◉아15. 열다섯째 " '제일의(第一義)에 머문다.'고 이름 한 것은, 이 법문은 곧 여래(如來)의 법신이 구경에 머무는 곳이기 때문이다."라고 한 것에서,

[길장 70] 十五名第一義住者。第一義 則是法身。此經能顯法身。 則是法身住處。

★아15. 열다섯째 '제일의(第一義-최고의 경지)에 머문다.'고 이름 한 것에서 '제일의'란 바로 법신이니, 이 경에서는 법신을 잘 나타낸 것이라 이것이 법신이 머무는 곳이 된다.

【세친 71】 十六 名妙法蓮華者 有二種義。何等二種。
一者出水義。以不可盡出離 小乘泥濁水故。

◉아16. 열여섯째 " 「묘법연화경」'이라 이름 한 것에는 두 가지 뜻이 있으니, 어떤 것이 두 가지인가?
♣자1 첫째 '물에서 나온다.'는 뜻이니,

차1. 소승의 탁한 진흙물에서 다 여의고 나올 수 없기 때문이요,

復有義 如蓮華出泥水喩 諸聲聞 得入如來大衆中坐。如諸菩薩 坐蓮華上。聞說如來無上智慧淸淨境界。得證如來深密藏故。

차2. 또 뜻이 있으니, 마치 연꽃이 진흙탕에서 나오는 비유와 같은 것으로, 모든 성문(聲聞)들은, 여래께서 들어오셔서 대중 가운데 앉게 되면, 모든 보살이 연꽃 위에 앉아 여래께서 위없는 지혜로 청정한 경계를 설하시는 것을 듣고 여래의 심오한 비밀의 법장(祕密藏)을 증득하게 되는 것과 같기 때문이다.

二者華開義。 以諸衆生 於大乘中 其心怯弱 不能生信。是故 開示 諸佛如來 淨妙法身 令生信心故

♣자2. 둘째 연꽃이 피는 뜻이니, 모든 중생들이 대승 가운데서 그 마음에 겁먹고 연약하여 믿음을 낼 수 없으니, 이런 고로 모든 부처님 여래(佛如來)께서 청정하고 미묘한 법신(法身)을 열어 보임으로 믿는 마음을 내게 하기 때문이다."라고 한 데서, (법신=연꽃, 법신을 열어 보임은 곧 연꽃을 피워 보임이다)

[길장 71] 十六 名妙法蓮華者。正釋經題。論主就二義釋之 一者出水義。二者華開義。就出水中更開爲二。一者出水義。此標出水義也。以不可盡出離二乘泥濁故者。釋出水也。此經明出離小乘泥濁水法。故言出離小乘泥濁水也。

★아16. 열여섯째 '묘법연화'라고 이름 한 것은 경의 제목을 바로 해석(正釋)한 것이다.

논주(論主)가 두 가지 뜻에 입각해서 풀이하였는데,

♣자1. 하나는 물속에서 나온다는 뜻이고,

♣자2. 다른 하나는 꽃이 피는 의미이다.

♣자1. 물속에서 나온다는 것에 나아가 살펴보면 또 두 가지 뜻이 있으니,

차1. 첫째는 물에서 나온다는 뜻으로 이것은 물에서 나온다는 뜻을 표방한

것이고,

**차2.** 둘째는 '2승의 탁한 진흙물에서 다 여의고 나올 수 없기 때문이요.'라고 한 것은 물에서 나오는 것을 풀이한 것이다.

이 경은 소승의 진흙탕 물에서 여의고 나오는 법을 밝힌 것이니, 그러므로 소승의 탁한 진흙물에서 여의고 나온다고 말한 것이다.


問。但應云出離二乘泥濁水。何故言不可盡耶。 答。
一者不可究盡。不可盡者 則是實相法身。今說實相法身。故得出離二乘泥濁水也。

㈜ 다만 2승의 탁한 진흙물에서 여의고 나온다는 것만 말한다면 무슨 까닭에 다 할 수 없다고 말했는가?

㈜ ▼카1. 첫째 '끝내 다하지 못했다.'는 것은, 곧 이는 실상의 법신을 끝내 다하지 못했다는 것이다. 지금 여기서는 실상의 법신을 설함이라, 그러므로 2승의 탁한 진흙물에서 여의고 나오게 되었다는 것이다.


以實相法身 雖在二乘泥濁水中 不可令其滅盡。則是有垢眞如出 成。
二者三世佛令衆生 出二乘濁水成佛。而佛乘不可盡。

실상(實相)의 법신(法身)이 비록 2승의 탁한 진흙물 속에 있긴 하지만, 그것을 멸하여 다 할 수는 없으니, 즉 이는 번뇌가 남아 있는 진여(有垢眞如-진여가 번뇌에 덮여있는 것)에서 벗어나 번뇌가 없는 진여(無垢眞如-번뇌에서 벗어난 진여)를 이루게 하려는 것이다.

▼카2. 둘째 삼세의 부처님은 중생으로 하여금 2승의 혼탁한 물에서 나와 부처를 이루게 는 하지만 불승(佛乘)을 다할 수는 없는 것이니,


如藥喩品云。以我此物周給一 國尙不匱。何況諸子也。
三者蓮華雖出濁水 而不捨泥水。今亦爾。雖令衆生 出離二乘成佛。常作二乘方便 敎化衆生。亦如藥草喩品明。理雖無二隨緣說二。及於緣有二。復有義已下 第二義。借蓮華出水 喩二乘人迴小入大。

「비유품」에서 "(장자=부자가) 나는 이런 물건(재물)을 온 나라 사람들에게 나누어 주어도 오히려 모자라지 아니하거늘 어찌 하물며 아들들이랴?(아들에게 주지 않으랴?)"라고 한 것과 같다.

▩카3. 셋째 연꽃이 비록 흙탕물 속에서 나왔다하더라도 흙탕물을 버리지는 않으니, 지금도 역시 그러하다. 비록 중생으로 하여금 2승을 여의고 벗어나 부처를 이루게 하였더라도 늘 2승이 되어 방편으로 중생을 교화하니, 또한「약초유품(藥草喩品)」에서 밝힌 것과 같다. 이치는 비록 2승(二)이 없을지라도 인연에 따라 2승을 설한다, 또 인연에 두 가지 의미가 있으니,
(앞에 [세친 71]-아16.-자1.-**차2.-연계**)

'또 뜻이 있으니(復有義)'라고 한 이하는,

**차2.** [세친71, **차2**]. 둘째의 뜻이니, 연꽃이 물 밖으로 나오는 것을 빌어서 2승의 사람이 소승에서 돌이켜 대승으로 들어가는 것에 비유한 것이다.


得在如來 大衆中坐。應同菩薩 坐蓮華坐故。與菩薩同聞 法華作佛。前義與後 義異者。可有二意。 初就法釋。以此經說 就佛法身出離二乘濁水。後約人出二乘濁水。二者前約直往菩薩。後就迴小入大也。

(모든 성문(聲聞)들은) 여래께서 대중 가운데 앉아 계시게 되면, 보살들이 연꽃의 자리에 앉은 것과 같기 때문에 보살들과 똑같이 법화경을 듣고 부처가 된다는 것이다.

앞의 뜻과 뒤의 뜻이 다른 것은 두 가지 뜻이 있다고 하겠다.

*카1. 처음은 법(法)에 나아가 해석한 것으로서 이 경에서는 부처님의 법신(法身)에 나아가 2승의 혼탁한 물에서 여의고 나옴을 설하였고, 뒤에서는 사람에 대하여 2승의 혼탁한 물에서 나옴을 말하였다.

*카2. 둘째는 앞에서는 직접 보살로 가는 것을 따랐고, 뒤에서는 소승을 돌이켜 대승에 들어가는 것에 대한 것이다.


二者就華開義。喩者 就華開而實顯 如一乘教 開一乘理現。開示如來 淨妙法身 令一切衆生得生淨信也。淨妙法身 卽足經題妙法也。

(앞에 [세친 71]-아16.-자2.)

♣자2. '둘째 연꽃이 피는 뜻이니,'라고 한 것은, 비유하면 연꽃이 피면 열매가 나타나는 것이(實顯) 일승교(一乘敎)를 열어서 일승의 이치를 나타내는 것과 같다. 여래의 청정하고 미묘한 법신을 열어 보여 일체 중생들로 하여금 청정한 신심을 내도록 한 것이다. '청정하고 미묘한 법신'은 곧 이 경의 제목인 묘법(妙法)이다.

【세친 72】 十七名最勝法門者 攝成就故 攝成就者 攝取無量名句字身 頻婆羅 阿閦婆等 舒盧迦(亦云偈)故

◉아17. 열일곱째 " '가장 뛰어난 법문'이라고 이름 한 것은, 섭취함(거둬들임)을 성취하였기 때문이다. '섭취함을 성취하였다.'는 것은 한량없는 이름(名)·구절(句)·글자(字)·몸(身)·빈바라(頻婆羅 : 숫자)·아축바(阿閦婆 : 수천 조(兆)) 등의 서로가(舒盧迦 : 또는 게송이라고도 한다. 수많은 경문을 말 함)를 섭취한 때문이다.

[길장 72] 十七名法門者。自上=已來明佛乘。佛乘具足萬德。所以辨衆德無量。今明德 已無量文亦無量也。

★아17. 열일곱째 '가장 뛰어난 법문'이라 이름 한 것은, 위로부터 쭉 오면서 밝힌 불승
(佛乘 : 부처가 된다는 가르침)을 말한다. 불승은 온갖 덕(萬德)을 원만하게 갖추었으니, 그런 까닭에 숱한 공덕이 한량없음을 밝혔다. 여기서는 덕이 이미 한량없고 글(경문) 또한 한량없음을 밝혔다.

故下文云。說是法華經 如 恒+河,沙偈。亦如藥王品云。八百千萬億那由他 頻婆羅等偈。

그러므로 아래 글에 "이『법화경』에 설한 것이 항하의 모래 같은 게송"이라 하였고, 또 「약왕품」에 "팔백 천만 나유타(那由他) 빈바라(頻婆羅) 등의 게송(무한한 게송)"이라고 한 것과도 같다.

藥王品稱偈。今明舒盧迦。亦可以偈 翻舒盧迦。亦可 異名也。此具如法華疏釋。外國或名首盧。或名舒盧迦。是彼音不同耳。

「약왕품」에는 '게송'이라고 칭했는데, 지금 여기서는 '서로가(舒盧迦 : 게송)'라고 밝혔으나, 게송을 '서로가'로 번역하는 것도 가능하며, 또는 다른 이름으로도 가능하다.

이것은 구체적으로 『법화경』 소(疏)의 해석에 "외국에서는 혹, 수로(首盧)라 하기도 하고, 혹은 서로가(舒盧迦)라 하기도 하니 이것은 그 나라들의 발음이 같지 않아서일 따름이다."라고 한 것과 같다.

問。何故云首盧偈。答曰。首盧是通偈。外國數法 若長行若偈並名首盧。故不取別偈 此十七句法門 是總 餘句 是別者。此第三釋具十七種名意。

問 무슨 까닭으로 '수로(首盧)'를 게송이라 하는가?

答 '수로'는 '게송'과 통용된다. 외국의 수법(數法)에는 장항(長行 : 서사시(敍事詩))이든 게송(偈 : 詩)이든 아울러 '수로(首盧)'라고 하기 때문에 따로 게송을 취급하지 않는다.

'이 17구의 법문은 이는 총상(總相 : 전체)이요, 나머지 구는 별상(別相 : 개체)이다'라고 한 것은, 이것은 제3([길장 53]셋째는 해석한 뜻을 서술한 것이다.)의 17가지 이름의 뜻을 구체적으로 해석한 것이다.

**[세친 73]** 此十七句法門者是總 餘句是別故 如經 爲諸菩薩說大乘經 名無量義 如是等故

이 17구의 법문은 바로 총상(總相. 上支門)이요, 나머지 구(句)는 곧 별상(別相, 下支門)이니, 경에서 "모든 보살을 위하여 대승경을 말씀하시니, 이름이 무량의(無量義)니 이와 같은 등이라."라고 한 것과 같다.

**[길장 73]** 論主 所以具十七種名者。總解一部經名。若解此十七種名 則識一部法華意盡。

논주(論主)가 17종의 이름을 갖춘 까닭은, 1부(部) 경의 이름을 전체적으로 해석한 것이다. 만약 이 17종의 이름을 이해한다면 곧 1부 『법화경』의 뜻을 다 알 것이다.

蓋是慈悲之心。令人聞少 而悟於多意也 所依說法 隨順威儀 住成就者。釋第四分。初牒章名。次釋。

( 7공덕  ●제4 = [세친19]나4. [넷째 설하신 법과 위의(威儀 : '계율')에 의지하여 순(順)히 따라 안주함을 성취함(住成就)이며 와 연결,)


●4. 대개 이것은 자비(慈悲)한 마음으로 사람들로 하여금 적게 듣고 많은 뜻을 깨닫게 하려는 것 이다. '말씀하신 법에 의지하여 위의(威儀)에 순히 따라 머무름을 성취한다.'는 것은 (앞의 7공덕의●나4.) 제4부분(分)을 해석한 것이다.
&다1. 처음은 글(章)의 이름을 연계(牒 : 連繫.이끌어 옴)한 것이고,
&다2. 다음은 해석이다.


(&다1. 처음은 글(章)의 이름을 이끌어 오고(牒))

【세친 74】所依說法 隨順威儀 住成就者
●나4. '설법에 의지하여 (과거 부처님의) 위의(威儀 : 계율)에 순히 따라 머무름(안주함)을 성취한다,'라고 한 것은,

[길장 74] 牒章門中。云隨順威儀住者。隨順過去佛威儀。如過去說法華時 入定動地雨華。今亦如是。二者隨順衆生 現在威儀故。後文云。爲隨順衆生 示現對治。攝取覺菩提分法故 示現依何等法 下釋章門。就文爲二。初問次答。示現何等法說法者。則是問。

다1. 글(章門)을 이끌어온(牒 : 連繫.) 가운데 이르기를 "
라1. (첫 번째) '위의(威儀 : 계율)를 순(順)히 따라 안주한다."라고 한 것은, 과거 부처님의 위의를 순에 따르는 것이 마치 과거에『법화경』을 설할 때 선정에 들자 땅이 흔들리고 꽃비가 내린 것과 같으니, 지금도 또한 이와 같다.
라2. 두 번째는 중생이 현재의 위의를 순에 따르기 때문이니, 뒤의 글에서 "순(順)히 따르는 중생을 위하여 대치(對治 : 상대하여 고침)하여 깨달음의 보리의 부분법(菩提分)19)을 섭취함을 나타내 보이기 때문이다.

---
19) 보리분(菩提分) : (1)4념처(四念處), (2)4정근(四正勤), (3)4여의족(四如意足), (4)5근(五根), (5)5력(五力), (6)7각(七覺), (7)8정(八正)의 7가지를 합한 37도품(道品)을 말함. 또는 37도품 중에 7각을 말함.

'어떤 등의 법에 의거하여 설법해야 할지 나타내 보인다.[세친 75]'라고 한 아래는 글(章門)을 해석한 것이니, 그 글에 나아가 살펴보면 두 가지 의미가 있다.

&마❶ 처음은 질문이고,

&마❷ 다음은 대답이다.

가1 ❶ '어떤 법에 의거하여 설법해야 할지 나타내 보인다.[세친 75]'라고 한 것은 질문이니,

**【세친 75】示現依何等法說法**

가❶. 어떤 법에 의거하여 설법해야 할지 나타내 보인 것이다.

[길장 75] 問意云。佛依何等法 用說此法華經耶 依三種法故下 則是答。初總標依三法。

나1. 질문자의 사견(私見)에 이르기를 "부처님은 어떤 등의 법에 의거하여 이『법화경』을 설법 하는데 사용하셨는가?"라고 하였다.

나2. '세 가지 법에 의거한다.(아래[세친 76])'고 한 아래는 곧 대답이다.

다1. 첫째는 세 가지 법에 의거함을 전체적으로 표방하니,

一者依三昧成就故者。別釋依三法。

라1. '첫째 삼매를 성취하는 데 의지 한다.'라고 한 것은, **【세친 77】** 따로 세 가지 법에 의거하여 해석한 것이다.

**【세친 76】依三種法故**

가❷ 세 가지 법에 의지하는 까닭이니,

[길장 76] 就釋爲二。初別釋依三昧。次總釋依動地雨華。就釋依三昧 復開二別。初正釋。次擧經示釋處。正釋中 初標依三昧。

가❷. 그 글에 따라 해석한 것에 두 가지 뜻이 있다.

나1. 처음은 따로 삼매(三昧)에 의지함을 해석한 것이고, **【세친 77】**

제4 위의에 머무름을 성취 함 143

나2. 다음은 땅이 진동하고 【세친 81】 꽃비가 내리는 것 【세친 82】 에 의거하여
전체적으로 해석한 것이다.
나1. 삼매에 의지하여 해석한 것에 따라 살펴보면, 또 두 가지로 구별하여 전개했다.
　●다1 첫째는 바로 해석하고,
　●다2 다음은 경의 내용을 들어 해석한 곳을 나타내 보였다.
　●다1 바로 해석한 가운데

　&라1. 처음은 삼매에 의지함을 표방하고,
【세친 77】 一者依三昧成就故
♥나1. 첫째는 삼매를 성취하는 데 의지하는 까닭이다.


[길장 77] 以三昧成就 三種示現。釋依三昧所以。

　&라2. (다음은) 삼매의 성취를 세 가지로 나타내 보여 삼매에 의지한 까닭을 해 석한 것이다.
【세친 78】 以三昧成就 二種法示現 何等爲二 一者成就自在力 身心不動故 二者離一切諸障礙 隨自在力故 此自在力 復有 示現二種 一爲隨順衆生 不見=覺,對治 攝取覺菩提分法故 二爲對治無量世來 堅報=執,煩惱故
♥나1 삼매의 성취를 두 가지 법으로 나타내 보였으니
　　어떤 것이 그 두 가지인가?
　다1, 첫째는 자재(自在)한 힘을 성취하여 몸과 마음이 움직이지 아니하는 까닭이요,
　다2, 둘째는 일체의 장애를 여의어 자재한 힘을 따르는 때문이다.
　다1. 이 자재한 힘에 다시 두 가지를 나타내 보인 것이 있으니,
　　라1, 첫째는 중생에 순이 따라 대치함(對治)을 찾지 않고 깨달음의 보리부분 법
　　(菩提分)20) 을 섭취하는 까닭이요,

---

20) 보리분(菩提分) : (1)4념처(四念處), (2)4정근(四正勤), (3)4여의족(四如意足), (4)5근(五根), (5)5력(五力), (6)7각(七覺), (7)8정(八正)의 7가지를 합한 37도품(道品)을 말함. 또는 37도품 중에 7각을 말함.

(삼매에서는 중생을 구제하는 법을 찾지 않고 보리를 깨닫는 여러 가지 수행법(보리의 부분법)을 먼저 가지는(택하는) 것이다)
  라2. 둘째는 한량없는 세상으로부터 내려오면서 굳게 집착한 번뇌를 대치하기 위한 때문이다.


[길장 78] 應有問云。今說法華經 何故不入法華三昧 而入無量義處三昧。是故釋云。無量義三昧 有 二種力。所以依之。

㉠ 마땅히 질문하기를 "지금 「법화경」을 설하면서 무슨 연유로 법화삼매(法華三昧)에 들어가지 않고 무량의처삼매(無量義處三昧)에 들어가는가?"라고 하니,

㉠ 그런 까닭에 해석하여 이르기를 "무량의삼매(無量義三昧)에 두 가지 힘이 있으니, 그런 까닭에 의지하는 것이다."라고 하였다.


一者成就自在力 身心不動故者。釋自在力 以身心不動。是故靜極。以靜極故 所以 鑒明也。

다1. 첫째 '자재한 힘을 성취하여 몸과 마음이 움직이지 아니하는 까닭이라.'라고[세친78] 한 것은 자재한 힘 때문에 몸과 마음이 움직이지 않음을 해석하였다. 이러한 까닭에 고요함이 극(極)에 이르며, 고요함이 극에 이른 까닭에 그래서 거울처럼 밝은 것이다.


二者離一切 諸+法,障者。依下論釋 佛入三昧 無人能驚悟 則是離一切障。又佛入此定 說於法華 無有外緣 爲作障礙 令不得說。又無有外緣 爲+作,障礙 令衆生不得聞也。

다2. 둘째 '일체의 모든 장애를 여의어,'라고 함은, 아래 논문(論文)에 의하여 해석한다.
  ❋라1. 부처님께서 삼매(三昧)에 드셨는데 누구든 능히 놀라게 하여 깨어나게 할 사람이 없다면 이는 일체의 장애를 여읜 것이요,
  ❋라2. 또 부처님께서 이 선정에 드시어 「법화경」을 설하실 적에 외부적인 조건(연관)으로 장애를 조작하여 이 경을 설하지 못하게 한 적이 없으며,
  ❋라3. 또 외부적인 조건(연관)으로 장애를 조작하여 중생들로 하여금 이 경을 듣지 못하게 한 적도 없다.

問. 何以知有此力。答. 文云離一切諸障。 已云一切 則無障不離也。隨自在力故者 釋離一切障心。佛隨三昧自在力故 一切障不能障也。此自在力 復有二種下. 重釋三昧更有二力。

▣ 무엇으로 이런 힘이 있다는 것을 아는가?

▣ 경문에 이르기를 "일체의 장애를 여의어,"라고 했으니, 이미 '일체'라고 말했다면 더 이상 여의지 못할 장애가 없는 것이다.

'자재한 힘을 따르는 때문이다.'라고 한 것은, 일체 장애가 되는 마음을 여읜 것을 해석한 것이다. 부처님께서 삼매의 자재한 힘을 따르기 때문에 일체의 장애가 능히 가로막지 못하는 것이다.

다1에 '이 자재한 힘에 다시 두 가지 뜻이 있다'고 한 아래는 【서친 78】, 삼매에 다시 두 가지 힘이 있다는 것을 거듭 해석한 것이다.

一爲隨順衆生 示現對治者。謂隨二乘衆生 四十餘年 示現對治 二乘病法。又如後論 隨順十種衆生 示現十種對治也。攝取覺菩提分法故者。此出能對治法 入於三昧。正用無上菩提 對治二乘人病 名爲攝取。而稱覺菩提分法者 具言應言 無上正遍知道。

◆라1. 첫째 '중생을 순히 따라 대치(對治)함을 나타내 보인다.'고 한 것은, 2승(乘)의 중생에 따라 40여 년간 2승의 병에 대한 치료법(病法)을 나타내 보여준 것이다.

또 뒤에 나오는 논(論)에 '10종류의 중생을 순(順)히 따라 10종류의 대치 법(증상만을 고치는 법)을 나타내 보인다.'고 한 것과도 같다.

'깨달음의 보리의 부분법(菩提分法 : 37조도품등)을 섭취한다.'고 한 것은, 이것은 능히 대치법(對治法)에서 나와(중생 구제하는 데서 벗어나) 삼매에 드는 것이니, 바로 위없는 보리를 사용하여 2승 사람의 병을 고치(對治)는 것을 '섭취(攝取-거두어들이는 것)'라고 이름 하는 것이요,

'깨달음의 보리의 부분법'이라고 칭하는 것은 구체적으로 말하면 마땅히 위없는 정변지(正遍知 : 바르고 보편적인 앎)의 도(道)라고 말해야 하는데,

今爲存略 但稱覺菩提。覺則菩提故。菩提以智爲體。而言+法,分者 正因無上菩提 泯於二乘不用餘法。故稱爲分。

지금 여기서는 간략하게 줄여서 단지 '각보리(覺菩提 : 보리는 도, 도를 깨달음)'라고 칭하고 있다. '각(覺)'이 곧 보리(菩提)인데 그 보리는 지혜로써 그 본체를 삼고 있다. 그리고 '법의 부분(分)'이라고 말한 것은, 바로 위없는 보리로 인하여 2승을 소멸시키는데 다른 법은 쓰지 않기 때문에 부분(分)이라고 칭한 것이다.

又大乘道品 七覺分 八聖道分。今歎七覺泯之。故云覺菩提分也。

또 대승도품(大乘道品)에 7각분(覺分 : 7각지)과 8성도분(聖道分 : 8정도)이 있는데, 여기서는 7각분이 빠진 것을 한탄한 때문에 '각보리분'이라고 말한 것이다.

敍覺菩提 猶分菩提耳 覺知分也。分之言因。因則是二乘菩提。攝取菩提分者。卽二乘菩提入分菩提也。

각보리를 서술하면 분보리(分菩提)와 같으니, 각지 부분(覺知分)이라고도 한다. 분(分)의 인(因)을 말하면 인(因)은 곧 2승의 보리(菩提)이기 때문이다. '보리의 부분법(菩提分法)을 섭취한다.'는 것은 곧 2승 보리가 분보리(分菩提)에 들어가는 것이다.

二爲對治無量世來 堅報+執煩惱故者。前明知藥 此敍識病。 合=具,而言之無量義定 有其四力。一者內。卽身心不動。二 則外。無障礙 謂內外一雙。三則識藥。四卽知病, 謂藥病一雙。以有 此+四,力故 入無量義定 不入法華三昧也。

◆라2. 둘째 '한량없는 세상으로부터 내려오면서 굳게 집착한 과보의 번뇌를 대치하기 위한 때문이다.([세친 78]라2,)'라고 한 것은, 앞에서는 약(藥)에 대해 아는 것을 밝혔고, 여기서는 병에 대해 아는 것을 서술하였다. 이 둘을 합해서 말하면 무량의정(無量義定)이라 하는데

마1. 여기에 네 가지 힘이 있다.

바1. 첫째는 안(內)이니 곧 몸과 마음이 움직이지 않는 것이고,

바2. 둘째는 밖(外)이니 장애가 없는 것으로 안팎의 한 쌍을 말한다.

바3. 셋째는 약을 아는 것이고,

바4. 넷째는 병을 아는 것이니, 약과 병의 한 쌍을 말한다.

이러한 4가지 힘이 있기 때문에 무량의정에 들어가고 법화삼매에는 들어가지 않은 것이다.

此品與無量義經相應。故無量義經云。是無量義經 文理眞正 尊無過上。三世諸佛 所共守護 無有衆魔。群道得入 不爲生死 邪見之所壞毁。無量義經 已爾。無量義定亦然 如經已下。第二示釋經處。

이 품(品)은 『무량의경(無量義經)』과 서로 호응하니, 그러므로 『무량의경』에 이르기를 "이 『무량의경』은 글의 이치가 진실하고 바르며, 높아 이 위보다 더 지나치는 것이 없으며, 삼세의 모든 부처님께서 함께 지키시고 보호하시어 온갖 마(魔)가 없고 뭇 도(道)가 들어오고, 나고 죽음과 삿된 견해에 헐어 무너지지 아니 한다."고 하였다.

『무량의경』도 이미 그러하고, 무량의정(無量義定)도 역시 그러하다.

'여경(如經)'이라고 한 이하는,(아래【세친 79】)

♠라2 제2, 경을 해석한 곳을 보여준 것이니,

【세친 79】如經 '佛說此經已 結跏趺坐 入於無量義處三昧 身心不動' 如是等故

경에 "부처님께서 이 경을 다 설하시고 나서 가부좌(跏趺坐)를 맺고 앉아 무량의처삼매(無量義處三昧)에 드시어 몸과 마음(身心)이 움직이지 않으셨다." 라고 함과 같다. 이와 같은 등의 까닭이다. (서품의 앞쪽)

(【세친 78】♥나1. 삼매에 의지하여 해석한 것에 따라 살펴보면, 또 두 가지로 구별하여 전개했다.)-연속([길장 76]나1. 은 처음은 따로 삼매(三昧)에 의지하여 해석한 것이고)-연속


[길장 79] 二者依器世間已下。第二合釋動地之與雨華。就文亦二。一者正釋。次 引經示釋處。就初文有二。初雙牒二依。

♥나2 '둘째 기세간(器世間 : 우리가 의지하고 있는 세간, 세계)'이라 한 이하는,【세친 80】

나2. 제2 '땅이 진동하고 꽃비가 내리는 것.(아래)'을 합해서 해석한 것이다. [길장76]의 나2. 와 연결.

이 글에 나아가 보면 역시 두 가지다.

&라1 하나는 바로 해석한 것이고,
&라2 다음은 경문을 인용해 가면서 해석한 곳을 보여 준 것이다.
&라1 처음 글에 나아가 보면, 두 가지 뜻이 있으니,

*마1 첫째는 두 가지 의지함(기세간,중생세간에 의지함)을 쌍으로 이끌어오고(牒),

【세친 80】 二者依器世間 三者依衆生世間
♥나2 둘째 기세간(器世間)에 의지함과,
♥나3 셋째 중생세간(衆生世間)에 의지함이다.

[길장 80] 謂依器世界 衆生世間 從振動已下 雙釋二依。

*마2. 말하자면 기세계(器世界)와 중생세간(衆生世間)에 의지함이니 '진동(振動)'한다고 한 데서부터 아래는([세친 81] 첫 구) 두 가지 의지함에 대해 둘 다 해석한 것이니,

【세친 81】 震動世界 及知過去無量劫事 如是等故
바1. 세계를 진동한 일과, 과거 한량없는 겁(劫)의 일 등을 아는 것, 이와 같은 등이다.

[길장 81] 卽二也。震動世界 釋依器世間。以過去佛將說法華 地六種動。今亦如是。
사2. 그것이 곧 두 가지이다.
아1. '세계를 진동한다.'고 한 것은 기세간(器世間)에 의거해서 해석한 것이니, 과거에 부처님께서 장차 『법화경』을 설하시려 할 때에 땅이 여섯 가지로 진동하였는데, 지금도 그와 같다.

所以依動地者 說大法。破大 部=郭=障故。大利益故。令衆生大歡喜故也。及知過去無量劫事等故者。釋依衆生世間。

아2. 땅이 진동함에 의지하는 까닭은, 큰 법을 설할 적에 큰 장애(大部=部=障)를 깨뜨리기 때문이요, 크게 이익 되게 하기 때문이며, 중생들로 하여금 크게 환희(歡喜)하게 하기 때문인 것이다.

사3. 또 '과거 한량없는 겁(劫)의 일 등을 알기 때문'이라고 한.(【세친 81】) 것은 중생세간(衆生世間)에 의지함을 해석한 것이다.

過去無量劫 佛說法華時 數盛天雨四華 大衆歡喜。今亦如是。以說第 一+盡,理之法 暢諸佛之心 滿衆生之願。數盛天雨四華 大衆歡喜。

사4. '과거 무량겁(無量劫)에 부처님께서 『법화경』을 설하실 때, 자주 성대하게 하늘이 네 가지 꽃비를 내려 대중들이 환희하였다.'고 했는데 지금도 역시 그와 같다.

사5. 제일가는 진리의 법을 다 설하여 모든 부처님의 마음을 드러내어 중생들의 소원을 채워 주시고, 자주 성대하게 하늘이 네 가지 꽃비를 내주시니 대중들이 환희한 것이다.

問。大衆歡喜 可是衆生世間。天雨四華 云何是衆生世間。答。天 則衆生數故也 如經已下 第二列=引,經示釋處。

⧆ 대중들이 환희하는 것은 중생세간에서 가능하지만 하늘이 네 가지 꽃비를 내린 것은 어떻게 중생세간에서 옳다고 인정하겠는가?

⧆ 하늘도 곧 중생의 법수(數=法門의數 : 3界, 5온, 75법, 4제, 12인연, 6度 등 숫자로 표시한 가르침의 명칭)에 들어가기 때문이다.

'여경(如經)'이라고 한 이하는,(【세친 82】)

&라2 제2 경문을 인용해서 해석한 곳을 보여주신 것이다.【세친 82】 &라2 연속

【세친 82】 如經 是時 天雨曼陀羅華 乃至歡喜合掌 一心觀佛故

마1. 경에 "그때 하늘에서는 만다라(曼陀羅)꽃을 비 내리고, ~내지~ 환희하여 합장하고 한결 같은 마음으로 부처님을 뵈었다."고 한 것과 같은 까닭이다.

[길장 82] 此 列=引經正證衆生世間。 前明震動世界。已是證器世界竟也 依止說因成就者。此第五分。就文爲二。初牒章名。

바1. 여기서는 경을 인용하여 중생세간을 바로 증명한 것이다. 앞에서 세계가 진동하는 것을 밝혀 이미 기세계(器世界-중생들이 사는 국토 세계)를 증명하여 마친 것이다.
'설법하실 원인이 성취됨에 의지한다는 것(말씀할 조건이 충족되었다)'은, 【세친 83】
제5 부분이니, ( [세친19]의 7공덕의 ●나5. 설법할 원인(因-조건)이 갖추어짐) 에 연결)
그 글에 나아가 보면 두 가지가 있다.

&다1. 처음은 글 이름(章名)을 연계(牒：連繫)한 것이다.
【세친 83】 依止說因成就者
●나5. "설법하실 원인이 성취됨에 의지한다는 것은,(설법할 조건이 충족된 것)

[길장 83] 彼諸大衆已下 釋章名。就文爲三。一正釋。二者 引經示釋處。三斷=料簡。就初正釋又三。初釋放光意。次正釋放光。三明光中所現事。初釋章名。則是解放光意。

&다2. 그 " 모든 대중들을 위하여"라고 한 아래 【세친 84】 는 글의 이름을 해석한 것이다. 그 글에 나아가 보면 세 가지 뜻이 있으니,
♠라1 첫째는 바로 해석하고,
♠라2 둘째는 경문을 인용하여 해석한 곳을 보여준 것이며,
♠라3 셋째는 요간(料簡：간추림)이다.
♠라1 첫째 바로 해석한 것에 나아가 보면 또 세 가지 뜻이 있으니,
♣마1 첫째는 방광(放光)의 뜻을 해석(풀이)한 것이고,
♣마2 둘째는 방광을 바로 해석한 것이며,
♣마3 셋째는 광명 가운데 나타난 일들을 밝힌 것이다.

♣마1. 처음은 글 이름(章名)을 해석한 것이니, 이는 곧 방광(放光)의 뜻을 해석한 것이다.

**【세친 84】** 爲諸大衆 現見異相 不可思議事 大衆見已 生希有心。渴仰欲聞 生如是念 如來今者 應爲我說 故名依止說因成就

바1. 모든 대중들을 위하여 다른 모양의 불가사의(不可思議)한 일을 나타내 보이시 니, 대중이 보고 나서 희유한 마음을 내어 목말라 우러러 듣고자 하여 이와 같 은 생각을 내는 것이다.

'여래께서 오늘에 나를 위하여 말씀하시는구나.'라고.

그러므로 '설법하실 원인에 의지함을 성취하였다.'고 이름 하는 것이다.(말씀하실 원 인(조건)이 충족되었다.)

**是故 如來放大光明 示 現+他方,諸世界中 種種事故**

바2. 이러하므로 여래께서 큰 광명을 놓으시어 다른 방면(타국)의 모든 세계 중에 갖 가지 일들을 나타내 보이는 것이다.

**[길장 84]** 言依止 因說者。正是衆生內 心。言內心者 渴仰願聞法華。雖明入定雨華動地, 若無內心渴仰欲聞之心。佛不得說法華也。

바1. '설법하실 원인에 의지한다.'라고 한 [세친84 바]말은, 바로 중생들의 속마음(內 心)이다. '속마음'이란 『법화경』을 목말라 우러러 듣기를 원하는 것이니, 비록 선 정에 드시면 꽃비가 내리고 땅이 진동한다는 것을 밝혔다 하더라도 만약 마음속에 목말 라 우러러 듣고자 하는 마음이 없다면 부처님께서 『법화경』을 설하지 못했을 것이다.

又上入定 動地雨華 是其外緣。今渴仰欲聞之心 是內因。因緣具足 方得說敎。

바2. 또 위에서, 선정에 들자 땅이 진동하고 꽃비가 내린 이것은 밖의 인연(外緣)이고, (서품 첫 장항 끝 부분-무량의처 삼매에 드시니 --이때 하늘에서 만다라 화 등이 내렸다고 한 글) 지금 여기서 목말라 우러러 듣고자 하는 마음은 곧 안의 원인이다. 안의 원인(因)과 밖의 연(緣)이 구족(具足)해야 비로소 설교(說敎)를 할 수 있는 것이다.

問。上雨華動地 已令衆歡喜 則是因竟。今云何更辨因耶。答。上雖生歡喜 未知欲說大法。

今覩佛放光 現東方諸佛土三世事。必知應爲我說於大法。

❓ 위에, 꽃비가 내리고 땅이 진동하여 이미 중생들로 하여금 환희하게 하였다면, 이는 그 원인(因)이 다 충족된 것인데, 지금 여기에서 무엇 때문에 다시 그 인을 밝히는가?

✅ 위에서 비록 환희하는 마음이 생기긴 했지만, 아직 큰 법을 설하려고 하는 것을 알지 못함으로 지금 부처님께서 광명을 놓아 동방(東方)의 모든 불국토(佛國土)의 일을 나타낸 것을 보고 반드시 마땅히 나를 위하여 큰 법을 설하시려고 하신다는 것을 안 것이다.(설할 조건이 갖추어 졌다)

是故 渴仰欲聞 名爲因義成就也 先示外事者 第二正釋。放光 則是簡 前後二瑞不同。

이러하므로 목말라 우러러 듣고자 함을 (설법 할) 원인(因)된 뜻이 성취되었다고 말하는 것이다.

'먼저 바깥의 일을 보였다'고 한 【세친 85】 것은,

♣마2 제2 방광을 바로 해석한 것(正釋)이니, 곧 앞뒤 두 가지 상서가 같지 않는 것을 간추린 것이다.

**【세친 85】 先爲大衆 示現外事 六種震動等 次示現此法門中 內證甚深微密法故**

가1. 먼저는 대중들을 위하여 밖으로는 여섯 가지 진동하는 등의 일을 나타내 보이셨고,

가2. 다음은 이 법문 중에, 안으로는 증득한 매우 깊고 미묘하고 은밀한 법을 나타내 보인 것이다.

**[길장 85]** 雨華動地 竝爲外事。佛親自身放光 智炬將輝。故身光前耀。故名內事。內證甚深微密法者。依方便品釋 則是無上菩提。今說佛所證 無上菩提。亦令衆生 得於此法 自解作佛也 又依器世間下。此第三釋出光中所現事。

나1. 꽃비가 내리고 땅이 흔들린 것은 모두 밖의 일이고,

나2. 부처님께서 직접 자신의 몸에서 광명을 놓아 지혜의 횃불이 찬란하니, 그러므로 몸의 광명이 앞을 비춰 빛나므로 안의 일이라고 이름 한 것이다.

'안으로는 증득한 매우 깊고 미묘하고 은밀한 법'이라 한 것은 (가2) 「방편품(方便品)」에 의거하여 해석한 것이니, 이는 곧 위없는 보리(菩提)를 말한다.
지금 부처님께서 증득하신 위없는 보리를 설하시는 것도 또한 중생들로 하여금 이 법을 얻어 스스로 부처가 되는 것을 알게 하는 것이다.
'또 기세간(器世間)에 의지하여'라고 한 아래는,[세친 86]

♣마3 제3 광명을 놓는 가운데 나타난 일을 해석한 것이다.
【세친 86】 又依器世間 衆生世間。數種種 量種種 具足煩惱差別 具足淸淨差別 佛法弟子差別 示現三寶故
가1. 또 기세간(器世門 : 국토 세간)과 중생세간(衆生世間)의 수가 갖가지고 분량도 갖가지며, 구족한 번뇌의 차별, 구족한 청정의 차별, 부처님과 법과 제자의 차별에 의지하여 삼보를 나타내 보이는 것이다.

復乘差別 有世界有佛 有世界無佛 令衆生見 修行者 未得果 得道者 已得果故
가2. 또 승(乘 : 가르침)의 차별이다. 부처님이 있는 세계도 있고 부처님이 없는 세계도 있으며, 중생들로 하여금 수행하는 이는 아직 과(果 : 깨침)를 얻지 못하였고, 득도한 이(得道者)는 이미 과를 얻었음을 보게 하려는 것이다.

[길장 86] 於中略明十事。器世間者 東方一萬八千佛土也。衆生世間者 一萬八千土中衆生也。數種種者 釋明衆生數 種種不同也。量種種者 明器世界形量不同也。具足煩惱差別者。釋六道衆生不同也。

나1. 이 가운데 【세친 86】 대략 열 가지 일을 밝혔다.
　다1. '기세간(器世間=界)'이란 동방의 1만 8천 불국토(佛國土)를 말한다.
　다2. '중생세간(衆生世間)'이란 1만 8천 국토 중에 있는 중생들을 말한다.
　다3. '수가 갖가지(數種種)'라고 한 것은 중생들의 수가 여러 가지여서 같지 않음을 밝혀 해석한 것이다.
　다4. '분량도 갖가지(量種種)'라고 한 것은 기세계의 형량(形量 : 생김새와 부피)이 같다5. '구족한 번뇌의 차별(具足煩惱差別)'이라 한 것은 6도(道)의 중생이 같지 않음을 해석한 것이다.

六道不同 皆由煩惱上中下差別故也。具足淸淨差別者。釋淸淨世界 差別不同也。

다6. 6도가 같지 않음은 다 번뇌에 상·중·하의 차별로 말미암은 때문이다.
다7. '구족한 청정의 차별(具足淸淨差別)'이라 한 것은 청정한 세계가 차별이 있어 같지 않음을 해석한 것이다.

佛法弟子差別 示現三寶故者。佛東方萬八千土中佛。法 則是萬八千土中 佛所說法。弟子謂四衆 乃至菩薩。復乘差別者。四果爲小乘 菩薩爲大乘。有世界有佛 有世界無佛者。東方世界現 在=世,佛爲有佛。又見諸佛般涅槃後 以佛舍利 起七寶塔 名爲無佛。令衆生見者。上明現十事。

다8. '부처님과 법과 제자의 차별에 의지하여 삼보를 나타내 보이는 까닭(佛法弟子差別示現三寶故)'이라고 한 것에 '부처님(佛)'은 동방의 1만 8천 국토 중의 부처님이시고,
다9. '법(法)'은 바로 1만 8천 국토 중의 부처님께서 설하신 법이며,
다10. '제자(弟子)'는 4부 대중은 물론 나아가 보살까지를 다 일컬은 말이다.
나2. '다시 승(乘: 가르침)의 차별(復乘差別)'이라 한 것은,
다1. 4과(果: 수다원 등 성문4과)는 소승이 되고
다2. 보살(菩薩)은 대승이 된다.
다3. '부처님이 있는 세계도 있고 부처님이 없는 세계도 있다(有世界有佛 有世界無佛)'고 한 것은, 동방세계에 부처님이 현재 있으면 부처님이 있는 세계가 되고, 또 부처님이 열반에 드신 것을 본 뒤에 부처님의 사리(舍利)로 7보탑을 일으키면 부처님이 없는 세계가 되는 것이다.

'중생으로 하여금 보게 한다(令衆生見[세친 86]- 라2. ))'고 한 것은 위에서 열 가지 일을 나타내 밝힌 것이다.

此明令衆生 視見十事 則釋經中 於此世界 悉見之言也 修行者未得果下 ‖釋未盡今重簡
之 凡釋二事 初釋四衆修行也

여기서 밝힌 중생들로 하여금 열 가지 일을 보게 한다고 한 것은, 곧 경 가운데 이 세계에서 다 보게 한다는 말을 해석한 것이다.

다4 '수행하는 이는 아직 과(果)를 얻지 못하였다(修行者未得果)'고 (【세친 86】가
　　2.) 한 아래는, 위에서 미진(未盡)한 해석을 여기서 거듭 밝힌 것이니, 무릇 그 해석에 두 가지 일이 있으니,

☀라1. 첫째는 4부 대중의 수행에 대하여 해석한 것이다.

未得果者 修三學行 未得四果 得道者 已得四果 如經下示所釋處

　마1. '과를 얻지 못하였다(未得果)'고 (가2.)한 것은, 3학(學: 계(戒)·정(定)·혜
　　(慧))을 닦는 (실천하는) 이가 아직 4과(果)를 얻지 못했다는 것이요..
　마2 '득도한 이는 이미 4과를 얻은 것이다.(得道者已得四果)'

'여경(如經)([세친 87])'이라고 한 아래는
　♠라2 둘째는 (경문을 인용하여) 해석한 곳을 보인 것이다.

【세친 87】如經 諸修行得道者故

경에 "(비구·비구니·우바새·우바이의) 모든 수행에서 도를 얻은 이"라고 한 것과 같은 까닭이다.

[길장 87] 數種種者 第二釋前數種種示現

'수가 갖가지(數種種)'라고 한 것 【세친 88】은,

　☀라2. 둘째는 앞에 수가 가지가지임을 나타내 보인 것을 해석한 것이다.

【세친 88】數種種者 示現種種觀故 略說四種觀 一者食住 二者聞法 三者修行 四者樂

수가 가지가지라고 하는 것은 가지가지의 관(觀)을 나타내 보이기 때문이다.
간략히 네 가지 관(觀)을 말하면,

가1. 첫째는 음식(食)과 주거(住)요,
가2. 둘째는 법을 들음이며,
가3. 셋째는 수행이요,
가4. 넷째는 즐거움이다.

[길장 88] 種種觀者 正釋數種種。佛放光亦可觀者見 也。見彼東方菩薩等食及聞法。示現萬八千土衆生。種種觀不同。故名數種種觀也。

'가지가지의 관법(種種觀)'이라 함은 여러 가지의 수(數)를 바로 풀이한 것이다. 부처님께서 방광(放光)하신 것도 바로 관(觀)을 나타낸 것이요 저 동방의 보살들의 음식과 법을 듣는 것도 (관을) 나타낸 것이다. 1만 8천 국토의 중생들이 가지가지 관법을 나타내 보이는 것이 동일하지 않으므로, 그러므로 '수가 가지가지의 관(觀)'이라고 한 것이다.

略說四種觀者。釋種種觀也。一者食亦可是禪悅爲食。亦可是揣等四食。二明食竟聞法。三者聞法竟修行。四者修行得果爲樂 如經下 第二亦示釋處

'간략히 네 가지 관을 말하면(略說四種觀)'이라고 한 것은, 가지가지의 관을 해석한 것이다.

가1-1. 첫째 '음식(食)'은 바로 선열(禪悅 : 선정의 기쁨)로 음식을 삼는 것과 또는
  췌식(揣食=段食 : 음식물, 손으로 쥐어서 먹는 인도 음식. 욕계의 모든 음식)
등의 네 가지 음식이다.
가2-1. 둘째는 식사를 마치고 나서 법을 듣는 것이며,
가3-1. 셋째는 설법 듣고 나서 수행하는 것이며,
가4-1. 넷째는 수행하여 얻는 과(果)로 낙을 삼는 것이다.
'여경(如經)'이라고 한 아래[세친 89])는,

♠라2. 역시 경의 해석한 곳을 보여준 것이다. ([길장 83]-♠라2 연결)
【세친 89】如經 爾時佛放 眉間白毫相光 乃至以佛舍利 起七寶塔故
경에 이르기를 "그때 부처님께서 미간의 백호상(白毫相)으로 광명을 놓으시고 내

지.... 그 부처님의 사리(舍利)로써 칠보탑(七寶塔)을 일으키는 것도 볼 수 있었다."라고 한 것과 같다.

[길장 89] 行菩薩道者。第三料簡前菩薩中 種種信解 乃至行菩薩道之言也。

'보살도를 행한다(行菩薩道)'고 한 것은, 【세친 90】

♠라3 제3 먼저(경에) '보살 가운데 가지가지 신해(信解 : 믿고 이해함)와 나아가 보살도를 수행한다.'라고 한 말(아래)을 간추린(料簡) 것이다.
([길장 83]-♠라3 셋째는 요간(料簡 : 간추림)이다. 와 연결)

【세친 90】行菩薩道者 敎化衆生 依四攝(取)法方便攝 取+此義,應知 如經 所説 當自推取

([길장 83]라3. [길장 89]라3.과 같다)

라3. 보살도를 행한다는 것은 중생을 교화함에 4섭법(攝法)에 의지하여 방편으로 섭취(攝取 : 흡수해 들임)함이니, 이 뜻은 꼭 알아야 한다. 경에서 말한 바와 같이 반드시 스스로 추리하여 섭취할 것이다.

[길장 90] 言四攝法 攝取+方便,者。布施攝之。 今=令,背惡向善 爲己眷屬 愛語攝之。今發菩提心 利行攝。令善根增長 同事攝之。 令其成佛。如經所說當自 推取者。前釋四衆中 修行得道者 示經處。今釋菩薩中 行菩薩道 不示經處。但云如經所說 當自推取也。所以爾者 前文略引之易。從後文廣引之難也。

'4섭법에 의지하여 방편으로 섭취함이니,(四攝法攝取)'라고 말한 것은,

마1. **보시로 흡수해 들이는 것(布施攝)**이니, 이제는 악(惡)을 등지고 선(善)을 구하게 하여 자신의 권속으로 삼는 것이고,

마2. **사랑스러운 말로 흡수해 들이는 것(愛語攝)**이니, 이제는 보리심(菩提心)을 내게 하는 것이며,

마3. **이로움을 주는 행(利行)으로 흡수해 들이는 것(利行攝)**이니, 선근(善根)을 키우게 하는 것이고,

마4. 일을 같이 해서 흡수해 들이는 것(同事攝)이니, 그들을 성불하게 하는 것이다.

'경에서 말한 바와 같이 반드시 스스로 추리하여 섭취할 것이다.'라고 한 것은, 앞에 4부중(衆)을 해석한 것 중에 '수행하여 득도한 이'라고 한 것은 경을 설한 곳을 보여준 것이고, 지금 보살을 해석한 것 중에 '보살도를 행한다.'라고 한 것은 경을 설한 곳을 보여주지 않고, 다만 경에서 말한 바와 같이 반드시 스스로 추리하여 섭취하라고만 말한 것이다. 왜 그런가 하면 앞의 글은 간략하여 인용하기가 쉽고, 뒤의 글부터는 자세하여 인용하기가 어렵기 때문이다.

故經云 種種因緣 種種信解 種種相貌 行菩薩道也。每欲示其存略。故出此言 自此已下 示現大衆現前 欲聞法成就。此釋第六分經。就文爲二。前牒章名。

그러므로 경에 이르기를 "가지가지 인연과 가지가지 믿고 이해함과 가지가지 모습으로 보살의 도를 행한다."라고 하였다.

매번 그 있는 곳을 간략(存略)하게 보여주고자 한 때문에 이런 말을 한 것이다.

'여기서부터 아래는 대중들이 현재 앞에서(現前) 법을 듣고자 함을 성취한 것을 나타내 보인 것이다.'라고 한 것은, 【세친 91】

● 제6분의 경을 해석한 것이다 【세친 19】 제6 .
●( [길장 18][18-1]. 【세친 19】 7공덕의 나6. 대중이 법을 듣고자함. 설법 할 요건이 충족 됨. 연속)
● 나6. 그 글에 나아가 보면 두 가지 뜻이 있으니,

㋩ 다1. 먼저는 글(章)의 이름을 연계(牒:連繫)하고,

【세친 91】 自此已下 示現大衆現前 欲聞法成就
● 나6. 여기서부터 아래는 대중들이 현재 앞에서(現前) 법을 듣고자 함을 성취한 것을 나타내 보인 것이다.

[길장 91]  問一人者已下。第二解大衆疑有二。一者大衆疑念。二者彌勒發問。今具釋此二也。大衆疑念中有二。一彌勒疑 念。今但釋彌勒 不釋大衆。

'한 사람에게 물었다.(아래[세친 92])'라고 한 아래는,

㉢ 다2. 제2 대중들의 의심에 대해 해석한 것인데, 이 글에 두 가지 의미가 있으니,
☢ 라1. 첫째는 대중들이 의심하는 생각이고,
☢ 라2. 둘째는 미륵이 질문을 낸 것이다.([길장 103]에서 연속됨)
☢ 라1. 지금 여기서(가1)는 이 두 가지를 다 해석하고 있다. '대중들이 의심하는 생각 중에 두 가지 뜻이 있으니,
  마①. 첫째는 미륵보살이 의심하는 생각인데, 지금 여기서는 다만 미륵 것만 해석하고 대중들 것은 해석하지 않았다.


彌勒疑念有三。一問佛何因緣故現瑞。二訪決疑之人。三得 袪彈=祛滯,之主。則但釋初後二也。問。一人者文殊。應是第三釋得 袪彈之主。而在初 則有此釋者。斯論大宗 明取文意而釋經也。

  마①. 미륵보살이 의심하는 생각에 세 가지 의미가 있으니,
    바1. 첫째는 부처님께서 무슨 인연으로 상서로운 조짐을 나타내셨는가 하는 의문이고,
    바2. 둘째는 의심을 해결해 줄 사람을 찾는 것이며,
    바3. 셋째는 의혹을 풀어줄 사람(袪彈=祛滯之主)을 얻는 것인데.
     곧 다만 여기서는 첫째((바1)와 뒤, 두 가지(바3).)만 해석한 것뿐이다.
▣ 한 사람이란 문수인데, 마땅히 셋째(바3).의 의혹을 풀어줄 주인(문수)을 얻는 것을 해석(하여야 할 것인데)한 것인데, 그런데 맨 처음[세친 92])에 (해석하게) 둔 것은 곧 이는 해석한 이가 이것을 논(論)의 대종(大宗 : 중심. 주류)으로 삼아 글의 뜻을 뽑아 밝히고 경을 해석해야 할 것이다.(경을 해석 한 것이다.-문수에 중점을 둔 것이다.)


彌勒 雖有三章之經 而意在問於文殊。是故 在前釋問文殊意也。何故唯問文殊一人者。此是問也。

▣ 미륵(彌勒)에 비록 세 문장(三章=(바1).(바2).(바3.)으로 된 글(經)이 있지만, 뜻은 문수(文殊)에게 물어보는데 있다. 그런 고로 맨 앞[세친 92])에 문수에게 질문한 뜻의 해석을 둔 것이다.

무엇 때문에 오직 문수 한 사람에게만 물어보는 것이냐 하는[세친 92] 이것이 질문이다.

**【세친 92】問一人者**
'한 사람에게만 물었다.'고 한 말은,

**[길장 92]** 問意云。 何唯問文殊一人 不問餘人耶 多人欲聞 生希有心者。此 則是答。
질문한 뜻에는 '무엇 때문에 오직 문수 한 사람에게만 묻고 다른 사람에게는 물어보지 않는가?' 하는 것이다.
'많은 사람들이 희유한 마음을 내어 듣고자 한다.'고 한 것은, 이것에 대한 대답이다.

**【세친 93】多人欲聞 生希有心 是故 唯問文殊師利 如是示現 世尊弟子 隨順於法不相違故**

많은 사람들이 희유한 마음을 내어 듣고자 하니, 그런 까닭에 오직 문수사리에게 질문한 것이다. 이와 같이 세존과 제자는 법을 순(順)히 따라 서로 위배되지 않음을 나타내 보인 것이다.

**[길장 93]** 以多人欲聞  文殊之答也。是故唯問文殊師利者。結問文殊意也。問。大衆不知文殊是能答之人。云何乃言多人 欲聞文殊之答。答。彌勒 知大衆機緣 屬在文殊。若聞文殊所說 必生希有之心故也。

많은 사람들이 문수의 대답을 듣고자 하니, 이 때문에 오직 문수사리에게만 질문한 것은 문수의 뜻을 물어보고 결론 맺은 것이다.

問 대중들은 문수가 이렇듯 대답할 수 있는 사람인 줄 알지 못하는데, 어찌하여 많은 사람들이 문수의 대답을 듣고자 한다고 말하는가?

答 미륵은 대중들의 근기에 맞는 인연(機緣)이 문수에게 속해 있어 만약 문수가 말하는 것을 듣는다면 반드시 희유(希有)한 마음을 내리라는 것을 알았기 때문이다.

如是示現 世尊弟子 隨順於法 不相違故者。釋文殊能答之意也。然彌勒位窮補處 遂不能知現瑞之意 則唯佛能知。佛入三昧不可得問。雖文殊過去佛 但今日示現爲世尊弟子耳。故餘經言。昔爲能人師 今作弟子化。

 '이와 같이 세존과 제자는 법을 순(順)히 따라 서로 위배되지 않게 나타내 보인 것이다.' 라고 한 것은, 문수라면 능히 대답할 수 있다는 뜻을 풀이한 것이다.

 그러나 미륵은 그 지위가 보처(補處-보좌하는 자리)보살의 일을 다 해야 하니 마침내 상서로운 조짐을 나타낸 뜻은 알지 못했을 것이요. 오직 부처님만 잘 알고 계시는 것이다.

 부처님께서는 삼매(三昧)에 드신지라 질문할 수는 없고 비록 문수가 과거불(過去佛)이라하더라도 오직 오늘날에는 세존의 제자가 되어 나타내 보인 것뿐이다, 그러므로 다른 경에서 말하기를 "옛적에는 남을 위한 좋은 스승이셨고 지금은 제자가 되어 교화하도다." 라고 하였다.


二尊不並出故　示爲菩薩。隨順於法不相違者。此有二義。一者實是前師而示爲弟子。蓋是隨順於法 無所相違。二者文殊能了達法相。不與法相相違故 能答問也

 두 분의 세존이 함께 출현할 수는 없기 때문에 보살이 되시어 보여주신 것이다.

　　([길장 91] 바3. 연속)

　바3. '법을 순(順)히 따라 서로 위배되지 않는다.' 라고 한 것 【세친 93끝 문장】에 두 가지 뜻이 있으니,

　　사1. 첫째 사실상 이분은 전에 스승이셨지만 제자가 되어 보여준 것인데, 대개 이런 것은 법을 순(順)히 따라 서로 위배됨이 없는 것이다.

　　사2. 둘째 문수는 능히 법상(法相 : 법의 모습)을 통달하여 깨달아 법상과 서로 위배됨이 없기 때문에 질문에 충분히 대답할 수 있는 것이다.


今佛世尊 現神變相者。正釋彌勒疑。初問現神變之意也。此初句牒經文。

 '지금 불세존(佛世尊)께서 신통 변화의 모습을 나타내셨다.'라고 한 것은, 미륵의 의심을 바로 해석(正釋)하여 첫 질문인 신통 변화의 뜻을 나타낸 것이고, 여기 첫 구는 경문(經

文)을 연계(牒)한 것이다.

**【세친 94】** 今佛世尊 現神變相
'지금 불세존(佛世尊)께서 신통 변화의 모습을 나타낸 것은,

**[길장 94]** 爲何等義者。釋彌勒疑念 云以何因緣 而有此瑞也。經云以何因緣。今云以何等義。義 則是因緣。

'무엇을 의미하는 것인가?'라고 한 것은, 【세친 95】 미륵이 '무슨 인연으로 이러한 상서로움이 있는 것일까?' 하고 의심하는 생각을 해석한 것이다.

경에는 '무슨 인연으로(以何因緣)'라고 했고, 여기서는 ' '어떤 뜻[以何等義]으로'라고 했는데, 뜻은 바로 인연이다.

爲現大相因故者。論主 釋彌勒疑 則是答也。就文爲二。初標現大相因 二章門。
'큰 (상서로운) 모습을 나타내기 위한 까닭이다. 라는 것은 논주(論主)가 미륵의 의심을 해석한 것이니 바로 이것이 대답인 것이다.

([길장 93]바3. 사2 연속)
  사2. 이 글을 접해 보면 두 가지 뜻이 있으니,
    @아1. 첫째는 큰 (상서로운) 모습(大相)을 나타낸 것은 원인을 표방(標=標榜 : 앞에 내세 움) 한 것이고,

    @아2. 둘째는 그 글(章門 : 글)이다.
**【세친 95】** 爲何等現義 (爲說大法故)爲現大相因故
어떤 등의 뜻을 나타내기 위함인가 하면, 큰 모양을 나타내어 설법할 원인을 삼기 때문이다.
**[길장 95]** 爲大相已下。釋二章門。初釋爲大相章門。
'큰 모습을 위하여(爲大相)'라고 한 이하는, 【세친 96】 ([길장 94]다2 연속)
    @아2. 둘째의 글(章門)을 풀이한 것인데,

▲자1. 처음은 '큰 모양을 위함이란 글'을 해석한 것이요.
【세친 96】爲 現大相者 爲說妙法蓮華經故 現大瑞相

큰 모습을 나타내기 위함이란 것은 『묘법연화경』을 설하시기 위한 때문에 크게 상서로운 모습을 나타낸 것이다.

【길장 96】爲欲說大法故。應謂爲現大瑞相也 爲說如來所得妙法 不可思議文句者。釋上第二因章門。

큰 법을 설하고자 한 때문에 마땅히 큰 상서로운 모습을 나타내게 되었음을 말한 것이다. '여래가 얻은 미묘한 법의 불가사의(不可思議)한 문자(文)와 장구(句) : 글귀를 설하기 위한 것'이라 한 것 【세친 97】 은,

▲자2. 위의 @아다2 둘째의 원인 되는 글(因章門-[세친95]爲現大相因故)을 해석한 것이다.
【세친 97】爲說如來所得妙法 不可思議等 文字章句故

'여래가 얻은 미묘한 법의 불가사의하다는' 등의 문구는, 문자와 장구(章句)를 말씀하시기 위한 까닭이다.

【길장 97】以文句 卽是敎 敎是理因故 稱爲因。又因欲說法華經故 現大瑞相。卽法華經。故現大瑞相 則法華爲瑞相因也

'문구'는 곧 가르침이요, 가르침은 바로 진리의 원인인 때문에 원인이라고 칭한 것이요, 또 『법화경』을 설하고자하는 원인 때문에 크게 상서로운 모습을 나타내신 것이다.
『법화경』에 나아가려고 그래서 크게 상서로운 모습을 나타내었으니 법화는 상서로운 모습의 원인이 되는 것이다.。

詳前後文 具有三因。一法華敎爲理因。二法華爲瑞相因。三因見瑞相故 知說法華。故瑞相爲

法華因也 有二種義 所以仰推文殊者。此釋第三正問文殊。就文爲二。初釋問文殊意。次釋
問文殊經文。

▲자2. 앞뒤의 글을 자세하게 살펴보면, 모두 세 가지 원인을 갖추고 있다.
　　차1. 첫째는 『법화경』의 가르침이 진리의 원인이 됨이요,
　　차2. 둘째는 『법화경』이 상서로운 모습의 원인이 됨이며,
　　차3. 셋째는 상서로운 모습을 나타낸 원인 때문에 『법화경』을 설할 것을 안 것
이다. 그러므로 상서로운 모습이 『법화경』설법의 원인이 되는 것이다.
　　두 가지 뜻이 있으니, '문수를 추앙(仰推:推仰.)한 까닭'이라고[세친 98] 한 것 이것은
([길장 91] 비3. [세친93] 圈, 圖연속)
　　비3. 제3 '문수에게 바로 물었다([세친93]圈, 圖)'고 한 것을 해석한 것이다. 이글을 접
해 보면 두 가지 뜻이 있다.
　　❀사1. 처음은 문수에게 질문한 뜻을 해석한 것이고,
　　❀사2. 다음은 문수에게 질문한 경문을 해석한 것이다.

【세친 98】 有二種義 是故 仰推文殊師利　何等爲二. 一者現見諸法故 二者離諸因緣 唯
自心成就彼法故
　　❀사1. 두 가지 의미가 있으니, 그런 까닭에 문수사리(文殊師利)를 추앙하였던 것
　　　　이다. 어떤 것이 두 가지인가?
　　　아1. 첫째는 모든 법을 나타내 보인 까닭이요,
　　　아2. 둘째는 모든 인연을 여의고 오직 자신의 마음만으로 그 법을 성취한 까닭이
　　　　다.

[길장 98] 問文殊意者。一者文殊是佛了了現見諸法。二者離諸因緣。離諸因緣者。以文殊
非推度 以＝(比,)類而知。
　　❀사1. '문수에게 질문한 뜻(問文殊意)'이라고 한 것은, [길장 97]
　　　아1.첫째 문수는 부처님께서 깨달으신 모든 법을 나타내 보이는 것(現見)이
　　　　요,

**아2.** 둘째 모든 인연(因緣)을 떠난다는 것이다.

'모든 인연을 떠난다는 것은' 문수로서는 미루어 생각하여 헤아리는 것이 아니라(非推度) 같은 류를 비교해서 아는 것이다.

成論云。現見事中 因緣無用也。唯自心成就彼法者。釋離因緣。以文殊自心 明見彼事故。不假餘因緣也 示現種種瑞相者。第二釋問文殊經文。

『성론(成論)』에 이르기를 "일을 나타내 보인 가운데 인연(因緣)은 쓸 데 없다."고 하였다. '오직 자신의 마음만으로 그 법을 성취한 것이다.'라고 한 것은 인연을 떠났음을 해석한 것으로, 문수는 자신의 마음으로 저 일을 밝게 보기 때문에 다른 인연을 빌지 않는다는 것이다.

'가지가지 상서로운 모습을 나타내 보인다.(示現種種瑞相)'고 한 것은, 【세친 99】

❀사2 제2의 문수에게 질문한 경문을 해석한 것이니,

【세친 99】 示現種種瑞相者 示現彼彼事故 如彼事相 現沒住滅 應知

**아1** 갖가지 상서로운 모습을 나타내 보인 것은, 저러저러한 일들을 나타내 보인 것이므로 저와 같이 일들의 모습이 나타났다 잠기고(없어지고) 머물렀다 없어지는 것임을 반드시 알라!

[길장 99] 大衆文云。必應見此希有之相故。今將示現種種瑞相。此出文殊過去 曾見諸佛種種瑞相也。彼彼事者。過去諸佛種種瑞相 有爲事也。

**자1.** 대중경문(大衆部=摩訶僧祇部))에 이르기를 "기필코 이 희유(希有)한 모습을 볼 것"이라 하였기 때문에, 지금 여기서 장차 가지가지 상서로운 모습을 나타내 보이시려고 한 것이니, 이는 문수가 과거에 일찍이 여러 부처님의 가지가지 상서로운 모습을 본데서 나온 것이리라.

**자2.** '저러저러한 일(彼彼事)'이라는 것은 과거 모든 부처님들의 가지가지 상서로운 모습을 만들어 내었던(有爲 : 인연으로 인해서 일어나는 모든 현상) 일들인 것이다.

如彼瑞相 現沒住滅應知者。過去諸佛有現在者 有沒者 有住者 有滅盡者。

**자3.** '그와 같이 상서로운 모습이 나타났다 잠기고(없어지고) 머물렀다 없어지는 것임을 반드시 알라!(如彼瑞相現沒住滅應知)'라고 한 것은, 과거 모든 부처님들이 현재 계시는 분도 있고 잠기신 분도 있으며, 머물러 계시는 분도 있고 멸도 하여 다하신 분도 있다는 것이다.

應知者 令大衆 知過去如斯等事。故云應知 以文殊能記彼事故。此釋經文 已曾親近供養 過去無數諸佛之言也。更明文殊有二之=種義。一者得陀羅尼 能記彼事故。二者文殊所作成就因果。成就能現見彼法故。前列二成就章門。

**자4.** '반드시 알라!(應知)'라는 말은 대중들로 하여금 과거의 이와 같은 등의 일들을 알게 하려고 그래서 '반드시 알라!(應知)'고 말한 것이다.

**자5.** '문수사리가 능히 그 일을 기억하는 까닭(文殊能記彼事故=[길장 98]以(比,)類而知)'은, 아래 【세친 100】 경문에 "일찍이 과거에 수없는 부처님들을 공양하고 친근하였다."라고 한 말을 해석한 것이다.

다시 문수를 밝힌 것에 두 가지 뜻이 있으니,

**차1.** 첫째는 다라니(陀羅尼)를 얻었음으로 그 일을 기억할 수 있는 것이고,

**차2.** 둘째는 문수가 지어서 성취한 인과니 성취한 그 법을 능히 나타내 보일 수 있는 까닭이다.

앞에 두 가지 성취한 글(章門)을 열거한 것이다. 【세친 100】 경문

**【세친 100】** 以文殊師利 能記彼事故 以文殊師利 所作成就 因果成就 現見彼法故

문수사리는

**차1.** 그 일을 기억하는 까닭이요 문수사리는

**차2.** 지을 것을 성취하고 인과를 성취함으로써 그 법을 나타내 보이는 까닭이다.

**[길장 100]** 所作成就下。釋二章門。功德成就 智慧成就。釋所作章門。

'지어서 성취한 것(所作成就)'이라고 한 아래는 【세친 101】 두 글(章門카1.카2.)을 해석

한 것인데, 공덕을 성취함과 지혜를 성취한 것으로 지어야할 글 (章門)을 해석한 것이다.

【세친 101】 所作成就者 有二種 一者功德成就 二者智慧成就
차2. '지어 성취해야할 것'【세친 100나1】에 두 가지 뜻이 있으니,
　카1. 첫째는 공덕(功德)을 성취함이요,
　카2. 둘째는 지혜(智慧)를 성취함이다.

[길장 101] 因成就下。釋因果章門。前釋因。次釋果。
'인의 성취(因成就)'라고 한 아래[세친 102]는 인과의 글(因果章門)을 해석한 것인데,
　&타1. 먼저는 원인(因)을 해석한 것이고
　&타2. 다음은 결과(果)를 해석한 것이다.

【세친 102】 因成就者 一切智成就 又緣因成就者 衆相具足也
'원인의 성취'라고 하는 것은 일체지를 성취함이요, 또 '연인(緣因)을 성취한다.'고 한 것은 여러 가지 모습을 구족하는 것이다.

[길장 102] 釋因中有二因。一正因。二緣因。正因者謂一切智。以因一切智 能見過去世事相也。又緣因成就 謂衆相者。釋第二緣因也。言衆相者。謂動地雨華放光 名爲衆相。由見過去世 佛現於衆相故現大法。今見釋迦現衆相 亦說大法。故衆相爲說法之因也 果相成就者 釋第二果相章門。

　　&타1. '원인(因)'에 대한 해석 가운데 두 가지 인이 있으니,
　　　파1. 첫째는 정인(正因)이고,
　　　파2. 둘째는 연인(緣因)이다.
'정인'이란, 일체지(一切智)를 두고 한 말이니, 일체지로 인해서 능히 과거 세상의 일에 대한 모습을 볼 수 있기 때문이다.
또 연인(緣因)을 성취한다는 것은 숱한 모습을 이르는 말이니, 둘째의 연인을 해석한

것이다.

 '숱한 모습[衆相]'이라고 말한 것은 대지가 진동하고 꽃비가 내리며 광명을 놓는 등의 일들을 숱한 모습이라고 말한 것이다.

 과거 세상에도 부처님께서 숱한 모습을 나타내 보임으로 말미암아서 큰 법을 나타내 보이셨는데, 지금 여기서도 석가모니께서 숱한 모습을 나타낸 것으로 보아서 큰 법을 설하실 것이 틀림없기 때문에 숱한 모습이 곧 법을 설할 원인이 된다는 것이다.

 '과의 모습(果相)을 성취한다.'고 한 것[세친 103]은,

&타2. 제2의 결과의 모습에 대한 글(果相章門)을 해석한 것이다. [길장101]

**【세친 103】 果成就者 說大法也**

 '과(果)를 성취한다.'고 한 것은, 큰 법을 설하신 것이다.

 **[길장 103]** 因一切智 及瑞相故 知欲說大法。故爲衆相之果 種種佛土者。自上已來 釋彌勒疑念竟。

 일체지와 상서로운 모습으로 인한 까닭에 큰 법을 설하시고자 한다는 것을 알 수 있는 것이다. 그러므로 숱한 모습의 결과가 되는 것이다.

 '갖가지 불국토(佛國土)'라 한 것은,(세친 104]) 위로부터 오면서 미륵이 의심하는 생각에 대한 풀이를 마친 것이다.

今第二釋彌勒發問。大衆中間有二章。一問意。二正問。今但釋正問 不釋問意。
 ([길장 91♣라2.] 둘째는 미륵이 질문을 낸 것이다.)-연속

♣라2. 여기서는 제2의 미륵보살이 질문한 것[길장([91] ♣라2.) 에 대한 풀이다.
  대중들 가운데서 질문한 것에 두 글(章)이 있으니,
 마1. 첫째는 뜻을 질문하였고,
 마2. 둘째는 바로 질문한 것이다.
  여기에서는 오직 바로 질문한 것 만 풀이하고 질문한 뜻에 대해서는 풀이하지 않았다.

제6 대중이 설법을 듣고자 함을 성취 함 169

正問中有二。一長行。二偈頌。今具釋二也。釋長行中有二。一正釋。二擧經示釋處。正釋有二。一釋現瑞。二釋覩瑞。

　마2. 바로 질문한 것 가운데 두 가지 뜻이 있으니,
　　바1. 첫째는 장항(長行)이고,
　　바2. 둘째는 게송(偈頌)이다.
여기서는 이 두 가지를 다 갖추어 풀이하고 있다.
　바1. 장항을 해석한 가운데 또 두 가지 뜻이 있으니,
　　사1. 첫째는 바로 해석한 것이고,
　　사2. 둘째는 경의 내용을 들어 해석한 곳을 보인 것이다.
　사1. 바로 해석으로 들어간 것에도 두 가지 뜻이 있으니,
　　아1. 첫째는 상서로움을 나타낸 것에 대한 풀이이고,
　　아2. 둘째는 그 상서로운 모습을 본 것에 대한 풀이이다.

(마1. 첫째는 상서로움을 나타낸 것에 대한 풀이이고)

【세친 104】種種佛國土者 示現彼佛國土中 種種差別 應知

'갖가지 불국토'라고 한 것은 그 불국토 중의 갖가지 차별을 나타내 보이기 위한 것임을 알아야 한다.

[길장 104] 種種佛土者。則釋一萬八千佛土也。示現彼國土中 種種差別應知者。此有二意。。

[길장104-1] 여기에서 '갖가지 불국토'라고 한 것은 1만 8천 부처님의 국토를 풀이한 것이다. '그 국토 중의 갖가지 차별을 나타내 보이기 위한 것임을 알아야 한다.'고 한 것에 두 가지 뜻이 있으니, [세친86]과 연결

一者示萬八千土種種差別。二者示現萬八千土中 十事差別。如前所釋　淨妙國土者。第二釋覩瑞

가(1). 첫째는 1만 8천 국토가 갖가지로 차별이 있음을 보인 것이고, ([세친 86]참조)
가(2). 둘째는 1만 8천 국토 중에서 벌어지는 열 가지 일에 대한 차별을 나타내 보인
    것으로서 앞에서 해석한 것과 같다.([세친 86]1-10까지 참조)
'청정하고 미묘한 국토(淨妙國土)'라는 것은, [세친105] (위[길장 103]끝 마2.)

마2. 둘째 상서로운 모습을 본 것에 대한 풀이이다.
【세친 105】 淨妙國土者 謂無煩惱衆生 住處故
'청정하고 미묘한 국토'라고 한 것은 번뇌가 없는 중생이 사는 곳을 말한 것이다.


[길장 105] 卽釋經中 悉見彼佛國界莊嚴文也。二者上通萬八千土。今別釋淨土 如磋下 第
二示釋經處。

    가(1).곧 경 가운데 "저 부처님 나라 경계의 장엄함을 다 보았다."고 【세친 106】 한
글을 풀이 한 것이다.
    가(2) 둘째는 위에서는 1만 8천 국토를 통틀어 말했고(위[길장 104]-가(2).) 여기에서는
       따로 정토만 풀이했다.
'여경(如經)'이라 한 아래[세친 106]는 제2 경의 내용을 들어 해석한 곳을 보여준 것이
니,[길장 103] 라2 연결.


【세친 106】 如經 照於東方萬八千世界 乃至悉見 彼佛國界莊嚴故

    경에서 "동방으로 1만 8천세계를 비추어 차례로…(乃至)…저 부처님 세계의 장엄을
다 보는 까닭이다."라고 한 것과 같다.


[길장 106] 照於東方萬八千世界。示初段所釋經處。乃至悉見 示第二。都=覩.瑞經處  如來
爲上首 第二釋偈。亦開爲二。初釋偈。二示經處。

    ([길장 103]-바1.의 장항과 연결)
가1 '동방(東方)으로 1만 8천의 세계를 비춘다.'고 한 것은,

첫째 단에서([길장 103]-가1).장항을 해석한 가운데) 경을 풀이한 곳([길장 103]-라2)을 보여준 것이고,(첫단-照於東方萬八千世界。)

가2. '내지 다 본다……'고 한 것은 (靡不周遍 下至阿鼻地獄 乃至 ---照于東方萬八千土 悉見彼佛國界莊嚴의 장항 문)

둘째 단([길장 103]-아2) 경에 상서로운 모습을 본 곳을 보인 것이다.

가3. 아래 '여래가 상수(上首)가 되었다'고 한 것은, **【세친 107】**([길장 103]-바2 **게송과 연결**)

둘째 게송의 앞부분의 글을 해석한 것인데, 거기에도 두 가지 의미가 있다.

　나1. 첫째는 게송을 해석한 것이고,

　나2. 둘째는 경을 설한 곳을 보여준 것이다.

**【세친 107】** 如來爲上首者 諸菩薩等 依如來住故 以彼如來 於彼國土 諸大衆中 得自在故

'여래가 상수(上首)가 되었다.'고 하는 것은, 모든 보살들이 여래께 의지하여 안주하기 때문이며, 저 여래께서 저 국토의 모든 대중들 가운데서 자재(自在)함을 얻었기 때문이다.

[길장 107] 如來爲上首者。牒 經又覩諸佛聖主師子文也。如來 已爲衆聖之主。故稱上首也。

여기서 '여래가 상수가 되었다.'고 한 것은, 경문 첫 째 게송 앞부분 글에 "또 보니 여러 부처님 성주(聖主)이신 사자(師子)께서 경전을 설하심이 미묘하고도 제일이시라. 그 소리 맑고 깨끗하고 부드러운 소리를 ㄴ내시어"(장항-산문이 끝나고 시작하는 첫 게송 앞부분)라고 한 글을 이끌어 온(牒-連繫)것이다. 여래가 이미 모든 성인들의 주(主)가 되셨기 때문에 상수(上首)라고 칭한 것이다.

諸菩薩等 依如來住故 者=諸。菩薩有依佛 得住於理。故佛爲菩薩上首。以彼如來下 釋師子之言也。以佛於大衆中自在。故云師子。

'모든 보살들이 여래께 의지하여 안주하기 때문'이라고 한 것은, 보살들은 부처님을 의지하고 있어서 진리에 머물게 됨으로, 그러므로 부처님께서 보살의 상수(上首)가 되는 것이다. '저 여래(彼如來)'라고 한 아래는 '사자(師子)'라는 말을 해석한 것이다. 부처님께서 대중 중에 자재하심으로 그래서 사자라고 말한 것이다.
(위에 '여래께서 그 국토의 모든 대중들 가운데에서 자재(自在)함을 얻었기 때문이다.'라고 한 것)

問。何故不釋偈初文。答。長行已釋。故不復釋也。問。何故但釋爲上首等二句。答。此二攝下一切經盡。以佛爲上首 一切菩薩及二乘衆 依佛得住理。又佛於一切大小衆中 自在能化 大小等衆。

▣ 무슨 까닭으로 게송 첫 문장은 풀이하지 않았는가?
▣ 장항(長行)은 이미 해석하였기 때문에 재삼 되풀이하지 않았다.
▣ 무슨 까닭에 오직 상수(上首) 등 2구(句)만 해석했는가?
▣ 이 둘은 아래 모든 경을 다 섭취(흡수)하고 있다.

부처님께서 상수가 됨으로써 모든 보살들과 2승의 대중들이 여래께 의지하여 진리에 안주하게 되는 것이요, 또 부처님께서는 일체의 대승·소승(大小)의 대중 가운데에서 자재하여 대소승 등의 대중을 능히 교화할 수 있는 것이다.


下一切經 不出斯二事。是以但釋二也 如經下 第二引經云釋處。

'아래의 모든 경에는 이 두 가지 일은 나오지 않는다. 그런 까닭에 다만 두 가지만 풀이한 것이다.

'경에서와 같이(如經)(아래)라고 한 아래[세친 108]) 는
제2([길장 103] 라2)의 경을 인용하여 해석한 곳을 말 한 것이다.

**【세친 108】** 如經 又見彼土現在諸佛 如是等故

경에 "또 저 국토(세계)에 현재 계신 모든 부처님들의 이와 같은 등을 볼 수 있었다."라고 한 것과 같다.


**[길장 108]** 自此已下 釋第七文殊答問分。就文爲二。初總明文殊 有能答之德。次別釋出經

所答之事。

( [세친 19]나7) 일곱째 문수사리(文殊師利)보살의 대답을 성취함이다.(받은 것이다.)와 연결)
여기서부터 이 아래는 【세친 109】
●나7. 질문한 부분(分)에 대한 문수의 대답을 풀이한 것이다.

이 글에 나아가 보면 두 가지 뜻이 있으니,
  &다1. 처음은 문수보살이라면 충분히 대답할 수 있는 덕이 있음을 전체적으로 밝힌 것이고,
  &다2. 다음은 경에 나온 대로 대답한 사실을 따로따로 풀이한 것이다.


(&다1. 처음은 문수보살이라면 충분히 대답할 수 있는 덕이 있음을 전체적으로 밝힌 것이고,)

【세친 109】 自此已下 明聖者 文殊師利菩薩 以宿命智
●나7. 여기서부터 이 아래는 성자(聖者) 문수사리보살이
※다1. 숙명을 아는 지혜로써

[길장 109] 以宿命智者 則是能答之德 現見已下 出所見之事。就文又二。初列三門。次釋三門。言三門者 一過去因相。二果相。三成就十種事。

※다1. '숙명을 아는 지혜(以宿命智)'라고 하는 것은, 곧 충분히 대답할 수 있는 덕이다.

※다2. '나타내 보인다(現見),[세친 110]'라고 한 이하는, 본 바의 사실에서 나온 것인데, 이 글을 접해 보면 또 두 가지 뜻이 있다.
  라①. 첫째는 세 가지 글을 나열한 것이고,
  라②. 둘째는 세 가지 글을 풀이한 것이다.
  라②. 세 가지 글(三門=三章門)이라고 말한 것은,
    마①. 첫째는 과거의 원인의 모습(因相)이고, 【세친111】
    마②. 둘째는 과거의 결과의 모습(果相)이며, 【세친112】
    마③. 셋째는 열 가지 일을 성취한 것이다. 【세친113】

(라①. 첫째는 세 가지 글을 나열한 것이고,)

【세친 110】 現見過去 因相 果相 成就十種事 如現在前 是故 能答彌勒菩薩

([세친 19] ●나7. [길장 108] &다2. 연속)

　　※다2-1. 과거의 인상(因相)과
　　※다2-2. 과거의 과상(果相)과
　　※다2-3. 열 가지 일을 성취함(成就十種事)을 밝혀 나타내 보임이, 마치 현재 눈 앞에 있는 것과 같으니, 이러한 까닭에 미륵보살에게 능히 대답할 수 있는 것이다.


[길장 110] 現見過去因相者下。釋三章門。 則爲三別。

'과거의 원인의 모습을 나타내 보인다.[세친 111]'라고 한 아래는,
라②. 세 가지 글(三章門=인,과, 10종의 사실)을 풀이한 것이므로 세 가지로 구별된다.

【세친 111】 (云何)現見過去因相者 (謂)文殊師利自見己身 曾於彼諸佛國土中 修種種行事故

　※다2-1 '과거의 인상(因相)을 나타내 보인다.'고 한 것은, 문수사리는 자기 자신이 일찍이 저 모든 불국토(佛國土)중에서 온갖 일을 행(行事)하여 수행하는 것을 보았기 때문이며,


[길장 111] 妙光之前 未能爲衆說法華 名爲因相 現見果相者。釋第二章門。

　라①.묘광(妙光)보살 이전에 아직 중생들을 위하여 『법화경』을 설하지 못한 것을 이름하여 '원인의 모습(因相)'이라하고, 【세친 111】
　● 참고- 묘광(妙光)보살은 문수보살이 옛적에 일월등명불(日月燈明佛)의 처소에 계실 때의 명칭.

　라②. '결과의 모습(果相)을 나타내 보인다.'고 한 것 【세친 112】 은,
　　제2의 글(章門=둘째 결과의 모습(果相=[길장 109]마2)이며)을 풀이한 것이다.

【세친 112】 (云何)現見過去果相者 (謂)文殊師利 自見己身 是過去世 妙光菩薩 於彼佛所 聞此法門 爲衆生說故

※다2-2. '과거의 과(果)의 모습을 나타내 보인다.'고 한 것은, 문수사리가 스스로
자기 자신이 바로 과거세에 묘광보살로 저 부처님(일월등명불)의 처소에서
이 법문(법화경)을 듣고 중생을 위하여 설법하는 것을 보았기 때문이다.

[길장 112] 從妙光 聞法華經爲衆說 此稱爲果相。問。此因果相 釋何處經文。答。從初語
彌勒竟 惟忖之言也  成就十種事者。釋第三章門。就文有二。初標列十種成就。  則是標章
門。

묘광보살로 부터『법화경』을 듣고 대중들을 위하여 설법한 것 이것은 과의 모습(果相)이
라고 칭하는 것이다.

나 이 인과(因果)의 모습은 어느 곳의 경문을 해석한 것인가?

나 처음 말한 곳에서부터 미륵에 이르러 끝마쳤으니, (각자) 미루어 헤아려 생각해야할
말이다.

※ 다2-3. '열 가지 일(十事)을 성취한다.'고 한 것은, 【세친113】
제3의 글(章門)([길장 109] 나③.세친 110 다2-3.)을 해석한 것인데, 그 글을
접해 보면 두 가지 의미가 있다.

@라1. 첫째는 열 가지 성취를 나열한 것을 표방한 것이니, 이것이 글(章門)을 표방
(標=標榜)한 것이다.

【세친113】成就十種事者。何等爲十。一者現見大義因成就。二者現見世間文字章句 甚
深意因成就。

※다2-3. '열 가지 일을 성취한다(成就十種事).'고 한 것은, 어떤 것들이 그 열 가지
인가?

▲라①. 첫째는 큰 뜻의 인(因-원인)을 나타내 보임을 성취함이요,

▲라②. 둘째는 세간의 문자(文字)와 장구(章句 : 문장과 구절)의 매우 심오한 뜻
의 인을 나타내 보임을 성취함이요,(글이 심오한 뜻을 나타낼 수 있는 원
인이니 그것이 성취 되었다.)

三者現見希有因成就。四者現見勝妙因成就。五者現見受用大因成就。六者現見攝取一切

諸佛轉法輪因成就。

▲라③. 셋째는 희유한 인(상서의 인(조건))을 나타내 보임을 성취함이요,

▲라④. 넷째는 뛰어나고 미묘한 인을 나타내 보임을 성취함이며,

▲라⑤. 다섯째는 수용(受用 : 받아 씀)하는 큰 인을 나타내 보임을 성취함이요,

▲라⑥. 여섯째는 모든 부처님의 법륜을 굴리심(轉法輪 : 교법을 설함)을 섭취(攝取)하는 인을 나타내 보임을 성취함이며,

七者現見善堅實 如來法輪因成就。八者現見能進入因成就。九者現見憶念因成就。十者現見自身所遷＝經.事因成就

▲라⑦. 일곱째는 훌륭하고 견실한 여래의 법륜(法輪)의 인을 나타내 보임을 성취함이요,

▲라⑧. 여덟째는 능히 정진하여 들어가는 인을 나타내 보임을 성취함이며,

▲라⑨. 아홉째는 항상 기억하여 잊지 않는 인을 나타내 보임을 성취함이요,

▲라⑩. 열째는 자신이 겪은 일의 인을 나타내 보임을 성취함이다.

[길장 113] 從大義因成就者。第二釋十種章門。則成十數。言大義因成就者。卽釋經欲說大法之言。故稱爲大。此大甚深 所以名之爲義。

'큰 뜻의 인을 성취하였다.'고 한 것에서부터는,

@라2 제2 열 가지 글을 풀이한 것으로서 곧 10가지(數)가 된다.

▲라① '큰 뜻의 인을 성취하였다.'고(【셰천 114】, [셰천 113].과 연계) 한 것은 곧 경에서 "큰 법을 설하려고 한다."라는 말을 풀이한 것이기 때문에 '크다'고 칭한 것이니, 여기서 크고 매우 심오한 까닭에 뜻으로 이름을 삼은 것이다.

因則是因緣。欲說八種甚 深+大義之因緣。故現斯瑞。就文又二。初標章牒經。

'인(因)'이란 곧 인연(因緣)이니, 여덟 가지 매우 심오한 큰 뜻의 인연을 설하려고 함으로, 그러므로 이러한 상서로움을 나타내는 것이다.

그 글을 접해 보면 또 두 가지 뜻이 있으니,

제7 문수보살의 대답의 성취다 177

마1. 첫째는 글(章)을 표방하여 경문을 연계(牒-連繫)한 것이다.
**【세친 114】大義因成就者**
▲라① '큰 뜻의 인연을 성취한다.'고 한 것은,


[길장 114] 第二釋 章經。初又三。初標章總明 八句勸知。

마2. 둘째는 장경(章經 : 글(논의 글).을 풀이하고 경을 해석한 것)을 풀이한 것이다.
마1 '첫 번째에 또 세 가지 의미가 있으니,


  *바1. 첫째 글(章)을 표방하여 여덟 구(八句)를 모두 밝혀 알도록 권유한 것이다.
**【세친 115】八句示現應知**
여덟 구를 나타내 보인 것을 꼭 알아야 할 것이다.


[길장 115] 從一者欲論大法已下。第二牒經八事。

'첫째 큰 법을 논하고자함이요.'라고 한 데서 아래는,[세친 116]


 *바2. 둘째 경문의 여덟 가지 일을 연계(牒-連繫)한 것이다.
**【세친 116】(何等爲八)一者欲論大法 二者欲雨大法雨 三者欲擊大法鼓 四者欲建大法幢 五者欲燃大法燈 六者欲吹大法螺 七者欲不斷大法鼓 八者欲說大法**

　　※사1. 제1 큰 법을 논하고자 함이요,
　　※사2. 제2 큰 법 비를 내리고자 함이며,
　　※사3. 제3 큰 법 북을 치고자 함이요,
　　※사4. 제4 큰 법의 기(法幢)를 세우고자 함이며,
　　※사5. 제5 큰 법등을 켜고자 함이요,
　　※사6. 제6 큰 법 소라를 불고자 함이며,
　　※사7. 제7 큰 법 북 소리가 끊어지지 않게 하고자 함이요,
　　※사8. 제8 큰 법을 설하고자 함이다.

[길장 116] 此八句示現已下。第二論主總釋。

'이 여덟 구는 ~ 나타내 보이고자 한 것이다(此八句欲示現).'라고 [세친 117]한 이하는,

*바3. 제3 논주(論主)가 전체적으로 풀이한 것이다.

【세친 117】 此八句 欲示現如來 欲論大法等故

이 여덟 구는 여래께서 큰 법을 논하려고 하는 등을 나타내 보이고자 한 것이다.

[길장 117] 何者=等,名爲八種大義下。第二釋章解經。經無三句。論但有八句也。

'어떤 것을 이름 하여 여덟 가지 큰 뜻이라 하는가?'라고 [세친 118]한 아래는, 제2의 글(논)([길장 114] 나2)을 풀이하고 경을 해석한 것인데, 경에는 세 구가 없으며, 논에는 다만 여덟 구만 있을 뿐이다.( 【세친 118】 ♠사1-♠사8까지).

【세친 118】 何[等]者,名爲八種大義。1.謂有疑者 爲斷疑故。 2.已斷疑者 增長淳熟 彼智身故。

어떤 것을 이름 하여 여덟 가지 큰 뜻이라 하는가?  말하자면,
　　♠사1. 의심이 있는 자는 의심을 끊게 되는 때문이요,
　　♠사2. 이미 의심을 끊은 이는 저 지혜의 몸을 더욱 키워 순박하게 성숙시키기
　　　　때문이다.

根淳熟者 爲說二種微密境界。一謂聲 聞+微,密境界。二謂菩 薩+微密境界。3.大法鼓者 二句 示現以遠聞故

　　♠사3. 근기가 순박하고 성숙하다는 것은 두 가지 미묘하고 비밀스러운 경계
　　　　를 말 함이니,
　　　　아1. 첫째 성문의 미묘하고 비밀스러운 경계를 말하고,
　　　　아2. 둘째 보살의 미묘하고 비밀스러운 경계를 말한다.

'큰 법 북'이라고 한 두 구절([세친 116]의 ※바3.※바7.)은 먼데까지 들림을 나타 내 보인 것이다.


4.入密境界者 令進取上上淸淨義故。 5.取上上淸淨義者 (取一切智現見故)。 6.令彼進 取一切種智 得現 見者。 7.爲一切法建立名字章句義故。

♠사4. 비밀스러운 경계에 들어간다는 것은 정진하여 최상(上上)의 청정한 경지에 오르는 뜻을 취하기 때문이요,

♠사5. 최상의 청정한 경지에 오르는 뜻을 취한다는 것은 (일체종지)를 가져서 나타내 보일 수 있는 까닭이요

♠사6. 그 들이 정진하여 일체종지(一切種智)를 가져서 나타내 보일 수 있게 하기 때문이란,

♠사7. 일체 법에 이름(名)·글자(字)·문장(章)·구절(句)을 세우기 위한 뜻 때문이요,


8.建立名字章句 義 令入不可說證智轉法輪故

♠사8. 명·자·장·구의 뜻을 세워 말로는 하지 못할 지혜를 증득하여 법륜을 굴리는 데 (轉法輪 : 교법을 설함) 들어가게 하기 때문이다.


[길장 118] 謂有疑者 爲斷疑故者。此釋第一欲論大法。則是無論 經欲說大法。自古至今 不依論釋經者。但案文前後意 釋此一章經。依天親釋意者 就位從淺至深釋也。

♠사1. '의심이 있는 자는 의심을 끊게 되기 때문이요.'라고 말한 것은, **이것은**

'제1 큰 법을 논하고자 함이요,' (.[세친 116] ※바1.) 라는 말을 풀이한 것인데 이것은 논에는 없고 경에만 '큰 법을 설하고자 한다.'고 하였다.

아1. 예로부터 오늘날까지도 논에 의거하여 경을 해석하지는 않는다. 다만 글의 앞뒤의 뜻을 살펴보면, 여기서 해석한 1장의 경문은 천친(天親)이 해석한 뜻에 의거한 것으로 지위가 옅은데서 깊은 데로 해석해 나아간 것뿐이다.

白四十餘年舊疑 及聞法華新生疑等。欲說大法 斷此新舊二疑也。故下文殊偈末云。諸求三乘人 若有疑悔者。佛當爲除斷 令盡無有餘也。

아2. 40여 년 동안의 오래된 의혹과 또 『법화경』을 듣고 나서 새로 생긴 의혹 등으로 부터 (벗어나게 하기 위하여) 큰 법을 설하여 이 새로 생기고 오래된 두 가지 의혹을 끊게 하고자 함인 것이다.
그러므로 아래 문수의 게송 끝에,
" 3승(三乘)21)을 구하는 사람들이여
 의심나는 이 있으면
 부처님께서 마땅히 (의심을)끊어 다 없애어
 남김 없게 하리라." 라고.


已斷疑者 憎=增長 淳熟彼智身故者。釋第二雨大法雨。世間之雨 能令物增長成 就=熟。一乘法雨 令三乘人 竝入平等大慧。如身子領解中云 疑悔永已斷 安住實智中。

♠사2. '이미 의심을 끊은 이는 저 지혜의 몸을 더욱 키워(增長) 순박하게 성숙 시키기 때문이다. ([세친 118]-마2.)'라고 한 것은, ([세친 116]에 ※바2 제2 큰 법 비를 내리고자 함이며,)-연속
※사2. '제2 큰 법 비를 내리고자 함이며,'라는 말을 풀이한 것이다.
 아1. 세간의 비는 사물을 더 자라(증장시켜) 성숙하게 하고, 1승의 법 비는 3승의 사람들로 하여금 모두 평등한 큰 지혜에 들어가게 하니, 마치 신자가 깨달은(身子領解) 중에 "의혹의 마음을 영원히 아주 끊고 실지(實智) 중에 안주(安住)한다"고 한 것과 같다.


根淳熟者 爲說二種微密境界。釋第三欲擊大法鼓 及第七不斷大法鼓也。前已明三乘人智身淳熟。今次授三乘人 作佛 名記。

♠사3. '근기가 순박하고 성숙하다는 것은 두 가지 미묘하고 비밀스러운 경계를 말 함이니,' 라 고 한 것은,
 ([세친 116]에 바3. 제3 큰 법 북을 치고자 함이요-연속,)

---

21) 범어로는 tri-yāna. 중생들의 근기에 따라 깨달음으로 이끄는 세 가지 가르침. 성문승(聲聞乘)·연각승(緣覺乘)·보살승(菩薩乘)을 말한다.

※아3. '제3 큰 법 북을 치고자 함이요.'라고 한 것과 '※아7.제7 큰 법 북 소리가 끊어지지 않게 하고자 함이요.'라는 것을 풀이한 것이다.
  아1. 앞에서는 이미 3승 사람들의 지혜의 몸이 순박하고 성숙함을 밝혔고, 여기서는 다음으로 3승 사람들에게 (미래에) 부처가 될 이름(명호)을 수기 주셨다.

密境界 智度論云。法華經 令二乘作佛 名祕密法。祕密法者 甚深難解故也。又四十餘年 不明此事。故稱密。
  아2. 비밀스러운 경계는 『지도론(智度論)』에서 "『법화경(法華經)』에서는 2승이 부처가 된다. 는 것을 이름이 '비밀법이다.'라고 하였다."고 했다.
'비밀법'이란 매우 심오하여 이해하기 어려운 때문이요 또 40여 년간 이 일에 대해 밝히지 않았기 때문에  비밀한 것이라. 고 칭한 것이다.

大法鼓者 二句示現者。一是擊大法鼓。二是不斷大法鼓 也。以遠聞故者 正釋 法鼓之名。夫擊大法鼓 令人遠聞。今 就=說,大法竝授三乘人 記。令十方遠聞。
  아3. '큰 법 북(法鼓)'이라 한 것을 두 구절로 나타내 보인 것은,
    자1 첫째는 큰 법 북을 치는 것이고,
    자2 둘째는 큰 법 북소리가 단절되지 않게 하는 것이다.
        '멀리까지 들리게 하려는 때문(以遠聞故)'이라고 한 것은, 법 북의 이름을 바로 해석한 것이다. 무릇 큰 법 북을 쳐 사람들로 하여금 멀리서도 들을 수 있게 한 것이다. 지금 여기서는 큰 법을 설하고 아울러 3승의 사람들에게 수기(授記)를 주시어 시방세계 멀리서도 들리게 한 것이다.

問。何故云不斷法鼓。答。夫二乘獨善竟無傳化。若得受記成佛 竟更傳化餘人 亦令成佛。故云不斷法鼓也。
  問 무슨 까닭으로 법 북의 소리가 끊이지 않게 한다고 말했는가?
  答 저 2승은 오직 선행(善)으로 끝날 뿐 (법을) 전하여 교화하는 일이 없다. 만약 수기를 받아 성불(成佛)하게 되면 마침내 고쳐 다른 사람에게 전하여 교화하고 역시 성불하게

하기 때문에 법고소리(法鼓)가 끊이지 않게 한다고 말한 것이다.

入密境界者 令進取上上淸淨義故者。釋第四欲建大法幢。三乘 已得受記 然後 行菩薩 行。菩薩行 遠離二邊。是中道行故 稱上上淸淨。在幢 已二門高。故稱上上淸淨義。

♠사4. '비밀스러운 경계에 들어간다는 것은, 정진하여 가장 최상의 청정한 정진하여 최상의 청정한 경지에 오르는 뜻을 가지게 하기 때문'이라고 한 것은,

([세친 116]에 ※바4. 제4 큰 법의 기(法幢)를 세우고자 함이며,)-연속

※사4. '제4 큰 법의 기(法幢)를 세우고자 함이며,'라는 것을 풀이한 것이다.

아1. 3승이 이미 수기를 얻고 난 연후에 보살행(菩薩行)을 실천하나니, 보살행은 이변(二邊 : 두 극단.'유무(有無).상멸(常滅)등'의 2변(邊))을 멀리 여이고 중도(中道)를 실천하기 때문에, 최상의 청정함(최상의 청정한 경지에 오른다.) 이라고 일컫는 것이다. 기(幢)가 이미 두 문에 높이 있으니, 그러므로 최상의 청정한 경지에 오르는 뜻(上上淸淨義)이라고 한다.

取淸淨義者 令進取一切種智 得現見故者。釋第五欲燃大法燈。夫燈有二義。一者破闇 二者顯物。令三乘人行行 已滿破無明闇 得一切種智。故能見佛性等法。

♠사5. '최상의 청정한 뜻을 취한다는 것은 (저들로 하여금) 정진하여 일체종지(一切種智)를 가져서 나타내 보일 수 있게 하기 때문이니,'라고 한 것은,

([세친 116]에 사5. 제5 큰 법등을 켜고자 함이요,)-연속

※사5. '제5 큰 법등을 켜고자 함이요,'라는 것을 풀이한 것이다. 저 등불에는 두 가지 뜻이 있으니,

아1. 첫째는 어두움을 깨뜨리는 것이고,

아2. 둘째는 만물을 나타내는 것이다. 3승의 사람들로 하여금 실천하고 실천하게 하여(行行) 원만해지고 나면 무명(無明)의 어두움을 깨뜨리고 일체종지를 얻기 때문에 능히 불성(佛性) 등의 법을 볼 수 있게 되는 것이다.

前之四句 令三乘人因行成。今此一句令三乘人果德滿。取一切 智=現見者。釋第六句欲吹大法螺。

앞의 4구는 3승의 사람들로 하여금 인행(因行 : 수행)을 이루게 한 것이고, 지금 여기의 1구는 3승의 사람들로 하여금 과덕(果德 : 깨달음)을 원만하게 한 것이다.

♠사6. '일체종지(一切種智)를 가져 나타내 보인다.'라고 【셔친 118】 한 말은 '제6구(句)

※사6. 큰 법 소라를 불고자 함이며'라는 말을 풀이한 것이다.

夫吹螺出語言音聲。三乘人得佛果竟 更爲衆生 說一切敎。故云爲一切法 建立名字章句也。

※사7. 대저 법 소라를 불고 말과 음성을 내어 3승의 사람이 불과(佛果-성불)를 얻어 마치고 다시 중생들을 위하여 일체의 교리를 설함으로,

(※사7. 제7 큰 법 북 소리가 끊어지지 않게 하고자 함이요,)-연속

♠사7. '일체 법을 위하여 이름(名)·글자(字)·문장(章)·구절(句)의 뜻(경문)을 세우는 것이다. 라고 한 것이다.

建立名字章句義者。釋第八欲說大法。前第七成佛竟爲物演敎。今第八說敎令悟理。入於理亦得成佛。

♠사8. '명·자·장·구의 뜻을 세워'라고 한 것은,

※사8. '제8 큰 법을 설하고자 함이다.'라고 한 말을 풀이한 것이다.

 아1. 앞의 ※사7.에서는 성불하여 마친 다음에는 중생들을 위하여 교리를 설한다. 하였고,

 아2. 지금※사8에서는 교리를 설하여 진리를 깨닫고 진리에 들어가 또한 성불할 수 있게 하는 것이다.

問。何故云 入不可說證智轉法輪。

 🔲 무슨 까닭에 '말로는 하지 못할 지혜를 증득하여 법륜을 굴리는데(轉法輪 : 교법을 설함) 들게 하려고 한다.'라고 말했는가?

答曰。令物得證眞實智。時 則內外竝冥 緣觀俱寂 名不可說。 則此智體 名爲法輪 從彼至

此 故稱爲轉。今更總釋八句。

▣ 중생들로 하여금 진실의 지혜(眞實智)를 증득하게 하면, 그 때는 안과 밖이 모두 그윽해져 연(緣)과 관(觀)이 함께 고요해지므로 이름이 '말로는 하지 못함.'인 것이니, 곧 이러한 지혜의 본체를 이름 하여 '법륜(法輪)'이라 하고, 저기에서 부터 여기에 까지 이르니 그러므로 '굴린다(轉)'고
말하는 것이다.


지금은 재차 ※사8구를 전체적으로 해석한다.


佛說法華凡有二意。一令衆生自得作佛。二令衆生化他 亦使成佛。前六句 則是自行。後二句 名爲化他。此二各兩
  ([세친 113] 다2-3. '열 가지 일을 성취한다(成就十種事).'고 한 것-재해석)
  ([세친 113] ▲라①. (첫째는 큰 뜻의 인(因)을 성취함을 나타내 보임이이요 연결.)
    가1. 부처님께서 『법화경』을 설한 것에 일반적으로 두 가지 뜻이 있으니,
      나1 첫째 중생들로 하여금 스스로 부처가 되게 하는 것이고,(自行-앞 ※사1-사6구)
      나2 둘째 중생들로 하여금 남을 교화하게 하고 또 부처가 되게 하는 것이다.(化他-※사7-※사8구)
    앞의 여섯 구(句) (※사8구중 앞 ※사1-사6구)는 스스로 수행하는 것(自行)이고
    뒤의 두 구(뒤의 ※2구-※사7-※사8구)는 이름 하여 남을 교화하는 것(化他)이라하니, 이 두 가지에 각각 두 가지씩 의미가 있다.


自行中 五句辨因 一句論果。化他中 初句爲物演敎。次句令物證入。
      나1 첫째 구(自行의 구).스스로 수행하는 가운데(自行中-※사의 ※1-6구)_
        다섯 구(五句-※1-※5구)는 그 원인(因-수행하는 원인)을 밝히고 있고
        한 구(※6구)는 과(果-깨달음)를 논한 것이요,
      나2. 둘째 구(化他의 구)는 남을 교화 (뒤의 2구-※사7-※사8구)하는 가운데,(化他中)
        다1 첫 구※사7은 중생을 위하여 가르침을 연설하는 것이고,
        다2. 다음 구※사8은 중생들로 하여금 (큰 법을 설하여)깨달음에 들어가게 하

는 것이다.

問。何故說法 令自行化他。答。二乘之人 唯能獨善。今已成佛 竟化衆生 亦令成佛也。就五句爲二。初句斷疑 令其惑滅。次四句 令其解生。

問 무슨 까닭에 법을 설하여 자신도 수행하고 남도 교화하게 하는가?

答 2승의 사람은 오직 제 자신만 선(善)할 뿐이지만, 이제 이미 성불하였으니 마침내 중생도 교화하여 역시 성불하게 해야 하는 것이다.

나1 ♠사의 5구의 글을 접해 보면 두 가지 뜻이 있으니,(위[세친 118]의 총 ♠사8구 중 5구를 말함)

다1 첫 구(위 ♠사1. '의심이 있는 자는 의심을 끊게 되기 때문이요.'라고 말한 것) 는 의혹을 끊어주어서 그들로 하여금 의혹을 멸하게 한 것이고,

다2 다음 4구(♠사2-사5)는 그들로 하여금 이해(앎. 깨달음)를 생기게 한 것이다.

開二。初句十信 至十解成就。次句解行純熟入密境界。故得受記 從十行至十迴向。上上淸淨義 從初地乃至十地 現見世間名字章句意 甚深因成就者。釋十章第二。前牒章名。

나2. 두 가지(다1.다2.)를 열어보면

다1. 첫 구 다1(♠사1.)은 10신(信)에서 10해(解)까지를 성취하는 것이고,

다2. 다음 구 다2.(4구-♠사2-사5)는 이해하고 수행(解行)하여 순수하게 성숙(純熟)하여 비밀의 경계에 들어가는 것이다. 그러므로 수기를 얻어 10행(行)에서 10회향(廻向)에 이르니, 최상의 청정한 뜻에 오르는 것은 초지(初地)부터 10지 까지 이르는 것이다.

(둘째는[세친 113]) 을 연계 한 것.

▲라②. '세간의 명(名)·자(字)·장(章)·구(句)의 뜻이 매우 심오한 인을 성취한 것을 나타내 보임을 함이요.'라고 【세친 119】 한 것은, 10장의 제2[세친 113]의 ▲라②..문자, 장구의 글)를 풀이한 것으로 먼저 글의 명칭을 이끌어 왔다.(牒-連繫)【세친 119】

【세친 119】 現見世間名字章句意 甚深因成就者
▲라② "세간의 명(名)·자(字)·장(章)·구(句)(모든 글을 말함)의 매우 심오한 뜻의 인을 나타내 보임을 성취함이요."라고 한 데에서,

[길장 119] 如經下示釋經處。
'여경(如經-경에. 경과 같이)(아래[세친 120])'이라 한 아래는 경을 해석한 곳을 보인 것이다.

【세친 120】 如經 我於過去 諸佛曾見此瑞 乃至 故現斯瑞故
경에 "나는 과거 여러 부처님에게서 일찍이 이러한 상서로움을 보았다.…(乃至)…그런고로 이런 상서를 나타내신 까닭이다."라고 한 것과 같다.

[길장 120] 問。名字章句意甚深。正釋何處經文。答。釋欲令衆生 咸得聞知 一切世間 難信之法經文也。夫令三乘作佛 正是難信之事。五千起去 則難解之事。

▣ '문자(文字)와 장구(章句 : 문장과 구절)의 매우 심오한 뜻'이라고 한 것은, 어느 곳의 경문을 바로 해석한 것인가?
▣ "중생으로 하여금 일체 세간에서 믿기 어려운 법을 다 듣고 알게 하려고 이런 상서로운 일들을 나타내신 줄 아십시오."라고 한 경문(經文)을 해석한 것이다.
저 3승들로 하여금 부처가 되게 하는 것은 정말로 믿기 어려운 일이고, 5천의 대중이 일어나 가    버린 것도 이해하기 어려운 일이다.

問。何故云名字章句意甚深。答。夫教爲顯所詮之理。絶言。詮理之言亦絶。故下云。是法不可示。言辭相寂滅也 現見希有因成就者。釋第三章經。前牒章。

▣ 무슨 까닭으로 '명(名)·자(字)·장(章)·구(句)의 매우 심오한 뜻'이라고 하였는가?
▣ 저 가르침은 나타난 바의(所詮) 진리를 드러내기 위함이니 말이 끊어지고,   이치를

나타내는 말도 또한 끊어짐으로, 그러므로 아래 이르기를 "이 법은 보여 줄 수 없으니, 말과 글의 모습이 적멸 함 일새"라고 하였다.

▲라③ '희유한 인(因-상서의 인(조건))을 나타내 보임을 성취함이요,'라고 【세친 121】,한 것은 앞 제3장의 글(經)([세친 113]▲라③.희유한 인)을 풀이한 것으로 앞에 글을 연계(牒)한 것이다.

【세친 121】 現見希有因成就者
▲라③'희유한 인을 나타내 보임을 성취함이요,'라고 한 것은,

[길장 121] 以無量時下 釋章。前釋 次擧經示釋處。
'한량없는 시간'[세친 122]이라고 한 이하는 글을 풀이한 것이다.
[길장121-1]
&마(1). 먼저는 해석하고,
&마(2). 다음은 경을 들어 풀이한 곳을 보여준 것이다.

【세친 122】 以無量時 不可得故 不可思議 不可稱 不可量者 示現過 彼阿僧祇劫 不可得故 復示現五種劫 一者夜 二者晝 三者月 四者時 五者年 示現彼無量無邊劫故
바1.한량없는 시간은 얻을 수 없는 때문에,
　사1 불가사의하고 이루 말할 수 없으며 헤아릴 수도 없는 것이란, 저 아승지 겁(阿僧祇劫)을 지날지라도 얻을 수 없다는 것을 나타내 보이는 까닭이요.
　사2. 또 다섯 가지 겁(劫 : 시간 단위)으로 나타내 보이면,
　　아1. 첫째는 밤이요,
　　아2. 둘째는 낮이며,
　　아3. 셋째는 달(月)이요,
　　아4. 넷째는 때(時)며,
　　아5. 다섯째는 해(年)다.

저 무량무변한 겁을 나타내 보인 까닭이다.

[길장 122] 釋中爲二。一者明阿僧祇劫不可說。二者明時不可說。阿僧祇劫不可說者。以有無量阿僧祇故也。復示現五種劫者。此第二明時不可說也。

자1 해석한 가운데 두 가지 뜻이 있으니,
　차1. 첫째는 아승지 겁으로도 말할 수 없음을 밝힌 것이며,
　차2. 둘째는 시간(때)으로도 말할 수 없음(不可說)을 밝힌 것이다.

'아승지 겁으로도 말할 수 없다.'는 것은 한량없는 아승지가 존재하기 때문이요, '또 다섯 가지 겁(劫)으로 나타내 보인다는 것은,' 이것은 제2의 시간(때)으로도 말할 수 없음(不可說)을 밝힌 것이다.

問。晝夜等　云何亦名劫。答。外國稱劫簸。此翻爲分別時節。故劫是時之通名也。但經中取天地始終者。立其通稱名爲之劫。日月晝夜受其別名。

▣ 낮과 밤 등을 무엇 때문에 또 겁(劫)이라고 했는가?

▣ 외국에서는 겁파(劫簸 : 劫波. 劫跛. 오랜 시간. 분별 時節)라고 칭하는데, 여기(중국) 번역하여 시절의 분별(分別時節 : 시간의 분별)이라 한다. 그러므로 겁(劫)은 곧 시간의 공통 이름(通名)이다.

다만 경 중에 "천지(天地)의 시작과 끝(始終)을 가진 것이다."라고 하니, 그것의 공통된 명칭(通稱)을 세워 이름 한 것이 '겁(劫)'이며, 날(日) · 달(月) · 낮(晝) · 밤(夜)은 그것의 별칭(別稱)으로 얻은 것이다.

問。章名中 何故 云現見希有因成就。答。以過去久遠時 方有說法華之事故 名希有　如經已下 第二示釋處。

▣ 문장의 이름(章名) 중에 무슨 까닭에 '희유한 인(조건)을 나타내 보임을 성취함이요,' 라고 했는가?

▣ 과거 멀고도 오랜 시절(久遠時)에 처음으로 『법화경』을 설한 일이 있었던 고로 '희유(希有)'하다 고 이름한 것이다.

제7 문수보살의 대답의 성취다 189

'여경(如經)'이라 한 이하는,(아래[세친 123]에)

([길장121-1] - ⑵. & 다음은 경을 들어 해석한 곳을 보여 주었다.)와 연결

&자⑵. 둘째(다음은) 풀이한 곳을 보여준 것이다.

【세친 123】如經 如過去無量無邊 不可思議 阿僧祇劫 爾時有佛 號日月燈明 乃至 得阿耨多羅三藐三菩提 成就一切種智故

경에 "과거 한량없고 가없는 불가사의한 아승지겁에, 그때 부처님이 계셨으니 명호(名號)는 일월등명(日月燈明)이셨다.…(乃至)…아뇩다라삼먁삼보리(阿耨多羅三藐三菩提)를 얻어 일체종지를 성취하셨느니라." 라고 한 것과 같은 까닭이다.

[길장 123] 此但取經過去無量無邊劫 示釋處。從爾時有佛 號日月燈明下。竝不釋也

여기서 다만 경에 '과거 한량없고 가없는 겁'만 취하고, 풀이한 곳을 보여준 데는 '그때'라고 한데서부터 '부처님이 계셨으니 명호는 일월등명(日月燈明)이셨다.'라고 하고, 그 아래는 함께 해석하지 않았다.

現見勝妙因成就者。釋第四。前牒名。

([세친 113] ▲라④. 넷째는 뛰어나고 미묘한 인을 나타내 보임을 성취함이며, 라고 한 것을 연계 한 것.)

▲라④. 뛰어나고 미묘한 인을 성취함을 나타내 보임이며,'라고 한 것은, 제4[[세친 113] ▲라④.)를 해석한 것이다.

&마1 앞은 이름을 연계하고(牒-連繫)

【세친 124】現見勝妙因成就者

▲라④"뛰어나고 미묘한 인을 나타내 보임을 성취함이며,"라고 한 것은,

[길장 124] 言勝妙因者。二萬億佛說法 皆七善文爲勝妙 以諸佛菩薩 自受用示現故者。第

190 법화론 소

一解釋。前釋 次示經處。

'뛰어나고 미묘한 인'이라 한 것은, 2만억 부처님의 설법이 다 일곱 가지 훌륭한 글(七善文)인지라 뛰어나고 미묘하다는 말이다.

모든 부처님과 보살이 자수용(自受用 : 부처님이 깨달음의 法樂을 스스로 형통하게 받아드리는 자리면(自利面).↔타수용(他受用))을 나타내 보이기 때문에'라고 한 것은, 【세친 125】

&마2. 해석이다. ([길장121-1] (2).와 같음 )

*마(1). 먼저는 해석하고,
*마(2). 다음은 경을 들어 해석한 곳을 보여준 것이다.


(*마(1). 먼저는 해석하고,)
【세친 125】 以諸佛菩薩 自受用示現故
모든 부처님과 보살이 스스로 수용함(自受用)을 나타내 보이기 때문에,


[길장 125] 佛受用七善化物。菩薩亦然。故云受用 如經下示經處。

부처님께서 일곱 가지 선(七善)을 수용((自)受用 : 부처님이 깨달음의 法樂을 스스로 형통하게 받아드리는 자리면(自受用.↔타수용(他受用))하여 중생을 교화하시니, 보살 또한 그러하다. 그러므로 수용(受用)이라고 말하는 것이다.
'여경(如經)'이라 한 이해[세친 126]는 경을 보여준 곳이다.


(*마(2). 다음은 경을 들어 해석한 곳을 보여준 것이다.)
【세친 126】 如經 次復有佛 亦名日月燈明 乃至所可說 法 初中後善故
경에 "그 다음에 또 부처님이 계셨으니 역시 이름이 일월등명이셨다. 내지…. 말씀하신 법문이 처음(때, 시간이 맞음)도 중간(뜻이 심오함)도, 끝(말씀이 교묘함)도 모두 좋으셨나이다."라고 한 것과 같다.


[길장 126] 此但取後 所可說法 初中後善 不取前文也。以二萬佛說法 門=同,具七善故 云所

可說法初中後善。所以一處合釋之也 現見受用大因成就者。釋第五。前牒章名。

여기는 오직 설하신 법이 처음도 중간도 마지막도 다 좋으므로(善) 앞의 글만 취한 것이 아니라 뒤에 것도 취했다는 것이다.

2만의 부처님이 법을 설하여 가르침(門)이 다 일곱 가지 선(七善)을 갖춘 때문에, '설하신 법이 처음도 중간도 뒤도 다 좋다(善).'고 하였으니, 그런 까닭에 한곳에 합하여 해석한 것이라 하겠다.

▲라⑤. '(다섯째) 큰 인을 성취한 것을 수용(受用)함을 나타내 보인 것이요,' 【세친 127】 라고 한 것은, [세친 113] ▲라⑤. 제5를 풀이한 것인데,

§마1 앞은 문장의 이름을 이끌어오고(牒-連繫).
【세친 127】 現見受用大因成就者
▲라⑤.' 큰 인(因-과거의 수행)을 성취한 것을 수용(受用)함을 나타내 보인다,'라고 한 것은

[길장 127] 受用大因者。釋王子未出家時 受勝妙樂。乃至釋大衆六十劫 聽法華經 受於法樂 不生疲倦。故名現見 受用大因成就也 是 十六王子 第二解釋。

'큰 인을 수용한다는 것은 ' 왕자가 아직 출가하지 않았을 때에 뛰어나고 미묘한 즐거움을 누린 일을 풀이한 것이며, 내지 대중들이 60겁 동안 『법화경』을 들어도 법락(法樂)을 누려 피로해하거나 게으름이 생기지 않았음을 풀이한 것이다. 그러므로 이름이 '큰 인을 성취함을 수용하는 것을 나타내 보인다,'라고 한 것이다.

'이 16왕자(是16王子)'는 【세친 128】

§마2 해석이다.
【세친 128】 是時 王子受勝妙樂 各捨出家 復彼大衆 於爾許時 不生疲倦心故
이때 왕자들이 뛰어나고 미묘한 즐거움을 누리다가 제각기 버리고 출가하고, 또 저 대중들도 그렇게 누릴 때에 마음에 피로해하거나 게으름이 생기지 않았던 까닭이다.

[길장 128] 易知 如經下 示釋處。

'여경(如經)'이라 한 아래는[세친 129] 해석한 곳을 보여준 것이니, 쉽게 알 수 있을 것이다.

【세친 129】 如經 其最後佛 未出家時 乃至佛授記已 便於中夜 入無餘涅槃故

경에 "그 최후의 부처님이 아직 출가하시지 않았을 때에…(乃至)… 부처님께서 수기(授記)하시고 나서 문득 한 밤중에 무여열반(無餘涅槃)에 드셨다."라고 한 것과 같다.

[길장 129] 現見攝取 一切諸佛轉法輪 因成就者。第六前牒章名。上來五章明佛 化行事竟。四章屬能化益物。次一明所化益物。今辨菩薩 佛滅度後弘經。卽是轉法輪不斷事。

▲라⑥. '(여섯째는 [세친 113]) 모든 부처님의 법륜을 굴리시는(轉法輪) 원인(因-과거의 수행)을 성취한 것을 섭취(攝取)한 것을 나타내 보인다.'라고 【세친 130】 한 것은,

(*과거의 수행이 원인이 되어 그 결과로 설법하신다는 것.(轉法輪)을 섭취함(인정 함)을 보여주시는 것이다. 모든 것이 과거의 원인이 없이 지금의 일이 있다는 것은 있을 수 없다는 뜻이다.)

제6의 앞은 문장의 이름을 연계(牒-連繫)한 것이다. 위로부터 오면서 제5장은 부처님이 교화하시는 행하는 일(行事)을 마친 것에 대해 밝힌 것이며, 제4장은 능히 교화하여 중생을 이익 되게 하는데 속한다.

다음 하나(3장)는 교화하여 중생을 이익 되게 함을 밝힌 것이다.

지금은 보살이 부처님께서 멸도(滅度)하신 뒤에 경을 널리 펴는 것을 밝혔으니, 바로 이것이 법륜(法輪)을 굴려 끊어지지 않게 하는 일이다.

【세친 130】 現見攝取一切諸佛轉法輪因成就者

▲라⑥ "모든 부처님의 전법륜(轉法輪)의 인을 성취함을 섭취(攝取)하여 나타내 보임이며,"라고 한 것은,

제7 문수보살의 대답의 성취다

[길장 130] 言一切佛者。現見一切佛轉之於前。菩薩於佛滅後數之不絶。卽令一切佛法轉不絶。故言一切也。

'모든 부처님'이라고 말한 것은, 일체 부처님께서 법륜을 굴리시기 이전과 보살이 부처님께서 멸도하신 뒤에 가르침을 펴서 끊어지지 않게 함을 나타내 보인 것이니, 곧 일체 부처님의 법이 굴러(설하여져 이어져서) 끊이지 않게 하기 때문에 일체(一切)라고 말한 것이다.

【세친 131】法輪不斷故 如經 佛滅度後 妙光菩薩 持妙法蓮華經 滿八十小劫 爲人演說故

법륜이 끊어지지 않기 때문에, 경에 "부처님께서 멸도하신 뒤에 묘광(妙光)보살이 「묘법연화경」을 지니고, 80소겁(小劫)이 차도록 남을 위하여 연설하셨다."라고 한 것과 같은 까닭이다.

[길장 131] 釋及列經易知 現見善堅實如來 法輪因成就者。釋第七 前牒章名。

해석과 경을 나열 한 것은 쉽게 알리라.

▲라⑦. '(일곱째는[세친 113]▲라⑦) 훌륭하고 견실한(善堅實) 여래의 법륜(法輪)의 인(설법하시는 원인)을 성취한 것을 나타내 보인다.'라고 한 것은 ▲라⑦ 제7【세친 132】을 풀이한 것이다.

앞은 문장의 이름을 연계(牒-連繫)한 것이다.

【세친 132】現見善堅實如來 法輪因成就者

▲라⑦'훌륭하고 견실한(善堅實) 여래의 법륜(法輪-설법하시는)의 원인을 성취함을 나타내 보임이요.'라고 한 것은,

[길장 132] 而言善堅實如來法輪者。妙光從八十劫已後 乃至令八子 堅固無上菩提 已無量時就。法輪不壞 名爲善堅實如來法輪。

'선견실여래(善堅實如來 : 훌륭하고 견실한 여래)의 법륜'이란 묘광(妙光)보살이 80소겁을 다 지낸 이후로부터…(乃至)…여덟 왕자들로 하여금 견고한 무상보리(無上菩提)라고 한 곳까지 이미 한량없는 시에 법륜이 무너지지 아니함을 이름 하여 '선견실여래(善堅實如來)의 법륜'이라고 말하는 것이다.

(해석과 경을 나열한 것)

**【세친 133】** 佛滅度後 無量時說故 如經日月燈明佛八子 皆師妙光 乃至皆令其堅固阿耨多羅三藐三菩提故

부처님께서 멸도하신 후에도 한량없는 때에 걸쳐 설하셨으므로, 경에 "일월등명불(日月燈明佛)의 여덟 왕자는 다 묘광보살을 스승으로 삼아…(乃至)…다 그들로 하여금 아뇩다라삼먁삼보리(阿耨多羅三藐三菩提)를 견고하게 하였다."라고 한 것과 같다.

[길장 133] 釋及列經易知 現見進入因成就者。此釋弟八。上(第六)第七明妙光能化事。今明八子聞法得益。卽是進入 因成就也。

해석과 경을 나열한 것은 쉽게 알리라.

▲라⑧. '(여덟째는[세친 113]연계) 정진하여 (부처님 경계에)들어가는 인을 성취함을 나타내 보인다,(現見進入因成就)'라고 【세친 134】 한 것은, 이것은 제8을 해석한 것이다.
위에 제7은 묘광보살이 능히 교화한 일을 밝혔고, 여기서는 여덟 왕자가 법문을 듣고 이익을 얻음을 밝힌 것이니, 바로 이것이 '정진하여 (부처님 경지에)들어가는 원인(因 : 성불할 원인, 수행)을 성취함.'인 것이다.

(해석과 경을 나열한 것)

**【세친 134】** 現見進入因成就者 彼諸王子 得大菩提故 如經 是諸王子 乃至皆成佛道故

▲라⑧ '정진하여 (부처님 경계에)들어가는 원인을 나타내 보임을 성취함이며,'라고 한 것은, 저 모든 왕자들이 큰 보리(菩提)를 증득했기 때문이니,

경에 "이 여러 왕자들이…(乃至)…다 불도를 성취하였다."라고 한 것과 같다.


**[길장 134]** 釋及列經易知 現見憶念因成就者。釋第九 明妙光憶念。
해석과 경을 나열한 것은 쉽게 알 수 있을 것이다.

▲라⑨. '(아홉째[세친 113]) 항상 기억하여 잊지 않는(憶念) 인을 나타내 보임을 성취함이요,' 라고 【세친 135】한 것은,
제9를 풀이한 것으로 묘광(妙光)보살의 억념(憶念)을 밝힌 것이다.

**【세친 135】現見憶念因成就者**
▲라⑨ '항상 기억하여 잊지 않는 원인을 성취함을 나타내 보임을 이요,'라고 한 것은,

**[길장 135]** 過去化王子 皆得成佛。故名憶念因成就。
과거에 왕자들을 교화하여 다 부처가 되게 한 것이니, 그러므로 이름이 '항상 기억하여 잊지 않는 인을 성취함이요,'라고 한 것이다.

**【세친 136】爲他說法 利益他故  如經 其最後成佛者 名曰燃燈 乃至尊重讚歎故**
'남을 위하여 설법하여 남을 이익 되게 한 때문이요,(爲他說法利益他故)'라고 한 것은, 경에 "그중 맨 나중에 성불한 이의 이름이 연등(燃燈)이었나이다.…(乃至)…존중하고 찬탄함에 이르렀나이다."라고 한 것과 같다.

**[길장 136]** 如經者 不正釋經文。但釋經意。明憶念過去化 八十王子成佛。後憶念燃燈化釋迦成佛 乃至彌勒成佛也
'여경(如經-경과 같이)'이란, 경문을 바로 해석한 것이 아니고, 다만 경의 뜻만 풀이한 것이다.

과거에 여덟 왕자를 교화하여 부처가 되게 한 일을 늘 기억(憶念)하고, 나중에 연등부처님께서 석가모니 부처님을 교화하여 부처가 되게 한 일과, 내지 미륵보살도 성불하게 함을 항상 기억하고 있음을 밝힌 것이다.

現見自身所經事 因成就者。釋第十明文殊憶念 [세친 113]-③.

▲라⑩. '(열째는[세친 113]연결) 자신이 겪은 일의 인을 성취함을 나타내 보인다.'라고 [세친137] 한 것은, 제10 문수보살이 항상 기억하고 있는 것(憶念)을 밝힌 것을 풀이한 것이다.

### [세친137] 現見自身所經事 因成就者

▲라⑩ '자신이 겪은 일의 인(因)을 성취함을 나타내 보인다.'라고 한 것은,

[길장 137] 過去爲妙光 能悟解法華。復能爲人演說。卽是自身 受勝妙樂。

과거 세상에 묘광(妙光)보살이 되어 『법화경』을 깨달아 알 수 있었고, 또 남을 위하여 연설할 수도 있었으니, 바로 이런 것이 자기 자신이 뛰어나고 미묘한 즐거움을 누리는 것이다.

[세친 138] 以文殊自身 受勝妙樂故　如經 彌勒當知 乃至佛所護念故 汝號求名者 示現知彼過去事故 復示現得彼法具足 故

문수(文殊 : 1본에는 문수가 없다.) 자신이 뛰어나고 미묘한 즐거움을 누리기 때문에, 경에 "미륵은 아시라.…(乃至)…부처님께서 보호하고 생각하시는 바이다."라고 한 것과 같다.

'너의 명호를 구명(求名)이라 하리니,'라고 한 것은,
저 과거의 일을 알고 있음을 나타내 보인 것이며, 또 다시 저 법을 구족하게 얻음을 나타내 보인 까닭이다.

又依義攝三故 一與說故 如經 今佛世尊 欲說大法等故 二成如實說故 如經 我於過去曾見
等故 三令待說故 如經 諸人今當知等故 自此已下 示現所說法因果相 應知

[세친138-1] 또 뜻에 의하여 세 가지를 섭취한 것이다.

가(1). 설하여 주는 것이니,

경에 "이제 부처님 세존께서 대법을 설하시고자 한다."는 등과 같은 것이다.

가(2). 여실한 설법을 이룬 까닭이니,

경에 "내가 과거에 일찍 보았다."는 등과 같은 것이다.

가(3). 설법을 기대하게 하는 까닭이니,

경에 "모든 사람들은 이제 마땅히 알라."라고 한 것 등 과 같은 까닭이다.

여기서부터 아래는 설하신바 법의 인과(因果)의 모습을 나타내 보인 것을 마땅히 알라!


[길장 138] 如經者下 但+取,妙光菩薩 豈 異+人哉。我身是也。直釋此一句。汝號求名者。
別釋知彌勒事。二句。初釋彌勒 始號求名。復示現得彼法故。示彌勒終名。以彌勒亦得此法
具足成佛也。

'경과 같이(如經)'라고 한 이하는 다만 "묘광(妙光)보살이 어찌 다른 사람이리오! 나 자신이 이이니라."라고 한 이 1구를 직접 풀이한 것이고,

"너의 명호를 구명(求名)이라 하리니,"라고 한 것은 미륵의 일을 안 것을 따로 풀이한 것이다.

2구(句)에서 처음은 미륵의 첫 명호가 구명(求名)이었음을 풀이한 것이며, 또 저 법을 증득하였음을 나타내 보여 준 것이다. 미륵은 마지막 명호이니, 미륵 역시 이 법을 얻어 구족하게 부처가 될 것임을 보여 준 것이다.


●이 아래는 의문(疑問)의 차례(序)다. 세종왕조 묘법연화경의 【명(明)의 일여 집주】의 글이다.

「미륵과 모든 보살이 다 의심하여 질문한(疑問) 까닭은 무릇 네 가지 뜻이 있으니

[1] 적멸도량(寂場)에서 화엄경(華嚴經)을 설할 때부터 내려오며 지금 영산회상(靈

山)에서 법화경(法華經)을 설하기 이전까지(已往) 그동안 시방의 대사(大士 : 보살)들이 법회에 온 것이 끊어지지 않아 비록 한정(限)짓지 못할지라도 나는 보처(輔處 : 불멸후 성불할 보살. 석가 후는 미륵보살이 보처보살. 빈자리를 채워준다는 뜻)의 지혜력(智慧力)으로 다 보고 다 알지만 어떻게 이(솟아나온) 대중은 한 사람도 알지 못하는가?

그러나 나는 시방을 다니며 교화(遊化)한지라. 제불(諸佛)을 뵙고 받들어(覲奉) 제불과 일체 성중(聖衆)이 모인 자리의 대중(一切海會)은 훤하게 다 아는 바이나, 지금 저 지나온(履歷) 곳에 대하여 추심(推尋)하여도 역시 알지 못할 것이다(不識).

(만약 이곳에 와서 만났거나 가서 만난 것을 추심 하여도 알지 못한다. 알지 못하는 것은 곧 세계(실단)의 이익이 없다. 그러므로 모름지기 의심하여 물은 것이다 - 문구(文句記))

[2] 저 대사(大士)들은 앞에서 정진하여 먼저 통달(先達)한 이들이라. 미륵(彌勒)은 그 뒷 번(後番)인 말기에 배우는 이(末學)라. 뒤는 앞을 알지 못하니, 그러므로 알지 못 한 것이다.

[ 참고 예를 들면 (문수는 선정에 든 여인의 경계를 알지 못하고 여인은 기제개보살(棄諸蓋菩薩=모든 덮개(번뇌)를 버린 보살)의 경계를 알지 못한다. - 대론10(大論))

(알지 못하는 고로 그의 안의 선함(內善)을 알지 못하고 스스로 선(善)이 생기지 아니하면 위인(爲人)실단)의 이익이 없다. - 문구기(文句記))

그러므로 모름지기 의심하여 물은 것이다 - 관주약해(冠註略解).]

[3] 저들 대사(大士)등은 본래 실상(實相)의 밑바닥(底)이라. 시방(十方)에 응하여 나타남이라(應現 : 교화를 위해 나타남),

[참고 특별한 머리(別頭)로 교화하니 있는 바의 진응(眞應 : 眞身과 응신)이 다 미륵의 경계(境界)는 아니다. 이런고로 알지 못하는(不識) 것이다.(이미 저 중생을 이익하는 도를 알지 못하니 곧 병을 알지 못하며 대치(對治실단)의 이익이 없다. 그러므로 모름지기 의심하여 물은 것이다. - 관주약해(冠註略解).]

[4] 또 부처님은 경을 펼(弘經) 것을 부탁하고자 모든 대사(大士)를 불렀고 대사들은 스승의 엄명을 받드는 까닭으로 와서 은밀하게 수량(壽量수명의 양을 나타냄)을 여나(開 : 설함) 그 당시의 대중들은 알지 못하였다. 그러므로 알지 못한다고 말한 것이다

[이미 여래의 밀지(密旨)를 알지 못하면 곧 제일의(第一義)의 이익이 없다. 그러므로 모름지기 의심하여 물은 것이다. - 관주약해(冠註略解).]

이상의 해석들은 **4실단의 뜻(四悉檀意)**에 따른 것이다.

◉ [참고 (참고는 역자가 보충 한 것이다.)그런데 미륵은 적문(迹)의 보처(補處)에 있어 본(本)도 또한 응당 깊은데 어떻게 마땅히 이와 같이 알지 못하는가? 무릇 두 가지 뜻이 있다.

(1) 만약 실(實)에 대하여 논하면 곧 가까이 보처를 이루고(近成) 구원의 본지(本)를 알지 못한다.

(2) 만약 권(權)에 대하여 논하면 곧 본(本)은 높고 적(迹)은 낮으니 중생을 위하여 의심을 떠올린 것이다 - 관주약해(冠註略解).] ◉

묘락이 이르되「처음은 온 사람에 대한 것이고 다음은 간 곳에 대한 것이다.

[1] 오고 감이 다르기 때문에 알고 알지 못함이 다르며, 알지 못하기 때문에 세계실단(世界실단 : 세속법을 설하여 즐겁게 하여 세속의 지혜가 생기게 함. 또는 낙욕(樂欲)실단)의 이익이 없는 것이다.

[2] 미륵이 앞서 정진한 선(善)을 알지 못하면 자신의 선이 생기지 않아 위인실단(爲人실단 : 남을 위하여 능력에 맞게 설하여 선근이 자라게 하는 것)의 이익이 없는 것이다.

[3] 중생을 교화함(化物)은 본래 중생의 병(物病)을 치료함인데 미륵이 진신과 응신(眞應)을 알지 못함은 저들 중생을 이익 되게 할 도(道)가 없는 것이니, 곧 병을 알지 못하는지라 대치실단(對治실단 : 탐욕은 자비로, 어리석음은 인연관(觀)을 설하여 그 병을 고쳐주는 것)의 이익이 없는 것이다.

[4] 은밀하게 수량(壽量)을 설한 것(開)은 이것은 제일의(第一義)다. 곧 이것은 일부(一部)의 가장 극단적인(最極-최고의 경지) 이치인데 어찌 제일(第一)이 아니겠는가?!

이미 그 당시의 대중은 알지 못하니 제일의실단(第一義실단 : 중생의 근기가 성숙하여 제법실상을 설하여 깨닫게 하는 것)의 이익이 없는 것이다.」라고.

그렇지만(斯盖) 미륵(彌勒)은 대중을 위하여 (뜻을)발기(發起)한 것이라 또한 (중생의 병을)알지 못하고(不識) (대중은 제일의를)알지 못(不知)한다고 ? 한 것뿐이다.」

일여 주 끝

# 법화논 소(法華論 疏) 권상(卷上) 서품 끝.

# 【세친 2】 법화론 소 권중(방편품)法華論疏 卷中(方便品)
## 호의 길장 지음 (胡 吉藏 撰)

# 방편품 제2 (方便品 第二)

**[길장 1]** 依論十七種名中 第十三名一切諸佛大巧方便經。依此法門成大菩提。已爲衆生 說人天二乘等法 名大巧方便。故云方便品。

논에 의하면 17종의 이름(서품 [세친 55]) 중에 제13번째의 이름이 '일체제불대교방편경'(一切諸佛大巧方便經)이다.

이 법문에 의하여 대 보리(대도)를 이룬다. 이미 중생을 위하여 인·천(人天)과 2승(乘) 등의 법을 설하였으니 이름이 '대교방편'이다. 그러므로 '방편품'이라 한다.

又下論 明佛有七種方便。故云方便品。依下論末 論主開方便爲五段。一說妙法功德。次說如來法師功德。三明大衆三義。四明如來四義。五釋四種疑 就初文二。

또 아래 논에 부처님은 일곱 가지 방편이 있다고 밝혔다. 아래 논의 끝에 의하면 논주(論主)는 '방편문'을 5단계로 만들어 전개했다.

● 가1 묘법의 공덕을 설하고,

● 가2 여래께서 법사의 공덕을 설하고,

● 가3 대중의 세 가지 뜻(三義)을 밝히고,

● 가4 여래의 네 가지 뜻(四義)을 밝히고,

● 가5 네 가지 의심(四種疑)을 해석하였다.

● 가1 에 나아가면 문단이 두 가지다.

前牒經。次論釋。經文旣長。今前科之。然後更取論釋。依論科經 爲三。一敘如來起定

　나❶ 먼저는 경문을 이끌어오고(牒-연계하고, 되새기고),([세친2]의 경문.)

　나❷ 다음은 논의 해석이다.(아래 논에 이르되-論曰 라고 한 세친의 논의 글)

경문이 본래 길어 지금 먼저 과단부터 거친 후에 다시 논을 가지고 해석한다.

●1. 제1 논에 의하여 경의 과단을 세 가지로 하였으니.(♥나1-3)


## 方便品 (第二) 방편품 (제2 본문.)


♥나1. 여래가 선정에서 일어나신 것을 서술하였다.

　( 나❶　먼저는 경문을 이끌어오고)

【세친 2】經曰 爾時世尊 入甚深三昧 正念不動 以如實智觀 從三昧安詳而起

경에 "그 때 세존께서 매우 깊은 삼매에 드시어 정념(正念 : 제법(諸法)의 성상(性相)을 바로 기억하여 잊지 아니함)에서 움직이지 아니하시더니 여실한 지혜(如實智 : 부처님이 깨달은 구경의 지혜)로 관하시고서 삼매로부터 조용히 일어나시었다."라고 하였다.


[길장 2] 從定起已 告舍利弗下。第二出對揚之人。

'선정에서 일어나시고 나서 사리불에게 이르시되'라고 한 아래는,([세친 3])


♥나2. 상대하여 나타낼 사람을 나타낸 것이다.

【세친 3】起已告舍利弗

선정에서 일어나시고 나서 사리불에게 이르시되,


[길장 3] 從諸佛智慧已下。第三明二種功德。一妙法功德。二法師功德。明二種功德卽二。

初章二者。一總明內證甚深 阿含甚深。

'제불의 지혜(諸佛智慧)'라고 한데서부터,[세친 4] 아래는

♥나3. 두 가지 공덕(二種功德)을 밝힌 것이다.

([길장 1]●가. 묘법의 공덕을 설하고)에 연결.

●가1. 대① 제1 묘법의 공덕이요.(묘법-진리,법성,불성,보리,깨달음,도,묘법연화경,이니 그 묘법의 공덕으로 깨치니 그것이 묘법의 공덕이다.)

●가2. 대② 제2 법사의 공덕이다.(법사가 그 묘법에 의하여 깨닫고 나서 그 깨친 법을 중생을 위하여 8만 법을 설하여 중생을 구제하니 그것이 법사가 이루는 공덕이다.)

두 가지 공덕(二種功德)을 밝힌 것에 가면 곧 두 가지씩이니,

●가1 대① 제1의 글(章-묘법의 공덕)에 두 가지는,

라① 내면의 깨달음이 매우 깊음과 아함이 매우 깊음을 총괄적으로 밝힌 것이다.

【세친 4】諸佛智慧 甚深無量 其智慧門 難見難覺 難知難解 難入 如來所證 一切聲聞辟支佛等 所不能知

"제불의 지혜는 매우 깊고 한량없어 그 지혜의 문은 보기도 어렵고 깨닫기도 어려우며 알기도 어렵고 이해하기도 어려워, 여래의 깨달음에 들어가기 어려우므로, 일체의 성문·벽지불 등은 알 수 없는 바이니라."


[길장 4] 從何以故下。第二別明阿含甚深 又開八別。初明受持讀誦甚深。

'무슨 까닭이냐 하면,' [세친 5]라고 한데서부터 아래는,

라②. 아함이 매우 깊음을 나누어 밝혔으니, 또한 여덟 가지(마1부터 마8. 세친5-11까지)로 나누어 전개하였다.


마1 제1 받아 지녀 읽고 외움이 매우 깊음을 밝힌 것이다.

【세친 5】何以故 舍利弗 如來應 正遍知 已曾親近供養 無量百千萬億 那由他 無數諸佛

"무슨 까닭이냐 하면, 사리불아. 여래 응공 정변지께서는 이미 일찍이 한량없는 백천 만 억 나유타(那由他 : 무량수)의 무수한 부처님을 친근하고 공양하였느니라."


[길장 5] 於諸佛所下。第二明修行甚深。

'여러 부처님 처소에서'[세친 6] 라고 한 아래는,


마2. 제2 수행이 매우 깊음을 밝힌 것이다.

【세친 6】 於諸佛所 盡行諸佛所修阿耨多羅三藐三菩提法

"여러 부처님 처소에서 모든 부처님께서 닦으신 바의 아뇩다라삼먁삼보리(도)의 법을 다 수행(行行,수행)하였느니라."


[길장 6] 舍利弗 如來已於下。第三明果行甚深。

'사리불아 여래는 이미',[세친 7] 라고 한 아래는

마3. 제3 과행(果行 : 깨침의 수행)이 매우 깊음을 밝힌 것이다.

【세친 7】 舍利弗 如來已 於無量百千萬億那由他劫 勇猛精進 所作成就

"사리불아, 여래께서는 이미 한량없는 백 천 만억 나유타 겁을 용맹 정진하여 지을 것(수행,도,보리)을 성취하여,"


[길장 7] 名稱普聞下。第四明增長功德甚深。

'이름(명칭(名稱-칭稱-이름 칭.)이 널리 들렸느니라.' [세친 8]라고 한 아래는,

마4. 제4 더욱 자라난 공덕이 매우 깊음을 밝힌 것이다.

【세친 8】 名稱普聞

"이름이 널리 들렸느니라."

[길장 8] 舍利弗 如來畢竟下。第五明決妙事心甚深。

'사리불아, 여래께서는 필경에' [세친 9]라고 한 아래는,

마5. 제5 미묘한 일을 해결하는 마음이 매우 깊음을 밝힌 것이다.

**【세친 9】 舍利弗 如來畢竟 成就希有之法**

**"사리불아 여래께서는 필경에 희유한 법을 성취하셨느니라."**


[길장 9] 舍利弗 難解之法下。第六明無上甚深。

'사리불아 이해하기 어려운 법' [세친 10]이라고 한 아래는,

마6. 제6 위없음(無上)이 매우 깊음을 밝힌 것이다.

**【세친 10】 舍利弗 難解之法 如來能知**

**"사리불아 이해하기 어려운 법을 여래는 능히 아시느니라."**


[길장 10] 舍利弗 難解法者已下。第七明入甚深。

'사리불아 이해하기 어려운 법이란' ,[세친 11]이라고 한 아래는

마7. 제7 (법에) 들어감이 매우 깊음을 밝힌 것이다.

**【세친 11】 舍利弗 難解法者 諸佛如來 隨宜所說 意趣難解**

**"사리불아, 이해하기 어려운 법이란 모든 부처님 여래께서는 마땅함(수준,경지)을 따라 말씀하건만 뜻을 이해하기 어려우니라."**


[길장 11] 一切聲聞辟支佛下。第八 明不共二乘 所作 住持甚深。

'모든 성문·벽지불' [세친 12]라고 한 아래는,

마8. 제8 2승과 함께 하지 못할 지은 것(보리,도)을 간직하여 지님이 매우 깊음을 밝힌 것이다.

**【세친 12】** 一切聲聞辟支佛等 所不能知

"모든 성문·벽지불 등은 알 수 없느니라."


**[길장 12]** 何以故 舍利弗下。第二次明如來法師功德。
(**[길장 3]** 두 가지 공덕(二種功德) ●대❶ 묘법의 공덕, ●대❷ 제2 법사의 공덕이다.(1차로 밝히고) 연결)

'무슨 까닭이냐 하면 사리불아,' [세친 13]라고 한 아래는,
●가2. 대❷. 제2 다음으로 여래께서 법사의 공덕을 밝힌 것이다.
 ([길장 62] 마2 제2 다음으로 경을 인용하여 증명한 것이다. 와 연결)


妙法功德 是佛之自德。法師功德 是佛化他德。又開爲二。一初總明法師功德。
묘법의 공덕은 바로 부처님 자신의 덕이요, 법사의 공덕은 부처님이 남을 교화한 덕이다.
(법사의 공덕에) 또 두 가지로 전개한다.


라①. 처음은 법사의 공덕을 총괄적으로 밝힌 것이다.
**【세친 13】** 何以故 舍利弗 諸佛如來 自在說因成就故

"무슨 까닭이냐 하면, 사리불아. 모든 부처님 여래께서는 자유자재로 설하는 인(因-능력)을 성취한 때문이니라."


**[길장 13]** 從舍利弗下 別明法師功德。就中復二。一略明如來 具四功德 皆爲法師。第二廣明四種功德。初亦是標章門。第二名爲釋章門。

'사리불' [세친 14]이라고 한데서부터 아래는,

방편품 제2 207

라.②. 제2 법사공덕을 나누어 밝힌 것이다. 그 중에 또 두 가지로 나누어지니,

마1 제1 여래께서 네 가지 공덕을 갖추어야 함(具四功德)을 간략하게 밝히셨으니 다 법사를 위한 것이다.

마2. 제2 네 가지 공덕을 광범위하게(자세하게) 밝혔으니

*바1. 제1 처음에는 역시 글(章門)을 앞에 내세우고,

*바2. 제2 둘째로 이름하여 '글을 해석(名釋章門)하는 것'이라 한다.


(*바1. 제1 처음에는 역시 글(章門)을 앞에 내세우고,)

【세친 14】 舍利弗 如來成就 種種方便 種種知見 種種念觀 種種言辭

"사리불아, 여래께서는

가1. 가지가지 방편과

가2. 가지가지 지견(知見 : 진리를 아는 지혜)과

가3. 가지가지 염관(念觀 생각하는 관 법)과

가4. 가지가지 언어를 성취하셨느니라."


【길장 14】 言四功德者。1一種種方便者 約住功德。2種種知見者 第二敎化功德。

마2 말한바 네 가지 공덕이란, 【세친 14】

가1 가지가지 방편이란,　　나1.머물러 지니는 공덕(住(持)功德)에 대한 것이고,

가2 가지가지 지견(知見)이란, 나2.제2 교화의 공덕이다.


3種種念觀者 謂畢竟成就功德。4種種言辭下。第四說功德　舍利弗 吾從成佛已來已下。第二 廣明四種功德。即釋四章門。即爲四別。第一前廣住功德。

가3 가지가지 생각하는 관법(念觀)이란 나3. **필경에 성취하는 공덕**을 말함이요,

가4　가지가지 언어(言辭)라고 한. 아래는 나4.제4 **설법하는 공덕**이다.

'사리불아, 내가 성불 한 이래로' 라고 한,[세친 15] 아래는 마2의 네 가지 공덕을 자세하게 밝혔으니 곧 네 가지 글(四章門【세친 14】)을 해석한 것으로, 곧 네 가지로 나누어진다,

나1. 앞에 머물러 지니는 공덕을 자세하게 해설하였다(廣住(持)功德).
【세친 15】舍利弗 吾從成佛已來 於彼彼處 廣演言教 無數方便 引導衆生 於諸著處 令得解脫
"사리불아, 내가 성불한 이래로 이곳저곳에 널리 가르침을 연설하면서 무수한 방편으로 중생을 인도하여 모든 집착한 곳에서 해탈을 얻게(벗어나게) 하였느니라."

[길장 15] 舍利弗 知見下。廣上第二教化功德。
'사리불아, 여래께서는 지견과' 라고 한 아래는,[세친 16]

나2. 위에 교화하는 공덕을 자세하게 해설하였다.
【세친 16】舍利弗 如來知見方便 到於彼岸
"사리불아, 여래께서는 지견과 방편으로 피안(극락,평화)에 이르게 하시니라."

[길장 16] 舍利弗 如來知見 廣大下。廣上第三畢竟成就功德。
'사리불아, 여래께서는 지견이 넓고 크시며' 라고 [세친 17] 한 아래는,

나3. 위에 필경에 성취하는 공덕을 (11종으로 【세친 17】) 자세하게 해설하였다.
【세친 17】舍利弗 如來知見 廣大深遠 無障無礙 力 無所畏 不共法 根 力 菩提分 禪定 解脫 三昧 三摩跋提 皆已具足
"사리불아, 여래 지견은
1. 넓고 크시며, 깊고 멀어
2. 장애도 없고 걸림도 없으며 [4무량(無量)·4무애변(無礙辯)]·

3. 10력(力)·

4. 4무소외(無所畏)·

5. 18불공법(不共法)·

6. 5근(根)·5력(力)·

7. 보리의 부분법(菩提分)·

8. 선(禪)

9. 정(定) ·

9. 해탈(解脫).

10. 삼매(三昧)·

11. 삼마발제(三摩跋提)를 다 이미 구족 하였느니라."


[길장 17] 舍利弗 諸佛如來深入下。廣上第四說功德。就文 更開七別。即有七舍利弗。第一明種種解成就。

'사리불아, 모든 부처님 여래께서는 끝없는 삼매에 깊이 드시어' 라고 한 아래는,[세친 18]

나4. 위에 설법하는 공덕을 자세하게 해설하였다. 그 글에 나아가면, 다시 일곱 가지로 나누어 전개되는데 곧 '사리불'이 일곱 번이나 나오고 있다.(아래 다1에서 다7까지)


다1. 가지가지 이해를 성취하는 것을 밝혔다.
【세친 18】舍利弗 諸佛如來 深入無際 成就一切未曾有法

"사리불아, 모든 부처님 여래께서는 끝없는 삼매에 깊이 드시어 모든 미증유한(있기 드문, 일찍 없었던) 법을 성취하셨느니라."


[길장 18] 舍利弗如來下。第二別=明言語成就。

'사리불아, 여래께서는' 이라고 한 아래는,

다2. 언어를 성취하는 것을 밝혔다.
【세친 19】舍利弗 如來能種種分別 巧說諸法 言辭柔軟 悅可衆心
"사리불아, 여래께서는 능히 가지가지로 분별하시어 교묘하게 모든 법을 말씀하시니, 말씀이 부드러워 대중의 마음을 기쁘게 하시느니라."


[길장 19] 止舍利弗下。第三明相成就。
'그만두라. 사리불아,' 라고 한 아래는,


다3. 모양을 성취하는 것을 밝혔다.
【세친 20】止 舍利弗 不須復說
"그만두라. 사리불아, 다시 말할 것이 없느니라."


[길장 20] 舍利弗 佛所成就下。第四明 堪成就。
'사리불아, 부처님께서 성취하신' 이라고 한 아래는


다4. (설법을)감당할 수 있는 것을 성취함을 밝혔다.
【세친 21】舍利弗 佛所成就 第一希有 難解之法
"사리불아, 부처님께서 성취하신 제일 희유하고 이해하기 어려운 법은,"


[길장 21] 舍利弗 唯佛與佛下。第五明無量種成就。
'사리불아, 오직 부처님과 부처님만'이라고 한 아래는,


다5. 한량없는 온갖 것을 성취하는 것을 밝혔다.
【세친 22】舍利弗 唯佛與佛說法 諸佛如來 能知彼法 究竟實相

"사리불아, 오직 부처님과 부처님만이 설법하시며, 모든 부처님 여래만이 능히 저 법의 구경의 실상(實相최고의 진리)을 아시느니라."

[길장 22] 舍利弗 唯佛如來下。第六明=說 覺體成就。

'사리불아, 오직 부처님 여래만이' 라고 한 아래는,

다6. 깨달음의 본체(근본 뿌리,당 체)를 성취하는 것을 밝혔다.
【셔친 23】 舍利弗 唯佛如來 知一切法
"사리불아, 오직 부처님 여래만이 모든 법(자연 법)을 아시느니라."

[길장 23] 舍利弗 唯佛能說下。第七明隨順衆生意。爲說修行法成就。就文又四。一總明如來說一切法。

'사리불아, 오직 부처님 여래만이 능히 말씀하시느니라.'고 한 아래는,
다7. 중생을 순(順 : 順境. 몸과 마음에 맞는 경계)히 따르는 뜻을 밝힘은 수행하는 법을 성취하는 것을 설하기 위함이다. 그 글이 또 네 가지가 되니,라1-라4.

라1 여래께서 모든 법을 설하시는 것을 모두 밝혔다.
【셔친 24】 舍利弗 唯佛如來 能說一切法
"사리불아, 오직 부처님 여래만이 모든 법을 말씀하시느니라."(설할 수 있느니라.)

[길장 24] 從何等法下。第二別明說證等五種法。

'어떤 법(何等法)' 이라고 한데서부터 아래는,

라2. 증득(깨달음)을 설하신 것 등의 5가지 법을 나누어 밝혔다.
【셔친 25】 何等法 云何法 何似法 何相法 何體法
"1.어떤 법(何等法)·

2.무슨 법(云何法)·

3.무엇과 같은 법(何似法)·

4.어떤 모양의 법(何相法)·

5.어떤 바탕의 법(何體法)이니,"


[길장 25] 何等, 云何下。第三明說敎等五法。

'어떤(何等)·무슨(云何)' 【세친 26】 이라고 한 아래는,

라3. 설교하는 등의 다섯 가지 법을 밝혔다.
【세친 26】 何等, 云何, 何似, 何相, 何體

"1.어떤(何等)·

2.무슨(云何)·

3.무엇과 같은(何似)·

4.어떤 모양(何相)·

5.어떤 바탕(何體)은"


[길장 26] 如是等一切法下。第四總結(總結=並說)證敎二法 如來現見 非不現見。

'이와 같은 등 모든 법' 이라고 한 아래는,

라4. 깨달음과 가르침의 두 법을 전체적으로 결론 맺었으니(함께 설하였으니) 여래께서 나타내 보인 것에는, 나타내 보이지 않은 것이 없는 것이다.
【세친 27】 如是等一切法 如來現見 非不現見

"이와 같은 등의 모든 법을 여래께서 나타내 보이신 것에는, 나타내 보이시지 아니한 것이 없느니라." (이상은 경문이고 아래부터는 세친 논의 해설이다)


[길장 27] 今且示文處。後依論別釋 論曰下 第二論釋。就文爲二。第一總釋一部經。第二

別解。

지금은 또한 그 글이 있는 곳을 보여주고, 뒤에는 논에 의하여 나누어 해석하였다.

'논하여 이르면' 라고 한 【세친 28】 아래는,

([길장 1] 나■먼저는 경문을 이끌어오고(牒-연계하고, 되새기고),
　　　　나■다음은 논의 해석이다.↔연속)

나❷ 논의 해석이다. 그 글에 가면 두 가지가 된다.

　★다1. 제1. 일부(一部)의 경을 총괄적으로 해석하고,
　★다2. 제2. 나누어 해석하였다.


(★다1. 제1 일부(一部)의 경을 총괄적으로 해석하고,)

【세친 28】論曰 自此已下 示現所說法 因果相應知

논하여 이르되(論曰=세친의 논을 말한 것.)

"여기서부터 이하는 설하신 바의 법의 인과 과의 모습(因,果相)을 나타내 보인 것임을 마땅히 알아야 한다."


[길장 28] 言所說因果相應知者。近而爲言方便一品 明因果義。如云受持讀誦甚深等 明因義。諸佛智慧 甚深無量等 明果義。

　가①. '설하신 법의 인과 과의 모습(因果相)을 (나타내 보인 것임을) 마땅히 알아야
　　　　한다.' 라고 말한 것은,
　나1, 가까이 보면 방편품 한품을 위한 말로 인과의 뜻(義)을 밝힌 것이니,
　　　말한 것과 같이 '받아 지녀(受持) 읽고 외움(讀誦)이 매우 깊다는 【세친 44】
【세친 47】 등은', 인(因원인)의 뜻을 밝힌 것이고 '모든 부처님의 지혜가 매우 깊고 한량없다는 등'은 과(果결과)의 뜻을 밝힌 것이다.


遠而爲言 此經 唯顯一理 唯說一乘 唯敎一人。故以一乘因果爲宗 爾時世尊下。第二牒經解釋。有五章經。卽爲五段。如前所說。初文二。前牒佛從定起 及告舍利弗 二章經而解釋。次牒妙法功德 及法師功德而解釋。

나2, 멀리 보고 말하면 이 경은

**오직 하나의 이치(一理**일승의 이치)만 나타내고

**오직 하나의 가르침(一乘**일승의 가르 침)만 설하고

**오직 하나의 사람(一人**일승의 사람)만을 가르치는 것이다. 그러므로 일승의 인과로써 대종(大宗 : 으뜸. 중심. 주류)을 삼은 것이다.

'그 때 세존이' 라고 한 아래는, 【세친 29】

개②. 제2 경을 이끌어와(牒) 해석한 것으로 곧 **다섯 가지 문장(五章)**의 경이 있는데 곧 5단으로 만들었다. 앞에 설한 바와 같다.([길장 1●가1-5 ]다섯 가지 공덕)

첫 번째 글 【세친 29】 이 둘이니

나1 앞은 부처님이 선정에서 일어나심과, 사리불에게 말씀하신 두 문장의 경을 연계하여 해석한 것이고,

나2 .다음은 묘법의 공덕과 법사의 공덕을 연계하여 해석한 것이다.


(★다2. 제2 나누어 해석하였다.)

**【세친 29】爾時世尊 入甚深三昧 正念不動 以'如實智觀' 從三昧安詳而起 起已告舍利弗者**

"그 때 세존께서 매우 깊은 삼매에 드시어 정념(正念 : 제법(諸法)의 성상(性相)을 바로 기억하여 잊지 아니함)에서 움직이지 아니하시더니, "여실한 지혜(如實智 : 부처님이 깨달은 구경의 지혜)로 관하시고서" 삼매로부터 조용히 일어나시었다. 일어나시고는 사리불에게 이르시되," 라고 한 것은,


[길장 29] 以如實智觀者。上一句明正念不動。謂靜極。以如實智觀 謂鑒明。鑒明 謂知病識藥。

개① 여실한 지혜의 관법(觀)이란, 위의 한 구절(一句) '정념(正念)에서 움직이지 않는 다 는 것'을 밝힌 것이니. 말하자면 고요의 극치로 여실한 지혜의 관법(如實智觀)으로 밝게 보는 것을 말하는 것이니 밝게 보고 병을 알고 약을 아는 것을 말한다.

從三昧安詳而起者。以知 病識藥旣竟。應病授藥時至故 從定起。起已 告舍利弗者 出對揚之人也。

> 가② '삼매에서 조용히 일어나시었다.'라는 것은, 병을 알고 약을 아는 것은 벌써 끝났으니, 병에 맞추어 약을 줄때가 도래한 것이므로 선정으로부터 일어나신 것이다.
> 가③ '일어나시고는 사리불에게 이르시되'라고 한 것은, 찬양할(들어낼) 대상(對揚)의 사람을 나타낸 것이다.

**【세친 30】示現如來 得自在力故 如來入定 無能驚寤故**
여래가 자재력을 얻었음을 나타내 보이려 한 때문에 여래가 선정에 들어서도 놀라 깨어날 만한 까닭이 없었던 것이다.

**[길장 30]** 示現如來得自在力故者。釋上 正念不動 及如實智觀。以定力自在 得身心不動 及如實觀察。如來人=入定 無 驚能愕=能驚悟者。釋安詳而起。以無外緣驚愕=悟故 得安詳起定也。

> 가① '여래가 자재력을 얻었음을 나타내 보이려 한 때문에' 라고 한 것은, 위에 '정념(正念 : 제법(諸法)의 성상(性相)을 바로 기억하여 잊지 아니함)에서 움직이지 아니하시더니 **【세친 29】**,' 라고 한 것과
> 가② '여실한 지혜(如實智 : 부처님이 깨달은 구경의 지혜)로 관하시고서' **【세친 29】** 라고 한 것을 해석 한 것이다.

선정의 힘이 자재함으로써 몸과 마음이 움직이지 않음과 또 여실하게 관찰함도 얻게 된 것이다.

> 가③ '여래가 선정에 들어서도 놀라 깨어날 만한 까닭이 없었던 것' **【세친 30】** 이라고 한 것은, '조용히 일어나시었다.'는 것을 해석한 것이다. 밖의 인연에 놀라 깨어날 까닭이 없음으로 선정에서 조용히 일어나시게 되었다는 것이다.

前明內有自在之力。今明無外緣 驚悟=愕。竝是歎無量義定 有此二力

앞 개①에서는 안으로 자재한 힘이 있음을 밝혔고 지금 개③은 밖의 인연에 놀라 깨어남이 없음을 밝혔으니, 아울러 이는 무량의정에 이 두 가지 힘이 있음을 찬탄한 것이다.

何故 唯告舍利弗下。釋第二對揚之人 又開二別=門。一釋不對餘聲聞。次解不對菩薩。一一中有二。初何以故 卽是問。

'무슨 까닭으로 오직 사리불에게만 이르시고' 라고 한 아래는, 【세친 31】
(([길장 1] ♥나2. 찬양할 대상의 사람을 나타낸 것이다)→연속)
♥나2. 제2의 찬양할 대상의 사람을 해석한 것인데 또 두 가지로 나누어 전개하였다.
[길장 2]
　　대①. 찬양할 대상이 아닌 다른 성문을 해석하고,
　　대②. 다음은 찬양할 대상이 아닌 보살을 해석한 것이다.
하나하나 나(①.과 나②.) 중에 두 가지씩 있다.

　라①. '무슨 까닭으로' 라고 한 이것은 【세친 31】 질문이고.
【세친 31】何故 唯告 尊者舍利弗 不告餘聲聞等者
무슨 까닭으로 오직 존자 사리불에게만 이르시고 다른 성문들에게는 이르지 않으셨는가 하면,

[길장 31] 隨甚深智慧下。第二答。
'매우 깊은 지혜에 따르면(근거하면),' 이라고 한 아래는, 【세친 32】

　라②. 대답이다.
【세친 32】隨深智慧 與如來相應故
깊은 지혜에 따르면(근거하면), 여래와 상응(相應 : 서로 맞음. 서로 통함)하기 때문이다.

[길장 32] 今正說平等大慧。唯身子智慧第一 與佛相應。餘人不爾。是故 唯告身子 何故不告諸菩薩者。第 三=二,釋不告菩薩。初問。次答。

지금은 바로 평등한 대 지혜를 말하는 것이니, 오직 신자(사리불)는 지혜가 제일이라 부처님과 서로 맞고(相應) 다른 사람은 그렇지 못하다. 이러한 이유로 오직 신자에게만 이르셨다면,

'무엇 때문에 보살들에게는 이르지 않은 것인가?' 라고 한 것은, 【세친 33】

대②. 보살에게 이르지 않은 것을 해석한 것이다.

 라①. 처음은 질문이고,

 라②. 다음은 대답이다.


(라①. 처음은 질문이고,)

【세친 33】 何故 不告諸菩薩者

'무엇 때문에 보살들에게는 이르지 않은 것인가?' 라고 한 것에,


[길장 33] 答中 初總標五義。

 라②. 대답 중에,


 마1 다섯 가지 뜻을 총괄적으로 표하고(總標).

【세친 34】 有五種義

다섯 가지 뜻이 있으니,


[길장 34] 從一者已下。別釋五義。

'제1' 이라 한데서부터 이하【세친 35】는 다섯 가지 뜻을 나누어 해석한 것이다.

【세친 35】 一者爲諸聲聞 所應作事故 二者爲諸聲聞 迴心趣向大菩提故 三者護諸聽?=
聲聞 恐怯弱故 四者爲令餘人 善思念故 五者爲諸聲聞 不起所作已辨心故

([길장 33] 마1.연결)

바1 제1. 성문들이 마땅히 지어야 할 일(해야 할 일. 아라한과를 얻는 일)을 위한 때문이요,

바2 제2. 성문들이 마음을 돌려 대 보리를 향하여 나아가게 하기 위한 때문이요,

바3 제3. 성문들이 두려워 겁내는 나약한 이들을 보호하려는 때문이요,

바4 제4. 남은 사람들로 하여금 잘 생각하게 하기 위한 때문이요,

바5 제5. 성문들이 지어야 할 것(할 일. 아라한 과)은 이미 다 갖추었다는 마음을 일으키지 못하게 하기 위한 때문이다.

[길장 35] 但明聲聞有五義。所以須告。

오직 성문에게만 다섯 가지 뜻이 있음을 밝혔으니, 그 까닭을 굳이 말하면,

一者爲聲聞所應作事故者。下譬喻品云。我雖說汝等滅度 但盡生死而實不滅。今所應作 唯佛智慧。菩薩已發佛心 行佛+行已+行?作佛智慧業。故不須告菩薩。聲聞未+知作佛業。欲令其作。是故告之。

바1. 성문들이 마땅히 지어야 할 일(해야 할 일. 아라한과를 얻는 일)을 위한 때문이요,'

라고 한 것은, 아래 비유품에 "내가 비록 너희들에게 멸도를 설하되 다만 생사만 다할 뿐(끝날 뿐) 실은 멸하지 않는다. 오늘에 마땅히 지을 바는 오직 부처님의 지혜니라."라고 하였다.

보살은 이미 불심을 내어 부처님의 행을 행하며 이미 부처님의 지혜와 업을 지었으니, 그러므로 굳이 보살에게는 이르지 아니한 것이다.

성문은 아직 부처님의 업(業)을 짓는 것(부처가 되는 일)을 알지 못하니, 그들로 하여금 짓게 하고자 하는 이러한 연고로 이르신 것이다.

二者爲諸聲聞迴心趣大菩提故者。菩薩發心趣於大道。故不須告。聲聞未迴。今欲令迴。是故須告也。上令作佛因。今明趣佛果。

바2. '성문들이 마음을 돌려 대 보리를 향하여 나아가게 하기 위한 때문이요,' 라고 한 것은, 보살은 마음을 내어 대도에 나아갔으니, 그러므로 굳이 이르지 아니한 것이다. 성문은 아직 마음을 돌리지 못했지만 이제 돌리게 하고자 하니, 이런고로 굳이 이르신 것이다. 위에서는 부처가 될 원인(수행)을 짓게 하고 지금은 불과(佛果)에 나아가는 것을 밝혔다.

三者護諸聲聞 恐怯弱故者。聲聞怖佛道長遠。是故須告。菩薩不爾。

바3. '성문들이 두려워 겁내는 나약한 이들을 보호하려는 때문이요,'라고 한 것은, 성문은 불도가 까마득히 먼 것(불도를 이루는 것이 오래 걸리는 것. 3아승지 겁)을 두려워하니, 이런고로 굳이 알린 것이요. 보살은 그렇지 않은 탓이다.

四者爲令餘人善思念故者。自身子之外 人天菩薩之流 竝稱餘人。聲聞本非作佛人 當=尙得作佛。我佛+等 云何不求佛耶。令其+至思念道理。

바4. '남은 사람들로 하여금 잘 생각하게 하기 위한 때문이요,' 라고 한 것은, 신자로부터 이외의 사람, 하늘, 보살의 류(流 : 부류. 종류)와 아울러 남은 사람(餘人)을 칭하는 것이다. 성문은 본래 부처가 될 사람이 아닌데 '반드시 부처가 된다.'고 하시니, 우리도 부처님 말씀대로라면 어찌 부처님 되기를 바라지 않겠는가?! 하는 그들로 하여금 생각이 도(道)의 이치에 이르게 하신 것이다.

五者爲令聲聞 不起所作已辨心故者。聲聞有自保 究竟之執。是故須告。菩薩無有此病。故不須告

바5 '성문들이 지어야 할 것(할 일. 아라한 과)은 이미 다 갖추었다는 마음을 일으키지 못하게 하기 위한 때문이다.' 라고 한 것은, 성문은 스스로 구경의 집착(열반)에

감싸여 있으니, 이런고로 굳이 (성문에게 만) 이르신 것이요 보살은 이런 병이 없으니, 그 래서 굳이 알리지 않은 것이다.


諸佛智慧 甚深無量者。第二釋二種功德。即二別。就釋妙法中爲二。第一總釋二種甚深。第二別釋阿含甚深。初又二。一正釋。二擧經示釋處。釋中爲二。一牒。二解釋。牒中前牒智慧及甚深二章門。

'모든 부처님의 지혜는 매우 깊고 무량하다.'는 것은,[세친 36]

([길장 1] 나■). 다음이 논의 해석이다.↔연속)

([길장27] 나■). 논의 해석이다. 글에 가면 두 가지로 만들었다.↔연속)


나■ 두 가지 공덕을 해석한 것인데, 곧 두 가지로 나누었다.

　다1 묘법을 해석한 것 중에 나아가면 두 가지로 만들어 졌다.

　　라1 두 가지 매우 깊은 것은 총괄적으로 해석하고,

　　라2 아함이 매우 깊은 것은 나누어 해석하였다.

　　라1.처음 이 또 둘이니,

　　　마1 바로 해석하고,

　　　마2 경을 들어 해석한 곳을 보인 것이다. 이 해석 중에 둘로 만들었다.

　　　　바1 (경을) 연계(牒)하고,

　　　　바2 해석이다.


바1. 연계(牒)한 것 중에 앞의 지혜와 또 매우 깊다는 두 가지 글 (章門) 【세친 36】 을 연계한 것이다.

【세친 36】 諸佛智慧 甚深無量者

"모든 부처님의 지혜는 매우 깊고 무량하다."고 한 것은,

[길장 36] 爲諸大衆 生尊重心下. 第二解釋. 就文爲二. 初總生起二章. 次別釋二章.

'모든 대중이 존중하는 마음을 내게 하여'라고 한 아래는,[세친 37]

　바2 해석이다. 글에 나아가서 둘로 만들었다.

　　사1 처음은 두 가지 글(章)을 모두 일으켜 낸 것(生起)이고,

　　사2 다음은 두 가지 글(章)을 나누어 해석하였다.


(사1 처음은 두 가지 글(章)을 모두 일으켜 낸 것(生起)이고)
【세친 37】 爲諸大衆 生尊重心 畢竟欲聞 如來說故
모든 대중이 존중하는 마음을 내게 하여 필경에는 여래의 설법을 듣게 하고자하는 때문이다.


[길장 37] 初應有問. 佛何故從定起 歎智慧甚深無量. 故釋言. 爲諸大衆 生尊重心 畢竟欲聞如來說故

　처음에 '부처님은 왜 선정에서 일어나시어 지혜가 매우 깊고 무량함을 찬탄하셨는가?'라고 한 질문에 응하여, 그래서 해석하여 말씀하시되 '모든 대중이 존중하는 마음을 내게 하여 필경에는 여래의 설법을 듣게 하고자하기 때문이다.'라고.


言甚深者下. 第二釋二章門. 一釋甚深章門. 二釋智慧章門. 就釋甚深章門又三. 一總明二種甚深. 二別明證甚深. 三釋甚深體. 初文標二種勸知.

'매우 깊다'라고 말한 아래는,[세친 38]

　사2 제2 두 가지 글(章門)을 (나누어) 해석한 것이니,

　　아1 '매우 깊다'는 글(章門)을 해석하고,

　　아2 '지혜'라는 글(章門)을 해석하였다.

　　아1 '매우 깊다'는 글(章門)을 해석한 것에 가면 또 세 가지다.

▼자1 두 가지 매우 깊음을 총괄적으로 밝히고,

▼자2 깨달음이 매우 깊음을 나누어 밝혔으며,

▼자3 매우 깊은 본체를 해석한 것이다.


▼자1 처음 글에는 두 가지를 앞에 내세워 알게 권하였다(標)( ▼자1 두 가지 매우 깊음을 총괄적으로 밝힌 것).

【세친 38】 言甚深者 顯示二種 甚深之義 應如是知

'매우 깊다.'는 말은 두 가지 매우 깊은 뜻을 나타내 보인 것이니, 마땅히 이와 같이 알라.


[길장 38] 何等爲二下。列二種甚深。

'어떤 것들이 둘이냐?' 라고 한 [세친 39] 아래는


▼자2. 두 가지 매우 깊음을 열거한 것이다.

【세친 39】 何等爲二 一者證甚深 謂諸佛智慧甚深無量故 二者阿含甚深謂 其智慧門 甚深無量故 言甚深者 是總相 餘者是別相

어떤 것들이 둘이냐?

([길장 37] ↔연속)

차1. 제1 깨달음이 매우 깊으니, 말하자면 모든 부처님 지혜는 매우 깊고 무량한 까닭이요,

차2. 제2. 아함(阿含)이 매우 깊으니, 말하자면 지혜의 문이 매우 깊고 무량한 까닭이다.

'매우 깊다.'고 한 말은 총상(總相 : 전체적 모습)이고 나머지는 별상(別相 : 개체적 모습)이다.

방편품 제2 223

[길장 39] 證甚深者。卽是內所證法。阿含甚深者。釋道安云。阿含名爲趣無。說一切法皆趣畢竟空法。故名趣無。

차1. 깨달음이 매우 깊다는 것은, 바로 안으로 깨달은 바의 법이다.

차2. 아함이 매우 깊다는 것은, 도안(道安)이 해석하여 이르기를 '아함을 이름하여「없는데 나아간다.(趣無)」' 라고 하였다. 일체 법은 다 필경에는 빈 법(空法)으로 나아감을 말하니 그래서 '없는데 나아간다.'고 이름 한 것이다.

僧肇云。阿含名爲法歸。其+甚深 爲萬善府藏 衆法所歸。然阿含 正是外國敎 名通於大小。四阿含等爲小也。

승조(僧肇)가 이르기를 '아함을 이름하여「법에 돌아간다.」'라고 하였다. 그것이 매우 깊어 일만 가지 선(善)의 창고요 온갖 법이 돌아갈 곳이다. 그러나 아함을 바로 이것을 외국에서는 '가르침(敎)'이라고 이름하여 대소승에 통용하며 4아함경 등을 소승이라고 한다.

涅槃云。方等阿含此卽大也。言甚深是總相 餘是別相。是總別者 甚深通證敎。故言總。而有證敎不同。所以稱別 證甚深 有五種示現下。第二別釋證甚深也。

열반경에 '방등・아함(방등교) 이것은 대승이다.'라고 하였다. 매우 깊다고 말함은 전체적인 모습이고 나머지는 개별적인 모습이다.

이 전체와 개체라고 한 것은, 매우 깊음을 깨달음과 가르침에 통용함으로 그래서 전체(總)라고 말하지만 깨달음과 가르침에 있어서는 같지 않으니, 그래서 개체(別)라고 칭한 것이다.

'깨달음이 매우 깊다고 한 것에 다섯 가지가 있어 나타내 보인다.'고 한 아래는,[세친 40]

▼자2 에서 깨달음이 매우 깊음을 나누어(5종으로) 해석한 것이다.

【세친 40】證甚深者 有五種示現 一者義甚深 謂依何等義甚深故 二者實體甚深 三者內證甚深 四者依止甚深 五者無上甚深

차1. 제1 깨달음이 매우 깊다고 한 것에 다섯 가지로 나타내 보인 것이 있으니,

카1 제1 뜻이 매우 깊음이니, 어떤 것들에 의하여 뜻이 매우 깊다고 말한 것이며,

카2 제2 실체가 매우 깊음이요,

카3 제3 안으로 깨달음이 매우 깊음이요,

카4 제4 머물러 의지함이 매우 깊음이요,

카5 제5 위없이 매우 깊은 것이다.

[길장 40] 義甚深者. 余初釋五深 未見文意. 後見佛性論 及勝鬘經 方乃悟解. 依+佛性論 釋五藏竟=者 引勝鬘+經五藏爲證 一+如來藏 自性爲義. 一切諸法不出自性. 無我爲相.

뜻이 매우 깊다고 한 것은, 내가 처음([세친 40].카1-카5)에서 다섯 가지 깊은 것을 해석함에 아직 글의 뜻은 보지(알지) 못했지만 뒤에 불성론(佛成論)과 또 승만경을 보고 드디어 이에서 깨달아 알았다.

불성론(佛性論)에 의하여 아래 5장(藏) 끝까지 해석한 것은, 승만경의 5장을 인용하여 증거로 삼았다.

(아래는[세친 40]의 카1-카5 ).까지의 해석이다.↔연속)

★카1 제1 여래장(如來藏 : 여래가 계신 곳. 장-창고, 있는 곳. 숨은 곳)은 자성(自性)을 뜻으로 삼으니, 일체 모든 법은 자성을 벗어나지 못하고 무아(無我)로 모습을 삼는다.(자성은 무아로 그 모습을 볼 수 있다. 자성은 곧 무아다)

自性義者 辨此一藏 是一切諸法體. 一切諸法 以眞如爲體. 故無有一法 出於如外.

타1. 자성의 뜻이란, 이 하나의 장(여래장)을 갖춘 이것이 일체 모든 법의 본체요, 일체 모든 법은 진여로서 본체를 삼는다. 그러므로 한 법도 있을 수 없고 벗어나 밖 (外)과 같다.

卽接=攝論五義中 第一=二性義。此論名體甚深也。第二是法界藏。以因爲義。聖人念處觀等 皆依此性 作境界故。

　　타2 곧 섭론의 다섯 가지 뜻 중에도 제1이 자성의 뜻이다. 이 논에도 본체를 이름
　　하여 매우 깊다고 하였다.

★카2 제2 바로 법계장(法界藏 : 법계가 있는 창고)이다. 인(因)으로 뜻을 삼으니,

　　타1 성인(聖人)의 염처관(念處觀 : 관법) 등은 다 이 성품에 의하여 경계를 짓기 때
　　문이다.


此意云。法界是念處等緣。緣增上緣。因卽[ *]接大乘論 五義中 因義是。此論中 依止甚深。

　　타2 이 뜻을 말하면 법계는 4념처(念處) 등을 인연(緣)으로 하는데 증상연(增上緣 :
　　4연(緣)의 하나. 다른 법을 일으키는데 강한 힘이 되는 것을 말함)을 연으로 하며,

　　타3 인(因)은 섭대승론의 5의(五義) 중에 인의 뜻(因義)이 이것인데 이 논 중에서도
　　'매우 깊음'에 머물러 의지하는 것을 접하게 된다.


三法身藏。以至得爲義+其證也。一切聖人 信樂正性 令諸聖人 得如來功德。卽攝論中 第三
云藏義。一切虛妄 法+謂 所隱覆 非凡夫二乘所能緣。故此(혹소 혹부?)-小乘相似。
(다른 본에는 故此 少 不相似。小乘相似。少乘相似라 하였음.)

★카3 제3 법신장(法身藏 : 법신이 계시는 곳)은 이르러 얻는 것(닦아서 얻는 것)으로서  뜻
　　(이치)을 삼으니 그것이 깨달음인 것이다.

　　타1 일체 성인은 정성(正性 : 바른 성품. 聖性 無漏智를 일으켜 번뇌를 끊음)을 즐
　　　겨 믿어 모든 성인으로 하여금 여래의 공덕을 얻게 함이니 곧 섭논 중 제3에
서 말 한 장의 뜻(藏義-감춤의 뜻) 이다.

　　타2 일체는 허망한 법. 말하자면 (진실을)숨겨 덮은 것이라 범부와 2승은 능히
　　　인연할 바가 못 됨을 말한 것이다(능히 알 수가 없다). 그러므로 이것은 소승과

서로 엇비슷하다.?

但佛性論 取顯時爲義。故言法身藏。以至得爲義。攝論據隱時爲言。故云藏。卽是此中 證甚深也。

타3. 다만 불성론에서는 나타난 때만 가지고 뜻을 삼았음으로, 그래서 법신이 숨어 있다(藏 : 감추고 있다)고 말 한 것이니, 이르러 얻는 것(닦아서 얻는 것) 으로서 뜻(이치)을 삼으니

섭논에서는 숨겨진 때(시時)에 의거하여 말한 것이니, 그러므로 숨겨졌다(藏)라고 말한 것이다. 바로 이 가운데를 '깨달음이 매우 깊다.'고 하는 것이다.

四出世間上上藏。以眞實爲義。世者有三義。一對治可滅。二妄心念念滅。三內有倒見不得聖法。具此三義名爲世。過彼三義故 名出世。卽攝論中五義 第四眞實義。卽此論中無上甚深也。

★카4 제4 출세간의 상상의 장(出世間上上藏 : 최상의 법장,최상의 진리)은 진실로서 뜻을 삼는다.(진실,사실,실상,법성에 이르는 것이 출세간법의 최상의 법장,목표이다.)

세간(世)이란 세 가지 뜻이 있으니,

타1 제1 대치(對治 : 상대(번뇌)를 치료함)하여 소멸할 수 있는 것이요,

타2 제2 망령된 마음이 생각마다 멸하는 것이요,

타3 제3 안으로 전도된 견해가 있어서 성인의 법을 얻지 못하는 것이다.

이 세 가지 뜻을 갖춘 것을 이름 하여 '세간'이라 한다.

이 세 가지 뜻을 넘어서면 '출세간'이라고 이름 하니, 곧 섭논 중 다섯 가지 뜻(五義)에서 제4 진실의 뜻이다. 바로 이 논 중에서 '무상심심(無上甚深)'이라고 한 것이다.

五自性淸淨藏 以祕密爲義。若一切法 隨順此性 卽名爲內。是正非邪。若違此理卽 名爲外。是邪非正。卽攝論中甚深義。<u>此論 依何等義甚深</u>。

★카5 제5 자성청정장(自性淸淨藏 : 청정한 자성을 감추고 있다)은 비밀로 뜻을 삼는다.

타1 만약 일체 법에서 이 성품을 순(順)히 따른다면 이름 하여 '안(內)'이라고 하는 데 이것은 정(正)이요 사(邪)가 아니다.

타2 만약 이 이치를 어기면 이름 하여 '밖(外)'이라 하는데 이것은 사(邪)요 정이 아니다. 곧 섭논 중에 '매우 깊다'는 뜻은 이 논에서는 '어떤 뜻에 의하여 매우 깊다.([세친 40]카1')는 것이다.

此五藏體一而約=別義不同。一切皆以眞如爲體。故名體義。卽眞如 爲聖人觀行之因, 名爲因義。卽證得此眞如 爲法身 名證得義。

이 5장(藏-자성청정장)의 본체는 하나지만 개별의 뜻은 같지 않다.

일체가 다 진여로 체를 삼으니 그러므로 '체(體=몸)의 뜻'이라고 이름하며, 진여는 성인(聖人)이 관행(觀行 : 마음으로 진리를 관하여 여실하게 몸소 행함)의 인(因)으로 삼으니 이름 하여 '인(因)의 뜻'이라 한다. 곧 이 진여를 깨달아 얻게 되면 법신이 되니, '깨달아 얻는다는 뜻'이라고 이름 한다.

卽此眞如 超過世間 名上上義。甚深微 名祕密義。攝大乘論初 明一切法依止門, 辨果有五義。竝是佛性論 勝鬘經意。

곧 이것이 진여요 세간을 뛰어넘는 것이니 '최상의 뜻(上上義)'이라고 이름 한다. 매우 깊고 미묘하여 '비밀의 뜻(祕密義)'이라고도 이름 한다.

섭대승론의 처음에 일체 법이 머물러 의지하는 문(門)을 밝혔는데 과(果)를 분명하게 나누면 다섯 가지 뜻이 있다. 이것도 불성론(佛性論) 승만경(勝鬘經)의 뜻을 아우른 것이다.

今此五種 竝是五藏之義。意謂不少次第。今明體甚深。卽是第一(=三)如來藏甚深 內證甚深。卽是法身藏。

([세친 39] .↦연속)↤([세친 40] .↦연속)

([세친 40])차1.은 인(因)의 다섯 가지 뜻(五義)이고,

**여기부터는 과(果)의 다섯 가지 뜻(五義)이다. 연속)**

차1. 지금 이 다섯 가지(五種=果有五義★카1-카5)는 (위 인(因)의 5의(五義★카5종)에) 이 5장((五藏=果藏五義★카1.-5)의 뜻을 아우른 것인데, 뜻으로 말해도 차례가 적지 않다.

★카1. 지금 체(體)가 매우 깊음을 밝혔으니 곧 이것은 제1([길장40]앞★카1) 여래장(如來藏)이 매우 깊음이요,

★카2. 안으로 깨달음(內證)이 매우 깊음은 곧 이것은 법신장(法身藏)이다.([길장 40] 앞★ 카2)

至得甚深 依止甚深。卽法界=身藏。無上甚深 卽是出世上上藏也。

★카3. 이르러 얻음이 매우 깊고 머물러 의지함이 매우 깊다는 것은 바로 법계장(法界藏법계가 있는 곳)이다.

★카4. 위없이 매우 깊음(無上甚深)은 곧 이는 출세간 최상의 법장(上上藏)이다.

依何義甚深 卽是自性淸淨藏。問。何故 但明五種 不多不少。答。初一是自性住佛性。第二依自性住佛性。起諸觀行 卽是引出佛性。

★카5. 어떤 뜻에 의지함이 매우 깊다 함은 곧 이것은 자성청정의 장(自性淸淨藏)이다.

▣ 무슨 까닭으로 많지도 않고 적지도 않게 오직 5종만을 밝혔는가?

▣ ★(카1)처음1은 자성이 불성에 머무는 것이요,

★(카2)제2는 자성에 의지하여 불성이 머물러 모든 관행(觀行 : 마음으로 진리를 관하여 여실하게 몸소 행함)을 일으키니 곧 이것이 불성을 이끌어내는 것이다.

第三 卽是主=至得 佛性。第四歎此三種世間所無。(1본에는 第五果甚深. 1본에는 義甚深dll

라 함) 第五義甚深 唯佛境界。此五攝一切佛事義盡。

★(카3) 제3 이것은 이르러서(가서,수행하여) 얻는 불성이다.

★(카4) 이것은 3종(種) 세간에 없는 것(出世間上上藏 : 최상의 법장)을 찬탄 한 것이다.

★(카5) 제5 뜻이 매우 깊다 함은 오직 부처님의 경계다. 이 다섯 가지는 일체 불사(佛事)의 뜻을 다 거두어들인다.


問。何故 明此五事。答。今佛說一乘 欲令衆生成佛。成佛之義 要具此五。是以命=今初 卽便辨之。

問 무슨 까닭으로 이 다섯 가지 일(五事)을 밝혔는가?

答 지금 부처님이 1승을 설하여 중생으로 하여금 성불하게 하고자함이니, 성불의 뜻(이치)은 꼭 이 다섯 가지를 갖추어야 함으로, 그래서 지금 처음부터 편의상 그것을 밝힌 것이다.


若言法華 未明佛性者。破此五義 罪業無邊。了此五義 福慧無量  何故甚深者。第三正釋甚深體。

만약 말하건대 법화경이 불성이란 것을 밝히지 않았다면, 이 5의(五義)를 깨뜨리면 죄업이 끝이 없을 것이고 이 다섯 가지 뜻(五義)을 알면 복덕과 지혜가 무량할 것이다.

무슨 까닭으로 매우 깊다고 한 것인가? 라는 것은 【세친 41】


▼자3. 제3의 바로 매우 깊은 본체를 해석한 것이다.[길장37]연속.

【세친 41】 何故甚深者 謂大菩提故 大菩提者 如來所證阿耨多羅三藐三菩提故 云何甚深 (又甚深者) 一切聲聞辟支佛等 所不能知故 名甚深

가1. 무슨 까닭으로 매우 깊다고 한 것인가? 말하자면 대보리(대도)이기 때문이다. 대보리란 여래가 깨달으신 아뇩다라삼먁삼보리인 까닭이다.

가2. 무엇이 매우 깊다는 것인가? 일체 성문・벽지불 등은 알 수 없는 것인 때문에 '매우 깊다.'고 이름 한 것이다.

**[길장 41]** 別出甚深體。正以無上菩提 爲甚深體。菩提言忘慮絶。故稱甚深也。又甚深者下。前明當體甚深。今明二乘不測故 名甚深

나1. 매우 깊은 본체를 따로 나타낸 것이다.

다1. 바로 위없는 보리로써 매우 깊은 체(體)를 삼은 것이다.

보리란, 말이 다하고 생각이 끊어진 것이라. 그러므로 매우 깊다고 칭한 것이다. 또 매우 깊다고 한 아래는 앞에서 당체(본체)가 매우 깊음을 밝혔고,

다2. 지금은 2승(二乘)이 헤아리지 못함을 밝힌 때문에 '매우 깊다.'고 이름 한 것이다.

**【세친 42】** 智慧門者。謂說.(이 글은 담림 본에는 없고 늑나마제,승랑의 번역본에 만 있다)

지혜의 문은 설법을 말한다.

**[길장 42]** 言智慧者。上來釋甚深門竟。今釋智慧門。

'지혜'라고 한 것은, 위로부터 내려온 '매우 깊은 문(門:가르침. 분야)'은 해석하여 마치고, 이제는 지혜의 문을 해석하는 것이다.

**【세친 43】** 言智慧者 謂一切種 一切(智+)智義故

말하건대 지혜란, 일체종(一切種)・일체지(一切智=一切智智)의 뜻인 까닭이다.

**[길장 43]** 謂一切種(一切智智)義故者。一切種謂一切種智也。智度論云。智慧門名爲種。種謂種別。以智慧門 種別不同故 名爲種。

'일체종・일체지지의 뜻의 까닭'이라는 것은, 일체종은 일체종지를 말한 것이다. 지도론에 '지혜의 문을 종류(種)라 하고 종류는 종류 별(種別)이라하니, 지혜의 문이 종류별로

같지 않은 때문에 이름하여 '종(種 : 가지)'이라고 한다.'

一切智智義故者。一釋云。一切智人之智故 重安智。又釋。一切智所知故 名智智 如經已下。第二擧經示釋處。

'일체지지의 뜻 까닭.' 이라고 한 것은, 한 가지 해석은 '일체지의 사람의 지혜인 까닭에 거듭 지(智)자를 놓았다.' 라고 했고, 또 해석하기를 '일체지가 알아야 할 것인 까닭에 지지(智智)라고 하였다.'

'경과 같이' 라고 한 아래는,[세친 44]

([길장 1] 나■ 다음이 논의 해석이다.↔연속)에서 다시→

([길장27] 나■제2 논의 해석이다. 글에 가면 두 가지로 만들었다.

([길장 35] 마1 바로 해석하고, 마2 제2 경을 들어 해석한 곳을 보인 것이다. ↔연속)


마2. 제2 경을 들어 해석한 곳을 보인 것이다.([길장35]나■ 마2 연계)

**【세친 44】** 如經 諸佛智慧 甚深無量 其智慧門 難見難覺 難知難解難入 一切聲聞辟支佛等 所不能知故

경과 같이 "모든 부처님 지혜는 매우 깊고 무량하며 그 지혜의 문은 보기 어렵고 깨닫기 어려우며 알기도 어렵고 이해하기도 어려우며 들어가기도 어려워 일체의 성문·벽지불 등은 능히 알지 못하는 바인 까닭이니라."


**[길장 44]** 言+說,阿含甚深者。自上已來 總釋二種甚深。今第二別釋阿含甚深。前總後別。皆是天親 釋經之體。就文爲二。一者前牒阿含甚深 爲章門。

([길장 1] 나■ 다음이 논의 해석이다.↔연속)에서 다시→

([길장27] 나■).제2 논의 해석이다. 글에 가면 두 가지로 만들었다. 매우 깊은 것은 총괄적으로 해석하고, .↔연속)   또→ ([길장 35]-2).라1. 두 가지 매우 깊은 것은 총괄적으로 해석하고, ↔연속)


'아함이 매우 깊다.'고 한 것 **【세친 45】** 은, 위로부터 내려오며,

라1. 제1 두 가지 매우 깊은 것을 총괄적으로 해석하였고,

라2. 제2 아함이 매우 깊은 것을 따로 해석하였다.

앞은 총괄적이고, 뒤는 개별적이니(나누었으니) 다 이것은 천친(天親)이 경을 해석하는 바탕이다. 그 글에 가면 둘이 되니,

마1 제1 앞은 아함이 매우 깊음을 연계(牒)하여 글(章門-문장)을 만들었다.

**【세친 45】阿含甚深+者**

**차2. 아함이 매우 깊다는 것은,**

(아함-가르침, 전해 내려오는 가르침, 법에 귀의 함, 성전(聖典), 교설(敎說)이라 번역 한다.)

[길장 45] 示現有八種下。第二解釋。初總明有八。

나타내 보인 것이 여덟 가지가 있다고 한 아래는,[세친 46]

마2. 제2 해석이다.

마1. 처음은 여덟 가지를 총괄적으로 밝혔다.

**【세친 46】示現有八種**

**나타낸 것에 여덟 가지가 있으니**

[길장46] 一者受持讀誦已下。別釋八種。卽成八門。一一中有二。前標名。如經下引經證。

가1. '제1 수지 독송' 이라고 한 아래는,[세친 47] 여덟 가지로 나누어 해석하였으니 곧 여덟 가지 문(글(가1-8))을 이룬다.

나1. 제1에는 하나 가운데(각각) 두 가지가 있다.

다1. 앞은 이름을 앞에 내세웠고(標),

다2. '경과 같이(如經)' 라고 한 아래는, **【세친 49】** 경을 인용하여 증명한 것이다.

(다1. 앞은 이름을 앞에 내세웠고(標),)

**【세친 47】** 一者受持讀誦甚深 如經 佛曾親近供養 無量百千萬億無數諸佛故

가1. 제1 수지하여 독송함이 매우 깊으니

　　　경과 같이 "부처님은 일찍 무량 백 천 만억 무수한 부처님들을 친근하고 공양하신" 까닭이니라.


**[길장 47]** 問。經云 親近供養無量諸佛。云何是受持讀誦。答。所以親近供養者 爲欲受持讀誦故

　답 경에 '한량없는 부처님들을 친근하고 공양하였다.' 라고 하였다, 어찌 이것이 수지하여 독송함이라 하였는가?

　답 친근하고 공양한 까닭이란 수지하여 독송하고자 함이기 때문이다.


二者修行甚深。

　가2. 제2 수행이 매우 깊음이니,


**【세친 48】** 二者修行甚深

가2. 제2 수행이 매우 깊음이니,


**[길장 48]** 前旣受持讀誦。今則如說修行。又前是聞慧。今是思慧。又前是信受。今是修行。問。前云何是信。答。龍梵=樹云。信力故受 念力故持。故知前是信也。

나1. 먼저(가1) 벌써 받아 지녀 읽고 외웠으며 지금은 곧 설하심과 같이 수행하는 것이다.

나2. 또 먼저(가1)는 듣는 지혜(聞慧)요 지금은 생각하는 지혜(思慧)다.

나1. 또 먼저(가1)는 믿고 받아들이는 것이요 지금은 수행하는 것(修行-修慧)이다.( :
慧: 聞慧, 思慧, 修慧)

問 먼저는 어째서 믿음이라고 말한 것인가?

答 용수가 이르기를 '믿는 힘 때문에 받아들이고 생각하는 힘 때문에 지니는 것이다.'라고 했으니, 그러므로 알라! 먼저는 믿음뿐이다.


(다2. '경과 같이(如經)' 라고 한 아래는, 【세친 49】 경을 인용하여 증명한 것이다.)

【세친 49】 如經 於諸佛所 盡行諸+佛 所修阿耨多羅三藐三菩提法故

경에 '여러 부처님 처소에서 부처님들이 닦으신 아뇩다라샴먁삼보리 법을 다 수행한 때문이니라.'라고 한 것과 같다.


[길장 49] 三者果行甚深。

가3. 제3 과행(果行 : 깨달음에 가는 수행)이 매우 깊은 것이니, 아래


【세친 50】 三者果行甚深

가3. 제3 과행이 매우 깊으니,


[길장 50] 前是思慧。今是修慧。以三慧滿足 去果義近。故言果行。又二慧爲因故 以修慧 爲果。

나1 먼저는 생각하는 지혜(思慧)요 지금은 수행하는 지혜(修慧)다. 세 가지 지혜(三慧)가 만족함으로 과(果)에 가는 뜻(이치)이 가까워진다. 그러므로 과행(果行)이라 말하는 것이다.

나2. 또 두 지혜(聞慧,思慧)로는 인(因)을 삼고 닦는 지혜(修慧)로는 과(果)로 삼는다.
(지혜가 있어야 닦는 것이다)

【세친 51】 如經 舍利弗 如來已於無量百千萬億 那由他劫 勇猛精進 所作成就故

경에 '사리불아 여래는 이미 한량없는 백 천 만억 나유타 겁에 용맹 정진하여 지을 것(도)을 성취 한 때문이니라.' 라고 한 것과 같다.

[길장 51] 四者 增長功德心甚深。

가4. 제4 더욱 자라난 공덕의 마음이 매우 깊으니,

【세친 52】 四者增長功德心甚深

가4. 제4 더욱 자라난 공덕의 마음이 매우 깊으니,

[길장 52] 前是三慧。今是證慧。證慧者 是修慧 後分始證得 眞如法身。故言增長功德心。

먼저는 세 가지 지혜(聞,思,修慧)요 지금은 깨닫는 지혜(證慧)다. 깨닫는 지혜란 닦는 지혜(修慧)다. 뒷부분에 비로소 진여의 법신을 증득하니, 그러므로 더욱 자라난 공덕의 마음이라고 말한 것이다.

【세친 53】 如經 名稱普聞故

경에 '이름이 널리 들인 까닭이다.' 라고 함과 같다.

[길장 53] 五者快妙事心甚深。

가5. 제5 상쾌하고 미묘한 일의 마음이 매우 깊음이다.

【세친 54】 五者快妙事心甚深

가5. 제5 상쾌하고 미묘한 일의 마음(대열반)이 매우 깊음이다.

[길장 54] 上來四種 明因甚深。從此後四種 明果甚深。快妙事者。謂大涅槃。

나1. 위로부터 오면서 네 가지는 원인(因가4가지)이 매우 깊음을 밝힌 것이고,

나2. 여기서(가5)부터 뒤에 네 가지는 결과(果깨달음)가 매우 깊음을 밝힌 것이다.

나3. 상쾌하고 미묘한 일이란 대열반을 말한다.

【세친 55】如經 舍利弗 如來畢竟成就 希有之法故

경에 '사리불아, 여래는 필경에 희유한 법을 성취한 때문이니라.'라고 한 것과 같다.

[길장 55] 六者無上甚深。

가6. 제6 위없음이 매우 깊다는 것이다.

【세친 56】六者無上甚深

가6. 제6 위없이 매우 깊다는 것이다.

[길장 56] 第五涅槃果。第六是菩提果。即攝論第九第十 勝二相也。前亦是果果。今是其果。又前是法身。今是應身。

나1. 제5는 열반의 과(果 : 깨달음)요,

나2. 제6은 보리의 과(보리를 깨달음)니, 곧 섭논 제9·제10의 수승한 두 모습이다.

나3. 앞은(가5.) 과과(果果)요,

나4. 지금은(가6) 그 과(果 : 열반. 깨침)다.

나5. 또 앞은 법신이요,

나6. 지금은 응신이다.

◉ 과과(果果 : 일체 불법을 구족한 보리과 4덕(德)의 열반을 과과(果果)라고 말한다. 보리는 수행의 결과로 과(果)라 하고 보리에 의지하여 열반을 증득 함으로 과과(果果)라 한다.)

【세친 57】 如經 舍利弗 難解之法 如來能知故

경에 '사리불아, 알기 어려운 법을 여래는 능히 아시기 때문이니라.'라고 한 것과 같다.

[길장 57] 七者入甚深。

가7. 제7 들어감이 매우 깊다는 것이다.

【세친 58】 七者入甚深者 名字章句意 難得故 自以(自在-길장 주)住持 不同外道說因緣法 名爲甚深

가7. 제7 들어감이 매우 깊다는 것은, 이름·글자·문장·구절(名·字·章句 : 경)의 뜻을 얻기(알기)어려운 까닭이다.

자재로 주지함(住持 : 세상에 머물러 가르친 법을 지키는 것)이 외도들이 설한 인연법과 같지 않음을 이름하여 매우 깊다고 한 것이다.

[길장 58] 三身爲論 今是化身。自他分別 前二名爲自德。後二謂化他德。

나1 3신(身)으로 논하면 지금은 화신(化身)이다.(화신 석가모니 부처님이 문자, 장구로써 교화하는 것을 말함. 곧 3신중의 화신의 하시는 일이다.)

자신과 남을 분별하니,

나2 앞(자신)에 둘은 자신의 덕이요,(가5.가6)

나3.. 뒤(남)에 둘은 남을 교화하는 덕을 말한다.(가8.가9)

言入甚深者。如來說教 令人悟入 於理能自在住持。不同外道說因緣法。

'들어감이 매우 깊다.'고 말한 것은, 여래의 설교는 사람들로 하여금 깨달아 들어가게 함으로, 이치에 능히 자유자재로 머물러 지킴에 있어서도 외도가 설 한 인연법과는 같지 않다.

外道所說 或墮邪因 或墮無因。又因緣者 名爲所以。所以者 是義。外道之法 有字無義。佛法不爾。

외도들이 설한 것은 혹 사인(邪因 : 삿된 원인, 올바르지 못한 원인을 주장함)에 떨어지고 혹은 인과가 없다고 하는데(無因) 떨어진다.

또 인연이란, 이름 하여 '까닭'이라 하니, 까닭(所以)이란 이런 뜻이다. 외도의 법은 글자는 있어도 뜻이 없다. 부처님의 법은 그렇지 않다.

【세친 59】 如經 舍利弗 難解法者 諸佛如來 隨宜所說 意趣難解。

경에 '사리불아, 알기 어려운 법이란 모든 부처님 여래가 마땅함(근기)에 따라 설하시는 바이나 뜻을 알기 어려우니라.'라고 하신 것과 같다.

[길장 59] 八者 不共二乘 住持甚深

가8. 제8 2승과는 공유하지 못할 만큼 머물러 지킴(住持)이 매우 깊은 것이다.

【세친 60】 八者 不共聲聞辟支佛 所作住持甚深

가8. 제8 성문·벽지불과 공유하지 못할 만큼 지은 것에 머물러 지킴이 매우 깊은 것이다.

[길장 60] 前不同外道。今則不共二乘。而言所作住持者。諸佛如來 凡所施 爲造作住持佛法。竝非二乘所知

나1. 먼저는 외도와 같지 않고 지금은 2승과 공유하지 못한다.

나2. 그리고 지은 것에 머물러 지킨다는 것은, 모든 부처님 여래가 무릇 베푸는 것은 불법을 지어서(爲造作-성불) 머물러 지님을 말하는 것이니, 아울러 2승은 알바가 못된다.

【세친 61】 如經 一切聲聞辟支佛等 所不能知故
경에 '일체 성문·벽지불 등은 알 수 없는 까닭이라.' 라고 함과 같다.


[길장 61] 如是說妙法功德已者。自上已來 別明妙法功德。今是論主總結 令人識知分齊也。

(아래) '이와 같이 묘법(연화경)의 공덕을 설하고 나서'라고 한 것은, 위로부터 내려오며 묘법의 공덕을 따로 밝혔고 지금은 논주가 총 결론을 내려 사람으로 하여금 차별된 내용(分齊 : 범위, 한계, 정도)을 알게 하는 것이다.


【세친 62】 如是 已說妙法功德具足(已)
이와 같이 묘법(연화경)의 공덕을 구족하게 설하시고 나서,


[길장 62] 次說如來法師功德者。第二次明法師功德。就文爲二。一者總明法師功德。二別明法師功德。前明妙法功德。亦初總後別。二種甚深爲總。阿含甚深爲別。今亦明總別也。就總中爲二。一論主總標法師功德。二者引經證。

'다음으로 여래께서 법사의 공덕을 설하셨다.' 라고 한 것은,[세친 63]

(길장3 다① [길장 12] ●다②. 제2 다음으로 여래께서 법사의 공덕을 밝힌 것이다.↔연속)
　●가2. 다② 제2 다음으로 법사의 공덕을 밝힌 것이니, 그 글에 가면 둘이 되니,
　　라①. 제1 법사의 공덕을 전체적(총괄)으로 밝힌 것이고,
　　라②. 제2 법사의 공덕을 나누어 밝힌 것이다.
　앞에 묘법의 공덕에서 밝혔듯이 역시 처음은 전체적이고 뒤는 개별적이다.
　두 가지 매우 깊다함은 전체요 아함이 매우 깊다 함은 개별적인 것이다. 이제 역시 전체와 개별을 밝힐 것이다.

라①. 전체 중에 나아가면 둘이 되니,

마1 제1 논주가 법사공덕을 전체적으로 표하고(標),

마2. 제2 경을 인용하여 증명하였다.


(마1 제1 논주가 법사공덕을 전체적으로 표하고(標),)

【세친 63】 次說 如來法師功德成就 應知

●가2. 다음으로 여래께서 법사의 공덕을 성취한 것을 설하심을 마땅히 알아야 한다.


[길장 63] 妙法功德是自德。法師功德是化他德。要前自德 然後化他。故云次說  如經下次引經證。

묘법의 공덕은 이는 자신이 얻은 덕(성불)이요 법사의 공덕은 이는 남을 교화하는 공덕이다. 반드시 먼저 자신의 덕을 구하고 그런 후에 남을 교화 하여야 한다. 그러므로 '다음으로 설 한다'고 한 것이다.

'경과 같이(如經)' 라고 한 아래는,[세친 64]


([길장 12] = ([길장 62] 마2와 연결 )

마2. 제2 다음으로 경을 인용하여 증명한 것이다.

【세친 64】 如經 何以故 舍利弗 諸佛如來 自在說因成就故

경에 "무슨 까닭이냐? 사리불아. 모든 부처님 여래는 '자재(自在 : 저절로, 마음대로)로 설할 원인을 성취한 때문 이니라' " 라고 한 것과 같다.


[길장 64] 云自在說因成就者。有自在說法之德。此德卽是說法之因。故言自在說因。

바1. 자재(마음대로)로 설할 원인(因)을 성취한다고 한 것은, 자재로 설법할 덕이 있는 것이다. 이 덕이 바로 설법의 원인(因)이다. 그러므로 자재로 설할 인이라고 말한 것이다.

問。前第七第八 亦有說法義 已是法師。云何至此方始辨耶。答。論上大判二章。故開二門耳。初章非無法師。後段亦有妙法。

앞에 제7([길장 57] 바7.)·제8([길장 59]바8.)에서도 또한 법의 뜻을 설한 데가 있어 이미 이것이 법사(공덕)인데 왜 이곳에 와서 비로소 분명하게 밝히려는 것인가?

논주는 두 장문(章)으로 크게 판별하였으니, 그러므로 두 장문(門)을 연 것뿐이다. 첫 장문에도 법사가 (법사의 공덕이)없지 않았지만 뒤 문단에도 역시 묘법(의 공덕이)이 있다.

又前第七第八 直明如來言教等 不同外道二乘 未正明化物。今正明化物。故名法師功德

바2. 또 앞 제7·제8에 여래께서 말씀하여 가르친 등에서 외도나 2승과는 같지 않음을 직접 밝히셨는데 아직 중생을 교화하는 것은 바로 밝히지 않으시다가 이제 중생을 교화하는 것을 바로 밝히시니, 그러므로 '법사의 공덕'이라고 이름 한 것이다.

如來成就 四種功德下。第二+別明如來法師功德。就文爲二。一略明四種功德。二廣明四種功德。

'여래가 성취한 네 가지 공덕'이라고 한 아래는,[세친 65]

([길장 12] ●대②.= ([길장 62] ●대②. .와 연결)

라②. 제2 여래가 법사의 공덕을 따로 밝혔다. 글에 나아가면 둘이 된다.

마1. 제1 네 가지 공덕을 간략하게 밝혔고,

마2. 제2 네 가지 공덕을 자세하게(광범위하게) 밝혔다.

亦卽初是標章名。亦後解釋。就初又二。一者論主 總明四種功德。第二引經 別明四種功德。卽釋上自在說因。以具四種功德 能爲說法故。

또한 처음은 글(章)의 이름을 앞에 내세우고 또한 뒤에는 해석하였다.

마1 제1 처음에 나아가면 또 둘이 된다.

　바1 제1 논주가 네 가지 공덕을 전체적으로 밝히고,

　바2 제2 경을 인용하여 네 가지 공덕을 나누어 밝혔으니, 곧 위에 자재(자유자재)로 인(因)을 설한 것을 해석하였다. 네 가지 공덕을 갖춤으로써 능히 법을 설하게 되기 때문이다.


( 바1 제1 논주가 네 가지 공덕을 전체적으로 밝히고,)

**【세친 65】如來成就 四種功德故 能度衆生**
"여래는 네 가지 공덕을 성취하신 까닭으로 능히 중생을 제도하느니라."


**[길장 65]** 四種功德 是說之因　何等爲四下。第二引經　別明四種功德。卽成四別。一一中爲三。一者標名。二者引經證。三者釋經。言住成就者。謂標名也。

네 가지 공덕은 이것이 설법의 원인이다.

'어떤 것들이 네 가지냐?'라고 한 아래는,[세친 66]

　바2 제2 경을 인용하여 네 가지 공덕을 나누어 밝혔다. 곧 네 가지로 나누어 졌다.

　　하나하나 마다 셋으로 만들었다.

　　▼사1 제1 이름을 앞에 내세우고,

　　▼사2. 제2 경을 인용하여 증명하고,

　　▼사3. 제3 경을 해석하였다.

　　　▼아1. 제1 머무름을 성취하였다고 말한 것은[세친 66] 이름을 내세운 것이다.


( 바2 제2 경을 인용하여 네 가지 공덕을 나누어 밝혔다.)

(▼아1 제1 이름을 앞에 내세우고,)

**【세친 66】** 何等爲四 一者住成就

어떤 것들이 네 가지냐?

◉ 가1. 제1 머물음을 성취한 것이니,

**[길장 66]** 住種種方便 度脫衆生。故名爲住。或有論本稱爲往字。所言住者 衆生有二種。一背小向大。名之爲來。如窮子 還向本國 乃至遂至父舍。二背大向小。名之爲去。亦如窮子 背宅而去。

가지가지 방편에 머물러 (방편으로) 중생을 제도하여 해탈케 한다. 그러므로 이름하여 '머문다.'고 한 것이다. 혹 논의 본문에 간다라는 글자(왕往)로 말한 것(칭稱)한 것이 있는데(住→往), 이른바 왕(往)이라 한 것은,

나1 중생은 두 가지 부류가 있는데,

다1 제1 소승을 등지고 대승을 향하는 것을 이름 하여 '온다.'고 하니, 마치 궁자(窮子)가 본국을 향하여 돌아오고, 내지 마침내 아버지 집에 이르렀다는 것과 같다.

다2 제2 대승을 등지고 소승을 향함을 이름 하여 '간다.'고 하는 것이다. 또한 궁자가 집을 등지고 나간 것과도 같은 것이다.

佛亦二種。一者應身。爲大心衆生故 名爲來。二化身。成就衆生。如彼長者 執持除糞器 往到子所。今此中八相成道 卽=是往義。故言是住方便 如經下第二引經。

나2. 부처님도 역시 두 가지 부류다.

다1. 제1 응신이다. 큰마음의 중생이 되신 고로 이름 하여 '왔다(來)'고 한다.-여래(如來)

다2. 제2 화신이다. 중생을 성취시키니, 저 장자가 똥치는 그릇을 잡아 쥐고 아들 있는 곳에 간 것과 같다. 지금 이 가운데 8상성도(八相成道 : 부처님이 중생제도를 위해 8가지 모습으로 나타내신 것)에 이것이 갔다(往)는 뜻이다. 그러므로 이것을 가(往)는 방편이라고 한다.

'경과 같이(如經)' 이라고 한 아래는[세친 67],

▼아2. 제2 경을 인용한 것이다.

**【세친 67】如經 舍利弗 如來成就 種種方便故。**

경에 "사리불아, 여래는 가지가지 방편을 성취하신 까닭이니라."라고 한 것과 같다.

[길장 67] 種種方便者。第三釋經

가지가지 방편이란,

▼아3. 제3 경을 해석한 것이다.

**【세친 68】種種方便者 謂從兜率天中退沒 乃至 示現入涅槃故**

"가지가지 방편이란 도솔천에서 물러나서부터 내지 열반에 드는 것을 나타내 보이신 까닭이다."

[길장 68] 八相成道 即八方便。故云種種。若依佛性論 有十四種方便。一現本生事。二現生兜率天。三從天下受中陰。四入胎。五出胎。六學伎能。七童子遊戲。八出家。九苦行。十詣菩提樹下。十一破魔軍。十二成佛道。十三轉法輪。十四般涅槃

8상 성도는 곧 여덟 가지 방편이다. 그래서 가지가지라고 한 것이다. 만약 불성론에 의하면 14종의 방편이 있으니, (**[길장 67]** ▼사3 제3 경을 해석한 것이다. ↔ 연속)

가1. 제1 본생(과거)의 일을 나타낸 것이요,

가2. 제2 도솔천에서 태어난 것을 나타낸 것이요,

가3. 제3 하늘에서 내려와 중음신(中陰身)을 받은 것이요,

가4. 제4 태에 들어간 것이요,

가5. 제5 태에서 출생한 것이요,

가6. 제6 기능(技能)을 배운 것이요,

가7. 제7 동자의 놀이를 한 것이요,

가8. 제8 출가하고,

가9. 제9 고행한 것이요,

가10. 제10 보리수 아래로 간 것이요,

가11. 제11 마군들을 깨뜨린 것이요,

가12. 제12 불도를 이룬 것이요,

가13. 제13 법륜을 굴린 것(설법)이요,

가14. 제14 반열반 하신(열반하신) 것이다.

●가2. 제2 교화함을 성취한 것이다.

　　제2를 또 셋으로 나누어 해석하였다.

나1 제1 글(章)을 표하고,

나2 제2 경을 인용하고,

나3 제3 경을 해석하였다.


(나1 제1 글(章)을 표하고,)

【세친 69】二者教化成就

●가2. 제2 교화함을 성취한 것이다.


[길장 69] 言教化成就者。如來能知深=染淨因緣。染法誡之令捨。淨法勸之令修。以具誡勸二門故 名爲教化 如經下 第二引經。

교화를 성취하였다는 것은, 여래는 능히 물들고 깨끗함의 인연을 아시니, 물든 법(染汚法=染法)은 경계하여 버리게 하고 깨끗한 법은 권하여 닦게 하심이다.

경계하고 권하는 두 문(門-글)을 갖춘 고로 이름하여 '교화'라고 한다.

'경과 같이'라고 한 아래는,(아래[세친 70]) ([길장 68]나2.. ↔ 연속)

나2 제2 경을 인용한 것이다.
【세친 70】 如經 種種知見故
경에 "가지가지 지견"이라고 한 것과 같다.


[길장 70] 種種知見者 示現染淨諸因故者下。第三釋經。
가지가지 지견이란 '물들고 깨끗한 모든 원인을 나타내 보인 까닭이라'고 한 아래는,[세친 71]


나3 제3 경을 해석한 것이다.
【세친 71】 種種知見者 示現染淨諸因故
가지가지 지견이란 물들고 깨끗한 모든 원인을 나타내 보인 까닭이니,


[길장 71] 以有染有淨故 種種種。若依攝論 阿賴耶識 是一切染淨因。故彼偈云。此界無始時 一切法依止。是 道有染淨。及有得涅槃。

물듦도 있고 깨끗함도 있는 까닭으로 가지가지라고 칭한 것이다. 만약 섭논에 의하면 아뢰야식은 이것이 일체 물들고 깨끗하여지는 원인이다. 그러므로 저 게송에 이르기를,

'이 세계가 시작 없는 때에서부터

일체법이 의지 하였고

이 도에 물들고 깨끗함도 있고 또 열반을 얻는 것도 있다.' 라고

(*아뢰야식.함장식.이 여래장이요 불심이요. 무심이요. 무념이요 삼매다. 모든 것이 저장되어 있고 저장된다)

又釋。依勝鬘經 如來藏是染淨因。以染淨 依如來藏故。二者通論。一切染煩惱 是生死染法之因。無漏是涅槃 淨法之因。如彼衆名章廣說 及勝鬘經。生死依如來藏故。

또 해석하되 승만경에 의하면,

다1. 여래장은 물들고 깨끗함의 원인(장소)이라 물들고 깨끗함 때문에 여래장에 의지하는 것이다.

다2. 일반적으로 논하면 일체 번뇌에 물듦은 나고 죽는 염법(染法 : 染汚法. 惡性과 有覆無記와의 제법. 迷妄의 제법)의 원인이요, 무루법은 이것이 열반이요 깨끗한 법의 원인이다. 저 온갖 이름난 문장과 많은 설과 또 승만경이 같으니 생사는 여래장에 의지하기 때문이다.

通釋者 染淨種子 爲生死因。無漏熏習 是涅槃因。佛內知此二。外爲物示現。故名爲法師。有論本云染淨諸因。今謂。知染淨因 攝知因義盡。若言淨因者。但知淨不知染。攝因義不盡

일반적으로 해석하면 물들고 깨끗함의 종자는 생사의 원인이 되는 것이다.

무루법으로 훈습(薰習 : 훈기를 쐬는 것)하는 것이 이것이 열반의 원인이다. 부처님은 안으로 이 둘을 아시고 밖으로 중생을 위하여 나타내 보이시니, 그러므로 이름 하여 '법사'라 한다.

논의 본문(論本 : 논의 원본. 논 책)에 '물들고 깨끗함의 모든 원인이다.'라고 말한 것이 있는데, 지금 말하자면 물들고 깨끗한 원인을 알고, 원인된 이치를 다 섭취하여 알아야하는 것이다.

만약 깨끗함의 원인만 말한다면 오직 깨끗함만 알고 물듦을 알지 못하면 원인(因)된 이치를 다 섭취하지 못하는 것이다.


三者功德畢竟成就者。釋第二 亦二別。初標。次引證。後釋。

다3. '제3 공덕을 필경에 성취한다.'는 것은[세친 72] 제3을 해석한 것인데, 또 셋으로 나누었다.

248 법화론 소

\*라1 제1 처음은 글을 앞에 내세우고,

\*라2 제2 다음은 인용하여 증명하고,

\*라3 제3 뒤에 해석하였다.


(\*라1 제1 처음은 앞에 내세우고,)
【세친 72】三者功德畢竟成就
　●가3 제3 공덕을 필경에 성취함이니,


[길장 72] 而言功德卑=畢 竟成就者。依後兩處 又=文 釋之。
　'공덕을 필경에 성취한다.'고 말한 것은, 뒤에 두 곳(나❶나❷)의 글에 의하여 해석한다.


一者下云 具足 力無畏等一切功德 名功德畢竟成就。
　나❶ 제1 아래【세친 94】에 이르되 "힘·두려움 없음 등 일체공덕을 구족함을 '공덕을 필경에 성취한다.'고 이름 한다."라고 하였다.


二者依後文 具人無我 及法無我觀。唯就大乘法中 有此功德 名畢竟成就　如經下第二引經證
　나❷ 제2 뒤의 글에 의하면, 사람에게도 내가 없고 또 법에도 내가 없다는 관법(人無我及法無我觀)을 구족하는 것은 오직 대승법 중에 나아가야만 이 공덕이 있으니 이것을 '필경에 성취한다.'고 이름 하는 것이다. 라고 하였다.
　'경과 같이(如經)'라고 한 아래는,[세친 73]


\*라2 제2 경을 인용하여 증명한 것이다.
【세친 73】如經 種種念觀故
경에 '가지가지 생각하는 관법'이라고 한 것과 같다.

[길장 73] 種種念觀者。第三釋經。

'가지가지 생각하는 관법' 이란, 【세친 74】

*라3 제3 경의 해석이다.

【세친 74】 種種念觀者 以說彼法成就因緣 如法相應故

가1. '가지가지 생각하는 관법'이라고 한 것은, 저 법을 성취할 인연을 설함으로 법과 같이 상응하기 때문이다.

[길장 74] 次=以說彼法成就因緣者。夫欲說法要 須成就諸德+成就諸德。卽是說法因緣。

나1. '저 법을 성취할 인연을 설함으로' 라고 한 것은, 대저 법의 요점을 설하고자 하면 반드시 온갖 덕을 성취해야하니, 온갖 덕을 성취한다는 것은 바로 이것이 법을 설할 인연인 것이다.

有說法因緣 方得與諸法相應。諸法相應 方得說法。

법을 설할 인연이 있으면 비로소 온갖 법과 상응(相應: 서로 걸맞음. 상호작용. 서로 통함)함을 아나니 모든 법과 상응하면 바야흐로 법을 설 할 수 있는 것이다.

前第三知染淨因 明+緣?佛知有法。今顯人法二無我觀 謂知空法。以具知空有故名法師。

앞 *제3( 【세친 71,72-가3】.)에서는 물들고 깨끗함의 원인을 알고, 부처님께서 유법(有法: 인연의 화합으로 생긴 일체의 사물)을 아시는 인연을 밝혔으며, 지금은 사람과 법에도 둘 다 내가 없다는 관법(無我觀)을 나타내시었다. 말하자면 공한 법(空法)을 아는 것이다. 공(空)과 유(有)를 함께 아는 고로 '법사'라고 이름 하는 것이다.

問。云何名種種念觀。答。具人法二無我 名爲種種。

문 어떤 것을 '가지가지 생각하는 관법' 이라 하는가?

■ 사람과 법에도 둘 다 내가 없음을 이름 하여 '가지가지'라고 한다.

四者說成就亦三。初標
◉가4 제4 설법을 성취함에 또 세 가지다.

*나1 제1 처음은 (글을) 앞에 내세우고,
【세친 75】四者說成就
◉가4 제4 설법을 성취함이다.

[길장 75] 如經下 引經。
'경과 같이(如經)' 라고 한 아래에는,[세친 76]

*나2. 제2 경을 인용 하였다.
【세친 76】如經 種種言辭故
경에 '가지가지 말씀' 이라고 한 것과 같다.

[길장 76] 種種言辭者。第三釋經。
'가지가지 말씀'이란

*나3 제3 경의 해석이다.
【세친 77】種種言辭者 以四無礙智 依何何等名字章句 隨何等何等衆生 能受而爲說故
'가지가지 말씀'이란, 4무애지로 어떠어떠한 이름·글자·장구(章句-경을 말 함)에 의하여 어떠어떠한 중생에 따라 능히 (그들을)받아들여 (그들을) 위하여 설하는 까닭이라.

●참고 [주(註)] : 4무애지=4무애해(無碍解)·4무애변(無碍辯)·보살의 설법의 지혜 변재(辯)이며 의업(意業)에 대하여 무애(無碍)해(解)·무애(無碍)지(智)·구업(口業)에 대하여 무애(無碍)변(辯)이라고 한다.

1. 법무애(法無碍) : 명·구(名句)·문(文)으로 능히 나타내는 교법을 법이라 이름하고 교법에서 막힘이 없는 것.
2. 의무애(義無碍) : 교법에 나타난 뜻을 알아 막힘이 없는 것.
3. 사무애(辭無碍) : 여러 지방(諸方?)의 말에 통달 자재하여 막힘이 없는 것.
4. 요설무애(樂說無碍)=변설무애(辯說無碍) : 앞의 세 가지 지혜를 가지고 중생을 위하여 요설(樂說)이 자재한 것.]●


[길장 77] 依何等名字章句者。釋上種種言辭也。

어떤 이름·글자·장구(글귀)란, 위의 가지가지 말씀을 해석한 것이다.


隨何等何等衆生者。隨萬類衆生。故有種種言辭。然羅什法師經 無此四種功德文。但言吾從成佛已來 種種因緣 譬喩 廣演言教。

'어떠어떠한 중생에 따라'라고 한 것은, 만류(萬類 : 일만 종류)의 중생에 따르는 것이다. 그러므로 가지가지 말씀이 있는 것이다. 그러나 나즙법사의 (번역한) 경에는 이 네 가지 공덕의 글이 없고, 다만 '내가 성불한 이래로 가지가지 인연과 비유로 널리 말씀으로 가르쳐 펴느니라.'라고만 말하셨다.


種種因緣 當是四中之第三。廣演言教 可擬 第四功德。種種譬喩 可擬第二。無第一種種方便。所以然者 無數方便中 攝一切方便故。初更無方便也。

가시가시 인연은 마땅히 이 네 가시 중 제3이나.([세친 72] ●가3 공덕을 필경에 성취함.)

'널리 말씀으로 펴 가르쳤느니라.'라고 함은 제4의 공덕([세친75]●가4 설법을 성취함.-연결)을 비교할 수 있다.

**가지가지 비유**는 제2([세친]69) ●가2. 제2 교화함을 성취함.-연계)를 비교 할 수 있다.

제1의 가지가지 방편 ([세친 66] 가1.의 [세친 67,68])에 대한 비교는 없으니, 그런 까닭은 무수한 방편 중에 일체의 방편을 포함하고 있는 까닭에, 처음의 방편에 대한 비교는 다시없는 것이다.

問。此四種功德 云何次第。答。一切諸佛 皆住八相成道故。第一明住功德。所以住八相者。如來知染知淨。令衆生捨染得淨。故有第二敎化功德。

問 이 네 가지 공덕은 차례가 어떤가?

答 모든 부처님은 다 8상성도(八相成道)에 머무는 까닭으로,

다1. 제1에 머무는 공덕을 밝힌 것이다. 8상에 머무는 까닭은, 여래는 물듦을 알고 깨끗함을 알아 중생으로 하여금 물듦을 버리고 깨끗함을 얻게 하시려는 것이다. 그러므로

다2. 제2에 교화하는 공덕이 있는 것이다.

夫欲化物 須内備諸德 卽與法=物相應。故有第三畢竟功德。德備於内 巧說於外。故有第四說法功德。此四攝化物義。故總名法師功德

대저 중생을 교화하고자 하면 반드시 안으로 모든 덕을 갖추어야 하니 곧 중생과 상응하여야 한다. 그러므로

다3. 제3에 필경의 공덕이 있는 것이다.

덕을 안으로 갖추고 밖으로 교묘하게 설법함이라. 그러므로

다4. 제4 설법하는 공덕이 있는 것이다. 이 네 가지가 중생을 거둬들여 교화하는 뜻이다. 그러므로 총괄하여 '법사의 공덕'이라고 이름 한다.

復有義下。第二廣四方便。亦是釋章門。釋章門 卽應成四別。但論主大分爲二。釋前三方便爲一類。釋第四爲一類。前三方便爲二。一經釋。二論釋。經釋卽三。一一章中皆三。謂初

標。 二引證。 三釋經。

'다시 뜻이 있으니' 라고 한 아래는, [세친 78]

(제1은 [세친67.68 가지가지 방편]참조)

제2는 네 가지 방편을 자세히 하였다.

또 이것은 글(章門)을 해석한 것이다. 글을 해 석하면 마땅히 네 가지로 나누어 이루어진다. 다만 논주가 크게 나누어 두 가지로 만들었는데,

 먼저 세 가지 방편을 해석하여 한 가지 종류(類)로 만들고 제4를 해석하여 한 가지 종류(類)로 만들었다. (먼저 3가지를 합쳐 1개 + 제4의 1개 = 2가지로 만듦)

먼저 세 가지 방편을 두 가지로 하였다.( 【세친 78】 가1. 가2.)

&라1 제1 경의 해석이요,

&라2 제2 논의 해석이다.

&라1 경의 해석을 세 가지로 하고 하나하나의 글 중에 다 3가지씩 두었다.

 $마1 제1 처음은 앞에 내세우고(標),

 $마2 제2 (경을) 인용하여 증명하고,

 $마3 제3 경을 해석하였다.


 $마1 제1 처음은 앞에 내세우고(標),

【세친 78】 又復有義 種種方便者 種種方便 示現外道所有邪法 如是如是 種種過失故

가1. 다시 뜻이 있으니 가지가지 방편이란, 가지가지 방편으로 외도가 소유한 사법(邪法)의 이러이러한 가지가지의 과실을 나타내 보이는 까닭이다.


 ($마2 제2 (경을) 인용하여 증명하고,)

復種種方便 示現諸佛正法 如是如是 種種功德故

가2. 다시 가지가지 방편이란, 모든 부처님 정법은 이러이러한 가지가지공덕을 나타

내 보이는 까닭이다.

[길장 78] 言復有者。上明八相。方便義猶未盡。今欲廣釋。故言復有義 種種方便者。標種種也。

나3. '다시 있다(又復有)'고 말한 것 【세친 78】은, 위에서 8상(相)을 밝혔어도 방편의 뜻이 오히려 미진하여 지금 자세히 해석하고자하는 것이다. 그래서 다시 뜻이 있다고 말한 것이다. 가지가지 방편이란 가지가지를 표한 것(標)이다.

示現已下 釋種種也。可有三段種種。一者示現正=耶→邪。法種種過失。如九十六種。二示現佛正法 種種功德。略說五乘。廣有八萬法藏。

나타내 보인다고 한 아래는 가지가지를 해석한 것이다.

나4 3단(段)의 가지가지가 있다.

다1 제1 사법(邪法)의 가지가지 과실(過失)을 나타내 보임이, 96가지와 같고(62견 외도 등?),

다2 제2 부처님 정법의 가지가지 공덕을 나타내 보임이, 간략하게 말하면 5승(乘)이요 자세하게 말하면 8만 가지 법장(법의 창고)이 있다.

三者邪爲一種。正爲一種。故云種種 如經下引證。就文有二。一者正明無數方便。

다3 제3 사(邪)가 한가지요 정(正)이 한가지다. 그러므로 가지가지라 하였다.

'경과 같이(如經)'라고 한 아래는,[세친 79]

&라2 제2 인용하여 증명한 것이다. 글에 가면 두 가지가 있다.

$마1. 제1 바로 무수한 방편을 밝혔다.

【세친 79】如經 舍利弗 吾從成佛已來 廣演言教 無數方便

경에 "사리불아, 내가 성불한 이래로 무수한 방편으로 널리 말로 가르쳐 폈느니라."

라고 한 것과 같다.

[길장 79] 二從引導已下。釋說方便意=竟。

$마2. 제2 '인도 하여.' 라고 【세친 80】 한데서부터 아래는, 방편을 설한 것에 해석을 마쳤다.

【세친 80】 引導衆生 於諸著處 令得解脫故
"중생을 인도하여 모든 집착하는 곳에서 해탈을 얻게 하는 까닭이다."

[길장 80] 復有無數方便者。第三釋經。就文爲二。一者釋無數方便。二者釋上說方便意。

'다시 무수한 방편이 있다.' 고 한 것은,[세친 81]
$마3 제3 경을 해석한 것이다. 글에 나아가면 두 가지가 된다.
$바1. 제1 무수한 방편을 해석하고,
$바2. 제2 위에 방편을 설한 뜻을 해석하였다.


( $바1. 제1 무수한 방편을 해석하고,)
【세친 81】 復無數方便者+方便 令入諸善法故 復方便者 斷諸(方便)疑故 復方便者 令入增上勝智中故 復方便者 依四攝法 攝取衆生 令得解脫故
또 무수한 방편이란, 방편으로 모든 선한 법(善法)에 들어가게 하기 때문이요,
또 방편이란 모든 의심을 끊기 때문이요,
또 방편이란 더 위의 수승한 지혜(勝智) 가운데 들어가게 하기 때문이다.
또 방편이란 4섭법에 의하여 중생을 거둬들여 해탈을 얻게 하기 때문이다.

[길장 81] 此中明四種方便。今以三義釋之。

이 가운데 네 가지 방편을 밝혔으나 지금은 세 가지 뜻만으로 해석한다.

一者未入善法衆生。令其入善。雖入善法 未得無疑。故爲斷疑。雖復斷疑 未入勝智 令得勝智。

([길장 80] $바1 제1 무수한 방편을 해석하고, ↔ 연속)

사1 제1 선한 법(善法)에 아직 들어가지 못한 중생을 선한 법에 들어가게 함이다. 비록 선법에 들어갔더라도 아직 의심이 없지(無疑)아니함이라. 그러므로 의심을 끊게 하는 것이다. 비록 또 의심을 끊었다하더라도 아직 수승한 지혜에 들지 못했다면, 수승한 지혜를 얻게 하는 것이다.

雖入勝智 未得解脫 故令得解脫=(勝)。

비록 수승한 지혜에 들어갔다 할지라도 아직 해탈을 얻지 못함이라. 그러므로 해탈을 얻게 하는 것이다.

二者卽是勝鬘 四種重擔。云何爲四。初爲無聞 非法衆生 說人天乘。令入善法。第二說聲聞乘 斷四諦中疑。故言斷諸疑故。

사2 제2 곧 이것은 승만경의 네 가지 무거운 짐이니 어떤 것이 넷이냐?

아1 제1 첫째 들은 것이 없어 법을 모르는 중생을 위하여 인,천승(人天乘 : 사람과 하늘을 가르침)을 설하여 선한 법(善法)에 들어가게 함이요,

아2 제2 성문승을 설하여 4제(四諦)가운데 의심을 끊게 함이니, 그러므로 모든 의심을 끊는다고 말하는 것이다.

第三說緣覺乘 令入勝智。以緣覺智 勝聲聞智故。第四方便爲說大乘。於大乘中 以四攝法攝之。

아3 제3 연각승을 설하여 수승한 지혜에 들어가게 함이다. 연각의 지혜는 성문의 지혜보다 수승한 때문이다.

아4 제4 방편은 대승을 설하기 위함이다. 대승 가운데서 4섭법으로 거둬들이는 것이다.

以布施攝之 令爲己眷屬。以愛語攝之 令發菩提心。以利行(故)攝之 令善根增長。以同事攝之 令其成佛。

(4섭법(四攝法))

자1 제1 보시로 섭수(攝受 : 거둬들임)하여 자신의 권속을 삼으며, (보시섭)

자2 제2 사랑스러운 말로 섭수하여 보리심을 내게 하고, (애어섭)

자3 제3 이행(利行 : 남에게 이로운 행)으로 섭수하여 선근이 자라게 하며, (이행섭)

자4 제4 중생들과 같이 일 함으로 (같은 일에 종사함) 그들과 어울려 거두어들여 그들이 성불하게 하는 것이다. (동사섭)

三者依佛性論。爲四人破四障(=病)。成四因得四果。故不多不少 但明四種。初方便破 闡提不信障。令信樂大乘 爲成大乘淨種子。

사3 제3은 불성논에 의하면, 네 부류의 사람을 위하여 네 가지 장애(병)를 깨뜨리고 네 가지 원인을 성취하여 네 가지 과(4果)를 얻게 하는 것이다. 그러므로 많지도 않고 적지도 않게 오직 네 가지만 밝힌 것이다.

아1 제1은 방편으로 천제(闡提 : 본성이 성불할 수 없음)가 성불함을 믿지 못하는 장애를 깨뜨려 대승을 믿고 즐겁게 하여 대승의 청정한 종자를 이루게 하는 것이다.

第二方便 破外道邪我(相=執)障。令得(波)=般若。爲大我種子。而言斷諸疑者。無有虛妄之我 有佛性之我。於有無法中 諸疑得斷。

아2. 제2는 방편으로 외도의 삿된 '나(我)' 라는 장애를 깨뜨려 반야를 얻게 하여 큰 나

(大我)라는 종자가 되게 함이다.

온갖 의심을 끊는다고 한 것은, 허망한 나는 있지 않고 불성의 나만 있어, 있고 없는 법(有無法) 가운데 온갖 의심을 끊게 됨을 말한다.

第三方便. 破聲聞怖畏生死障。令得(破)虛空三昧 成就爲大樂種子。種子以勝前二種方便 故云勝智。

아3. 제3은 방편으로 성문이 두려워하는 생사의 장애를 깨뜨려 허공삼매를 얻게 하여 큰 즐거움의 종자를 성취하게 하는 것이다. 종자는 앞의 두 가지 방편보다 수승한 고로 수승한 지혜라고 말한다.

又初一爲下。次一爲中。後一爲上。故云增上。
第四破獨覺. 自愛身障。令得大慈大悲 成就爲大常種子。

또 처음 1은 하(下)가 되고 다음 1은 중(中)이 되며 뒤의 1은 상(上)이 된다. 그러므로 더욱 올라간다(增上: 세력을 강하게 하는 것.증승상진(增勝上進))고 한 것이다.

아4. 제4는 독각(獨覺: 연각. 벽지불. 가르침 없이 스스로 깨달음.)의 스스로 몸을 사랑하는 장애를 깨뜨려 대자대비를 얻게 하여 대상종자(大常種子: 크고 항상한 종자. 불멸의 종자. 부처)를 성취하게 하는 것이다.

以緣覺無悲故。今明四攝法。卽是大悲諸著處者下。第二釋說方便意。就文爲二。初牒總釋。

연각은 대비심(悲: 중생을 가엾이 여기는 마음)이 없기 때문에 지금 4섭법을 밝힌 것이다. 바로 이것이 대비심이다.

'모든 집착한 곳' 이라고 한 아래는,[세친 82]

$바2. 제2 방편을 설한 뜻을 해석하였다. 글에 나아가면 둘이 되니.
 $사1. 제1 전체적으로 해석을 연계(牒)하였다.

**[세친 82]** 諸著處者 彼處處著

모든 집착하는 곳이란, 저 곳곳에 집착하는 것이다.


**[길장 82]** 或著諸界下。第二別釋 文爲二。初列四著。次釋四著。

혹은 모든 경계에 집착한다고 한 아래는,[세친 83]

$사2 제2 나누어 해석한 것이다. 문장이 두 가지로 되어 있다.

*아1 제1 네 가지 집착을 나열하고, **[세친 83]**

*아2 제2 네 가지 집착을 해석하였다. **[세친 84]**


(*아1 제1 네 가지 집착을 나열하고, **[세친 83]** )

**[세친 83]** 或著諸界 或著諸地 或著諸分 或著諸乘故。

가1 제1 혹은 온갖 경계(界)에 집착하거나,

가2 제2 혹은 온갖 경지(地)에 집착하거나,

가3 제3 혹은 온갖 부분(分齊 : 한계. 차별. 차별된 내용. 범위. 정도. 分位. 계급. 신분. 분류 =分際)에 집착하거나,

가4 제4 혹은 온갖 가르침(乘)에 집착하는 때문이다.


**[길장 83]** 上明四種方便。今明四著者 爲有四種著故。所以說四方便。非是別治。但是總治耳 著界者下。第二釋四著。卽四別。今前釋著界也。

위에서는 네 가지 방편을 밝혔다.

지금 네 가지 집착을 밝힌 것은, 집착이 네 가지로 되어(나누어져) 있기 때문이요, 네 가지 방편을 설한 까닭은 나누어 다룬(治) 것이 아니라 오직 전체적으로만 다룬 것뿐이다.

(네 가지 방편은, 개별적인 해석에 소속된 것이 아니라 전체적인 해석에 소속된 것이라는 말이다.)

'계(界)에 집착한다.' 고 한 아래는,[세친 84]

*아2 제2 네 가지 집착을 해석한 것이다. 네 가지로 나누었다.

●자1 제1 지금은 먼저 경계(界)에 집착함을 해석한다.

【세친 84】著諸界者 謂著欲色無色界故

모든 경계(界)에 집착한다는 것은, 말하자면 욕계・색계・무색계에 집착하는 때문이다.

[길장 84] 著地下。釋第二也。

'지(地)에 집착한다.'고 한 아래는,[세친 85]

●자2 제2의 해석이다.

【세친 85】著諸地者 (著戒取三昧-길장)謂着界故 依於三昧 取禪定地 謂初禪定地 乃至非非想 及滅盡定地

모든 경지(地)에 집착한다는 것은(계취와 삼매에 집착하는 것이니-길장), 말하자면 경계(界)에 집착하는 때문이다. 삼매에서 선정의 경지를 취함은, 말하자면 초선정의 경지에서부터 비비상(非非想)과 멸진정(滅盡定)의 경지에 이르기까지 의지하기 때문이다.

[길장 85] 戒取者。卽外道用 諸邪戒爲道。三昧(著)者。此是欲界中三昧。如成實論電光定等。又是毘曇未來禪也

계취(戒取)란 곧 외도에서 쓰는데 모든 삿된 계(邪戒)를 도(道)로 삼는 것이다.

삼매란 이것은 욕계 중의 삼매다. 성실론에 전광정(電光定)등과 같다. 또 이것은 아비담에 있는 미래선이다.

著分者 釋第三。前列著 在家出家 二章門。

부분(分-부분)에 집착한다는 것은,[세친 86]

([세친 83] 가3 제3 혹은 온갖 분제(分齊 : 한계. 차별. 차별된 내용. 범위. 정도. 分位. 계급. 신분. 분류.)에 집착하거나,-연계)

🍎자3. 제3의 해석이다.

차1. 먼저는 집착을 나열하니,

카1. 재가의 부분(分齊)과

카2. 출가의 부분(分齊)의 두 문장(章門 : 가르침)이다.

【세친 86】著分者 著在家出家分故

분(分)에 집착한다는 것은 재가와 출가의 차별(分)에 집착하기 때문이다.


[길장 86] 次釋二章門。

차2 제2 다음은 두 글을 해석한 것이다.

【세친 87】著在家分者 著己同類 作種種業 邪見等故 著出家分者 著名聞利養 種種諸覺 煩惱等故

가1 재가의 부분(分)에 집착한다는 것은, 자기와 같은 처지의 부류끼리 가지가지 업과 사견(邪見)등을 짓는데 집착하기 때문이다.

가2 출가의 분에 집착한다는 것은, 명성(名聞)과 이로움(利養)으로 여러 가지 모든 깨달음과 번뇌(망상) 등에 집착하기 때문이다.


[길장 87] 易知 著乘者 釋第四。前列聲聞菩薩二章門。

쉽게 알 것이다. 가르침(乘)에 집착한다는 것은,(아래[세친 88]에)

([세친 83] 가4. 혹은 온갖 가르침(乘)에 집착하는 것의 해석이다.)

🍎자4 제4의 해석이다.

차1. 제1 먼저는 성문과 보살의 두 장문(章門 : 가르침)을 나열하고,

【세친 88】著諸乘者 著聲聞乘 菩薩乘故

여러 가르침에 집착한다는 것은 성문승이나 보살승에 집착하기 때문이다.


[길장 88] 次釋二門。

차2. 제2 다음은 두 글(門=성문.연각)을 해석하였다.

【세친 89】1.著聲聞乘者 樂持小乘戒 求須陀洹 斯陀含 阿那含 阿羅漢等故 2.著大乘者 謂著利養供養恭敬等故 著分別觀 種種法相 乃至佛地故

가1 제1 성문승에 집착한다는 것은, 소승의 계(戒)를 즐겁게 지키고 수다원·사다함·아나함·아라한 등을 구하기 때문이다.

가2 제2 대승에 집착한다는 것은, 말하자면 이양·공양·공경 등에 집착하는 것이다. 관법을 분별(分別 : 사유(思惟). 계도(計度). 경계에 대한 相을 헤아려 사유함)하여 가지가지 법의 모습에서부터 부처님의 경지에 이르기까지 집착하기 때문이다.


[길장 89] 易知

쉽게 알 것이다.(가지가지 집착을)


復種種知見者。廣第二種種知見義。就文亦三。一標(=釋),章門略釋。二引經。三釋經。

'다시 가지가지 지견(知見)'이란,[세친 90]

가1 제2 가지가지 지견【세친 90】의 뜻을 자세히 한 것이다. 글에 가서 또 셋이다.

- 나1 제1 장문(章門)을 표하고 간략히 해석하고
- 나2 제2 경을 인용하고,
- 나3 제3 경을 해석하였다.


(●나1 제1 장문(章門)을 표하고 간략히 해석하고)

【세친 90】復種種知見者 自身成就 不可思議 勝妙境界 與聲聞菩薩等故

가1 '다시 가지가지 지견'이라고 한 것은, '자신이 성취한 불가사의하고 수승하고 미묘한 경계'가 성문이나 보살과 동등한 때문이다.


[길장 90] 自身成就 不可思議境界。謂絶二乘菩薩境界也。

나1 자신이 성취한 불가사의 한 경계는 2승법을 끊은 보살의 경계를 말하는 것이다.


與聲聞菩薩等故者。上明異大小二人。今明同大小二人 如經 舍利弗 如來知見方便者。第二引經 還證前二義。

나2 '성문과 보살이 동등한 때문이다.' 라고 한 것은, 위([세친 89])에 대승·소승의 두 부류의 사람과는 다름을 밝힌 것이고,

나3 지금은 대승·소승의 두 부류의 사람과 동등함을 밝힌 것이다.

'경에- 사리불아, 여래의 지견과 방편으로' 라고 한 것은,[세친 91]


● 나2. 제2 경을 인용하여 앞에 두 가지 뜻을 돌이켜 증명한 것이다.[길장 89]나2

【세친 91】如經 舍利弗 如來知見方便 到於彼岸故

경에 '사리불아, 여래의 지견과 방편으로 피안에 이르기 때문이니라.' 라고 한 것과 같다.


[길장 91] 前 證上與聲聞菩薩等。如來眞實 過聲聞菩薩。而能同聲聞菩薩。故言方便也。

앞에서는 위[세친 90] 에 성문·보살과 동등함을 증명하였다. 여래는 진실로 성문이나 보살보다 넘어섰지만 성문이나 보살과 동등하다고할 수도 있다. 그러므로 방편이라고 말하는 것이다.


此方便 玆異上來方便。仍取同聲聞菩薩 以爲方便也。到於彼岸者。證於第一 絶二人境界也到彼岸者下。第三釋經。

이 방편은 아울러 위로부터 내려온 방편과는 다르다. (여래를) 성문이나 보살과 동등하게 취급한 것에 기인하여 이로써 방편을 삼은 것이기 때문이다.

'피안에 이른다.' 고 한 것은, 【세친 92】

제1을(제1의 경지를) 깨달은 것. 두 부류의 사람의 경계가 끊어진 것이다. ( [길장 90].)

'피안에 이른다.' 고 한 【세친 92】 아래는,


● 나3. 제3 경의 해석이다.[길장 89] 나3

【세친 92】 到彼岸者 勝餘一切諸菩薩故

피안에 이른다는 것은 다른 일체의 모든 보살보다 수승하기 때문이다.


[길장 92] 當勝聲聞菩薩　不待言也　復種種念觀者。廣第三種種念觀。此文但二。一者標章。

당연히 성문이나 보살보다 수승한 것은 말 할 필요가 없는 것이다.


'다시 가지가지 생각하는 관법(念觀)' 이라 한 것은, 【세친 93】

([길장 89] 나3 제3 경을 해석하였다. ↔ 연속)

가3. 제3 가지가지 생각하는 관법을 자세히 한 것이다. 이 글이 단 둘이다.


● 나1 제1 글(章)을 앞에 내세우고,

【세친 93】 復種種念觀者

가3. "다시 가지가지 생각하는 관법" 이라 한 것은,


[길장 93] 二引經。

◆나2. 제2 경을 인용하였다. 【세친 94】

【세친 94】 如經 舍利弗 如來知見 廣大深遠 無障無礙 力 無畏 不共法 根 力 菩提分 禪定 解脫 三昧 三摩跋提 皆已具足故

경에 "사리불아, 여래의 지견은,

다1. 광대하고

다2. 심원(深遠)하며

다3. 막힘(障)도 없고

다4. 걸림(礙)도 없으며

다5. 힘과

다6. 두려움 없음과

다7. 함께 하지 못하는 법(不共法)과

다8. 뿌리(根)와

다9. 힘(力)과.

다10. 보리의 부분(菩提分)법

다11. 선정

다12. 해탈

다13. 삼매

다14. 삼마발제를 다 이미 구족한 때문이니라." 라고 한 것과 같다.

[길장 94] 所以無第三釋經者。此中明力無畏等。處處經論 皆以釋竟。又文顯現者。不須解釋

([길장 92] 가3. 제3 가지가지 염관을 자세히 한 것이다. ↔ 연속)

◆나3 제3 경의 해석이 없는 까닭은, 이 가운데 힘(力)과 두려움 없음(無畏)등을 밝혀서 곳곳의 경과 논에 다 해석하여 마쳤기 때문이다.

또 글에 나타내 드러난 것은 모름지기 해석하지 않았다.

又第一成就下。自上以來 第一依經 廣三方便。今第二 論主重廣三方便。卽成三別。

'또 제1 성취' 라고[세친 95] 한 아래는, 위로부터 오면서
다1. 제1 경에 의하여 세 방편을 자세히 하였고, 지금
다2. 제2 논주가 거듭 세 방편을 자세히 하니, 곧 셋으로 나누어 이루어진다.

一一中有二。一者牒。可化衆生下。第二解釋。論釋與經異者。經多就法解。論但就人釋。所以爲異。

하나하나 마다 두 가지씩 있다.
라1. 제1 연계(牒)하고 '중생을 교화함에' 라고 한 아래는,[세친 95]
라2. 제2 해석이다.

　　논의 해석이 경과 다른 것은, 경은 대부분 법에 따른 해석이고, 논은 다만 사람에 따른 해석이다. 그래서 다르다.


(라2. 제2 해석이다.)
**【세친 95】又第一成就 可化衆生 依止善知識 而成就故**
가1. 또 제1의 성취는 중생을 교화함에 선지식에 의지하여야 성취하기 때문이다.

**[길장 95]** 第一成就。卽是種種方便。所以示 種種方便者。令可化衆生 依止善知識 得成就故。
마1. 제1의 성취는 곧 이것은 종종 방편이다. 가지가지 방편을 보이는 까닭은, 중생을 교화하려면 선지식에 의지하여야 성취하기 때문이다.

【세친 96】第二成就 根熟衆生 令得解脫故

가2. 제2의 성취는 근기가 성숙한 중생은 해탈을 얻게 하기 때문이다.


[길장 96] 第二成就. 卽是種種知見. 令根熟者得解脫.

바2 제2 성취는 이 가지가지 지견으로 근기가 성숙한 이가 해탈을 얻게 하기 때문이다.


【세친 97】第三成就 力家(得) 自在淨降伏故

가3. 제3의 성취는 힘과 집을 자재하고 청정하게 항복받기 때문이다.


[길장 97] 第三成就. 或言. 力家自在 以家爲[5]正=止. 力者十力. 家者諸德. 是力家流類. 故稱爲家. 自在淨降伏者. 第三卽種種念觀.

바3 제3의 성취는 혹은 말하기를 '힘과 집을 자재하되 집을 의지로 삼는다.' 라고 하였는데, 힘이란 10력(力)이요 집(家)이란 온갖 덕이니 이 힘과 집은 같은 부류로 유통(流類)됨으로 그러므로 집이라고 부른다. 자재하고 청정하게 항복받는다는 것은 제3 곧 '가지가지 생각하는 관법이다.' 【세친 93】 연결.


(種種念觀者) 謂力無畏等. 如上列. 上二成就 化兩種衆生. 今第三成就旣具 一切功德. 故能普降伏 一切衆生. 又上二種成就 利益根熟 及未熟衆生. 今第三成就 降伏如來 一切煩惱. 是故 前明化他德.

(가지가지 생각하는 관법이란) 힘(力)과 두려움 없음(無畏) 등을 말하는데, 위에([세친 94] 1).-14).까지) 나열한 것과 같다.

사1. 위에 두 가지 성취는( [길장95]가1 과 [길장96]가2), 두 종류의 중생을 교화한 것이고, 지금은 제3의 성취인데 벌써 일체의 공덕을 갖추었다. 그러므로 널리 일체의 중생을 항복받을 수 있 는 것이다.

사2. 또 위에 두 가지 성취는 근기가 성숙하고 아직 성숙하지 못한 중생을 이익 되게 한 것이고, 지금은 제3의 성취로 여래가 항복받은 일체의 번뇌다. 이런고로 먼저 남을 교화하는 공덕을 밝힌 것이다.

今敍自德。所以前門辨人 知是化他。後不明人 知是自德 第四說成就者。自上以來 廣前三方便竟。今廣第四說成就。

사3. 지금은 자신의 공덕을 차례에 따라 말하겠다. 먼저 가르침(門)에서 남을 분명하게 판별한 까닭은 이것으로 남을 교화하는 것임을 알아. 뒤에 남을 밝히지 않은 이것이 자신의 공덕임을 알아.

사4. 제4의 설법을 성취한다는 것(아래[세친 98]에)은, 위로부터 내려오면서 먼저 세 방편을 자세히 하여 마쳤고, 지금은 제4의 설법을 성취하는 것을 자세히 할 것이다.

就文爲二。第一從初竟此七種。令衆生自身 功德成就。明如來說法 令衆生自行成就。

그 글에 가면 두 가지가 된다.

아1. 제1은 처음부터 이 7종(【세친 98】의 7종)을 마칠 때까지 중생으로 하여금 자신의 공덕을 성취하게 하는 것이고

아2. 제2는 여래의 설법으로 중생이 자기 수행(自行)을 성취하게 함을 밝혔다.

第二從敎化成就下。明如來說法 使化他行成就。前釋現瑞中。大法雨等八種 亦具此二。

(●가2. 제2 교화함을 성취한 것이다.[세친 69] ↔ 연속)

●가2. 제2 '교화함을 성취한 것이다.' 라고 한데서부터 [세친 69] 아래는,

여래의 설법이 화타(化他 : 남을 교화함)의 행을 성취하게 함을 밝혔다. 앞(서품【세친 116】)에 상서를 나타냄을 해석한 것 중에 '큰 법 비를 내리는' 등의 8종은 또한 이 두 가지(사1.자신의 공덕과 사2.자기 수행)를 갖추었다.

初六種 佛欲令衆生 自行成就。後二法令化他行成就。是故現瑞。今說定起 爲物說法。亦令二德成就。

**(서품 【세친 116】 의 8종중)**

처음 여섯 가지는 부처님이 중생으로 하여금 자기 수행(自行)을 성취하게 하고, 뒤에 두 가지 법은 화타의 수행을 성취하게 한 것이다. 이런고로 상서를 나타내시었던 것이다.

지금 선정에서 일어나심을 말한 것은 중생에게 설법하기 위함이고, 또 두 가지 덕을 성취하게 하였다.

自德成就中有二。第一經廣。第二論略=廣。就經廣中爲二。初牒章門。總廣標七數所以。

사1. 자신의 덕을 성취한 중에 두 가지가 있다.

아1. 제1 경을 자세히 하였고,

아2. 제2 논을 자세히 하였다.

아1. 경을 자세히 한 것에 두 가지가 되니

자1. 제1 처음은 글(章門)을 연계하고

자2. 제2 전체적으로 자세히 7가지(數)의 까닭을 앞에 내세웠다.

(자1. 제1 처음은 글(章門)을 연계하고)

**【세친 98】第四說成就(者) 復有七種**

가4. '제4 설법을 성취함이다.' 라는 것에 다시 일곱 가지가 있다.

**[길장 98]** 第四說成就 有七種者。此章正明 法師功德。法師雖具四德 而以說法爲正。故廣明具七種德 能爲物說法

가4. 제4 설법을 성취힘에 일곱 가지가 있다고 한 것은, 이 글(章)에서 바로 법사의 공덕을 밝혔으니, 법사는 비록 네 가지 덕을 갖추었으나 법을 설하기 때문에 바르다(正)고 하는 것이다. 그러므로 일곱 가지 덕을 갖춤을 자세하게 밝혀 능히 중생을 위하여 설법하는 것이다.

一者種種成就下。第二正明七種成就。即成七別。初中有二。一標章。二引經。

★나1 제1 '가지가지 성취다.' 라고 한 아래는, 【세친 99】

나2 제2 일곱 가지 성취를 바로 밝혔다. 곧 일곱 가지로 나누어 이루어졌다.

나1 제1 처음(나1.가지가지 성취)에 둘이 있다.

다1 제1 글을 앞에 내세우고,

다2 제2 경을 인용하였다.


(다1 제1 글을 앞에 내세우고,)

【세친 99】 一者 種種成就

★나1 제1 가지가지 성취다.


[길장 99] 而言種種成就者。於一切法門 皆窮其源底。然後能爲物說法。

다1 제1 말하자면 가지가지 성취란, 일체의 법문에 있어서 그 근원적인 저변을 다 궁구((窮연구)하고 난 그런 후에라야 중생을 위하여 설법할 수 있는 것이다.


(다2 제2 경을 인용하였다.)

【세친 100】 如經 舍利弗 諸佛如來 深入無際 成就一切 未曾有法故

라1. 경에 "사리불아, 모든 부처님 여래는 끝없이 깊이 들어가 일체 미증유한 법을 성취한 때문이니라." 라고 한 것과 같다.


[길장 100] 二者言語成就 亦二。初標章。次引經。

★나2 제2 언어를 성취함이니, 【세친 101】 또 둘이다.

＊다1. 제1 처음은 글을 앞에 내세우고,

*다2. 제2 다음은 경을 인용하였다.


(*다1. 제1 처음은 글을 앞에 내세우고,)

【세친 101】二者言語成就 謂得五種美妙音聲,言語,說法

★나2 제2 언어를 성취함이니, 말하자면 다섯 가지 아름답고 미묘한 음성과 말로 설법함을 얻은 때문이다.


[길장 101] 上明內窮法門。今明外有 音聲美妙法 然後能爲物說法。

위에 안으로(수행의 공덕) 법문을 다 궁구한 것을 밝혔고 지금은 밖으로(교화의 공덕) 음성이 아름답고 미묘한 법이 있고 난 그런 후에라야 능히 중생을 위하여 설법할 수 있음을 밝힌 것이다.


(*다2. 제2 다음은 경을 인용하였다.)

【세친 102】如經 如來能種種分別 巧說諸法 言辭柔軟 悅可衆心故

경에 "여래는 능히 가지가지로 분별하고 교묘히 모든 법을 설하시며 말씀이 부드러워 대중의 마음을 즐겁게 하기 때문이니라." 라고 한 것과 같다.


[길장 102] 三者相成就亦三。初標。次引經。後釋經。

★나3. 제3 모습을 성취함이니, 【세친 103】 또 세 가지가다.

　*다1. 제1 처음은 글을 앞에 내세우고,

　*다2. 제2 다음은 경을 인용하고,

　*다3. 제3 뒤는 경을 해석한 것이다.


(*다1 제1 처음은 글을 앞에 내세우고,)

【세친 103】 三者相成就

★나3. 제3 모습을 성취함이다.


[길장 103] 而言相成就者。可相時而動。可語卽語。宜默便默。故名爲相。二者有利根衆生。聞上所說 悟解相現。不須復說。故名爲相 如經下。第二引證。

(1에) 그리고 모습을 성취함을 말한 것은 모습(형상)은 때로 움직일 수 있으니 말할 수 있으면 말하고 마땅히 묵묵하여야 할 때는 묵묵 한다. 그러므로 이름 하여 모습이라고 한다.

[길장 100] . 제2 언어를 성취함. 연결↔ 아래 인용)

2에 어떤 영리한 근기의 중생이 있어 위에 설한 경을 듣고 깨달아 아는 모습이 나타나면 굳이 다시 설하지 않는다. [길장 105] 그러므로 이름 하여 '모습'이라 한다.

'경과 같이(如經)' 라고 한 아래는,[세친 104]


*다2. 제2 (경을)인용하여 증명하고

【세친 104】如經 止舍利弗 不須復說故

경에 "그만 두라 사리불아, 구태여 다시 설하지 아니 하리라." 라고 한 까닭이다.


[길장 104] 有法器衆生故下。第三釋經。

'법 그릇이 될 중생이 있기 때문이니라.' 【세친 105】 라고 한 아래는,


*다3. 제3 경을 해석한 것이다.

【세친 105】有法器衆生 心已滿足故

"법 그릇이 될 중생이 있어 마음이 이미 만족한 때문이니라."

방편품 제2 273

**[길장 105]** 卽是利根菩薩 聞佛上來所說法華。卽便得解 不更重說也。而三請後 更廣說者。爲鈍根聲聞說耳。

**라1.** 곧 영리한 근기의 보살은 부처님이 위로부터 오면서 설하신 법화경을 들으면 문득 알게 되니, 다시 거듭하여 설하지 않는 것이다.

**라2.** 그리고 세 번 청한 후에 다시 자세히 설한 것은 둔한 근기의 성문을 위하여 설한 것뿐이다.

又此中通歎 諸佛有知機之德。有利根之人 已解佛悟=語 不須復說 第四堪成就者。上明利根之人 已解佛語 不須復說。今明堪受化人 猶未得解故 應爲說。初釋。

**라3.** 또 이 가운데 공통으로 찬탄한 것은, 부처님들은 근기(機)를 아는 덕이 있어 영리한 근기의 사람이 있으면 이미 이해한 것을 부처님께서 아시고 구태여 다시 설하지 않는다.

★**나4.** 제4 '감당함을 성취함이다.' 라고 한 것은[세친 106], 위에서는 영리한 근기의 사람이 이미 이해한 것을 부처님께서 아시고 구태여 다시 설하지 않는다는 것을 밝혔고, 지금은 교화 받아 감당할 수 있는 사람이 아직 이해하지 못한 까닭에 그들에 응하여 설하시는 것이다.

*다1. 처음은 해석이다.

**【세친 106】** 四者堪成就 所有一切 可化衆生 皆知如來成就 希有勝妙功德 能說法故

★**나4.** 제4 감당함을 성취함이다. 존재하는 일체의 교화할 수 있는 중생을 여래가 성취하신 희유하고 수승하고 미묘한 공덕으로 능히 설법할 수 있다는 것을 다 알기 때문이다.

**[길장 106]** 次引經。

*다2. 다음은 경의 인용이다.

【세친 107】 如經 舍利弗 佛所成就 第一希有 難解之法故

경에 "사리불아, 부처님이 성취한 제일 희유하고 알기 어려운 법 때문에"라고 한 것과 같다.


[길장 107] 易知

쉽게 알 것이다.(부처님이 이루신 법이 희유하고 어려운 법임을)


第五無量種成就。就文有三。一標章略釋。二引經。三釋經。
★나5 제5 한량없는 종류를 성취함이니.[세친 108] 글이 셋이다.
♣다1 제1 글을 앞에 내세워(標) 간략히 해석하였다.
♣다2 제2 경을 인용하고,
♣다3 제3 경을 해석하였다.


(♣다1 제1 글을 앞에 내세워(標) 간략히 해석하였다.)
【세친 108】 五者無量種成就 說不可盡
★나5. 제5 한량없는 종류를 성취한 것을 말로써 다할 수 없음이라.


[길장 108] 無量種成就者。法身具衆德。而說不可盡故也  如經者。第二引經。
다1. 제1 '한량없는 종류를 성취함' 이라고 말한 것은, 법신은 온갖 덕을 갖추었는데 말로는 다할 수 없기 때문이다.
'경과 같이(如經)' 이라고 한 것은,


♣다2. 제2 경을 인용한 것이다.
【세친 109】 如經 舍利弗 唯佛與佛說法 諸佛如來 能知彼法 究竟實相故

경에 "사리불아, 오직 부처님과 부처님의 설법은 모든 부처님 여래만이 능히 저 법의 구경의 실상을 아시기 때문이니라." 라고 한 것과 같다.

**[길장 109]** 言實相者已下。第三釋經。

'실상'이라고 말한 아래는, **[세친 110]**

◆다3. 제3 경을 해석한 것이다.

**[세친 110]** 言實相者 謂如來藏 法身之體 不變義故

"실상이라고 말한 것은, 말하자면 여래장이니 법신의 본체는 변하지 아니하는 뜻 때문이니라."

**[길장 110]** 如來藏者。在煩惱之內 名如來藏。亦名如來胎。法身之體 不變義故者。雖在煩惱不爲煩惱所染。故名不變。佛性論 虛妄法 有三變異。釋無變異義。一果報盡故變異。二對治所破故變異。三念念滅故變異。法身離此三過失。一前後寂靜故。無果報盡變異。二無漏染故。(無漏=無染) 無對治破變異。三非有爲故。無念念壞變異

라1. 여래장이란, 번뇌 안에 있어서 이름을 여래장(如來藏 : 여래가 숨어계신 곳)이라 한다. 또 여래의 태(胎)라고도 한다.

라2. 법신의 본체는 변하지 아니하는 뜻 때문이라고 한 것은, 비록 번뇌에 있으나 번뇌에 물들지 아니함이다. 그러므로 '변하지 않는다.' 라고 이름 한다.

라3 불성논에 '허망 법은 세 가지 다르게 변함(變異)이 있다고 하였으니, 다르게 변함이 없는 뜻을 해석한 것이다.

마1 제1 과보(果報)가 다하는(없어지는) 고로 다르게 변하고,

마2 제2 상대(번뇌)를 치료하여 깨버리는 고로 다르게 변하며,

마3 제3 생각마다 멸하는 고로 다르게 변한다.

법신은 이 세 가지 과실(過失 : 허물. 잘못)을 떠났으니,

바1 제1 앞뒤가 고요한(寂靜) 고로 과보가 없어 변함(變異-변함)을 다한 것이고,

바1 제2 물듦이 없는 고로 상대를 고쳐 깨뜨려 변하게(變異) 할 것이 없으며,

바3 제3 유위(有爲 : 할 게 있음)가 아닌 때문에 생각마다 허물어 변할 것(變異)이 없는 것이다.


六者覺體成就。就文爲三。初標。次釋。後引經證。

★나6 제6 깨달음의 본체(覺體)를 성취함이다. 그 글이 셋이다.

♣다1 처음은 앞에 내세우고,

♣다2 다음은 해석하고,

♣다3 뒤에는 경을 인용하여 증명하였다.


(♣다1 처음은 앞에 내세우고,)

**[세친 111] 六者覺體成就**

★나6 제6 깨달음의 본체(覺體)를 성취함이다.


**[길장 111]** 上=證第五明法身。今明應身。亦是報身覺體。卽是佛體 亦名佛性。以佛性顯現故 名成就 如來所說下。第二解釋。

위에서는 ([세친 108 ★나5] 제5 법신을 밝힌 것을 증명하였고 지금은 응신(應身)을 밝힌다.

역시 보신(報身)의 깨닫는 본체며 곧 이것이 부처님의 본체요 또 불성이라고도 한다. 불성이 현재 나타난(顯現) 고로 '성취'라고 이름한다.

'여래가 설하신바' 라고 한 아래는,


♣다2 제2 해석이다.

【세친 112】 如來所說 一切諸法 唯佛如來 自證得故

"여래가 설하신바 일체 모든 법은 오직 부처님 여래만이 스스로 깨달아 얻은 까닭이다."


[길장 112] 如來外 能說一切法者。唯佛自證得故。自證得者 卽是自證得法身也  如經下。第三引經。

여래가 밖으로 능히 일체 법을 설하신다고 한 것은, 오직 부처님이 스스로 깨달아 얻은 때문이다. 스스로 깨달아 얻었다는 것은 곧 스스로 법신을 깨달아 얻은 것이다.

'경과 같이(如經)' 이라고 한 아래는,


♣다3 제3 경을 인용한 것이다.

【세친 113】 如經 舍利弗 唯佛如來 知一切法故

경에 "사리불아, 오직 부처님 여래만이 일체 법을 아시기 때문이니라." 라고 한 것과 같다.


[길장 113] 七者 隨順衆生 意爲說修行法者 亦三。一標。二釋。三引經。

★나7 중생에게 순(順: 順境. 몸과 마음에 맞는 경계)히 따르는 뜻은 수행법을 설하기 위함이라 고 한 것에 또 셋이다.

♣다1 제1 앞에 내세우고,

♣다2 제2 해석하고

♣다3 제3 경을 인용하였다.


(♣다1 제1 앞에 내세우고,)

【세친 114】 七者隨順衆生意 爲說修行法 成就. 彼法

★나7 제7 중생에게 순(順:順境. 몸과 마음에 맞는 경계)히 따르는 뜻은 수행법을 설하시어 그 법을 성취하게 하심이라.


[길장 114] 此第七 卽是化身。隨衆生意爲說修行法者。佛隨衆生意 說法令衆生修行也。此七法次第者。夫欲說法要備=依,七德。

(爲說修行法成就彼法, '그 법' -길장.)

(修行法成就, 彼法何等如是等故-'그 법'자를 뒷 문장에 붙였다-신수장경.)

다1. 이 제7은 곧 화신이다. 중생을 따르는 뜻은 수행법을 설하기 위함이라고 한 것은, 부처님이 중생을 따르는 뜻이니, 법을 설하여 중생이 수행하게 하는 것이다.

이 일곱 가지 법의 차례는 저 법의 요점을 설하여 일곱 가지 덕을 갖추게 하고자 함이다.   아래 【세천 117】(✢라1-✢라7)


一者內窮法原。二外有巧辯。三者知默。四者知悟。此四內外語默二雙也。所以有此二(雙)者。要由備法身(現)化身故。後三卽明三身也。

라1 제1 안으로 법의 근원을 다 궁구하고,

라2 제2 밖으로 교묘한 변별(辯-판단)이 있으며,

라3 제3 묵묵할 줄 알고,

라4 제4 깨달을 줄 알아야 한다.

이 넷은 안팎으로 말함과 묵묵함의 두 쌍이다. 이 두 쌍이 있는 까닭은 반드시 법신과 화신을 갖추어야 하는 이유이기 때문이다. 뒤에 셋은 곧 3신(三身)을 밝힌 것이다.


成就彼法者。如來成就 隨順衆生 意爲衆生說法也 何等如是等故者。此第二解釋。卽是牒經中 何等法 云何法。用經以釋論也。

그 법을 성취 한다고 함은, 여래가 중생에게 순(順:順境. 몸과 마음에 맞는 경계)에 따르는 것을 성취하였으니 뜻은 중생에게 설법하기 위함이다.

'어떤 등, 이와 같은 등 때문이니라.' 라고 한 것은,

♣다2 제2 해석이다.

곧 이것은 경문 중에 어떠한 법·무슨 법이라고 한 것을 이끌어온 것이니(牒). 경을 사용하여 논을 해석 한 것이다.

【세친 115】如是等故

"어떤 등(何等), 이와 같은 등 때문이니라."


[길장 115] 何等法者。牒五門之初也。如是等者。等取下四句也 如經下。第三引經。

어떠한 법이란 다섯 가지 문(門-아래 【세친 132】一者 何等法등 5가지 의 글)의 첫째(何等法)를 가져온 것이요, '이와 같은 등(等)'이라 한 것은 '같이(等)' 아래 4구절(二者云何法 三者何似法 四者何相法 五者何體法故)을 가져 온 것이다.

'경과 같이(如經)' 라고 한 아래는,


♣다3 제3 경을 인용한 것이다.

【세친 116】如經 舍利弗 唯佛如來 能說一切法故

경에 "사리불아, 오직 부처님 여래는 능히 모든(일체) 법을 설하기 때문이니라."라고 한 것과 같다.


[길장 116] 第一種種法門下。自上已來 第一就經 廣釋七法。

'제1에 가지가지 법문' 이라고 한 【세친 117】 아래는, 위로부터 오면서


([길장 1]◉나 ■. 제1 먼저는 경문을 연계(牒)하고, ↔ 연속)

◉나■ 제1 경에 대하여 자세히 일곱 가지 법을 해석하였다.(★나1에서 ★나7까지)

今第二就論　重釋七法。就文爲二。一者釋前。第二結前釋後。釋前七章。卽成七別。第一種種法門者。牒上第一種種成就。

([길장 1]◉나 ■ 제2 다음은 논의 해석이다. ↔ 연속)

지금은,

◉나 ■ 제2 논에 나아가 거듭 일곱 가지 법을 해석한다.

그 글이 두 가지니

다1 제1 먼저 해석하고

다2 제2 먼저(1.)를 결론 맺고 뒤(2.)를 해석하였다.

다1 먼저 7장(章)을 해석하니 바로 일곱 가지로 나누어 이루었다.♣라1~♣라7까지.

♣라1 '제1 가지가지 법문'[세친 117]이라고 한 것은, 위에 제1 ([세친 99]★나1) 가지가지 성취한 것을 연계(牒)한 것이다.

**【세친 117】第一種種法門 攝取衆生故**

♣라1 " '제1 가지가지 법문' 으로 중생을 섭취하기(거둬들이기) 때문이다."

**[길장 117]** 攝取衆生者。心內窮種種法門 方能攝取於物也。

중생을 섭취한다는 것은, 마음속에 가지가지 법문(法門)을 다 궁구하여 비로소 능히 중생을 섭취할 수(거둘 수) 있는 것이다.

**【세친 118】第二令不散亂住故**

♣라2 제2 산란하지 않음에 머물게 하려는 까닭이다.

**[길장 118]** 第二令不散亂住故者。以外具五種音聲。聽佛音聲 美妙 心不散亂也。

♣라2 제2 산란하지 않음에 머물게 하는 까닭이란 밖으로 다섯 가지 음성?을 갖춘 부처님의 아름답고 미묘한 음성을 들으니 마음이 산란하지 않는 것이다.

【세친 119】第三令取故

❖라3 제3 (법을)섭취(取)하게 하기 때문이다.


[길장 119] 第三令取故者。旣聞法不亂。卽令其取法也。

❖라3 제3 섭취(取)하게 되는 까닭이란, 벌써 법을 듣고 산란하지 않으니 곧 법을 섭취하게 하는 것이다.


【세친 120】第四令得解脫故

❖라4 제4 해탈을 얻게 하기 때문이다.


[길장 120] 第四令得解脫者。以取法故 便得解脫也。

❖라4 제4 해탈을 얻게 한다는 것은, 법을 섭취하므로 문득 해탈을 얻는 것이다.


【세친 121】第五令彼修行成就 得對治法故

❖라5 제5 저들로 하여금 수행을 성취하여 대치법(對治法 : 상대(번뇌)를 평정, 치료하는 법)을 얻게 하기 때문이다.


[길장 121] 第五令彼修行者。所以得解脫 要須對治故也。

❖라5 제5 저들을 수행하게 하는 것은 해탈을 얻는 까닭이니 마땅히 대치(對治 상대하여 치료 함)하기 때문이다.


【세친 122】第六能令彼 修行進趣成就故

❖라6 제6 능히 저들로 하여금 수행하고 정진하여 나아가 (도를)성취하게 하기 때문

이다.

[길장 122] 第六能令彼 修行進趣者。前令得見道。今進趣修道。

❖라6 제6 능히 저들로 하여금 수행하고 정진하여 나아가게 하는 것은, 먼저 견도위(見道)를 얻게 하고 이제는 정진하여 수도위(修道位)로 나아가게 하는 것이다.

【세친 123】第七令得修行 不退失故

❖라7 제7 수행에서 퇴보하여 잃지 않게 하기 때문이다.

[길장 123] 第七令得 修行不退失者。令得無學道也 此七種法 爲諸衆生 自身所作 善成就故者。

❖라7 제7 수행에서 퇴보하여 잃지 않음을 얻게 한다(법을 잊지 않게 하는 것)는 것은, 무학도(無學道)를 얻게 하는 것이다. 이 일곱 가지 법은 모든 중생들이 자신을 위해 짓는 것이라 잘 성취하기 때문이다.

上來第一別說七法。今第二欲結前釋後。言結前者。論主釋七法 明佛爲衆生說法 令衆生 自行成就。

위에서 오면서 제1은 일곱 가지 법을 나누어 설하였고 이제 제2는 앞은 결론 맺고 뒤를 해석하고자 한다.([길장 116] ●나 ■다2)

앞을 결론 맺는 다고 말한 것은, 논주(論主)가 일곱 가지 법을 해석한 것에서, 부처님이 중생을 위하여 법을 설하여 중생이 자기 수행을 성취하게 함을 밝힌 것이다.

【세친 124】此七種法 爲諸衆生 自身所作 善成就故

"이 일곱 가지 법은 모든 중생이 자신을 위해 짓는 것이라 잘 이루어 나갈 것이기 때문이다."

[길장 124] 問。此七法 云何自行成就。答。此七法 卽是地前四位及(+等)地上三位。第一令其得十信位。故言攝取。攝取者令入十信。第二令不散亂住 卽是十住 亦云十解。

㉠ 이 일곱 가지 법이 어떻게 자기 수행을 성취하게 하는가?

㉡ 이 일곱 가지 법은 곧 지(地 : 계위. 10지) 이전의 4계위(階位-10신(信) 10주(住).10행.10회향. 등 4계위) 및 지 위(地上)의 3계위(등각,묘각,구경각)다.

(위 ❖라1) 제1은 그들이 10신(信)의 계위를 얻게 함이다. 그러므로 섭취(攝取)라고 말한다. 섭취란 10신에 들어가게 하는 것이다.

(위 ❖라2) 제2는 산란하지 않은데 머물게 함이니 곧 이것이 10주(住)요 또는 10해(解)라고도 한다.

第三令取 卽修十行故 稱修爲取。第四令得解脫。解行淳熟 必得解脫 卽十回向。

(위 ❖라3) 제3은 취하게(가지게) 함이니 곧 10행(行)을 닦기 때문에 닦는 것을 일러 취한다. 고 한다.

(위 ❖라4) 제4는 해탈을 얻게 함이니 해행(解行 : 아는 것과 수행,10주,10행)이 순숙(淳熟 : 순박하게 성숙함)하면 반드시 해탈을 얻으니 곧 10회향이다.

第五登初地 正是斷煩惱 證得法身。故云得對治故。

(❖라5) 제5는 초지(初地)에 올라 바로 번뇌를 끊어 법신을 깨달아 얻는다. 그러므로 대치 (對治 : 상대(번뇌)를 평정함. 치료함)하는 법을 얻는다고 말하는 것이다.

第六卽 是二地已上修道。故云進趣。第七令得修行 不退失者。

(위 ❖라6) 제6은 곧 이것이 2지(地) 이상의 수도위(修道位)다. 그러므로 나아간다(進趣)고 말한다.

(위 ❖라7) 제7은 수행에서 물러나 잃지 않음을 얻게 하는 것이다.(불퇴위不退位)

從八地已上勉=免於三退。乃至佛地 稱無學道。是故 名爲自行成就

  8지부터 이상은 3퇴(三退 : 보살의 5위중 제1 자량위(資糧位) 사이에 세 가지 물러나는 것이 있다)를 면하고 내지 부처님의 경지에 이르기까지를 무학도(無學道)라고 칭한다. 이런고로 이름을 '자기 수행을 성취한다.' 라고 하는 것이다.

**【세친 125】** 又與敎化 令其成就者。
"또 더불어 교화하여 주어서 그들을 성취하게 하게 한다." 고 한 것은,

**[길장 125]** 自上已來 明佛說法 令衆生自行成就。今第二釋經。明佛說法 令衆生化他成就。
( 길장116 ●나█ 제2 논에 대하여 거듭 일곱 가지 법을 해석한다. 와 연결)
위로부터 오면서 부처님이 설법 하시어 중생으로 하여금 자기 수행을 성취하게 한 것을 밝혔고,
지금은 제2 (길장116 ●나█ 제2 논에 대하여 거듭 일곱 가지 법을 해석 한다.와 연결)에 경을 해석한 것에서, 부처님이 설법하여 중생으로 하여금 남을 교화함을 성취하게 한 것을 밝혔다.

若接次相生。卽釋廣經中 第七隨順衆生 意修行成就。謂何等法(云何法)之言也。
  만약 차례로 상생(相生 : 서로 살리는 것=자기 수행과 교화하는 것, 둘을 서로 살리는 것)을 접해 본다면 곧 경을 자세히 해석 한 가운데 제7은 중생에 순(順:順境. 몸과 마음에 맞는 경계)히 따르는 것이 뜻은 (그들의) 수행을 성취시키려는 것이니, 어떠한 법(何等法) · 무슨 법(云何法)에 대한 말을 말하는 것이다.

問。何以得知 前令其衆生自行成。後令衆生 化他行成。答。論中 佛及論主 兩重 釋七法竟 總=竝善。此七法 爲諸衆生 自身所作 善成熟=就。

❓ 어떻게 먼저 중생으로 하여금 자기 수행을 성취하게 하고, 뒤에 중생으로 하여금 남을 교화하는 수행을 성취하게 한다는 것을 알 수 있겠는가?

❗ 논에서는 부처님과 또 논주(論主)가 두 번 거듭 일곱 가지 법을 해석하여 마치고는 아울러 말하기를 '이 일곱 가지 법은 모든 중생들이 자신이 짓는 것(수행)이 잘 이루어지게 하는 것이다.' 라고 하였다.

故知 前是自行成也。次即云。又與敎化 令得成就。故知 是敎化他行也。就文爲二。一總明化他。二別細 約五法 以明化他。就初又二。初牒與化他章門。故言又與敎化 令得成就也。

그러므로 알라! 먼저는 이것이 자기 수행을 이루는 것이다. 다음에 나아가 이르기를 '또한 더불어 교화하여 성취하게 한다.' 라고 하였다. 그러므로 알라! 이 가르침은 화타행(化他行 : 남을 교화하는 수행)인 것이다.

그 글에 나아가면 두 가지가 되니

**[길장125] 가1**

∞가1. 제1 전체적으로 화타(化他 : 남을 교화 함)를 밝히고,

∞가2. 제2 다섯 가지 법(五法)에 대하여 따로 자세하게 화타(化他)를 밝혔다.

∞가1. 제1 처음이 또 두 가지다.

　나1. 제1 처음은 '또 더불어 교화한다((又與敎化)【세친 125】'는 글(章門)을 이끌어(牒)왔다. 그러므로 말하기를 '또 더불어 교화하여 성취하게 하였다.' 라고 하였다.

又與敎化 令得成就者 與此二種法已下。第二釋化他章門。就文爲四。一總標二法。二別明二法。三明二法相貌。四明二法次第。與二種法令彼成就者。第一文+者。

'또 교화하여 주어서 성취하게 하였다.' 라고 한 것은,

'이 두 가지 법을 주어' 라고 한 아래는,[세친 126]

　나2 제2 화타의 글을 해석 한 것이다.

그 글이 넷이니

§다1. 제1 두 가지 법(아래[세친 126]에)을 전체적으로 표하고,

§다2. 제2 두 가지 법을 나누어 밝히고,

§다3. 제3 두 가지 법의 모습을 밝히고,

§다4. 제4 두 가지 법의 차례를 밝혔다.

'두 가지 법을 주어 저들을 (교화하여) 성취하게 하노라.' 라고 한 것은, 【세친 126】


§다1. 제1 그 글이다.

【세친 126】 與二種法 令彼成就。

'두 가지 법을 주어 저들을 (교화하여) 성취하게 하노라.' 라고.


[길장 126] 第二釋出二法。

§다2. 제2 두 가지 법이 나온 것을 해석하였다.

【세친 127】 何等爲二 一與證法 二與說法 一與證法 令成就者 謂依證法 而授與故 二與說法 令成就者 謂依說法 而說與故

어떤 것이 두 가지냐?

가1. 제1 깨닫는 법을 주고,

가2. 제2 설법하여 주는 것이다.

 가1-1. 깨닫는 법을 주어 성취하게 하는 것은, 말하자면 깨달은 법에 의거하여 (가르쳐) 주기 때문이다.

 가2-2. 설법하여 주어 성취하게 하는 것은, 말하자면 설법에 의하여 설하여 주시기 때문이다.


[길장 127] 佛令衆生 爲他說法時。若宜依證法 而說者。可授之以證法。敎法亦爾 此二種法 如向前說者。第三出二法相貌。

부처님이 중생으로 하여금 남을 위하여 설법 할 때는, 마땅히 깨달은 법에 의거하여야 한다고 말씀하신 것과 같은 것이다. 깨달은 법 때문에 줄 수 있는 것이며 가르치는 법도 또한 그러하다. 이 두 가지 법은 앞쪽에서 설한 것과 같은 것이다.

§다3. 제3 두 가지 법의 모습을 나타내었다.
【세친 128】此二種法 如向 前說
이 두 가지 법은 앞쪽에서 설한 것과 같다. 【세친 127】

[길장 128] 前第一佛經明七種。(佛內)自證七法 然後 爲物說法。此卽是爲物 說證法。論主 後明七種法。

앞에 제1(서품) [길장 1])에서는 불경(佛經)에 일곱 가지.(서품의 일곱 가지 일=7공덕)를 밝힌 것이다

(부처님이 안으로) 스스로 일곱 가지 법을 깨달은 그런 후에 중생을 위하여 설법하신 것이다. 이것이 바로 중생을 위하여 깨달은 법을 설하는 것이다. 논주(論主)는 뒤에 일곱 가지 법을 밝혔다(서품에 일곱 가지 일=7공덕을 자세히 밝힌 것, )

若望=證佛經 令衆生成就 如此七法也。卽是爲物 說敎法也

만약 불경을 깨닫는다면 중생이 이와 같은 일곱 가지 법을 성취하게 되는 것이다. 바로 이것이 중생을 위하여 설하여 가르치는 법이다.

依此二種法 有何次第者。第四明二法次第。就文有二=三。初卽是問。二法次第。

'이 두 가지 법에 의거하는데 어떤 순서가 있는가?' 라고 한 것은,

([길장 125] 다3. 제3 두 가지 법의 모습을 밝히고, 다4 제4 두 가지 법의 차례를 밝혔다. ↔ 연속)
§다4. 제4 두 가지 법의 차례를 밝힌 것이다. 글에 나아가면 두 가지가 있다.

라1. 제1 처음은 곧 질문이다.

라2. 제2 법의 순서다.


(라1. 제1 처음은 곧 질문이다.)

**【세친 129】** 依此二種法 有何次第 而得修行

"이 두 가지 법에 의거하는데 어떤 차례가 있어 수행 하는가?"


**[길장 129]** 二法有何次第以得修行 卽彼前文句 再說 應知者。第二解釋。

'두 가지 법은 어떤 차례가 있어 수행해야 하는가?'

곧 '저 앞에 문구를 재차 말한 것을 마땅히 알 것이다.' **【세친 130】** 라고 한 것은,

라2. 제2 해석이다.


**【세친 130】** 卽彼前文句 再說 應知

"곧 저 앞에 문구를 재차 설한 것을 마땅히 알 것이다."


**[길장 130]** 若依修行次第 前依論主七法 明自行成就。然後依佛七法 而得化他。故云再說 應知也。若依佛次第 前明七法成就。後始得化他。如論主七法

만약 수행하는 순서에 의한다면, 먼저 논주가 일곱 가지 법(七法)에 의거하여 자기 수행을 성취하는 것을 밝히고, 그런 후에 부처님의 일곱 가지 법(七法)에 의거하여 남을 교화하게 되는 것이다.

그러므로 '재차 말한 것을 마땅히 알 것이다.' 라고 한 것이다.

만약 부처님의 순서에 의한다면, 먼저 일곱 가지 법(七法)을 성취하는 것을 밝히고, 뒤에 비로소 남을 교화하게 되는 것이다. 논주의 일곱 가지 법과 같다.

又依證法 有五種下。上來第一 總明化他竟。今第二。別約五法 以明化他。就文二。一約證法 以釋五法。二約教法 以釋五法。就初又二。一標列五法。二釋五法。初標證法 有五種+者)。

'또 깨달은 법에 의하면, 다섯 가지가 있다.' 고 한 아래는,[세친 131]

위에서 오면서, [길장125] 가1.

제1은 전체적으로 화타(化他 : 남을 교화 함)를 밝혀 마쳤고,

([길장125] 가1. 제1은 전체적으로 화타(化他)를 밝혀 마쳤고)

([길장125] 가2. 제2 5법(五法)에 따라 화타(化他)를 밝힌 때문에 자세하게 나누었다.)**와 연결**.

지금 [길장125] **가2** 제2.는 다섯 가지 법(五法)에 대하여 따로 화타(化他)를 밝힌다.

그 글이 둘이니

나1. 제1 깨달은 법에 따라 5법을 해석하였다.

나2. 제2 가르치는 법에 따라 5법을 해석하였다.

나1. 제1이 또 두 가지다.

✽다1. 제1 5법(五法)을 나열하여 앞에 내세우고.

✽다2. 제2 5법(五法)을 해석 하였다.

처음에 '깨달은 법을 앞에 내세우는데 다섯 가지가 있다.'고 한 것은,【세친 131】


**【세친 131】 又依證法 有五種**

**"또 깨달은 법에 의하면 다섯 가지가 있다."**


**[길장 131]** 以內心解 達五法故。名爲證 從一者已下。次列五法。

마음속으로 알아 5법을 통달하기 때문에 이름 하여 '깨달음'이라 한다.

'제1 어떤법'이라고 한 아래는, 【세친 132 가1】


✽다1. 차례로 다섯 가지 법을 나열하였다.

【세친 132】 一者 何等法 二者云何法 三者何似法 四者何相法 五者何體法故

가1. 제1. 어떤 법(何等法),

가2. 제2. 무슨 법(云何法),

가3. 제3. 무엇과 같은 법(何似法),

가4. 제4. 어떤 모습의 법(何相法),

가5. 제5. 어떤 체(바탕)의 법(何體法)때문이다.

(※이 다섯 가지 법은 세친이 10여시(如是)를 줄여 이 5구를 만든 것이다.)

[길장 132] 羅什經有十法。今明五法。或可梵本 廣略不同。難可詳會。亦可以此五 而攝彼十。可自推度。

나집 경(나즙이 번역한 경)에 열 가지 법(十法-10여시如是)이 있는데 지금 다섯 가지 법(五法-【세친 132】)을 밝힌다. 혹 범본(梵本)도 좋으나 자세하고 간략함이 같지 않으니, 상세하게 알기는 어렵다.

또한 이 다섯 가지 【세친 132】를 가지고 저 열 가지(10여시如是)를 끼고(포함하고) 있으니 스스로 미루어 헤아려볼 수 있으리라.

問。何故但明五法。答。夫欲化他 必須識法。此五法 攝一切法盡故。

⟦問⟧ 왜 단지 5법만 밝히느냐?

⟦答⟧ 대저 남을 교화 하고자 하면 반드시 모름지기 법을 알아야 하니, 이 5법이 일체 법을 다 섭취한 때문이다.

若證法 若敎法 悉在此五法中。是以 化他須明五法

혹 깨닫는 법이든 혹은 가르치는 법이든 다 이 5법 중에 있음이라. 그래서 화타(化他)에서 모름지기 5법을 밝히는 것이다.

何等法者。第二解釋。凡作三周釋之。初周約三乘一乘。又釋約法 就人以釋五法。

'어떤 법(何等法)'이라고 한 것은, ([길장 130]다2. 제2 5법(五法)을 해석. 연속)

✽다2. 제2 해석이다.

무릇 세 번(三周)을 만들어 해석하였다.

★첫 번(初周)은 삼승과 일승에 대한 것이고 【세친 133】 또 법에 대하여 해석하였다. 사람에 대하여는 5법(五法)으로 해석하였다.

## 【세친 133】

何等法者 謂聲聞法 辟支佛法 佛法故

가1-1. 어떤 법이란, 말하자면 성문법·벽지불 법·불법인 까닭이다.

云何法者 謂起種種諸事說故

가2-2. 무슨 법이란, 말하자면 가지가지 모든 일을 일으켜 설하는 까닭이다.

何似法者 依三種門 得淸淨故

가3-3. 무엇과 같은 법이란, 세 가지 글(門)에 의하여 청정함을 얻는 까닭이다.

何相法者 謂三種義 一相法故

가4-4. 어떤 모습의 법이란, 말하자면 세 가지 뜻(이치)이 한 모습의 법인 까닭이다.

何體法者 無二體故 無二體者 謂無量乘 唯一佛乘 無二(三+)乘故

가5-5. 어떤 체(體-바탕)의 법이란, 두 가지 체가 없기 때문이다.

두 가지 체가 없다는 것은, 말하자면 한량없는 승(乘-가르침)도 오직 일불승(一佛乘-한 부처님이 된다는 가르침)일 뿐, 2승도 3승도 없는 까닭이다.

[길장 133] 何等法者。問。法名謂三乘法者。佛但證一乘。云何言 證法有三乘。答。佛內照達三乘。故名證三乘也。

가1. 어떤 법(何等法)이라고 한 것에,

㉠ 법의 이름을 삼승법이라고 말한 것은, 부처님은 오직 일승만 깨달았는데, 어떻게 법을 깨닫는데 삼승이 있다는 말인가?

㉡ 부처님은 안으로 비추어 삼승을 통달하시었다. 그러므로 삼승을 깨달았다고 이름 한 것이다.

又從此三乘 令衆生證。故名證法也。
云何法者。責諸法所因起。此三乘法 名因何而起。因三乘種種敎起故也。

또 이 삼승에서부터 중생을 깨닫게 하였다. 그러므로 법을 깨달았다고 이름 한 것이다.

가2. 무슨 법(云何法)이라고 한 것은, 모든 법은 원인된 바가 일으키는 것임을 규명하는 것이니, 이 삼승법은 '어떤 것에 인하여 일어나는가?'라고 이름한다. 삼승으로 인하여 가지가지 가르침이 일어나기 때문인 것이다.

云何法者 謂起種種諸事說故者。或法或譬。隨時(=勝)隨人說三乘法。

무슨 법(云何法)이라고 한 것은, 말하자면 가지가지 온갖 일이 일어나는 것을 설하기 때문인 것으로, 혹 법이라든가 혹은 비유라든가 때에 따르거나 사람에 따라 삼승법을 설하는 것이다.

何似法者。責法譬類。攝論有二釋。一以理法爲似。以理似門故。二得果爲似法。以果似因故。又果與文理相似。

가3. 무엇과 같은 법(何似法)이라고 한 것은, 법과 비유의 부류를 규명(責-斜明: 자세히 캐고 따져 사실을 밝힘)하는 것으로, 섭논에 두 가지 해석이 있다.

나1. 제1 이치와 법이 같으니 이치는 가르침(門)과 같은 까닭이요

나2. 제2 과(果)를 얻으면 법과 같게 되니 과는 인(因)과 같은 까닭이다. 또 과(果)와 글의 이치도 서로 같다.

今宜用果爲似法。前二句說三乘法。今得三乘果。是故文云 依三種門 得淸淨故。

지금은 마땅히 과를 사용함이 법과 같다고 해야 할 것이다. 앞에 두 구절은 삼승법을 설했고 지금은 삼승과를 얻었다. 이런고로 글에 '세 가지 문(가르침)에 의하여 청정함을 얻기 때문이다.' 라고 하였다.

何相法者。責法外相。上來三句 明三乘法。此下兩句 明一乘法。說三乘敎 令歸一乘。一乘卽是一相。

가4. 어떤 모습의 법이라고 한 것은, 법 밖의 모습을 규명하는 것이다. 위에서 내려온 세 구절은 삼승법을 밝혔고 이 아래 두 구절은 일승법을 밝혔다. 삼승교를 설하여 일승에 돌아가게 하는 것이니 일승은 곧 한 모습이다.

何體法者。責法內體宜。取一佛乘爲體。無二三者。緣覺爲二。聲聞第三也

가5. 어떤 체(바탕)의 법이라고 한 것은, 법 안의 체가 마땅한지 규명(責-糾明 : 자세히 캐고 따져 사실을 밝힘)하는 것이다. 일불승을 취하여 본체로 삼으니 둘도 셋도 없다고 한 것이니 연각이 2가 되고 성문이 제3인 것이다.

復有義下。第二周釋五法。前就三乘一乘 以釋五法。今通就一切法釋。亦得一一門 攝一切法。又釋約理就事釋。

'다시 뜻이 있으니(復有義)' 라고 한 ,[세친 134]아래는

([길장 130]❋다2. 제2 해석이다. 무릇 세 번(三周)을 만들어 해석하였다.-

★첫 번(初周)은 삼승과 일승에 대한 것이고 【세친 133】 [길장132] 와 연결)

★두 번째(周).[세친 134] 5법(五法)을 해석 하였다 (세 번째는 [135])

앞에서는 3승과 1승에 대하여 5법을 해석하였고,

지금은 공통으로 일체법에 대하여 해석하였다. 또 하나하나의 문(門)을 얻으면 일체법

을 섭취(攝)한다. 또 해석은 이치에 대하고 사실에 입각해서 해석 하였다.

【세친 134】 復有義 何等法者 謂有爲法 無爲法等 云何法者 謂因緣法 非因緣法等 何似法者 謂常法 無常法等.

([세친 132] 가1. 제1 어떤 법(何等法), - 연속)-([세친 133]- 가1.-1 은 첫 번(1주(周)), 여기는 두 번째(2주(周)해석))

다시 뜻이 있으니

가1. 어떤 법(何等法)이란, 말하자면 유위법(有爲法)과 무위법(無爲法) 등이다.

가2. 무슨 법(云何法)이란, 말하자면 인연법(因緣法)과 인연법이 아닌 것(非因緣法) 등이다.

가3. 무엇과 같은 법(何似法)이란, 말하자면 항상 있는 법(常法)과 무상한 법(無常法)등이다.

何相法者 謂生等三相法 不生等三相法 何體法者 謂五陰體 非五陰體故

가4. 어떤 모양의 법이란, 말하자면 생(生) 등 세 가지 모습의 법(三相法)과 불생(不生)등 세 가지 모습의 법이다.

가5. 어떤 체(體 : 바탕)의 법이란, 말하자면 오음의 체(五陰體)와 오음의 체가 아닌 까닭이다.

[길장 134] 初有爲 無爲法門(+名) 卽三有爲 三無爲 攝一切法盡。第二責法所因起。因緣非因緣 亦攝一切法。

가1-1. 제1 처음은 유위(有爲)와 무위(無爲)의 법문(法門)이니, 곧 삼유위(三有爲 : 色法, 心法, 非色非心法)와 삼무위(三無爲 : 虛空無爲, 擇滅무위, 非擇滅무위) 법이 일체법을 섭취(攝)하여 다한다.

가1-2. 제2 법이 인연하여 일어나는 바를 규명(責-糾明 : 자세히 캐고 따져 사실을 밝힘)하는 것이니, 인연과 인연 아닌 것도 또한 일체 법을 섭취한다.

有爲法 從因緣生。無爲法 不從因緣生。何似法 責其譬類。謂常無常法 亦攝一切法盡。
유위법은 인연 따라 생기고 무위법은 인연 따라 생기지 않는다.

**가1-3.** 무엇과 같은 법(何似法)은 그 비유의 부류를 규명하는 것이니, 말하자면 항상함과 무상한 법도 또한 일체 법을 섭취하여 다한다.

問。常無常 與有爲無爲 何異。答。若取攝法論 名義異體 更無異。
- 항상 함과 무상함과 유위와 무위법이 어떻게 다르냐?
- 만약 법을 섭취(攝法)하는 것을 취하여 논한다면, 이름과 뜻에서 체만 다르고 다시 다른 것은 없다.

若取異者 有爲無爲 卽三有爲三無爲。今常無常者謂法身常 應化無常。至後當釋。
만약 다른 것을 취한다면, 유위와 무위 곧 3유위와 3무위다. 이제 항상 함과 무상한 것은, 말하자면 법신은 항상 하고 응신과 화신(應化)은 무상하다. 뒤에 가서 마땅히 해석한다.

問。常無常 云何名+何似法。答。證得常+無常果 故言相似。亦得+常無常理 與文相似。
- 항상(常)과 무상(無常)을 왜 무엇과 같은 법(何似法)이라고 하는가?
- 항상(常)과 무상의 과(果)를 깨달아 얻음으로 그래서 서로 같다고 말하고, 또한 항상함과 무상함의 이치가 글과 서로 같다.

何法相者 責法相。有爲法 有生住滅 三相。無爲 法無生 無住 無滅 無三相。此二亦攝一切法。
**가1-4** 어떤 법의 모습이라 한 것은, 법의 모습을 규명하는 것이다. 유위법은 나고 머물고 멸하는 세 가지 모습(三相)이 있고, 무위법은 태어남도 없고 머무름도 없고 멸함도 없어 세 가지 모습도 없다. 이 두 가지도 또한 일체법을 섭취한다.

問。生等三相 不生等三相 與常無常 爲無爲 復何異。答。約=初相不同。所以異耳。體更無異。何體法者 責法體。五陰是有+爲體。非五陰 是無爲體。

▣ 생(生)·주(住)·멸(滅) 세 가지 모습과 불생(不生:무생(無生))·무주(無住)·무멸(無滅)의 세 가지 모습이 항상 함과 무상함·유위(有爲)·무위(無爲)가 다시 무엇이 다르냐?

▣ 처음의 모습이 같지 않아 그래서 다를 뿐이지 본체는 다시 다름이 없다.

가1-5 어떤 체의 법이란, 법의 체를 규명하는 것이니 오음은 유위(有爲)를 체로 하고 오음이 아닌 것은 무위(無爲)를 체로 한다.

約五陰體 非五陰體不同。此二亦攝 一切法盡。又一切法 要具五義。謂爲無爲 乃至陰非陰也。如智論云。一切法要 具九義

오음의 체에 대하여 오음의 체가 아닌 것은 같지 않다. 이 둘도 또한 일체법을 섭취하여 다한다.

또 일체 법은 반드시 다섯 가지 뜻을 갖추어야 하니, 말하자면 함과 함이 없음과 내지 음과 음(陰)이 아닌 것이다. 지도론에 '일체법의 요점은 아홉 가지 뜻을 갖추어야 한다.'라고 한 것과 같다.

又何似法者。第三周釋。但重釋三法 不解前二。

또 무엇과 같은 법이라고 한 것은,

★세 번 째(周)의 해석이다【세친 135】. 다만 거듭 세 가지 법(三法)을 해석한 것은 앞의 둘을 알지 못하기 때문이다.(★ 두 번째 (周)의 해석은.[133])

【세친 135】 又何似法者 謂無常法 有爲法 因緣法 又何相法者 謂可見等法 又何體法者 謂五陰 能取所取 以五陰是 苦集體故 又五陰者是道諦體故

가3. 또 무엇과 같은 법이라고 한 것은, 말하자면 무상(無常) 법·유위(有爲)법·인연 법이다.

가4. 또 어떤 모양의 법이라고 한 것은, 말하자면 볼 수 있는 등의 법이다.

가5. 또 어떠한 체의 법이라고 한 것은, 말하자면 오음은 능히 취하고 취해지는 것(能取, 所取)이니, 오음이 고(苦)와 집(集)의 체인 까닭이다.

또 오음은 이 도제(道諦)의 체(體)인 까닭이다.

[길장 135] 何似法中。取無常 有爲因緣 此等法 擧類相似。何相法 取可見可聞六塵相。何體法者 有漏五陰 爲苦集體。無漏五陰 爲道諦體

가3-1 무엇과 같은 법(何似法)중에 무상(無常)·유위(有爲)·인연(因緣)을 취하니, 이것과 같은 법은 같은 부류(類)로써 서로 같은 것을 든 것이다.

가4-1 어떤 모습의 법(何相法)은 볼 수도 있고 들을 수도 있는 6진(塵)의 모습을 취하는 것이다.

가5-1 어떤 체(體)의 법이라 한 것은, 유루(有漏)의 오음(五陰)은 고(苦)와 집(集)의 체가 되고 무루의 오음은 도제의 체(道諦體)가 된다.

復有異義下。自上已來 三周明應與證法 授與證法竟。此第二周 明應授說法者 授與說法。

'다시 다른 뜻이 있으니,' 라고 한 아래는,[세친 136] 위로부터 오면서 세 번(三周) 마땅히 깨닫는 법과 깨닫는 법을 준 것을 밝혀 마쳤다.

이것은 두 번(二周) 마땅히 설법하여 주는 이가 설법하여 주는 것을 밝혔다.

【세친 136】 復有異義 依說法(說)

"다시 다른 뜻이 있으니, 설법에 의한다."

何等法者 謂名句字身(等)故

가1. 어떤 법이란 말하자면 이름과 구절과 글자의 몸(名,句,字身-글,)인 까닭이다.(경을 말함)

云何法者 謂依如來所說法故

가2. 무슨 법이란 말하자면 여래가 설한 바의 법에 의하는 까닭이다.

何似法者 謂能敎化 可化衆生故

가3. 무엇과 같은 법이란 말하자면 능히 교화하여 중생을 교화하기 때문이다.

何相法者 依音聲取故 以依音聲 取彼法故

가4. 어떤 모양의 법이란 음성에 의하여 취하는 까닭이니, 음성에 의함으로써 저 법을 취하는(듣는) 까닭이다.

何體法者 謂假名體 法相義故

가5. 어떠한 체의 법이란 말하자면 가명(假名)의 체(體)가 법 모습(法相)을 나타낸 뜻인 까닭이다.

[길장 136] 異上證法。故云復有異義也。夫說法要具五種。一者有名字句身。二依佛所說所因。三依可化衆+生 責其譬類。可化衆生而化之。不可化者卽不化之。

위의 깨달은 법【세친 127】과 다르다. 그러므로 '다시 다른 뜻이 있다.'[세친 136]라고 한 것이다.

나1. 대체로 보아(夫) 설법의 요점은 다섯 가지를 갖추어야 한다.

다1. 제1 이름과 글자와 구절의 몸체(경문=名・字・句身)가 있어야 한다.

　(【세친 136】 가1)(문자가 있어야한다)

다2. 제2 부처님이 설하신 것과 인연되는 바에 의하여야 한다.(【세친 136】 가2)(설법할 인연. 조건이 되어야 한다.)

다3. 제3 교화할만한 중생은 그 부류를 비유하여 규명한 것에 의하여 교화할만한 중생은 교화하고 교화할 수 없는 이는 곧 교화하지 말 것이다.(【세친 136】 가3)근기에 맞추어 설하여야 한다. 맞는 근기가 있어야 한다.)

四責相。依音聲 取所說之法 五所說+之法 但有假名責體。

다4. 제4 모습을 규명해야하니 음성에 의하여 설한 바의 법을 다루어야 한다.

　(【세친136】 가4)

다5. 제5 설할 법은 단지 가명(假名 : 거짓된 명칭)만 있을 뿐이니 본체(내용)를 규명해야 한다.(【세친 136】 가5)

問。依論此偈 云何頌上二種功德。答。初三偈 頌上妙法功德。餘竝頌法師功德。上妙法功德中有二。初二偈明證甚深。次一偈明阿含甚深。初證甚深中。論主直開五義。今文分之爲兩。初一偈總明甚深。後一偈別明諸+功德甚深。亦初偈是能證之人甚深。

　논에 의하면 이 게송 【세친 136】 의 '어떤 것이 위의 두 가지 공덕(묘법의 공덕과 법사의 공덕)을 읊은 것인가?'

　다5-1. 처음 세 가지 게송(【세친 136】 가1-가3)은 위에 묘법의 공덕을 읊었고,

　　다5-2. 나머지(【세친 136】 가4-가5)는 아울러 법사의 공덕을 읊었다.

　　다5-1. 위의 묘법의 공덕(【세친 136】 가1-가3) 중에 두 가지가 있다.[세친 132]

　　　라1. 제1 두 게송(【세친 136】 가1-가2)은 깨달음(경문과 설법)이 매우 깊음을 밝혔고,

　　　라2. 제2 다음 한 게송(【세친 136】 가3)은 아함(가르 침 교화 함,)이 매우 깊음을 밝

했다.

　　라1. 제1에 깨달음이 매우 깊은 것(【세친 136】 가1-가2) 중에서 논주(論主-세친)는 다
　　　섯 가지 뜻[五義-세친 【132】-가1. 제1. 어떤 법(何等法)에서부터,~가5. 제5. 어떤 체(바탕)
　　의 법(何體法)]을 직접 열었고, 지금 글을 나누어 둘로 하였다.
　　　마1. 제1 처음 한 게송은 매우 깊음을 전체적으로 밝혔고,(가1)?
　　　마2. 제2 뒤의 한 게송은 모든 공덕이 매우 깊음을 나누어 밝혔다(가2)??
　　　마1. 제1 또 처음 게송은 능히 깨달은 사람이 매우 깊음을 밝혔다.(가1)


次偈 明所證之法甚深。長行中但明　智慧一德甚深。偈中明一切功德甚深。次一偈　頌阿含甚深者。上阿含甚深有八種。今但頌始終四種。

　　　마2. 제2. 다음 게송은 깨달은 법이 매우 깊음을 밝혔다. (가2)

　　　　　장행(長行) 중에는 다만 지혜 한 가지 덕이 매우 깊음을 밝혔고, 게송 중에는 일체 공덕이 매우 깊음을 밝혔다.
　　　라2 제2 다음 한 게송(【세친 136】 가3)은 아함이 매우 깊다는 것을 읊은 것이니. 위에
　　　　　아함이 매우 깊다는 것이 여덟 가지[세친46과 연결]가 있는데 지금은 다만 처음과
　　끝의 네 가지만 읊었다.[세친45 연결]


初句頌第一　受持讀誦甚深。次句頌第二　修行甚深。次句頌快妙事甚深。次句頌第八　不共甚深。於無量億劫 行此諸道已下。頌法師功德。

　　　&마1 처음 구절은 제1 수지 독송함이 매우 깊음[세친47과 연결]을 읊고,
　　　&마2 다음 구절은 제2 수행이 매우 깊음[세친48과 연결]을 읊고,
　　　&마3 다음 구절은 제3 상쾌하고 미묘한 일이 매우 깊음을 읊고,[세친54과 연결]
　　　&마4 다음 구절은 제4　불공법(不共法)이 매우 깊음[세친60(제8)과 연결]을 읊었다.
　　'무량억겁에 이 모든 도를 행하였다.'[방편품 첫 게송-부처님은 가이 헤아리지 못한다고 시작한 게송의 앞부분] 고한 아래는 법사의 공덕을 읊었다.

上法師功德有二。初略。次廣。今偈總攝爲二。第一偈 歎如來自德(=位功德)。卽令衆生 自行成就。

(위에 나5-2 나머지는 아울러 법사의 공덕을 읊었다. ↔ 연속)

다5-2 위에 법사공덕에 둘이 있으니,
  라1. 제1 처음은 간략하고,
  라2. 제2 다음은 자세하다.
지금 게송은 전체적으로 섭취하였으니 두 가지다.
  라1-1. 제1의 게송은 여래 자신의 덕을 찬탄하였으니, 곧 중생으로 하여금 자기 수행을 성취하게 함이다.


第二偈 已去頌 上令衆生 化他行成就。頌上 吾從成佛已來 究竟 盡諸法實相文。
  라1-2 제2 게송에 가서는 위에 중생으로 하여금 화타(化他-남을 교화함)의 수행을 성취함을 읊었다.

위에는 '내가 성불한 이래로부터 가지가지 인연과 가지가지 비유와 내지-오직 부처님과 부처님만이 구경의 모든 법의 실상을 다하였다.'라고 읊은 글이다.(방편품 첫 장항의 10여시 앞 부분)


從如是大果報已去。頌上化他功德。就文爲二。初雙標二章門。次雙釋二章門。雙標者 初標 佛(佛)解章門。次標 衆生不解章門。

([길장125] ∞가1. 제1 전체적으로 화타(化他 : 남을 교화 함)를 밝히고,)
  ∞가2.(제2 다섯 가지 법(五法)에 따라 화타(化他)를 밝힌 때문에 자세하게 나누었다.)
  ∞가3.은 여기서 위 가2를 이어 가3항을 만듦 - 연계)


∞가3. '이와 같이 큰 과보 가지가지 성품과 모양과 뜻은 나와 시방의 부처님만이 능히

아시느니라.' 라고 한 곳(방편품 첫 게송 앞부분)에서 가서는 위의 화타(化他)의 공덕을 읊었다.

그 글이 둘이 되니

나● 제1 처음은 두 글(章門)을 쌍(雙)으로 앞에 내세우고,

나● 제2 다음은 두 글을 쌍으로 해석하였다.

쌍으로 앞에 내세운 것은,

다● 제1 처음은 부처님이 글을 이해하신 것을 앞에 내세우고,

다● 제2 다음은 중생이 글을 이해하지 못한 것을 앞에 내세웠다.

標佛解章門 明佛能自解。次標衆生不解 須化衆生 令衆生得解。

부처님이 글을 아신 것을 앞에 내세워 부처님이 능히 스스로 아심을 밝히고, 다음은 중생이 알지 못한 것을 앞에 내세워 모름지기 중생을 교화하여 중생이 알게 하는 것이다.

從假使滿世間者。釋二章門。初釋衆生不解章門。從又告舍利弗下。釋唯佛解章門。方便品經必須依論講之。偈亦須望論意。

'가령 세간에 가득하다'고 한 것(방편품 첫 게송 중간)에서부터는 두 글을 해석한 것이다.

처음은 중생이 글(章門)을 알지 못함을 해석하였다.

'또 사리불에게 이르시기를 누(漏)없는 불가사의한' 이라고 한 데서 부터 아래는, 오직 부처님만 글을 아심을 해석하였다.

방편품의 경은 반드시 모름지기 논에 의하여 강의할 것이다. 게송도 또한 논의 뜻을 바라볼 것이다.

頌長行餘文句 必不須可知 自此已下 依三種義示現者。自上來釋方便品 妙法功德 法師功德 二章義竟。

장행을 읊은 것과 나머지 문구는 꼭 알려고 기대하지 말 것이다.

여기서부터 아래는 【세친 137】 세 가지 뜻(三種義)에 의하여 나타내 보인 것이다. 위로부터 내려오면서 방편품의 묘법의 공덕과 법사공덕의 두 글의 뜻을 해석하여 마친다.

今第三釋(=義)大衆三義。卽是釋三請中。初請經文。就文爲二。初標三義。第二別釋三義。初=文又三。第一總標三義。

> (참고 [길장 1] 5종 공덕)
> 「●가1 묘법의 공덕을 설하고,
> ●가2 여래께서 법사의 공덕을 설하고,
> ●가3 대중의 세 가지 뜻(三義)을 밝히고,
> ●가4 여래의 네 가지 뜻(四義)을 밝히고,
> ●가5 네 가지 의심(四種疑)을 해석하였다.
> ●가3 대중의 세 가지 뜻(三義)을 밝히고, ↔ 연속.」 참고. 끝.)

●가3. 지금은 제3에 대중의 세 가지 뜻(三義) 【세친 137】 ([길장 1] ●가3)을 해석하니, 곧 이는 세 번 청함을 해석한 것 중에,

나1. 제1 처음 경문을 청한 것이다. 그 글이 둘이니

다1 제1 처음은 세 가지 뜻(三義)을 앞에 내세우고,

다2 제2 세 가지 뜻을 나누어 해석하였다. 처음의 글이 또 셋이다.

♠다1-1 제1 전체적으로 세 가지 뜻을 앞에 내세웠다.

【세친 137】 自此已下 次依示現三種義説

●가3. 여기부터 아래는 다음으로 (대중의)세 가지 뜻을 나타내 보임에 의하여 설한다.

[길장 137] 一者已下。第二別列三義。

'제1' 이라고 한 아래는,[세친 138]

♣다1-2 제2 세 가지 뜻(三義)을 따로 나열하였다.

【세친 138】 一者決定義 二者疑義 三者依何事疑義

가1 제1 결정하는 뜻.

가2 제2 의심하는 뜻.

가3 제3 어떤 일에 의하여 의심하는 뜻이다.


[길장 138] 卽應當善知者。第三勸知三義。

곧 "마땅히 잘 알라!"라고 한 것은,[세친 139]


♣다1-3. 제3 세 가지 뜻을 알게 권하는 것이다.

【세친 139】 應當善知

"마땅히 잘 알라!"


[길장 139] 第二別釋三義。卽成三。一一中有二。前以義釋。二+引經示釋處。

([길장 136] 다2 제2. 세 가지 뜻(三義)을 나누어 해석하였다. 처음의 글이 또 셋이다. ↔ 연속)

다2. 제2. 세 가지 뜻(三義)을 나누어 해석하였다. 곧 셋이 된다.

다2-1. 제1 하나 중에 둘이 있다.

★다2-1-1 제1 먼저 뜻을 해석하고,

★다2-1-2 제2 경을 인용하여 해석한 곳을 보였다.


(★다2-1-1 제1 먼저 뜻을 해석하고,)

【세친 140】 決定義者 有聲聞 方便 證得深法 作決定心(+想)於聲聞道 中得方便涅槃證 故(知=)如是二種證法. 示現有爲無爲法故

가1 결정한 뜻이라고 한 것은, 어떤 성문이 방편의 깊은 법을 깨달아 얻고 결정코
　　작심하여 성문의 도만 사유하던 중에 방편의 열반(열반도 방편이다)을 깨달은
때문이다. 이와 같이 두 가지 깨닫는 법(證法)은 유위·무위법을 나타내 보이기 때문
이다.


[길장 140] 有聲聞 方便證得深法 作決定心(=相)。
　어떤 성문이 방편의 깊은 법을 깨달아 얻고 마음에 결정을 지은 것(작심한)이다.(열반이
최상이다)


此言方便者。蓋是聲聞中修涅槃處 方便非權巧方便也。於聲聞道中 得方便涅槃證故者。此方
便是權方便也。實無聲聞涅槃。
　나1. 여기서 말한 방편 【서천 140 가1】이라는 것은, 대개 이는 성문 중에 열반을 닦는
　　경우다. 방편은 권교(權巧 : 여래의 권모(權謀)가 교묘하여 시기와 근기에 맞춰주는 것. 교
묘한 능력. 기이한 권능)의 방편이 아니다. 성문의 도(道) 중에 방편의 열반을 깨달아 얻은
때문이라고 한 것에 이 방편은 이것이 권(權 : 權實의 實에 대한 말. 방편의 異名. 잠시 사용하고
끝에 없애는 것. 가설. 임시)의 방편이요 실은 성문열반은 없다.


方便說有聲聞涅槃。而彼謂是究竟。故名決定。如是二種證法示現者。此出聲聞所證法也。
　나2. 방편의 말씀에는 성문열반이 있지만 저들은 이것이 구경(열반)이라 말한다. 그러므
　　로 '결정'이라고 이름 한 것이다. 이와 같이 두 가지 깨닫는 법을 나타내 보인다고
한 것은, 이는 성문이 깨달은 법에서 나온 것이다.


有爲無爲法故者。即是有爲無爲二種功德。證得此二種功德 謂爲究竟。二種涅槃 是無爲功
德。住有餘涅槃時 無漏戒定慧等。是有爲功德 如經下。第二引經示釋處。
　나3. 유위·무위법 때문이라고 한 것은, 곧 유위·무위의 두 종류의 공덕이다. 이 두 종
　　류의 공덕을 깨달아 얻으면 말하기를 구경(유위·무위를 깨닫는 것)이라고 한다.

나4. 두 가지 열반은 이는 무위의 공덕이요, 유여열반에 머물 때 무루의 계·정·혜등 이것은 유위의 공덕이다.

'경과 같이(如經)' 라고 한 아래는,[세친 141]


★다2-1-2 제2 경을 인용하여 해석한 곳을 보였다. [세친139 ]
【세친 141】如經 爾時 大衆中 有諸聲聞 漏盡阿羅漢 乃至亦得此法門到+於涅槃故
경에 '그때 대중 가운데 모든 성문에 누(漏)가 다한 아라한이 있어 내지- 또 이 법문을 얻어 열반에 이른 때문이다.' 라고 한 것과 같다.


[길장 141] 亦得此法 謂上有爲。到於涅槃 謂上無爲也　疑義者 釋第二章門亦二。前釋。次擧經示處。

또 이 법을 얻었다는 것은 말하자면 위에 유위법이요, 피안에 이르렀다함은 말하자면 위에 무위법이다.

'의심하는 뜻' 이라고 한 것[세친 142].은,　제2의 글(章門)(【세친 138】가2. 의심하는 뜻.의 연계.)을 해석한 것이다. 또 둘이다.

　　$나1. 제1 앞은 해석이고,【세친 142】
　　$나2. 제2 경을 거론한 곳을 보였다.【세친 143】


($나1. 제1 앞은 해석이고,【세친 142】)
【세친 142】言疑義者　謂聲聞辟支佛等(有)不能知故　是故生疑　言二乘不知者。不知二乘是方便 一乘是眞實。是故生疑
가2. 의심하는 뜻이라고 한 것은, 말하자면 성문·벽지불 등은 능히 알지 못하는 까닭이라. 이런고로 의심을 내는 것이다.
2승은 알지 못한다는 것은, 2승은 방편이요 1승은 진실임을 알지 못하는 것이다. 이런고로 의심을 내는 것이다.

[길장 142] 如經下。第二示釋處。

'경과 같이(如經)'라고 한 아래는,[세친 143]

$나2. 제2 경을 해석한 곳(거론 한 곳)을 보였다.

【세친 143】 如經 而今不知是義所趣故

경에 '그러나 지금은 이 뜻이 나아갈 곳을 알지 못하는 까닭이다.'라고 한 것과 같다.


[길장 143] 依何事疑者。釋第三亦二。前釋。次引經。就文有二。初依昔敎生疑。二依今敎生疑。

어떤 일에 의하여 의심한다고 한 것은,[세친 144]

([세친 138]가3 제3 어떤 일에 의하여 의심하는 뜻이다. ↔ 연속)

★다2-1-3. 제3 해석이니. 또 둘이다.

&나1 제1 앞은 해석이다. 【세친 144】【세친 145】

&나2 제2 다음은 경을 인용한 것이다. 【세친 146】

그 글이 둘이 있다.

&다1. 제1 처음은 옛적 가르침에 의하여 의심이 생긴 것이요,

&다2. 제2 오늘의 가르침에 의하여 의심이 생긴 것이다.


(&다1. 제1 처음은 옛적 가르침에 의하여 의심이 생긴 것이요,)

【세친 144】 依何事義疑者 聞如來說聲聞解脫 與我解脫不異不別 是故生疑

가3. 어떤 일의 뜻에 의하여 의심한다고 한 것은, 여래가 '성문의 해탈과 나의 해탈이 다르지 않고 차별 난 것도 아니다.'라고 설하심을 들었다. 이런고로 의심이

생기는 것이다.

[길장 144] 昔+明三乘解脫不異。聞昔不異 是故生疑 謂生疑者下。第二聞今敎生疑。

나1. 옛적에는 3승의 해탈이 다르지 않다고 밝혔다. 옛적에 다르지 않다고 들었으니 이른 고로 의심이 생긴 것이다.

'의심이 생겼다.'고 말한 【세친 145】 아래는,

([길장 143] &다2. 제2 오늘에 가르침에 의하여 의심이 생긴 것이다. ↔ 연속)

&다2. 제2 오늘의 가르침을 듣고 의심이 생긴 것이다. [길장143]

【세친 145】 謂生疑者 生因中疑 此事云何 此事云何 (云何)此以如來數數 爲說(於)甚深境界

가3-1. 의심이 생겼다고 말한 것은, 생인(生因 : 果를 낳는 원인된 종자) 중의 의심인데, 이 일이 어떤 것 인가. 이 일이 어떤 것 인가. "왜 여래께서 자주 자주 매우 깊은 경계를 설 하셨는가?" 라고 하였다.

前說甚深 後說甚深 不同聲聞 如是等 是故生疑

가3-2. 앞에도 매우 깊다고 설하고 뒤에도 매우 깊다고 설하시며 성문과 같지 아니함이 이 와 같다는 등, 이런고로 의심이 생긴 것이다.

[길장 145] 今敎明佛解脫 與二乘解脫異。正以今疑昔。今說若異昔云=昔,不應言不異。昔說若不異 今=以今,不應言異也。

지금 가르침에서는 부처님의 해탈과 2승의 해탈이 다름을 밝혔다.

바로 지금 것을 가지고 옛적을 의심하니, 지금 만약 옛것과 다르다고 설한다면 옛날에는 마땅히 다르지 않다고 말하지 않았을 것이요, 옛적에 만약 다르지 않다고 설하였으면 지금은 마땅히 다르다고 말하지 않았을 것이다.

而言生因中疑者。教是理因。於教生疑+故 言因中疑也。雖是今昔 互疑而正執昔 疑於今教 如經下。第二示釋處。

그리고 원인이 생긴(生因) 중의 의심이라고 말한 것은, 가르침은 이치의 원인이요 가르침에서 의심이 생기는 고로 '원인 중의 의심'이라고 말한 것이다. 비록 옛것과 지금 것을 서로 의심하더라도 바로 옛것에 집착하여 지금의 가르침을 의심하는 것이다.

'경과 같이(如經)'라고 한 아래는,[세친 146]

$2 제2 해석한 곳을 보였다. [길장 142]

**【세친 146】** 如經 '爾時 舍利弗 知四衆心疑 次第 乃至 爾時 舍利佛 欲重宣 此義 而說 偈言'故

경에 '그때 사리불이 사부대중의 마음에 의심을 알고 차례로 내지~그때 사리불이 그 듭 이 뜻을 게송으로 말씀하시되'라고 한 것과 같은 까닭이다.(앞 둘째 게송-시)

[길장 146] 自此已下。方便品中 第四明如來四義。卽是釋第一止 請已去竟 十方世界尙無 二乘 何況有三也。

여기서 부터 아래는 **【세친 147】** 방편품 중에,

([길장 1]●가4. 여래의 네 가지 뜻(四義)을 밝히고 ↔ 연속)

●가4. 제4 여래의 네 가지 뜻을 밝힌 것이다. 곧 이것이 **제1의 청을 그만두라고 제지 하신** 것을 해석한 것이고, 청하고 나서 마칠 때 가서는 시방세계에도 오히려 2승이 없는데 어찌 하물며 삼승이 있겠느냐?(제5게송-그때 세존에서 부터 - 비구 비구니는 교만한 마음을 풀고 --라고 한 게송 앞의 장행문의 끝 무문)

就文爲二。一者總標四事勸知。第二別釋四事。初又三句。

그 글에 나아가면 둘이 된다.

나1 제1 네 가지 일(四事)을 권하여 알게 한 것을 전체적으로 앞에 내세우고,

나2 제2 네 가지 일을 나누어 해석하였다.

나1 처음(네 가지 일)이 또 세 구절이다.


一總標。

다1 제1 전체적으로 앞에 내세우고,

**【세친 147】** 自此以下 示現依四種事說

●가4. 여기서 부터 이하는 네 가지 일(四種事)에 의하여 설한 것을 나타내 보였고,


[길장 147] 二列。

다2 제2 나열하고


**【세친 148】** 一者決定心 二者因受記 三者取授記 四者與受記

◆가1 제1 결정하는 마음이요,

◆가2 제2 수기의 원인이요(수기하는 원인),

◆가3 제3 수기를 받는 것(가지는) 것이요,

◆가4 제4 수기를 주는 것이다.


[길장 148] 三勸知。

다3. 제3 권하여 알게 하였다.


**【세친 149】** 應當善知

"마땅히 잘 알라!"

[길장 149] 云何決定心下。第二釋四事。卽四別。就初文=又二。第一前釋佛決定心。第二釋五種驚怖。

'무엇을 결정하는 마음이라고 말하는가?' 라고 한 아래는,[세친 150]

([길장 146] 나2 제2 네 가지 일을 나누어 해석하였다. ↔ 연속)

나2 제2 네 가지 일을 해석한 것이다.[길장146-나2].

곧 네 가지로 나누었다.

다1 제1 글에 따라 또 둘이다.

라1 제1 먼저 부처님의 결정하는 마음을 해석하고,

라2 제2 다섯 가지 놀라 두려워함(驚怖)을 해석하였다.


初有三句。一者標決定心。已生驚怖者。第二釋決定心。是故 如來有決定心者。第三如來+結決定心。

라1 제1 처음에 세 구절이 있다.

마1 제1 결정하는 마음(決定心)을 앞에 내세웠다.[세친 150]

'이미 놀라 두려움이 생겼다.'고 한 것은, [세친 151]

마2 제2 결정하는 마음을 해석한 것이다.

'이런고로 여래는 결정하는 마음이 있는 것이다.' 라고 한 것은,[세친 152]

마3 제3 여래의 결정하는 마음(決定心)을 결론 맺은 것이다.


(마1 제1 결정하는 마음(決定心)을 앞에 내세웠다.[세친 150])

【세친 150】 云何決定心

◆가1. "무엇을 결정하는 마음이라고 말하는가?"

[길장 150] 言+決定心者。佛意決定斷其驚怖。令得利益名決定心。

나1. '결정심'이라고 말한 것은, 부처님의 뜻에 결정하여 그 놀라 두려워함을 끊어 이익을 얻게 하는 것을 '결정심'이라고 한다.

(마2 제2 결정하는 마음을 해석한 것이다.)

【세친 151】 已生驚怖者 令斷驚怖 以爲利益二種人故

([길장 149]라2 제2 다섯 가지 놀라 두려워함(驚怖)을 해석하였다. ↔ 연속)

가1. '이미 놀라 두려움이 생겼다.'고 한 것은, 놀라 두려워함을 끊게 함으로써,

가2. 두 종류의 사람을 이익 되게 하기 위한 까닭이다.

[길장 151] 又言二種人者。聲聞有四。一決定。二退菩提心。三變化。四增上慢。今二種者是退+菩提心,心幷變化二人得益故。而言二種人者。卽是二乘人也。

가2-1. 또 '두 종류의 사람' 이라고 말한 것은, 성문에 네 가지가 있다.

나1. 제1 결정함이요,

나2. 제2 보리심에서 물러 난 것이요,

나3. 제3 변화함(變化)이요

나4. 제4 증상만이다.

지금 두 종류라고 한 것은 보리심에서 물러나고 마음이 아울러 변한 두 사람이 이익을 얻는 까닭이다. 그리고 두 종류의 사람이라고 말한 것은 곧 2승의 사람(二乘人)이다.

又言二種人。一者有驚怖。二者無利益則 是有或與=惑 而,無解名爲二人。問。此決定心 釋何處經文。答。釋佛=佛釋,止請意。而未釋止請文也。所以止請者。欲決定利益衆生也。

가2-2 또 두 종류의 사람을 말하면,

나1. 제1 놀라 두려워하는 사람이 있고,

나2. 제2 이익이 없으면 이것은 혹은 의혹(惑)이 있고 앎이 없는 사람(無解)이니, 이름하여 '두 사람' 이라고 한다.

☞ 이 결정심은 경문에 어느 곳을 해석한 것이냐?

☞ 부처님이 그만 두라고(制止 : 못 하게 함) 청 한 뜻은 해석하고, 그리고 그만 두라고(制止) 청 한 글은 아직 해석하지 않았다. 청을 제지한 까닭이란 결정하여 중생을 이익되게 하고자 하심이다.

(마3 제3 여래의 결정하는 마음(決定心)을 결론 맺은 것이다.)

【세친 152】是故 如來有決定心
"이런고로 여래는 결정하는 마음이 있는 것이다."

[길장 152] 此驚怖有五種 應知者。第二釋五種驚怖。卽是所爲之人。初總標五種。
'이 놀라 두려워함에 다섯 가지가 있음을 마땅히 알라.' 라고 한 것은,

([길장 149] 라2 제2 다섯 가지 놀라 두려워함(驚怖)을 해석하였다. ↔ 연속)

라2 제2 다섯 가지 놀라 두려워함을 해석한 것이다. 곧 이것은 행해야 할 사람이다.

마1 제1 처음에 다섯 가지를 전체적으로 앞에 내세웠다.
【세친 153】此驚怖有五種 應知
"이 놀라 두려워함에 다섯 가지가 있음을 마땅히 알라."

[길장 153] 次別釋五種。卽成五別。損驚怖者。執小謗大。故言損也。初列二章門。次釋二門。

마2 제2 다음은 다섯 가지를 나누어 해석하니 곧 다섯 가지로 나누어 이루어진다.

✿가1-1 제1. 놀라 두려워 손상한다는 것은, 【세친 154】 소승을 고집하여 대승을 비방하는 것이라. 그러므로 손상한다고 말한 것이다.

●바1 제1 처음은 두 글(二章門- 【세친 154】 ✿가1-1. 가1-2 )을 나열하고,
●바2 제2 다음은 두 글(二門 : 두 가지 가르침)을 해석하였다.


(●바1 제1 처음은 두 글(章門- 【세친 154】 ✿가1-1. 가1-2 ))을 나열하고)
【세친 154】一者損驚怖 謂小乘衆生 如所聞聲 取以爲實 謗無大乘
✿가1-1 제1 손상하는 두려워함이라는 것은, 말하자면 소승의 중생이 소리(남의 말)를 들은 바를 가지고 진실을 삼고서,
✿가1-2 제2 '대승이 없다'고 비방하는 것과 같은 것이다.


[길장 154] 言二門者。一執小謗大者 不言大乘全無。只=但 導大乘 是菩薩境界 非我二乘所學道。言謗無大乘下。第二謗大 而作是言下。釋二章門。

두 글(門)이라고 말한 것은,

✿가1-1 제1 소승을 고집하고 대승을 비방하는 자는 대승이 전혀 없다고 말하지는 않고, 다만 대승은 이 보살의 경계라 우리 2승이 배울 도가 아니라고 말하는 것이다. '비방하여 대승이 없다.'고 말한 아래는

✿가1-2 제2 대승을 비방한 것이다.

'그리고 이런 말을 하되' 라고 한 아래는,[세친 155]


●바2. 제2 글(章門)을 해석한 것이다.
【세친 155】起如是心(而作是言) 如來說言 阿羅漢果 究竟涅槃 我畢竟 取如是涅槃 是故羅漢 不入涅槃 如是驚怖故
이와 같은 마음을 일으켜(이런 말을 하되) '여래가 말씀하신 아라한과는 구경의 열반이니 나도 필경에 이와 같은 열반을 취하리라.' 라고 하였다. 이런고로 나한은 열반(대열반)에 들지 못한다. 라고 이와 같이 놀라 두려워하기 때문이다.

[길장 155] 前釋取小。是故 阿羅漢 不入涅槃者。此釋謗大。以大乘 不說 阿羅漢 入於涅槃 二者多事驚怖。

✿가1. 제1 먼저 소승을 취하는 것을 해석하였다. '이런고로 아라한이 열반에 들지 못한다.' 라고 한 것은, 이것은 대승을 비방함을 해석한 것이다. 대승에서는 아라한이 열반에 들어간다고 말하지 않는다.

✿가2. 제2 일이 많은 것에 놀라 두려워함이다.
【세친 156】 二者多事驚怖 謂大乘衆生
✿가2. (대승을 닦는)일이 많은 것에 놀라 두려워함은, 말하자면 대승의 중생이,
　　(누락 된 글) - 聞菩薩道 劫數長遠 種種苦行 起如是心 佛道長遠 -
보살도를 닦는 길은 겁수(세월)가 길고도 까마득하며 가지가지 고행을 해야 한다고 들었으니 이와 같이 불도를 이루는 것은 멀고도 까마득하다는 마음을 일으키는 것이다. - 우바제사)

我於無量無邊劫中 行菩薩行 久受勤苦
"나는 헤아릴 수 없고 끝없는 세월 동안(무량무변한 겁 중에) 보살행을 행하여 오랫동안 부지런히 고행을 닦아(받아)왔느니라."

以是念故 生驚怖心起 取異乘心故 如是驚怖
이런 생각 때문에 놀라 두려운 마음이 생겨 일어나니 다른 가르침(異乘=보다 높은 승)을 가지려는 마음 때문에 이와 같이 놀라 두려워하는 것이다.

[길장 156] 謂大乘人。彼謂。衆生不預我事。而於長時 修行苦行。故欲度脫之。退大取小 名爲驚怖。又釋。大乘事多 退大取小 三者顚倒驚怖。
말하자면 대승인은 저들이 말하기를 '중생은 우리 일(대승)에 참예하지 못하니 장시간

에 걸쳐 고행을 닦아야 한다.' 라고 하였다. 그러므로 제도하여 해탈하게 하고자하는 것이다. 대승을 물러나 소승을 취하니 이름 하여 '경포(놀라 두려워함)' 라고 한다.

또 해석하되 '대승은 (수행 할) 일이 많아 대승에서 물러나 소승을 취한다.' 라고 하였다.

❁가3. 제3 뒤바뀐(顚倒)것에 놀라 두려워함이다.

【세친 157】三者顚倒驚怖 謂心分別 有我我所 種種身見 不善法故 如是驚怖

❁가3 제3 뒤바뀐(顚倒)것에 놀라 두려워함은, 말하자면 마음의 분별로 나와 내 것이 있으며 가지가지 몸에 대한 견해(身見)와 선(善)하지 못한 법 때문이니 이와 같이 놀라 두려워하는 것이다.

[길장 157] 實無人法 計有人法。故名顚倒 四者 心悔驚怖。

진실로 사람과 법이 없는데 사람과 법이 있다고 헤아리니 그러므로 전도라고 이름 한다.

❁가4. 제4 마음의 뉘우침에 놀라 두려워함(驚怖)이다.【세친 158】

【세친 158】四者心悔驚怖 謂大德舍利弗等 起如是心 言我不應證 於如是小乘之法 如是悔已 心卽自止 卽此悔心 名爲驚怖 此義應知

❁가4 제4 마음에 뉘우치는 두려워함(驚怖)이니, 말하자면 대덕 사리불 등이 이와 같은 마음을 일으킨다.

말하기를 '나는 이와 같은 소승의 법을 마땅히 깨닫지 아니할 것이니라.' 라고 하여, 이와 같이 뉘우치고 나서 마음이 곧 스스로 억제되니 이 뉘우치는 마음을 이름하여 '경포' 라고 한다. 이 뜻을 마땅히 알라!

[길장 158] 悔取小乘 亦是可驚怖。問。悔取小乘 應是道理。云何名驚怖。答。不應取小 而取小竟 復悔取小。故亦是可驚怖事 五者 證 覺(=相)驚怖。

소승을 취함을 뉘우치는 것도 역시 놀라 두려워함(驚怖)이라 할 수 있다.

답 소승법을 취함을 뉘우치는 것은 마땅히 이것은 도리다. 어째서 경포(驚怖)라고 하는가?

답 마땅히 소승을 취하지 말아야하지만 소승을 취한 끝에 다시 소승을 취한 것을 뉘우친다. 그러므로 역시 놀라 두려워하는 일이라 할 수 있다.

✿가5. 제5 깨달음을 속이는 두려움이다.

【세친 159】 五者誑驚怖 謂增上慢 聲聞之人 作如是心 云何如來 誑於我等 如是驚怖故

✿가5. 제5 (깨달음에) 속는 두려움이다. 말하자면 증상만의 성문의 사람이 이와 같은 마음을 먹는다. '어떻게 여래가 우리들을 속일까? 라고 한다. 이와 같이 놀라 두려워하는 까닭이다.

[길장 159] 增上慢人謂。佛說一乘 是誑二人。是故名誑相也。此五驚怖 卽是上五人。初是執小乘人。卽是五千之徒。次是大乘人。三是外道人。四是悔取小乘人。五是增上慢人 因受記者。釋第二門。就文爲二。一牒章名。二解釋。

증상만의 사람이 말하기를 '부처님이 일승을 설하시니 이 두 사람(성문,연각)을 속인 것이다.' 라고 하니, 이런고로 '속이는 모습'이라고 이름 한 것이다. 이 다섯 가지 놀라 두려워함은 곧 위의 다섯 가지의 사람이다.

◐나1. 제1 처음은 소승을 고집하는 사람이니 곧 이들이 5천의 무리다.

◐나2. 제2 다음은 대승의 사람이다.

◐나3. 제3 셋째는 외도의 사람이요

◐나4. 제4 넷째는 소승을 취함을 뉘우치는 사람이다.

◐가5. 제5 다섯째는 증상만의 사람이다.

수기를 인연 한다고 한 것은, 【세친 160】

([길장 153] ●바2. 제2 다음은 두 문(二門:두 가지 가르침)을 해석하였다↔ 연속)

●바2. 제2 두 문(二.門)을 해석한 것이다.( 【세친 154】 ✿가1-1. 가1-2 ) 그 글이 둘이니
　　※사1. 제1 글의 이름을 연계(牒)하고
　　※사2. 제2 해석이다.


(※사1 제1 글의 이름을 연계(牒)하고)
【세친 160】 因受記者
◆ 가2. '수기 받을 인연.' 이라고 한 것은,


[길장 160] 而言因受記者。釋止請之意。佛所以止請者。爲欲令其受記作佛。此之止請 卽是受記因緣。亦是因 欲令衆生受記故。所以止請。故名因受記。

◆ 가2. '수기를 인연한다.' 라고 말한 것은, 청을 제지한 뜻을 해석하고 부처님이 청을 제지하신 까닭이란 것이 그들로 하여금 수기를 받아 부처가 되게 하고자 하심인 것이다. 여기서 청을 제지한 것, 바로 이것이 수기의 인연이며 또한 이 인연이 중생으로 하여금 수기를 받게 하고자 하시는 까닭인 것이다. 청을 제지하신 까닭으로 그래서 '수기의 인연.' 이라고 이름 한 것이다.


問。後第二卷方受記。今云何明受記事。答。此釋佛意。而佛所以止請者。意令二乘人 得+應記成佛故也。
　🅟 뒤에 제2권에서 드디어 수기하시는데 지금 왜 수기하는 일을 밝히는가?
　🅐 이것은 부처님의 뜻을 해석한 것이니 부처님께서 청을 제지하신 까닭은 뜻은 2승의 사람으로 하여금 마땅히 수기를 얻어 성불하게 하시려는 때문인 것이다.


問。止請云何能+令得記成佛。答。以佛三止 有三利益 卽是止請之因 如經下。第二解釋。就文爲二。一釋三止。二釋兩請。就初又二。一牒初止請經。兼牒餘二止經。

▣ 청을 제지하신 것이 어떻게 수기를 얻게 하여 성불하게 할 수 있다는 말이냐?

▣ 부처님이 세 번 제지하여 세 번의 이익이 있었음으로 바로 이것이 청을 제지한 원인이다.

'경과 같이(如經)' 라고 한 아래는,[세친 161]

※사2. 제2 해석이다. 글이 둘이니

  아1 제1 세 번 제지한 것을 해석하고,

  아2. 제2 두 번의 청한 것을 해석한 것이다.

  아1 처음에 가서 또 두 가지다.


자1 제1 처음은 청을 제지한 경(經)을 연계(牒)한 것이고,【세친 161】

자2. 제2 겸하여 나머지 두 번 제지한 경(止經)을 연계(牒)한 것이다.

【세친 161】 [第一請者] 如經 止止 舍利弗 不須復說 若說是事 一切世間 諸天及人 皆當驚疑 (生驚怖故)

◆차1. [제1청] 경에 '그만두라. 그만두라, 사리불아. 굳이 다시 설하지 아니하리라.

    만약 이 일을 설하면 일체세간에 모든 하늘. 사람들이 다 놀라 의심 하리라.' 라고 한 것과 같다.


[길장 161] 此因受記 皆生驚怖者。第二釋止請 有二。初牒。次釋。

이것이 수기 받을 인연에 '다 놀라 두려운 마음(驚怖)이 생긴다.' 고 한 것은,【세친 162】

#자2. 제2 청을 제지한 해석인데 두 가지가 있다.

 &차1. 제1 처음은 연계히였고,

 &차2. 제2 다음은 해석하였다.

(&차1. 제1 처음은 연계하였고,)

**【세친 162】** 此因受=授,記 皆生驚怖者

이 수기 받을 인연에 '다 놀라 두려운 마음(驚怖)이 생긴다.' 라고 한 것은,

**[길장 162]** 此因受記 牒章名。皆生敬=驚怖者 牒止請意。以天人等 皆生驚怖。是故須止 有三種義下。第二解釋。初總標三義。

이 수기 받을 인연은 글의 이름(章名)을 연계한 것이다. '다 놀라 두려운 마음(驚怖)이 생긴다.'고 한 것은, 청을 제지하신 뜻을 연계한 것이다.

하늘 사람들이 다 놀라 두려운 마음(驚怖)이 생기므로 이 때문에 굳이 제지하신 것이다.

세 가지 뜻이 있다고 한 아래는,[세친 163]


&차2. 제2 다음은 해석이다.

카1. 처음은 세 가지 뜻 【세친164】 【세친165】 【세친166】 을 전체적으로 표하고(앞
에 내세웠고 【세친163】.)

(아래[길장 166]에 가서 또 나1,나2. 나3. 제2로 세 가지 해석이 나온다.)


(&차2. 제2 다음은 해석이다.)

**[세친 163]** 有三種義

세 가지 뜻이 있다.(●가1.●가2.●가3)

**[길장 163]** 從一者已下。別釋三義。即成三別。一者欲令彼諸大衆 推覓甚深妙境界故者。令 大衆思量。

카2. 제1에서부터 아래는[세친 164] 세 가지 뜻을 나누어 해석하니 곧 세 가지로 나누어
이루어진다.

●가1. 제1 '저 모든 대중으로 하여금 매우 깊고 미묘한 경계를 미루어 구하게 하고자 하

기 때문' 【세친 164】이라고 한 것은, 대중을 생각하게 하려는 것이다.


**(&차2.** 제2 다음은 (세 가지 뜻(❶가1.❷가2.❸가3)의) 해석이다.)

【세친 164】一者欲令彼諸大衆 推覓甚深 妙境界故
 ❶가1. 제1 저 모든 대중으로 하여금 매우 깊고 미묘한 경계를 미루어 구하게 하고자 하기 때문이니라.


[길장 164] 佛旣止請 不欲說法。當知 此法必是深妙義(=等)。今者可自推覓。何等是甚深法耶。

부처님은 벌써 청을 저지하시고 설법하고자 하지 않으신다.

마땅히 이 법은 반드시 깊고 미묘한 진리인 줄 알아야 할 것이다! 이제 스스로 미루어 구할 수 있으리라. 어떤 것이 매우 깊은 법이냐?


若三乘是甚深法者。佛昔已說。不應止請。佛今旣止請。當知 三乘之外 別有妙法。佛欲令大衆 生如此心。是故止請。卽是第一利益 爲受記+之因 第二欲令大衆 生尊人重法之心。

만약 3승이 매우 깊은 법일 것 같으면 부처님이 옛적에 이미 설하신지라 마땅히 청을 제지하지 않았을 것이다. 부처님께서 오늘에 이미 청을 제지하셨으니 마땅히 3승 밖에 따로 묘법이 있다는 것을 알아야 할 것이다!

부처님께서 대중으로 하여금 이와 같은 마음이 생기게 하고자 하시니 이 때문에 청을 제지하신 것이다. 바로 이것이 제1의 이익으로 수기 받을 인연인 것이다. 【세친 164】
 ❷가2 제2 대중으로 하여금 사람을 존중하고 법을 존중히 여기는 마음이 생기게 하고자 함이다. 【세친 165】


【세친 165】二者欲令大衆 生尊重心 畢竟欲聞 如來說故
 ❷가2. 제2는 대중으로 하여금 존중하는 마음이 생기게 하여 필경에는 여래의 설법을

듣고자 하는 까닭이다.

[길장 165] 第三爲令增上慢人離法席。
o가3 제3 증상만의 사람이 법석(法席)을 떠나게 하기 위한 것이다.【세친 166】

【세친 166】三者爲令諸增上慢 聲聞之人 捨離法坐 而起去故
o가3. 제3은 증상만의 성문인 들이 설법하는 자리에서 떠나게 하고자 하기 위함이니, 그래서 (그들이) 일어나 나간 까닭이다.

[길장 166] 問。前二可利益大衆。後一云何亦利益耶。答。增上慢人 若在法席 卽爲大衆 作障道因緣。不得授記故 須令其離席。

問 앞의 둘은 대중이 이익 될 수 있으나 뒤의 1(【세친 166】3증상만의 성문)이 어떻게 또 이익이 되느냐?

答 증상만의 사람이 만약 법석에 있으면 대중이 도의 인연을 짓는데 장애가 되어 수기를 얻지 못하게 되기 때문에 굳이 그들이 법석을 떠나게 하신 것이다.(떠난 뒤에 설법하였으니 이익이 된다.)

又衆見罪人離席 彌生重法尊人之心。又深自發心 得聞勝法故 亦是利益大衆。此三義卽是釋三止文。第一是請前止。餘二是請後止+請　第二請已下。上來釋三止竟。今此第二　釋後兩請。

*나1. 또 대중은 죄인(증상만)이 자리를 떠나는 것을 보고, 더욱 법을 존중하고 사람을 존귀하게 여기는 마음이 생긴 것이다.

나2. 또 깊이 스스로 발심하여 수승한 법을 얻어 듣기 때문이다.

나3. 또 이것이 대중을 이익 되게 하는 것이다.

이 세 가지 뜻이 곧 이것이 세 번 제지하신 글을 해석한 것이다.

([길장160] **자1**. 제1 처음은 청을 제지한 글(經)을 연계(牒)한 것이고,)

　　　　자2. 제2 겸하여 나머지 둘은 제지하는 글(經)을 연계(牒)한 것이다.)

*나1. 제1은 이것이 청하기 전에 제지한 것이고, 나머지 둘(나2. 나3.) 이것은 청한 뒤에 제지한 것이다.

다1. '제2의 청' 이라고 한[세친 167] 아래는, 위에서 내려오면서 세 번 제지한 것을 해석하여 마쳤고,


(◐가2. 제2 대중으로 하여금 사람을 존중하고 법을 존중히 여기는 마음 【세친 165】)

◐가3. 제3 증상만의 사람이 법석(法席)을 떠나게 하기 위한 것 【세친 166】)연속.

지금 이 제2 【세친 167】는 뒤에 두 번 청함을 해석한 것이다.

問。何故不釋初請。答。前第三(=二)章中 決定等三義 已釋初請竟。是故今但釋後兩請。問。釋後兩請 云何屬因受記。答。後之二請 明其過去種善根 現在修福。卽是受記因緣。

▣ 무엇 때문에 첫 번째 청은 해석하지 않았는가?

([길장 137] ♣다1-2. 제2 세 가지 뜻(三義)을 나누어 나열하였다.-[세친 138]에 세 가지가 나열됨)연계

▣ 앞 제3의 문장(세 문장(章-【세친 164】【세친 165】【세친 166】)중에 결정하는 등 세 가지 뜻(三義)에서 이미 처음의 청을 해석하여 마쳤다. 이런고로 지금은 다만 뒤에 두 청만 해석하였다.

▣ 뒤의 두 번의 청을 해석함이 어떻게 수기 받는 인연에 속하는가?

▣ 뒤의 두 번의 청은 그들이 과거에 심은 선근이 현재에 닦는 복임을 밝혔으니, 바로 이것이 수기의 인연인 것이다.


又此之二請 尊人重法 卽=此 是授記因緣也。問。初請亦尊人重法。何故非是受記(決定)因緣。答。初請中決定心 卽是執及疑。執則執小拒=排大 不受佛語。疑則猶頂未信。未+是尊人重法之心。故非受記因也。就文釋二請卽二。一一中各兩。初正釋。次引經。第二請　明過去無量佛所敎化。

또 이 두 청에 사람을 존중하고 법을 귀중히 여기는 이것이 수기의 인연인 것이다.

문 처음에 청한 것도 또한 사람을 존중하고 법을 귀중히 여기는 것인데, 무엇 때문에 이것은 수기의 인연이 아닌가?

답 처음 청한 중에 결정하는 마음(決定心)은, 바로 이것은 고집과 의심인데, 고집이라면 소승을 고집하여 대승을 거부하여 부처님의 말씀을 받아들이지 않는 것이요, 의심이라면 오히려 유예하고 아직 믿지 못하는 것이니, 이것은 사람을 존중하고 법을 귀중히 여기는 마음이 아니다. 그러므로 수기의 인연이 아닌 것이다.

다2. 그 글에 나아가 보면 제2의 청 【세친 167】 을 해석하였는데 곧 둘이다.

([길장 164] 제2 대중으로 하여금 사람을 존중하고 법을 존중히 여기는 마음)

[길장 165] 제3 증상만의 사람이 법석(法席)을 떠나게 하기 위한 것)연계.

◆라1. 제1의 청 【세친 161】 은 하나하나 가운데 각각 둘씩이다.

　마1. 제1 처음은 바로 해석하고,

　마2. 제2 다음은 경을 인용하였다.

◆라2. 제2의 청 【세친 167】 은 과거 무량한 부처님의 처소에서 교화하신 것을 밝힌 것이다.

【세친 167】 第二請者 示現過去無量諸佛 教化衆生 如經 是會無數乃至 聞佛所說 則能敬信故

◆차2. 제2 청이란, 과거 무량한 모든 부처님이 교화하신 중생을 나타내 보인 것으로, 경에 '이 법회에는 수없는 백 천 만억 아승지 중생은 일찍 모든 부처님을 친근하여--내지 부처님의 말씀을 듣고 곧 능히 공경하여 믿으리라.' 라고 한 것과 같기 때문이니라.

[길장 167] 第三請。今現在佛 四十餘年來教化。

(제3 증상만의 사람이 법석(法席)을 떠나게 하기 위한 것 [길장 165] ◐가3)

◆차3 제3의 청 【세친 168】 은 지금 현재 부처님이 40여 년간 오면서 교화하신 것이다.

【세친 168】第三請者 示現今現在佛 敎化衆生 如經 今此會中 如我等比 乃至長夜 安穩多所饒益故

◆차3. 제3청이란, 지금 현재 부처님이 교화하신 중생을 나타내 보인 것으로, 경에 '지금 이 법회 중에 나와 같이 동등하게 비교하여 내지-- (無明의)긴 밤에 편안하고 요익함이 많으리라.' 라고 한 것과 같기 때문이다.


[길장 168] 文處易知 取授=(受)記。釋第三取授記。初牒章。
수기 받는 다는 것은 글 있는 곳을 쉽게 알 것이다. 【세친 169】


◈가3. 제3 수기를 받는 것(【세친 169】)을 해석한 것이다.(【세친 148】 가3 연계)


●나1. 제1 처음은 글(章)을 이끌어 오고,
【세친 169】 取授(=受)記者
◈가3. 수기를 받는다(가진다)는 것은,


[길장 169] 以舍利弗等下。第二解釋。
'사리불 등' 이라고 【세친 170】 한 아래는,


●나2. 제2 해석이다.
【세친 170】 以舍利弗等 欲得授記
사리불등이 수기를 얻고자 한 것이다.


[길장 170] 次引經。

●나3. 제3 다음은 경의 인용이다.

**【세친 171】** 如經 佛告 舍利弗 汝以三請 豈得不說 汝今諦聽 如是等故

경에 "부처님이 사리불에게 이르시되 '네가 세 번 청하니 어찌 설하지 아니하랴! 너는 이제 자세히 들으라.' "라고 한 것과 같은 까닭이니라(방편품 끝의 긴 게송 앞의 장항의 앞부분)

[길장 171] 問。佛受身子請。誠聽許說。云何乃是 身子取[＊]授記。答。以身子機緣中 欲得受記作佛+故 佛受請許說也

囧 부처님이 신자의 청을 받아들여 주의를 기우려 들도록하고 설법을 허락하셨는데 어찌하여 이것이 신자에게 수기를 받는 것이란 말인가?

囧 신자가 기연(機緣 : 선한 근기가 있어 가르침을 받을 인연이 된것) 이 있는 중에 수기를 받아 부처가 되고자 하기 때문에 부처님께서 청을 받아들여 설법을 허락하신 것이다.

**【세친 172】** 與受記者。

◆가4. 수기를 준다는 것은,

[길장 172] 釋第四章。此釋正說。從初竟五濁=偈之前經文也。問。今正說法華經。云何名 與受記。答。所以說法華者 意欲令其受記作佛。此釋佛意門也。就文爲二。初牒名。第二解釋。

◆가4. 제4장(章)[길장 147]【세친 148】 ◆가4 제4 수기를 주는 것이다. 연속) 의 해석인데 이것은 바로 설하신 것을 해석한 것이다. 처음부터 끝의 마지막 5번째 긴 게송을 마치기 전의 경문이다.

囧 지금 바로 법화경을 설하시는데 어떻게 수기를 준다고 이름 하느냐?

囧 법화경을 설하시는 까닭은, 뜻은 그들이 수기를 받아 부처가 되게 하고자함이다. 여

기는 부처님의 뜻을 해석한 것(門)이다. 【세친 148】 가4.연속

그 글 둘이니
*나①. 제1 처음은 이름을 이끌어오고(연계하고,)
*나②. 제2 해석이다.


與 受記者 就釋中爲二。第一正釋。第二引前 二法證釋
'수기를 준다.' 고 한 것은, 해석 중에 둘로 되어있으니
　다1. 제1 바로 해석하고,
　다2. 제2 앞에 두 법(1본에는 5법)의 깨달음의 해석을 인용하였다.


就初又三。前開六門。次釋六門也。後結六門。開六(=示)門者。卽是開此正說經 爲六門也。
　다1. 처음(제1 바로 해석하고,)이 또 셋이다.
　　$라1. 제1 먼저 6문(六門◐)을 열고, 【세친 173】
　　$라2. 제2 다음은 6문을 해석한 것이고,
　　$라3. 제3 뒤는 6문을 결론 맺은 것이다.
　6문을 연다고 한 것은, 곧 이것은 여기서 바로 설하 신 경을 여는 것이 6문이 된다는 것이다.


　◐ 참고( [後結…六門也] 十七字-(後結六門者。卽是結開此正說經 爲六門也)가 없는 본도 있다 .]
　(뒤는-6문을 끝맺는다는 17자 (뒤에 6문을 맺는 다는 것은 곧 이것은 여기서 바로 설하신 경을 열어 끝맺은 것이 6문이 된다는 것이다.)가 없는 본도 있다.


　($라1. 제1 먼저 6문(六門)을 열고,)

【세친 173】 有六種應知 一者未聞令聞 二者 說+法 三者依何等義 四者令住 五者依法 六者遮 未聞者令聞? (未聞令聞者)

여섯 가지가 있음을 마땅히 알라!

◯마 제1 아직 듣지 못한 것을 듣게 하고,

◯마 제2 법을 설함이요,

◯마 제3 어떤 뜻에 의함이요,

◯마 제4 머물게 함이요,

◯마 제5 법에 의함이요,

◯마 제6 막는(遮 : 차단함)것이요.


◯마 제1 아직 듣지 못한 것을 듣게 하고,


( $라2. 제2 다음은 6문을 해석한 것이고,)

[길장 173] 未聞者 第二釋六門 卽成六別。就初爲二。未聞令聞牒章名。如經已下。示釋處。

◯마1. 제1. '아직 듣지 못하였다는 것은,

$라2. 제2 6문을 해석한 것으로, 여섯 가지다.【세친 173】

◯마1. 제1 처음(◯마1.)을 둘로 하였다.

바1. 제1 아직 듣지 못한 것을 듣게 한다. 함은 글의 이름(章名)을 연계한 것이고. '경과 같이(如經)' 라고 한 아래는,[세친 174]


바2. 제2 해석한 곳을 보인 것이다.

[길장 174] 未聞令聞者 一乘之法 昔所未聞 而令=今得聞。故云未聞令聞。

◯마1. 아직 듣지 못한 것을 듣게 한다는 것은, 1승의 법을 옛적에는 듣지 못한 것인데

이제 듣게 된 것이므로 그래서 아직 듣지 못한 것을 듣게 한다고 말한 것이다.

(바2. 제2 해석한 곳을 보인 것이다.)

【세친 174】如經 舍利弗 如是妙法 諸佛如來 時乃說之 如優曇華 如是等故

경에 "사리불아, 이와 같은 묘법은 모든 부처님 여래는 때가 되어야 이에 설하느니라. 우담바라 꽃과 (때가 되어야 피는 것과) 같이 이러한 등과 같은 까닭이니라." 라고 한 것과 같다.(방편품 끝 긴 게송 앞의 장항의 앞 부분)

[길장 175] 說者下。釋第二章門。又開三別。一標章。二引經。三釋經。

설한다고[세친 175] 한 아래는,

사1. 제2 의 글(章門-❶마2. 제2 법을 설함이요.)을 해석 한 것이 또 세 가지다.

아❶ 제1 글을 앞에 내세우고,

아❷ 제2 경을 인용하고,

아❸ 제3 경을 해석하였다.


(아❶ 제1 글을 앞에 내세우고,)

【세친 175】說者(說法)

❶마 제2. 설한다(법을 설한다.)고 한 것은,

[길장 176] 問。何故名爲說。答。欲辨三乘 無有三理 但有名字。故稱爲說 如經已下。第二引經。

❶마 제2. 回 무엇 때문에 설한다고 이름 하는가?

回 3승은 세 가지 이치(三理)는 있지 않고 다만 이름자만 있음을 판별하고자 함이다. 그러므로 설한다고 칭한 것이다.

'경과 같이(如經)' 라고 한 아래는,[세친 176]

아래 제2 경을 인용한 것이다.

【세친 176】如經 舍利弗 我以無數方便 種種因緣 譬喩言辭 演說諸法 如是等故

경에 "사리불아, 나는 수없는 방편과 가지가지 인연과 비유의 말로 모든 법을 연설하노니 이러한 등과 같은 까닭이니라." 라고 한 것과 같다.(방편품 끝 긴 게송 앞의 장항의 앞부분)

[길장 177] 種種因緣下。第三釋經。

'가지가지 인연' 이라고 【세친 177】 한 아래는,

아래 제3 경을 해석한 것이다.

【세친 177】種種因緣者 所謂三乘 彼三乘者 唯有名字 章句言說 非有實義 以彼實義 不可說故

"가지가지 인연이란, 이른바 3승이다. 저 3승이라는 것은 오직 이름자와 문장과 구절과 말만 있고 실제의 뜻은 있지 않으니 그 진실한 뜻은 설할 수 없기 때문이다.

[길장 178] 種種因緣。此牒經也。

가지가지 인연은 이것은 경을 연계한 것이다.

所謂三乘者。釋種種因緣也。以種種因緣 故說三乘。故名=銘三乘 爲種種因緣。又三乘入道 各有由籍。故名種種因緣。彼三乘者 唯有名字。解前章名。所謂說也。

이른바 3승이란, 가지가지 인연을 해석한 것이다. 가지가지 인연 때문에 그래서 3승을 설한 것이다. 그러므로 3승이라 이름하며 가지가지 인연이 되는 것이다.

또 3승이 도에 들어가는 데 각각 연관된 문서(由籍 : 분과의 내력)가 있으니 그러므로 가지가지 인연이라고 이름 한 것이다. 저 3승이란 오직 이름자만 있을 뿐 앞에 글의 이름을 해석한 것이니 이른바 '설한다(說).'는 것이다.

又釋經中 言辭演說之句也。以彼實義 不可說故者。實義卽是無三。言忘慮絶 故不可說也。

또 경을 해석하는 중에 말로 연설한다는 구절이다. 그 진실한 뜻은 설할 수 없는 때문이라고 한 것은, 진실한 뜻이라면 이것은 3승이 없다는 것이다. 말을 잊고 생각이 끊어짐이니, 그러므로 설 할 수 없는 것이다.

問。何故 不解經無數方便 及譬喩語耶。答。此二句後文當釋。又無數方便 上已釋竟 依何等義者。釋第三章。就文亦三。初牒章。二引經。三釋經。

▣ 무엇 때문에 경의 수없는 방편과 비유의 말씀을 알지 못한다고 하는 것인가?
▣ 이 두 구절은 뒤에 글에서 당연히 해석한다. 또 무수한 방편은 위에서 이미 해석을 마쳤다.

어떤 뜻에 의함이라고 [세친 178]한 것은,

◉마3. 제3장(위의 【세친 173】 ◉마3. 제3 어떤 뜻에 의함이요.)을 해석한 것이다.

그 글이 또 셋이다.

◉바1. 제1 처음은 글을 연계(牒)하였고,

◉바2. 제2 경을 인용하고,

◉바3. 제3 경을 해석하였다.


(◉바1. 제1 처음은 글을 연계(牒)하였고,)

【세친 178】 依何等義者

◯마3. 제3. '어떤 뜻에 의한다.' 고 한 것은,

[길장 179] 經中稱一大事因緣。論明因緣是所以。所以卽是義。今依此義故 出現於世。故言依何等義。又依何等義者。以依開示悟入等四義故 云依何等義。又對上三乘有語無義。一乘有語有義。故云依何等義 如經已下。第二引經。

경중에는 일대사인연(一大事因緣)이라 칭하고, 논에는 인연 이것이 까닭이라고 밝혔다. 까닭은 곧 이 뜻이다. 지금 이 뜻에 의하기 때문에 세상에 출현하신 것이니, 그러므로 '어떤 뜻에 의한다.'고 말한 것이다.

또 어떤 뜻에 의한다는 것은, 개시오입(開示悟入) 등의 네 가지 뜻(四義)에 의하기 때문에 '어떤 뜻에 의한다.'고 말한 것이다. 또 위에서 3승은 말은 있어도 뜻은 없다는 것에 대하여, 1승은 말도 있고 뜻도 있다. 그러므로 '어떤 뜻에 의한다.'고 말한 것이다.

'경과 같이(如經)'라고 한 아래는,[세친 179]

◎바2. 제2 경을 인용한 것이다.

【세친 179】如經 舍利弗 諸佛世尊 唯以一大事因緣故 出現於世 如是等故

경에 "사리불아, 모든 부처님 세존은 오직 일대사인연 때문에 세상에 출현하시나니," 라고 함과 같이 이러한 등과 같은 때문이니라. (방편품 끝 긴 게송 앞의 장항의 중간)

[길장 180] 彼一大事者已下。第三釋經。就文爲二。一初標四事勸知。

'저 일대사'라고 한 아래는,[세친 180]

◎바3. 제3 경을 해석한 것이다.

그 글이 둘이니.

((([길장1]의 ●가4. 여래의 네 가지 뜻(四義)을 밝히고,) 에 연결.

◆사1. 제1 처음은 네 가지 일(四事)을 앞에 내세워 권하여 알게 하고.【세친 180】

【세친 180】彼一大事者 依四種義 應當善知

"저 일대사란 네 가지 뜻(四義)에 의한 것임을 마땅히 잘 알라!"

방편품 제2 333

[길장 181] 從何等爲四已下。第二別釋四義。卽成四別。就釋開義爲三。一者標章略釋。二引經。三釋經。一者無上義+此標章。

'어떤 것들을 네 가지라 하느냐? 라고 한 이하는,[세친 181]

◆사2. 제2 네 가지 뜻(四義)을 나누어 해석하니 곧 네 가지로 나누어지고

◆사3..해석에 나아가 뜻(義)을 전개함은 세 가지가 된다.

回아1 .제1 글을 앞에 내세워 간략하게 해석하고,

回아2. 제2 경을 인용하고(해석하고),

回아3. 제3 경을 해석하였다(인용하였다)2. 3순서가 바뀜).

◆사2.-1 제1 위없다는 뜻은[세친 181] 이것은

(回아1. 제1. 글(章)을 앞에 내세운 것이다.

【세친 181】 何者爲四 一者無上義

어떤 것을 네 가지라 하느냐?

◆사2-1. 제1 위없다는 뜻이다.

[길장 182] 唯除如來一切智智下。第二釋章。

'오직 여래의 일체지지는 제외한다. [세친 182]라고 한 아래는,

回아2. 제2 글을 해석하고.

【세친 182】 唯除如來 一切智智 知更無餘事

"오직 여래의 일체지의 지혜(부처님의 지혜-3지(智)의 하나)는 제외하고 다시 다른 일은 없음을 알라."

[길장 183] 除佛以外 人天二乘等智慧所知 皆是有上。獨佛知見 名爲無上。今欲開無上知見。故言開佛知見 如經已下。第二引經。

부처님을 제외한 인(人)·천(天)·2승(乘) 등의 지혜로 아는 것은 다 그 위가 있고, 오직 부처님의 지견만 이름 하여 그 위는 없다(無上)고 하는 것이다.

지금 위없는 지견을 열고자 함이니, 그러므로 불지견(佛知見)을 연다고 말한다.

'경과 같이(如經)' 라고 한 아래는.[세친 183]


回아2. 제2 경을 인용한 것이다.
【세친 183】 如經 欲開佛知見 令衆生知得淸淨故 出現於世(故)
경에 "부처님의 지견을 열어 중생으로 하여금 청정함을 얻어 알게 하고자 하기 때문에 세상에 출현하시느니라." 라고 한 것과 같다(수량품)


[길장 184] 令衆生知得淸淨故者。釋開佛知見意也。所以開佛知見者。令衆生知故也。

'중생으로 하여금 청정함을 얻어 알게 하고자 하는 때문에' 라고 한 것은, 부처님의 지견을 여는 뜻을 해석한 것이다. 부처님의 지견을 여는 까닭은 중생을 알게 하기 때문이다.

得淸淨者。令衆生知佛得淸淨。又一意令衆生 知使衆生得淸淨 佛知見者。第三釋經。

'청정함을 얻는다.' 라고 한 것은, 중생이 부처님이 얻으신 청정함을 알게 하려는 것이다.

또 한 가지 뜻은 중생으로 하여금 청정함을 얻는 것을 알게 하려는 것이다.

'부처님의 지견이라고 한 것은.[세친 184]


回아3. 제3 경을 해석한 것이다.
【세친 184】 佛知見者 如來能證 以如實智 知彼(深)義故

부처님의 지견이란 여래는 능히 깨달은 여실한 지혜로써 저 깊은 뜻을 아시기 때문이다.


[길장 185] 此釋佛知見者。開示悟入四句 皆有佛知見。今寄初章 總釋之也。如來能證 以如實智 知彼義故者。如來能證 謂能證法身。

여기서 부처님의 지견이라고 한 것 【세친 184】을 해석하였는데, 개시오입(開示悟入-방편품)의 4구(四句)는 다 부처님의 지견이 있다. 지금 처음 글에 붙여 전체적으로 해석한다.

'여래는 능히 깨달은 여실한 지혜로써 저 뜻을 알기 때문이다.' 라고 한 것은, 여래는 능히 깨달았으니 말하자면 능히 법신을 깨달으신 것이다.


如實智者 出能證之智也。知彼義故者。彼義卽是法身。出所知法身也　二者同義下。釋第二。就文亦三。初標章。次引經。三釋經。

'여실한 지혜' 라고 한 것은, 능히 깨달은 지혜에서 나온 것이다. '저 뜻을 아시기 때문이다.' 라고 한 것은, 저 뜻은 곧 법신이니 아는 바의 법신에서 나온 것이다.

◆사2-2.. 제2 '뜻이 같다.' 라고 한 아래는,[세친 185]

제2의 해석 이다. 글이 또 세 가지다.

◆아1. 제1 처음은 글을 앞에 내세우고,(【세친 185】의 글.)

◆아2. 제2 다음은 경을 인용하고,

◆아3. 제3 셋째는 경을 해석하였다.


(◆아1. 제1 처음은 글을 앞에 내세우고,)

【세친 185】二者同義 以聲聞辟支佛 佛法身平等故

◆사2-2. 제2 뜻(이치)이 같다. 성문과 벽지불과 부처님의 법신이 평등한 때문이다.

**[길장 186]** 同義者。釋上示也。以聲聞辟支佛 佛法身不等者。釋同義也。所言同者。三乘人同法身平等故 名爲同。

뜻(이치)이 같다는 것은, 위에서 해석하여 보인 것이다. 성문과 벽지불과 부처님의 법신이 평등하다는 것은, 뜻(이치)이 같다는 것을 해석한 것이다.

말한바 같다는 것은, 3승인이 법신과 동등하여 평등한 때문에 이름하여 '같다'고 한 것이다.

問。何故明同義。答。前雖明無上 即佛獨有 餘人所無。是故明三乘人一法身也。問。何故釋示以爲同義。答。示其同有 法身之義。故釋示爲同也 如經下。第二引經。

▣ 무엇 때문에 뜻(이치)이 같음을 밝히는가?

▣ 앞에 비록 위없음(無上)을 밝혔으나 곧 부처님만 오직 있고 다른 사람은 없는 것이니, 이러하므로 3승의 사람이 하나의 법신임을 밝힌 것이다.

▣ 무엇 때문에 뜻이 같음을 해석하여 보이는가?

▣ 그들도 같이 법신이 있다는 뜻(이치)을 보인 것이니, 그러므로 같음을 해석하여 보인 것이다.

'경과 같이(如經)' 라고 한 아래는, 【세친 186】


◆아2. 제2 경을 인용한 것이다.

**【세친 186】** 如經 欲示衆生 佛知見故 出現於世

경에 "중생에게 부처님의 지견을 보이고자 하는 때문에 세상에 출현하시느니라." 라고 한 것과 같다.(방편품 끝 긴 게송 앞의 장항의 중간)


**[길장 187]** 法身平等者。第三釋經。

법신이 평등하다고 한 것은,[세친 187]

◆아3. 제3 경을 해석한 것이다.

**【세친 187】** 法身平等者 佛性法身 更無差別故

법신이 평등하다는 것은, 불성과 법신이 다시 차별이 없기 때문이다.


**[길장 188]** 佛性法身 更無差別者。亦名佛性 亦名法身。佛性與法身 更無差別。又三乘人 同有佛性 同有法身。故言更無差別也。

불성과 법신이 다시 차별이 없다는 것은, 또한 불성이라고도 이름하고 또 법신이라고도 이름 하니 불성과 법신이 다시 차별이 없는 것이다. 또 3승인도 동등한 불성이 있고 동등한 법신이 있으니, 그러므로 다시 차별이 없다고 말한 것이다.


第一無上義中。明佛得淸淨 卽是無垢眞如。今明同義 卽是有垢眞如。佛性論 以無垢眞如爲勝相。有垢眞如爲同相。以無垢 勝於有垢故 名勝相  三者不知義下。釋第三悟義。就文亦三。一標。二釋。三引經。

( 제1 위없는 뜻이다.[세친 181]와 연계)

제1에 '위없다.'는 뜻 중에 부처님이 얻은 청정함을 밝혔으니 바로 이것이 때 없는(無垢) 진여(眞如)이고, 지금 뜻(이치)과 동등함을 밝혔으니 바로 이것이 때가 있는 진여다.

불성론에는 때 없는 진여를 수승한 모습이라 하고, 때 있는 진여를 동등한 모습이라 하였다. 때 없는 것이 때 있는 것보다 수승한 고로 '수승한 모습'이라고 이름 한다.

◆사2-3. 제3 '뜻을 알지 못 한다.' 라고 한 아래는,[세친 188]

　　제3의 뜻을 깨달음을 해석 하였다. 그 글이 또 세 가지다.

●아1. 제1 앞에 내세우고,

●아2. 제2 해석하고,

●아3. 제3 경을 인용하였다.


(●아1.제1 앞에 내세우고,)

【세친 188】三者不知義

◆사2-3. 제3 뜻을 알지 못한다.

[길장 189] 問。何故 釋悟而稱不知。答。約二乘人 不知令知。故是釋悟。問。上不知同。今示令知同。與今何異。答。上直取同義。今明唯一佛乘 眞實究竟。故與上爲異 以一切聲聞下。第二釋不知義。

▣ 무엇 때문에 깨달음을 해석하는데 알지 못한다고 칭하느냐?

▣ 2승의 사람에 대하여 알지 못한 것을 알게 하려고 그래서 이렇게 깨달았다고 해석한 것이다.

▣ 위에서는 동등함을 알지 못하고 지금은 동등함을 알게 하려고 보인 것인데 지금과 무엇이 다른가?

▣ 위에서는 뜻과 동등함을 직접 취한 것이고 지금은 오직 1불승만이 진실한 구경임을 밝혔다. 그러므로 위와는 다르다.

'일체 성문'이라고 한 아래는,[세친 189]


●아2. 제2 뜻을 알지 못함을 해석하였다.

【세친 189】以一切聲聞辟支佛等 不能知彼眞實處故(此言)不知眞實處者 不知究竟 唯一佛乘故

"일체 성문 벽지불 등은 능히 저 진실한 곳을 알지 못하는 까닭이다." 라고 하였는데, 진실 한 곳을 알지 못 한다고 한 것은 구경(究竟)이 오직 일불승뿐인 을 알지 못하는 까닭이다.


[길장 190] 初正釋。從不知眞實處者。傳釋也 如經下。第三引經。

처음에는 바로 해석하였다. 진실한 곳을 알지 못한다고 한 것부터는 해석을 전한 것이다.

'경과 같이(如經)'라고 한 아래는,[세친 190]

●아3. 제3 경을 인용한 것이다.

【세친 190】如經 欲令衆生 悟佛知見故 出現於世

경에 "중생으로 하여금 부처님의 지견을 깨닫게 하고자 하는 고로 세상에 출현하셨느니라."라고 한 것과 같다.(방편품 끝 긴 게송 앞의 장항의 중간)


[길장 191] 四者爲令證 不退轉地下。釋第四入 亦三。一標 二釋。三引經。

◆사2-4 제4 '물러나지 아니하는 경지를 깨닫게 하시려는 것이다.'【세친 191】라고 한 아래는, 제4 들어가는 것(부처님 지견에 들어가는 것-入佛之知見)을 해석하였고 또한 세 가지다.

△아1. 제1 앞에 내세우고,

△아2. 제2 해석하고,

△아3. 제3 경을 인용하였다.


(△아차1. 제1 앞에 내세우고,)

【세친 191】四者因義 爲欲令證不退轉地

◆사2-4 .제4 인연의 뜻이니. 물러나지 아니하는 경지를 깨닫게 하고자 함이다.


[길장 192] 經中稱之爲入。論稱爲之證也。以入卽是證。令不退轉者。旣證法身便不退轉 示現欲與 無量智業故者。第二解釋。

경(經) 중에서는 (부처님 지혜에)늘어가게 한다고 칭하였고 논(論)에서는 깨닫게 한다고 칭하였는데 들어가는 것이 곧 깨닫는 것이다.

물러나지 않게 한다는 것은, 벌써 법신을 깨달은지라 문득 물러나지 않는 것이다.

'무량한 지혜의 업을 주고자 함을 나타내 보이는 때문이다.' 라고 한 것(아래[세친 192]에)은,

●아2. 제2 해석이다.
**【세친 192】示現與無量智業故**
"무량한 지혜의 업을 줌을 나타내 보이기 때문이다."

**[길장 193]** 所以令證法身 不退轉者。示現欲與其無量智業故。卽是用=同也。取不退轉者。示現欲與其。卽用=同也。亦得無量智業故。釋經中入佛知見道。道卽是業也 　如經下。第三引經。

　법신을 깨닫게 하는 까닭에 물러나지 않는다고 한 것은, 그들에게 무량한 지혜의 업을 주고자함을 나타내 보이는 때문에 바로 이렇게 응용한 것이다. 물러나지 않음을 취한 것은, 그것을 주고자 함을 나타내 보이는 것이니 곧 같은 것이요 또한 무량한 지혜의 업을 얻기 때문이다.
　경(經) 중에 부처님의 지견의 도(道)에 들어감을 해석 하였는데 도는 곧 업이다.
　'경과 같이(如經)' 라고 한 아래는,[세친 193]

●아3. 제3 경을 인용한 것이다.
**【세친 193】如經 欲令衆生 入佛知見故 出現於世**
경에 "중생으로 하여금 부처님의 지견에 들어가게 하고자 하는 고로 세상에 출현하셨느니라." 라고 한 것과 같다.(방편품 끝 긴 게송 앞의 장항의 중간)

**[길장 194]** 問。何故 明四不多不少。又此四有何次第。答。初言開者 開十方諸佛法身。如前云 開示如來 淨妙法身 令生信心故。
　問 무엇 때문에 네 가지보다 많지도 않고 적지도 않게 밝혔는가?

또 이 네 가지에는 어떤 순서가 있는가?

▲자1. 제1처음에 연다(開)고 말 한 것은, 시방 제불의 법신을 여는 것이니, 앞에 말한 것과 같이 여래의 청정하고 미묘한 법신을 열어 보여 신심이 생기게 하려는 때문이다. 라고 한 것과 같다.

是故 第一前明其開。雖開十方諸佛法身。或謂諸佛 獨有法身 二乘人所無。佛得成佛 二乘不成佛。是故明三乘人 同有此法身 同皆成佛。雖明三乘 同有法身 二乘人不知 同一法身。

이런고로 제1에 먼저 그것을 여는 것을 밝혔다. 비록 시방 제불의 법신을 열더라도 혹은 말하기를 '제불은 홀로 법신이 있지만 2승의 사람은 없고, 부처님은 성불하였고 2승은 성불하지 못한다.' 고 하였다.

이런 고로 3승인도 동등하게 이 법신이 있고, 동등하게 다 성불함도 밝혔다. 비록 3승도 동등하게 법신이 있다고 밝혔지만 2승인은 동등한 하나의 법신임을 알지 못한다.

是+故明悟 有一無二。旣悟有一無二則 唯有進路 無有退道。是故 次明其人。此四無義不收。故不得多少。卽是次第

이런 고로 깨달음은 하나뿐 둘이 없음을 밝혔다. 이미 깨달음은 하나뿐 둘이 없다고 한 것이라 오직 나아갈 길만 있을 뿐 물러날 길은 있지 않다.

▲자2. 제2 이런 고로 다음에 그 사람을 밝혔다. 이 넷은 뜻으로 거두어들이지 아니한 것이 없다. 그러므로 많고 적음이 없다. 곧 이것이 순서다.

又示者。上來一周(義)釋四法。正約爲二乘人也。從此以下　更三周重釋。凡約三人。一約菩薩。二約外道。三約二乘。約菩薩中 復有三人。一者爲有疑菩薩 重釋示義。

또 보인다고 한 것은, 위에서 오며 첫 번째(周)에서 4법(四法)을 해석한 것이 바로 2승인을 위하는 데 대한 것이다.

여기서부터 아래는 다시 세 번째(三周) 거듭 해석한다. 대체로 세 부류의 사람에 대한 것이다.

🔽차1. 제1 보살에 대한 것이고,

🔽차2. 제2 외도에 대한 것이고,

🔽차3. 제3 2승에 대한 것이다.

보살을 대한 것 중에 다시 세 부류의 사람이 있다.

🔽차1-1 제1 의심이 있는 보살을 위하여 거듭 해석하여 뜻을 보였다.

**【세친 194】又 復示者 爲諸菩薩 有疑心者 令知如實修行故**

또 다시 보인다는 것은, 모든 보살이 의심하는 마음이 있는 이를 위하여 여실하게 알고 수행하게 하는 까닭이다.

**[길장 195]** 菩薩疑者。佛旣稱一大事出世。昔明(約)爲五乘事故出世。卽今昔相違。所以爲疑。

보살이 의심한다는 것은 부처님이 벌써 일대사(一大事)로 세상에 출현하셨음을 말한다. 옛적에는 5승의 일을 위한 때문에 출세 하셨다고 밝혔는데 곧 지금은 옛적과 서로 다르니, 그래서 의심하는 것이다.

是故今明 昔方便言爲五。以理言之 終爲一事。以同+一法身故 菩薩疑除。故得如實修行 又悟入者。第二合爲二種菩薩。

이런 고로 지금 옛적에 방편으로 5승을 위함이라고 말한 것을 밝혔다. 이치로 말하면 끝내 한 가지 일만 위해서다. 한 법신과 동등한 때문에 보살의 의심이 제거된 것이다. 그러므로 여실하게 수행하는 것이다.

또 깨달아 들어간다는 것 [세친 195]은,

🔽차1-2. 제2 (제1의 보살과) 합하면 두 부류의 보살이 된다.

【세친 195】又悟入者 未發菩提心者 令發心故 已發心者 令入法故

깨달아 들어간다는 것은, 아직 보리심을 내지 못한 이를 발심하게 하는 까닭이요, 이미 발심한 이는 법에 들어가게 하는 까닭이다.


[길장 196] 旣同一法身 卽唯應發一佛心 不發餘心故。令未發菩提心者 發菩提心也。旣唯一無二 卽唯進不退。故已發心者 令入法也。

⬇차1-3. 제3 이미 동일한 법신이라면 오직 마땅히 하나의 불심만 내고 다른 마음은 내지 않기 때문이요, 아직 보리심을 내지 못한 이는 보리심을 내게 하는 것이다.

이미 오직 하나 뿐 둘이 없으면 오직 나아갈 뿐 물러나지 않는다. 그러므로 이미 발심한 이는 법에 들어가게 하는 것이다.


問。三菩薩何異。答。初是昔三乘中菩薩。後二是今一乘中菩薩。

⍰ 세 부류의 보살은 무엇이 다르냐?

🅐 처음은 옛적 3승(三乘) 중의 보살이요, 뒤에 둘은 지금 1승(一乘) 중의 보살이다.


【세친 196】又復悟入者 令外道衆生 生覺悟故

또 다시 깨달아 들어간다는 것은, 외도의 중생으로 하여금 깨닫는 마음이 생기게 하는 까닭이다.


[길장 197] 次明悟者。旣唯一佛道 卽悟無我 卽外道歸佛道。故云悟也。

다음 깨달음을 밝힌다고 한 것은, 이미 오직 하나 뿐인 불도로 곧 내가 없음을 깨달으면 곧 외도가 불도에 귀의하니, 그러므로 깨닫는다고 말하는 것이다.


【세친 197】又復入者 令得聲聞 小乘果者 入大菩提故

또 다시 들어간다고 한 것은, 성문의 소승 4과를 얻은 이가 대 보리에 들어가게 하기 때문이다.

**[길장 198]** 次令二乘人回小入大。卽入十信位。謂菩提心也  令住者 釋第四住義。就文爲二。初標 次經。

다음에 2승인이 소승을 돌려 대승에 들어가게 함이니 곧 10신의 지위(十信位)에 들어가는 것이니, 말하자면 보리심인 것이다.

머물게 한다는 것은,[세친 198] ([세친 173] ● 마4. 제4 머물게 함이요, ↔ 연속)

●마4. 제4 머묾의 뜻을 해석한 것이다.

그 글이 둘이니

◎바1. 제1 처음은 앞에 내세우고,

◎바2. 제2 다음은 경이다.


(◎바1. 제1 처음은 앞에 내세우고,)

**[세친 198]** 令住者
  ●마4. 제4 머물게 한다는 것은,


**[길장 199]** 旣稱唯一佛乘 無有餘乘。卽令二乘人等 住於佛乘 不住餘乘。故云住也。又釋佛意門 所以說一乘者。欲令一切衆生 住一佛乘故也。

이미 오직 1불승(一佛乘)뿐 다른 승은 없다고 하였으면, 곧 2승인 등으로 하여금 불승(佛乘-부처님 가르침)에만 머물고 다른 승(乘-가르침)에는 머물지 아니 하니, 그러므로 머문다고 하는 것이다.

또 부처님의 뜻(마음)의 가르침(門)을 해석하건대, 1불승을 설하시는 까닭이란 일체중생으로 하여금 1불승에 머물게(살게) 하고자 한 때문이다.

如下偈云 佛自住大乘 如其所得+法 定慧力莊嚴 以此度衆生也。佛旣自住大乘。還令衆生 住

佛所住。故言令住也。亦如涅槃云。又有一行。是如來行 所謂大乘 大般涅槃。佛住大涅槃與
=爲衆生說法 令衆生住也。

아래 게송에 '부처님은 스스로 대승에 머무시어 얻은 바의 법과 같이 선정과 지혜(定慧)의 힘으로 장엄하여 이것으로 중생을 제도하시느니라.' 라고 한 것과 같다.

부처님은 이미 스스로 대승에 머물러 돌이켜 중생으로 하여금 부처님 계시는 곳에 머물게 함으로, 그러므로 머물게 한다고 말한 것이다. 또한 열반경에 이른 것과 같다.

또 하나 행(一行 : 한 가지 수행법)이 있으니 이것이 여래(如來)의 행(行)이니 이른바 대승이요 대반열반이다. 부처님이 대열반에 머물러 중생을 위하여 설법하시어 중생이 머물게 하는 것이다.


(◯바2. 제2 다음은 경이다.)

【세친 199】如經 舍利弗 但以一佛乘故 爲衆生說法故

경에 "사리불아. 다만 1불승 때문에 중생을 위하여 설법하는 것이니라." 라고 한 것과 같다.(방편품 끝 긴 게송 앞의 장항의 중간)


[길장 200] 依法者。釋第五。就文爲三。一標。二引經。三釋經。

([세친 173] ◯마5. 제5 법에 의함이요, ↔ 연속)

'법에 의한다.' 고 한 것은,[세친 200]

◯마5. 제5 (법에 의함이요,)의 해석이다.

그 글이 셋이 된다.

◯바1. 제1 앞에 내세우고,

◯바2. 제2 경을 인용하고,

◯바3. 제3 경을 해석하였다.


(◯바1. 제1 앞에 내세우고,)

**【세친 200】** 依法者

◯마5. 제5 법에 의한다고 한 것은,

**[길장 201]** 所言依法者。依三世佛法而說法。故言依法。亦是法如是故。所以言依法也。

'법에 의한다.'고 말한 것은, 삼세의 부처님 법에 의하여 설법하시니, 그러므로 '법에 의한다.'고 말한 것이다. 또한 이 법이 이와 같기 때문에 그래서 법에 의한다고 말하는 것이다.

問。依法之言 以何文證。答。前文云。舍利弗 一切十方諸佛法 亦如是。論主用此文證 如經已下。第二引經。就文爲二。初引過去佛章。

問 법에 의한다는 말은 어떤 글로 증명하는가?

答 앞글에 '사리불아, 일체 시방의 모든 불법도 또한 이와 같으니라.' 라고 하였으니, 논주는 이 글을 사용하여 증명한다.

'경과 같이(如經)' 라고 한 **【세친 201】** 아래는,

◯바2. 제2 경을 인용한 것이다. 그 글이 둘이니.

사1. 제1 처음은 과거불의 글(佛章)을 인용하였다. **【세친 201】**

**【세친 201】** 如經 "舍利弗 過去諸佛 以無量無數方便 種種譬喩 因緣念觀 方便說法 是法皆爲一佛乘故" 如是等故

경에 "사리불아, 과거 모든 부처님은 무량 무수한 방편과 가지가지 비유와 인연과 생각의 관법으로써 방편으로 설법하시니, 이 법이 다 일불승을 위한 때문이니

사2. 제2

'이와 같은 등의 까닭이니라.' " 라고 한 것과 같다.(방편품 끝 긴 게송(시구) 앞의 장항(산문)의 중간)

[길장 202] 如是等故者 從是諸衆生 從佛聞法 竟釋迦順同如此 皆爲一佛乘 一切種智故

'이와 같은 등의 까닭이니라.'라고 한 것은,( 【세친 201】 의 끝 글.)

이 모든 중생이 부처님으로부터 법을 들음에 따라, 끝내 석가에 같이 순종함이 이와 같으니, 다 1불승과 일체종지를 위한 때문이다.


言譬喩者。第三釋經。凡釋四句。一釋種種譬喩。二釋因緣。三釋念觀。四釋方便。就初文+爲三。一標譬喩。二釋譬喩。三結譬。

'비유' 라고 말한 것은, 【세친 202】

◎바3. 제3 경을 해석한 것으로 무릇 4구절◎로 해석하였다.

   △사1. 제1 가지가지 비유를 해석하고,

   △사2. 제2 인연을 해석하고,

   △사3. 제3 생각의 관법을 해석하고,

   △사4. 제4 방편을 해석하였다.

   △사1. 처음의 글 (제1 가지가지 비유를 해석하고,)이 셋이 된다.

      □아1. 제1 비유를 앞에 내세우고,

      □아2. 제2. 비유를 해석하고,

      □아3. 제3. 비유를 끝맺는다.


(□아1. 제1 비유를 앞에 내세우고,)

【세친 202】 言譬喩者

'비유' 라고 말한 것은,


[길장 203] 如依牛有乳下。第二釋譬喩。就文爲二。初開譬。次合譬。

'소에 의하여 젖이 있는 것과 같이' 라고 한 아래는,[세친 203]

□아2. 제2 비유를 해석하였다. 그 글이 둘이니

▽자1. 제1 처음은 비유를 열고,

▽자2. 제2 다음은 비유와 합치(合致 : 들어맞음. 일치함)하는 것이다.


(▽자1. 제1 처음은 비유를 열고,)

【세친 203】如依牛故 得有乳 酪 生酥 熟酥 乃至醍醐 此五味中 醍醐爲第一

소(牛)에 의한 때문에 우유가 낙과 생소·숙소 있고 내지 제호를 얻는다. 이 5미(味) 중에 제호가 제1이 된다.


[길장 204] 開譬+喩 卽五味相生 小乘如乳 大乘如醍醐者。第二合譬。

비유를 열면 다섯 가지 맛이 서로 생겨난다. 소승은 우유와 같고 대승은 제호와 같은 것이다.


▽자2. 제2. 비유와 합치하는 것이다.

【세친 204】小乘如乳 大乘如醍醐(小乘不如其猶如乳,大乘猶如醍醐) 故此譬喩 唯明大乘無上 諸聲聞等 亦同大乘 無上義故 聲聞同者 此中示現 諸佛如來 法身之性 同諸凡夫 聲聞人 辟支佛等 法身平等 無差別故

소승은 우유와 같고 대승은 제호와 같다.(소승은 오히려 젖과 같지 않고 대승은 제호와 같다-신수장경) 그러므로 이 비유는 오직 대승만이 위없음을 밝힌 것이다.

모든 성문 등도 또한 대승의 위없는 뜻(이치)과 동등한 때문이다. 성문이 동등하다고 한 것은 이 가운데 모든 부처님 여래의 법신의 성품은 모든 범부와 성문인과 벽지불 등과 동등함을 나타내 보인 것은, 법신이 평등하여 차별이 없기 때문이다.


[길장 205] 略合二味。謂小乘如乳大乘同醍醐。

간략하게 두 맛에 맞춰보면, 소승은 우유와 같고 대승은 제호와 동등함을 말한다.

此譬喩=唯明大乘無上者。依合味中 但取一味爲譬。謂此經唯明 大乘無上. 譬同醍醐.

'이 비유는 오직 대승만이 위없음을 밝힌 것이다.' 라고 한 것은, 맛을 맞춰본 것에 의한 중에서 다만 한 가지 맛만 가지고 비유한 것이다. 말하자면 이 경에 오직 대승의 위없음이 제호와 같음을 비유로 밝힌 것이다.


諸聲聞等 亦同大乘者。釋上唯明大乘無上也。聲聞同者 下傳釋。聲聞中亦同大乘義故也 此譬喩示現下。第三結譬。

모든 성문등도 또한 대승과 동등하다고 한 것은, 위에 오직 대승만이 위없다고 밝힌 것을 해석한 것이다. 성문과 동등하다고 한 것은, 아래에서 해석을 전하겠지만 성문중(中)에도 또한 대승의 뜻과 동등한 때문이다.

'이 비유로 나타내 보인다.' 라고 한 아래는,[세친 205]


마3. 제3 비유를 끝맺은 것이다.

**【세친 205】** 此譬喩示現 (此義皆是譬喩示現-세친 본)

(이 뜻은 다)이 비유로 나타내 보인다.


**[길장 206]** 結譬者。正結一味譬意。以一切衆生 同一平等法身故 名一味。

'비유를 끝맺는 것은, 한 맛에 비유한 뜻을 바로 끝맺는 것이다. 일체 중생이 동일한 평등 법신인 고로 한 맛이라고 이름 한 것이다.


問。何處具合五味譬耶。答。涅槃經云。如從牛有乳 從乳出酪 從酪出生蘇 生蘇出熟蘇 熟蘇出醍醐。

問 어느 곳에 자세히 다섯 가지 맛의 비유를 맞추었느냐?

答 열반경에 이르기를 '

자1. 소(牛)로부터 우유가 있으니,

자2. 우유에서 낙(酪 : 1차 가공)이 나오고

자3. 낙에서 생소(生酥 : 2차 가공)가 나오고

자4. 생소에서 숙소(熟酥 : 3차 가공)가 나오고

자5. 숙소에서 제호(醍醐 : 4차 가공)가 나오는 것과 같다.'라고 하였다. (우유의 가공품)

如是 從佛出十二部經。從十二部經 出修多羅。從修多羅 出方等經。從方等經 出波若波羅蜜。從波若波羅蜜 出大般涅槃。大般涅槃經 以醍醐喩涅槃。

이와 같이 부처님으로부터 12부(部)경이 나오고, 12부경에서 수다라(경)가 나오고, 수다라에서 방등경이 나오고, 방등경에서 반야바라밀이 나오고, 반야바라밀에서 대반열반이 나온다. 대반열반경은 제호를 열반에 비유한 것이다.

今此經 以醍醐 喩法身平等。故知 法華涅槃明義無二。因緣之義 如向說者。上來釋譬喩。今釋第二。

지금 이 경은 제호로 법신의 평등함에 비유하였다. 그러므로 알라! 법화와 열반은 뜻이 둘이 없음을 밝혔다.

'인연의 뜻은 앞에 설한 것과 같다.' 라고 한 것은,[세친 206]

위에서 오며 비유를 해석하였고, 지금은

([세친203][길장 202] Ⓐ제1 가지가지 비유를 해석하고 Ⓐ사2,제2 인연을 해석하고, ↔ 연속)

Ⓐ사2. 제2 (인연의) 해석이다.

**【세친 206】因緣之義 如向所說**

"인연의 뜻은 앞에 설한 것과 같다."

[길장 207] 因緣如向所說者。指前六門中 第二說門中解也 言念觀者下。釋第三。初牒。

次釋。

([세친 173] 6문(六門)의 ●마1. 제1 아직 듣지 못한 것을 듣게 하고, ●마2. 제2 법을 설함이요,연속)

'인연은 앞에 설한 것과 같다.' 라고 한 것은, 앞에 6문(六門)중에서

●마2. 제2 법을 설한다는 글(說門)중의 해석을 가리키는 것이다.(●마2.의 보충 해설.)

'생각으로 보는 관법(念觀)' [세친 207]이라고 말한 아래는,

△사3. 제3 해석이다.(제3 생각의 관법을 해석하고,)

▽아1. 제1 처음은 연계하고,

▽아2. 제2 다음은 해석이다.


(▽아1. 제1 처음은 연계하고,)

**[세친 207] 言念觀者**

'생각의 관법' 이라고 말한 것은,


**[길장 208] 釋中前 明小乘人 無我觀。**

(▽아2. 제2 다음은 해석이다.)

▽.아1-1. 제1. 해석 중 **[세친 208]** 에 먼저 소승인의 무아관을 밝히고,

**[세친 208] 於小乘諦中 人無我等**

"소승의 제(諦 : 4제) 중에 사람은 내가 없다는 등,"


**[길장 209] 次釋大乘二無我觀。**

▽아1-2. 다음은 대승의 2무아관(無我觀)을 해석하였다.

**[세친 209] 於大乘諦中 眞如法界 實際法性 及人無我 法無我等 種種觀故**

"대승의 제(諦 : 4제) 중에 진여・법계・실제・법성과 인무아(사람에 내가 없고)・

법무아(법에 내가 없다) 등 가지가지 관법 때문이니,"

[길장 210] 文=示處易知 言方便者。釋第四。前牒。次釋。
경문이 있는 곳을 쉽게 알리라!
'방편' 이라고 말한 것은,[세친 210]

(사4. 제4 방편을 해석하였다.[길장 202] ↔ 연속)
ⓐ사4. 제4 해석이다.(제4 방편을 해석하였다.)
△아1. 제1 먼저 연계하고,
△아2. 제2 다음은 해석이다.

(△아1. 제1 먼저 연계하고)
【세친 210】 言方便者
'방편' 이라고 말한 것은,

[길장 211] 釋中前明 小乘方便。次釋大+乘方便。
△아2-1 해석 중에 먼저 소승의 방편을 밝혔고,【세친 211】
△아2-2. 다음에 대승의 방편을 해석하였다.【세친 212】

(△아2-1. 해석 중에 먼저 소승의 방편을 밝혔고,【세친 211】 )
【세친 211】 於小乘中 觀陰界入 厭苦離苦 得解脫故
소승 중에 음·계·입을 관하여 고(苦)를 싫어하고 고를 여이어 해탈을 얻는 까닭이다.

[길장 212] 觀陰界入 厭苦者。謂見道前 七方便也。離苦得解脫故者。由具起諸方便故 得解脫。於大乘中 諸波羅蜜者。釋大乘方便。

5음(陰)·18계(界)·12입(入)을 관하여 고를 싫어한다는 것은, 말하자면 견도위(見道位) 앞의 7방편이다.

고를 여의고 해탈을 얻는 까닭이란, 모든 방편이 함께 일어나는 연유 때문에 해탈을 얻는 것이다.

'대승 중에 모든 바라밀'이란 대승의 방편을 해석한 것이다.【세친 212】


(△아2-2. 해석 중에 다음 대승의 방편을 해석한 것이다.[세친 213])
【세친 212】於大乘中 諸波羅蜜 以四攝法 攝取自身他身 利益對治法故
가1. 대승 중에 모든 바라밀은 4섭법으로 자신과 남(他身)을 이익 되게 대치하는 법(상대하여 고쳐주는 법)을 섭취하기 때문이다.


[길장 213] 大乘中 以六度等 爲入道方便。以四攝法 攝取自身他身 對治 利益法故者。簡異小乘也。小乘釋起方便 但爲自身令得解脫。

나1. 대승 중에는 6도(度)법 등으로써 도에 들어가는 방편을 삼는다.

4섭 법으로 자신과 남을 대치하여 이익 되는 법을 섭취하는 때문이라고 한 것은, 소승과는 다른 것을 간단하게 한 것이다. 소승은 방편이 일어남을 해석하되 다만 자신을 위하여 해탈을 얻게 할 뿐이다.


大乘以四攝法 俱攝自他 悉令住理。對治法者。卽是方便 亦是住理 遮者 釋六門中第六。就文爲三。一標。二引經。三釋經。

나2. 대승은 4섭 법으로 자신과 남을 함께 섭수하여 다 이치에 머물게 한다. 대치하는 법이란 곧 이는 방편이요 또한 **이치에 머무는 것이다.**(이치대로 살게 함)([세친

173]●마4. 제4 머물게 함이요,의 보충 해설)

([세친 173] ●마6. 제6 막는 것(遮 : 차단함)이다. ↔ 연속)
●마6. 막는다는 것은,[세친 214] 6문(六門) 중에 ●제6(막는 것, 차遮 : 차단함)을 해석한 것이다.

그 글이 셋이 된다.
▽바1. 제1 (글을) 앞에 내세우고,(標).
▽바2. 제2 경을 인용하고,
▽바3. 제3 경을 해석하였다.


{▽바1. 제1 (글을) 앞에 내세우고,(標)}
【세친 213】 遮者
●마6. 제6. 막는다는 것은,


[길장 214] 所言遮者。唯一佛乘 一乘之外 更無餘乘。故名爲遮 如經下。第二引經。

이른바(다른 것은 없다고) 막는다는 것은, 유일한 불승(유일한 성불의 가르침)과 1승(성불하는 하나의 가르침) 밖에 다시 다른 승(乘-가르침)이 없다. 그러므로 이름 하여 '막는다.'라고 한다.

'경과 같이(如經)' 라고 한 아래는,[세친 215]


▽바2. 제2 경을 인용한 것이다.
【세친 214】 如經 舍利弗 十方世界中 尙無二乘 何況有三 如是等故
경에 "사리불아, 시방세계 중에 오히려 2승이 없는데 어찌 하물며 3승이 있겠느냐?!"라고 한 것과 같이 이러한 등과 같기 때문이다.(마지막 5번째 게송 앞 장항의 뒷 부분)

[길장 215] 無二乘者。第三釋經。問+經。云無二無三 今云何但釋無二乘。答。經以緣覺爲二。聲聞爲三。此之二三 故是二乘。故今釋二乘。即解無二無三也。

2승이 없다는 것은,

▽바3. 제3 경을 해석한 것이다.

問 경에는 2도 없고 3도 없다하였는데 지금은 왜 다만 2승만 없다고 해석하였는가?

答 경은 연각으로 2를 삼고 성문으로 3을 삼았다. 이 2·3을 아우른 이것이 2승이다. 그러므로 지금 2승을 해석하면 2도 없고 3도 없음을 알 것이다.

依此論文 乘正是果。以小乘涅槃果 大乘涅槃果 爲大小二乘。文有四句(者)。一明無小乘涅槃。

이 논문에 의하면 승(乘)은 바로 과(果-깨닫는 것)다. 소승의 열반 과(涅槃果)와 대승의 열반 과(果)가 대와 소의 2승이 된다.

글에 4구절이 있다.

★사1. 제1 소승(소승)의 열반은 없음을 밝혔다. 【세친 215】


(▽바3. 제3 경을 해석한 것이다.)

【세친 215】 無二乘者 謂無二乘所得涅槃

2승이 없다는 것은, 말하자면 2승이 얻을 열반은 없다는 것이다.


[길장 216] 唯佛如來下。第二明有大乘涅槃。

'오직 부처님 여래만이' 라고 한 아래는,[세친 216]

★사2. 제2 대승의 열반이 있음을 밝혔다.

【세친 216】唯佛如來 證大菩提 究竟滿足 一切智慧 名大涅槃

"오직 부처님 여래만이 대 보리를 깨닫고 구경의 일체 지혜를 만족하였으니 '대열반'이라 이름 하느니라."


[길장 217] 非諸聲聞等下。第三重明無小乘涅槃。

'모든 성문 등은 아니다.' 라고 한 아래는,[세친 218]


★사3. 제3 소승의 열반이 없음을 거듭 밝혔다.

【세친 217】非諸聲聞辟支佛等 有涅槃法 唯一佛乘故

"모든 성문 벽지불 등은 열반법이 있는 것이 아니요 오직 일불승뿐인 까닭이니라."


[길장 218] 唯一佛乘故者。擧唯有一 釋無二乘涅槃 一佛乘者已下。第四釋唯大乘 有涅槃。

오직 1불승뿐인 까닭이란, 오직 1승만 있음을 들어서 2승의 열반이 없음을 해석한 것이다. '1불승이란' 이라고 한 아래는,[세친 218]


★사4. 제4 오직 대승만이 열반이 있음을 해석하였다.

【세친 218】一佛乘者 依四種義說 應知

"1 불승이란, 네 가지 뜻(四種義)에 의하여 말씀하신 것을 마땅히 알라!"


[길장 219] 依四種義說 應知者。卽上開示悟入四義也 如來+依此六種授=受記者。

'네 가지 뜻(四種義)에 의하여 말씀하신 것을 마땅히 알라!' 라고 한 것은, 곧 위에 개(開)·시(示)·오(悟)·입(入)의 네 가지 뜻이다. 여래는 이 여섯 가지(六種-아래 6문)에 의하여 수기하신 것이다.

◉ 참고:【세친 148】◐가4. 제4 수기를 주는 것이다. ↔ 연속)

( [길장 172]→[세친 173] 라1. 제1 먼저 6문(六門)◐을 열고, 연속)

6문(六門)◐

◐마1. 제1 아직 듣지 못한 이를 듣게 하고,

◐마2. 제2 설법이요,

◐마3. 제3 어떤 뜻에 의함이요,

◐마4. 제4 머물게 함이요,

◐마5. 제5 법에 의함이요,

◐마6. 제6 막는 것(遮 : 차단함)이다. ]참고 끝◉


前章有三。一+總標六門。二釋六門。三結六門。二章已竟。今第三結也。

([길장 172] 다1. 제1 처음이 또 셋이다. ↔ 연속)

다1. 제1 글(章) 앞에 셋이 있다.

라1 제1. 6문을 전체적으로 앞에 내세우고,

라2. 제2. 6문을 해석하고

라3. 제3. 6문을 끝맺었다.

라2. 제2. 제2장(章-6문을 해석하고)은 이미 마쳤고,


지금은, 라3. 제3장을 끝맺는 다.

【세친 219】 如來 依此六種 授記

여래는 이 여섯 가지에 의하여 수기하신 것이다.


[길장 220] 何等法下。與授記中有二。一正明六門 辨與受記。第二引(+經)前五法 以證六門。初章已竟。今第二引(證)證六門。

'어떤 법(何等法)'이라고 한[세친 222] 아래는, ([세친 148] ◉ 가4. 제4 수기를 주는 것이다.

↔ 연속)

◆가4. 제4 수기를 주는 가운데 두 가지가 있다.

나1. 제1 바로 6문을 밝혀 수기 주는 것을 판별하고,

나2. 제2 앞에 5법 【세친 220】 을 인용하여 6문을 증명하였다.

나1. 제1 첫 장(章)은 이미 마쳤고,

지금은,

나2. 제2. 6문을 인용하여 증명한다.

所以+次引證者 凡有二義。一爲釋疑故來。疑者何以得知 此正說章 有六門耶。是故釋云。佛上明五法 卽攝六門。是故 當知 有六門也。二者上+明五法 五法+敘佛爲衆生說法。今此六門 亦是爲物說法。故辨六門。

'다음에 인용하여 증명하는 까닭' 은, 무릇 두 가지 뜻이 있다.

다1. 제1 의심을 풀어주기 위하여 온 것이다.

의심하는 이가 어떻게 이 바로 설하는 장(正說章)에 6문이 있는 것을 알겠는가? 이런고로 해석에 '부처님께서 위에서 5법을 밝혔으니 곧 6문을 섭취한 것이다. 이런고로 마땅히 6문이 있음을 알 것이다.' 라고.

다2. 제2. 위에서 5법을 밝혔다.

5법은 부처님이 중생을 위하여 설법하신 것(敍)이다. 지금 이 6문도 또한 중생을 위하여 설법하신 것이다. 그러므로 6문을 판별하는 것이다.


次引五法。就文爲二。前引五法。次以五法 攝六門。

나2. 제2 다음은 5법을 인용하였다.

그 글이 둘이다.

&다1. 제1 먼저 5법을 인용하고,

&다2. 제2 다음은 5법으로 6문을 섭취한다.

(&다1. 제1 먼저 5법을 인용하고,)

【세친 220】 是故 前說 1.何等法 2.云何法 3.何似法 4.何相法 5.何體法 如是示現

이런고로 앞에

◊라1. 제1 어떤 법(何等法),

◊라2. 제2 무슨 법(云何法),

◊라3. 제3 무엇과 같은 법(何似法),

◊라4. 제4 어떤 모습의 법(何相法),

◊라5. 제5 어떤 체(바탕)의 법(何體法)(5법)을 설하여 이와 같이 나타내 보였다.

[길장 221] 初如文 何等法者。第二以五攝六。還以第一何等法 攝第一未曾聞法。

&다1. 처음(다1. 먼저 5법을 인용하고)은 글 【세친 220.】 과 같고

◊라1. 제1. '어떤 법' 이라고 한 것은(何等法者), 【세친 221】

&다2. 제2. 5법으로 6문을 섭취하여 도로 제1의 어떤 법(何等法 ◊라1.)을 가지고

(【세친 173】 6문의) ●마1. 제1 '아직 일찍 듣지 못한 법'을 섭취(攝=攝取 거둬들임) 한 것이다.

【세친 221】 何等法者 謂未曾聞法

◊라1-1. 제1 어떤 법이란, 아직 일찍 듣지 못 한 법을 말한다. (【세친 173】 6문의) ●마1. 제1참조.)

[길장 222] 云何法者。攝第二說門。

◊라2-1. 제2 무슨 법 【세친 222】 이란, (6문의●마2.) '제2 설법'의 글(說法門)을 섭취한 것이다.

【세친 222】 云何法者 謂種種言辭 譬喩說故
◆라2-1. 제2 무슨 법이란, 가지가지 말씀과 비유의 설법을 말하기 때문이다.


[길장 223 ] 何似法者。攝第三依何等義。
◆라3-1. 제3 무엇과 같은 법【세친 223】이란, (6문의) 제3 어떤 뜻에 의한다는 것을 섭취한 것이다.

【세친 223】 何似法者 唯爲一大事故
◆라3-1. 제3 무엇과 같은 법이란, 오직 일대사를 위한 때문이다.


[길장 224] 何相住+者。攝第四令住第五依法。
◆라4-1. 제4 어떤 모습의 법【세친 224】이란, (6문의) 제4 머물게 함과 제5 법에 의한다는 것을 섭취한 것이다.

【세친 224】 何相法者 爲隨衆生器 說諸佛法故
◆라4-1. 제4. 어떤 모습의 법이란, 중생의 그릇에 따라 모든 불법을 설하게 되기 때문이다.


[길장 225] 隨衆生器。卽是第四令住。說諸佛法。卽第五依法
◆라4-1. 제4 중생의 그릇에 따른다는 것은 곧 이것은 (6문의) 제4 머물게 하는 것이요, 모든 불법을 설한다는 것은 곧 (6문의) 제5 법에 의함이다.


何體法者。攝第六遮。就文爲二。一者明平等法身 爲一乘體。
◆라5-1. 제5 어떤 체(바탕)의 법이란,【세친 225】(6문의) 제6 막는 것을 섭취한 것이다. 그 글이 둘이니

마1. 제1 평등한 법신이 1승의 체가 됨을 밝혔다.

**【세친 225】何體法者 唯一乘體故 一乘體者 謂諸佛如來 平等法身**

◆라5-1. 제5 어떤 체(바탕)의 법이란, 오직 1승의 체인 까닭이다. 1승의 체란, 모든 부처님 여래의 평등한 법신(법의 몸)을 말한다.

[길장 226] 彼諸聲聞下。明二乘非一乘體。

저 모든 성문이라고 한 아래는,[세친 226]

마2. 2승은 1승의 체가 아님을 밝혔다.

**【세친 226】彼諸聲聞辟支佛乘 非彼平等法身之體 以因果行觀不同故**

저 모든 성문과 벽지불 승(乘)은 저 평등한 법신의 체가 아니니, 인과(因果)와 수행하는 관법(行觀)이 같지 않은 때문이다.

[길장 227] 以因果行觀不同故者。釋二乘非一乘體義。約二乘因果觀行故 非平等法身。七方便爲因。眞聖位爲果。

인과와 수행하는 관법이 같지 않은 때문이란, 2승은 1승의 체가 아닌 뜻을 해석 한 것이다. 2승의 인과에 의한 관법을 수행하기 때문에 평등한 법신이 아니니, 7방편이 인이 되고 참된 성인의 지위(位)는 과(果 : 결과)가 된다.(7방편으로 성인의 위에 오르는 것)

行者 二乘所行 四諦等法。觀者 人無我觀。以此四義 竝不同大乘。是故 二乘 非平等法身之體。

수행이란, 2승이 행하는 4제(四諦) 등의 법이요, 관법(觀)이란 사람이 내가 없다고 관하는 것이다. 이 네 가지 뜻(四義)이 아울러 대승과 동등하지 않은 것이다. 이런고로 2승은 평등한 법신의 체가 아닌 것이다.

問。云何以平等法身 爲一乘體。答。乘有三種。一性乘。二乘隨。三乘得。性乘卽 是眞如法身。要由有眞如法身。然後 修於萬行 稱曰乘隨。證得佛果 名爲乘得。以性乘是根本故 說爲一乘體

    囻 왜 평등한 법신을 1승의 체(體)로 삼느냐?

([길장 225] 나1. 제1 평등한 법신이 1승의 체가 됨을 밝혔다. ↔ 연속)

    囻 승(乘)에 세 종류가 있다.

바1. 제1. 성품의 승이요,

바2. 제2. 따르는 승이요,

바3. 제3. 얻는 승이다.

성품의 승(性乘)이이라는 것은 진여법신이다. 반드시 진여법신이 있음으로 말미암는 것이요, 그런 후에 만행을 닦으니 일컬어 따르는 승이요(乘隨),

불과를 증득함을 이름 하여 얻는 승(乘得)이라 한다. 성품의 승 이것이 근본이기 때문에 1승의 체라고 말하는 것이다.


自此已下者。釋方便品中 第五斷疑章。卽釋經中 諸佛如來 出五濁世 竟長行也。就文爲二。第一總明爲斷四疑。第二別釋。就初文又三(=二)。第一總明佛說法 爲斷四疑。

    '여기서 부터 아래' 라고 한 것은,[세친 228]


([길장 1]●5.. 네 가지 의심(四種疑)을 해석하였다. ↔ 연속)

    방편품 중에

●가5. 제5 (네 가지)의심을 끊는 글(章)을 해석한 것이니, 곧 경(經) 중에 모든 부처님 여래는 5탁의 세상에 나오심을 해석하고 장행(長行)을 마친다.

    그 글이 둘이 된다.

나1. 제1 네 가지 의심(四疑)을 끊기 위하여 전체적으로 밝히고,

나2. 제2 나누어 해석하였다.

나1. 의 글이 또 세 가지다.


다1. 제1 부처님의 설법을 전체적으로 밝히니 네 가지 의심(四疑)을 끊기 위함이다.
【세친 227】自此已下 如來說法 爲斷四種疑 應知
●가5. "여기서 부터 아래는 여래의 설법으로 네 가지 의심을 끊기 위함임을 마땅히 알라!"


[길장 228] 何等四種已下。第二別出四疑。
'어떤 것이 네 가지 의심이냐?' 라고 한 아래는,[세친 229]


다2. 제2 네 가지 의심(四疑)을 나누어 나타내었다.
【세친 228】何等四種(疑) 一者何時說 二者云何知(=如)是增上慢人 三者 云何堪說 四者云何如來 不成妄語。
어떤 것이 네 가지 의심이냐?
라1. 제1 어느 때에 설하시는가?
라2. 제2 어떻게 증상만의 사람임을 아시는가?
라3. 제3 어떻게 설법을 감당하시는가?
라4. 제4 어떻게 여래는 거짓말이 이루어지지 않는가? 하는 것이다.


[길장 229] 何時說者已下。第三釋斷四疑。卽成四別。一一中爲二。一者牒疑。第二引經釋初疑。

어느 때에 설하시는가? 라고 한 아래는,[세친 229]
다3. 제3 네 가지 의심을 끊는 것을 해석하였다.
곧 네 가지로 나누어 이루어 졌다.

♦라1. 제1이 (첫째 의심) 둘이니

▲마1. 제1 의심을 연계하고.

▲마2. 제2 경을 인용하여 처음 의심을 해석한 것이다.


(▲마1. 제1 의심을 연계하고)

【세친 229】 何時說者 諸佛如來 於何等時 發起種種方便說法

라1. '어느 때에 설하시는가?' 라고 한 것은, 모든 부처님 여래는 어떤 때에 가지가지 방편의 설법을 일으켜 내시는가하는 것이다.


[길장 230] 云何時說者。此時卽是劫濁。疑意云。佛何等時中 起三乘方便 爲斷彼(+是)疑下。第二引經釋疑。

'어느 때에 설하시는가?' 라고 한 것은, 이것은 시절이니 곧 이는 겁탁이다.

뜻을 의심하여 이르되 '부처님은 어떤 시절 중에 3승의 방편을 일으키는가?' 라고 하였다. '저 의심을 끊기 위함이다.' 라고 한 아래는,[세친 231]


▲마2. 제2 경을 인용하여 의심을 해석한 것이다.

【세친 230】 爲斷彼疑 如經 佛告 舍利弗 諸佛出於五濁惡世 謂劫濁等故

저 의심을 끊기 위함이다.

경에 "부처님이 사리불에게 이르시되 '모든 부처님은 5탁 악세에 출현하시나니'라고 함과 같으니 말하자면 겁탁 등이 있는 까닭이다.'"


[길장 231] 明於五濁世時 起三乘方便。卽斷第一疑也 第二疑中亦兩。一明疑。二引經釋疑。

5탁 세상의 그때에 3승의 방편을 일으킴을 밝혔으니 곧 바1. 제1의 의심(어느 때에 설하시는가? 【세친 229】 라1)을 끊은 것이다.

바2. 제2의 의심(어떻게 증상만의 사람임을 아시는가? 【세친 232】 ) 중에 또 두 가지다.

사█ 제1 의심을 밝히고,

사█ 제2 경을 인용하여 의심을 해석하였다.


(사█ 제1 의심을 밝히고,) 【세친 232】 )

【세친 231】 云何知是增上慢者 如來 不爲增上慢人 而說諸法 云何知 彼是增上慢

라2. '어떻게 증상만을 아느냐?'[세친 229]라2. 라고 한 것은, 여래는 증상만의 사람을 위하여 모든 법을 설하지 아니하는데 어떻게 저들이 증상만임을 아는가하는 것이다.


([세친 229] 라2. 제2 어떻게 증상만의 사람임을 아시는가? 연계)

[길장 232] 疑意云。佛不爲增上慢人說法。以增上慢人 未得究竟 自謂究竟 不受佛語。今云何知 是增上慢耶 爲斷彼疑故 如經下。第二釋疑。

뜻을 의심하여 말하기를 '부처님은 증상만의 사람을 위하여 법을 설하지 않으시니, 증상만의 사람은 여태껏 구경의 경지를 얻지 못하고도 자칭하여 구경을 마쳤다고 하며 부처님의 말씀을 받아들이지 않는데, 지금 어떻게 이 증상만을 아시는가?' 라고 하니,

저 의심을 끊기 위한 때문에 '경과 같이(如經)' 라고 한 아래는,[세친 234]


사█ 제2 (경을 인용하여) 의심을 해석한 것이다. 【세친 232】

【세친 232】 爲斷彼疑故 如經 若有比丘 實得阿羅漢者 若不信此法 無有是處 如是等故

저 의심을 끊기 위한 때문에 '경과 같이' "만약 어떤 비구가 실로 아라한을 얻은 이가, 만약 이 법을 믿지 않는다고 한다면, 이런 경우는 있을 수 없으니,"라고. 이러한 등 때문이니라.

[길장 233] 若有比丘 實得阿羅漢。卽信此法 非增上慢。若聞此法 不生信者 非阿羅漢。是增上慢 云何堪說法者。釋第三疑。前牒疑。次引經釋經=疑。

만약 어떤 비구가 진실로 아라한을 얻었다고 한다면, 곧 이 법을 믿는 것이요 증산만이 아니다. 만약 이 법을 듣고도 믿음이 생기지 않는 이는, 아라한이 아니요 이가 증상만이다.

'어떻게 설법을 감당하는가?' 【세친 233】 라고 한 것은, 제3 의심을 해석하였다.

아1. 제1 먼저 의심을 연계하고,

아2. 제2 다음은 경을 인용하여 해석하였다.


(아1. 제1 먼저 의심을 연계하고,)

【세친 233】 云何堪說者 從佛聞法 而起(傍=)謗心 云何如來 不成 不堪說法人

라3. '어떻게 설법을 감당하는가?' 라고 한 것은, 부처님으로부터 법을 듣고 비방하는 마음을 일으키면, 어떻게 여래는 설법하는 사람으로서 설법을 감당하지 못하는 사람이 되지 않는가? (비방하는데 어떻게 참고 설법을 하실 수 있는가?)


[길장 234] 疑云。佛旣是堪說人。而彼從佛聞法 起於謗心。將知佛 非是(=是不,)堪說法人 爲斷此疑已下。第二引經 釋( 經=)疑。

의심하여 말하기를 '부처님은 이미 설법을 감당하는 사람이지만, 저들이 부처님으로부터 법을 듣고 비방하는 마음을 일으켜 장차 부처님은 이 설법을 감당하지 못하는 사람이라고 알리라.' 라고.

'이러한 의심을 끊기 위하여',[세친 234]라고 한 아래는

아2. 제2 경을 인용하여 의심을 해석한 것이다.

【세친 234】 爲斷此疑 如經 除佛滅度後 現前無佛 如是等故

이러한 의심을 끊기 위하여 경에 "부처님이 멸도하신 후에 현재 앞에 부처님이 없을 때는 제외하니," 라고 함과 같이 이러한 등과 같은 때문이니라. (부처님이 없는 세상에서 비방하는 마음이 일어나는 것은 제외한다.)

**[길장 235]** 值佛聞法 卽不起謗 若+起知謗佛 卽不爲說。除佛滅後 現前無佛。聞此法 自不起信耳。非佛過也。

부처님을 만나 법을 들으면 곧 비방할 마음이 일어나지 않는다. 만약 부처님을 비방하는 마음이 일어나는 것을 안다면 곧 설하지 아니할 것이다.

부처님이 멸도하신 후에 현재 앞에 부처님이 없을 때는 제외한다.

이 법을 듣고도 스스로 믿는 마음이 일어나지 않을 뿐이지 부처님의 잘못이 아닌 것이다.

問。佛滅後 聞法起謗 此是何人。答。若佛 滅度 後 實是阿羅漢 聞說一乘 亦不起謗。若起謗者 必是凡夫 云何如來 不成妄語。釋斷第四疑。亦前敘疑。第二引經釋疑。

⊡ 불멸후에 법을 듣고 비방하는 마음이 일어나는 이는 어떤 사람인가?

⊡ 만약 부처님이 멸도하신 후에 진실로 아라한이라면 1승을 설하신 것을 듣고도 또한 비방하는 마음을 일으키지 않을 것이요, 만약 비방을 일으키는 이는 반드시 범부랴.

'어찌하여 여래는 거짓말이 이루어지지 않는가?' [세친 236]

([길장 234] 비3. 의심을 해석한 것이다. ↔ 제3에서 제4로 연속)

◆자4. 제4 의심을 끊는 것을 해석한 것이다.

차1. 제1 또 먼저 의심을 서술하고,

차2. 제2 경을 인용하여 의심을 해석한 것이다.

(차1.제1 또 먼저 의심을 서술하고,)

【세친 235】 云何如來 不成妄語者 此以如來 先說法異 今說法異 云何如來 不成妄語
라4. '어찌하여 여래는 거짓말이 이루어지지 않은가?' 라고 한 것은, 이것은 여래께서 앞에 설법이 다르고 지금 설법이 다른데 어찌하여 여래는 거짓말이 이루어지지 않는가? (거짓말이 되지 않은가?)

([세친 228] 라4. 제4 어떻게 여래는 거짓말이 이루어지지 않는가? 연계)

[길장 236] 疑云。昔說有三 今說無三。前後相違。應是妄語 爲斷此疑下。第二引經釋疑。

의심하여 이르기를 '옛적에는 3승이 있다고 설하시고 지금은 3승이 없다고 설하시니, 앞뒤가 서로 어긋나니 마땅히 거짓말이다.' 라고 하니,

'이러한 의심을 끊기 위함이니.' 【세친 236】 라고 한 아래는,

차2. 제2 경을 인용하여 의심을 해석한 것이다.

【세친 236】 爲斷此疑 如經 舍利弗 汝等當一心信解 受持佛語 諸佛如來 言無虛妄 無有餘乘 唯一佛乘故

이러한 의심을 끊기 위함이니, 경에 '사리불아, 너희들이 마땅히 일심으로 믿고 이해하여 부처님의 말씀을 받아 지니라.

모든 부처님 여래는 말씀에 헛된 거짓이 없으며 다른 승은 없고 오직 1불승뿐인 때문이니라.' 라고 한 것과 같다.

[길장 237] 唯有一乘 無有餘乘。一是實說。三是權說。故+所說非妄語 乃至童子戲 聚沙爲佛塔。

오직 1승만 있을 뿐 다른 승은 없다. 1승은 진실한 말씀이요, 3승은 방편(權)의 말씀이다. 그러므로 설하신 것이 거짓말이 아니며 내지 동자의 놀이에 모래를 모아 불탑을 만드는 것이다.

白曰:已來 釋經後長行。今此釋偈。就文爲二。初釋一偈。次例餘偈。初文有二。前牒偈。從謂發菩提心已下釋偈。

위로부터 내려오며 방편품 경의 뒤에 장행(長行)을 해석하였고,

아래는 【세친 238】 의 해석이다.

가(1). 지금 이것은(방편품 장행(長行)뒤의 마지막 게송의 중간) 게송을 해석한 것이다.

그 글이 둘이니

나1. 제1 처음은 한 게송(【세친 237】 乃至童子戲 聚沙爲佛塔 如是諸人等 皆已成佛道)을 해석하고,

나2. 제2 다음은 나머지 게송을 예로 든 것이다.

나1. 제1 처음의 글(【세친 237】 )에 둘이 있다.

▼다1. 제1 앞에 게송을 연계하고

'보리심을 낸다發菩提心.'고 말한 【세친 238】 에서부터 아래는

▼다2. 제2 게송을 해석하였다.


▼(다1. 제1 앞에 게송을 연계하고)

【세친 237】 乃至童子戲 聚沙爲佛塔 如是諸人等 皆已成佛道者

"내지 동자의 놀이에 모래를 모아 불탑을 만드는 것 이와 같은 모든 사람들은 다 이미 부처님의 도를 이루었느니라." 라고 한 것은,


[길장 238] 偈爲二。一明菩提心菩提行。

▼다2. 제2 게송 해석이 두 가지로 되었다.

래①. 제1 보리심과 보리행을 밝히고

【세친 238】謂發菩提心 行菩薩道者 所作善根 能證菩提

말하자면 보리심을 내어 보살도를 행하는 이는 지은 바의 선근이 능히 보리를 증득하고,

[길장 239] 此二善根能證佛果 非諸凡夫下。此明凡夫 及決定聲聞。

이 두 선근(1,보리심과 2,보리행)이 능히 불과를 깨닫다. '모든 범부는 아니다.【세친 239-240】'라고 한 아래는,

래②. 제2 이것은 범부와 또 결정된 성문을 밝혔다.

【세친 239】非諸凡夫 及決定聲聞 本來未發菩提心者之 所能得故

"모든 범부와 또 결정된 성문이 본래 여태껏 보리심을 내지 아니한 이는 능히 얻을 바가 아닌 때문이니라."고 한 까닭이다.

[길장 240] 此二善根 不得成佛 如是乃至 小胝頭下。第二 例釋餘偈。

이 두 선근은 성불을 하지 못한다.

'이와 같이  내지 조금만 머리를 숙여도' 라고 한 아래는,[세친 241]

([길장237] 나2. 제2 다음은 나머지 게송을 예로 든 것이다. ↔ 연속)

나2. 제2 나머지 게송을 예로 들어 해석한 것이다.

【세친 240】如是 乃至 小胝頭等 皆亦如是

"이와 같이 내지 부처님께 조금만 머리를 숙여도 라고 한 것 등이 다 또한 이와 같으니라."

*(내지 한 손을 들거나 혹 다시 조금만 머리를 숙여도 라고 한 것 등의 구절도 다 또한 이와 같이 이미 불도를 이루었느니라.)

[길장 241] 問 經曰。言一切善根皆成佛。云何但言 發菩提心 善方成佛耶。答。佛意雖修一切善 要須發菩提心也。又 假=作一切善 爲發菩提心因緣耳。終須發菩提心也。菩提心者 是佛心。發佛心 方得成佛也。尊者 舍利弗 說偈。自上已來 釋方便品竟。

法華論疏 卷中(終)

▣ 경에 이르기를 '일체 선근이 다 성불한다고 말한다.' 라고 하였는데, 어찌하여 다만 보리심만 내어도 잘 바야흐로 성불한다고 말하느냐?

▣ 부처님의 뜻이 비록 일체의 선을 닦더라도 반드시 꼭 보리심을 내어 구하여야만 한다는 것이요, 또 일체의 선을 지으면 보리심을 낼 인연이 될 뿐인지라 끝내는 반드시 보리심을 내어야만 하다는 것이다.

보리심이란 이는 부처의 마음이요 부처의 마음을 내므로 바야흐로 성불하게 되는 것이다.

존자 사리불이 게송을 설하였다.

위로부터 이래로 방편품을 해석하여 마쳤다.

법화론 소 권 중(방편품) 끝

# 법화경 논 소. 권하. 法華論 疏 卷下

## 비유품(譬喩品) 제3

비유품에 비유품외 나머지 28품까지 들어 있음.

제3 「비유품(譬喩品)」에서 제11 「견보탑품(見寶塔品)」까지 열 가지 중생의 병(病)을 고치는 10단(段).
제5 「약초품(藥草品)」부터 이 경 끝 제28 보현보살권발품까지 10가지 위없음(十種無上)을 설함

호의 길장 지음(胡吉藏 撰)

[길장 1] 自此已下。釋譬喩品。初身子領解。此文大意者。上釋方便品 令小乘人 悟入一乘 得受記。今釋小乘 悟入一乘竟 自呵責 小乘過失。就文爲二。初牒經二偈。次論釋。

여기서부터 아래는 비유품을 해석한다.

처음 신자가 영해(領解 : 깨달음.)하였다. 이 글의 대의(大意)는 위에서 방편품을 해석하여 소승의 사람이 1승에 깨달아 들어가는 수기를 얻는 것을 해석하였고, 지금은 소승이 1승을 깨달아 들어가는 것을 해석하여 끝마친다.

가1. 스스로 소승의 과실(過失)을 가책(呵責 : 꾸짖어 책망함)하니

그 글에 나아가면 둘이 된다.

나1. 제1. 경의 두 게송(偈=詩句)을 이끌어오고(牒-연계 연결.),

나2. 제2. 다음은 논의 해석이다.

## 비유품 제3. 譬喩品 第三

(나1. 제1. 경의 두 게송(偈=詩句-비유품 첫 게송(시) 앞 부분)을 이끌어오고(牒),)

**【세친 1】** 尊者 舍利弗 說偈言
① 金色三十二 十力諸解脫 同共一法中 而不得此事
② 八十種妙好 十八不共法 如是諸功德 而我皆已失

1. 존자 사리불이 게송을 설하여 말하되, "

① 게송.
금색 32상
10력과 모든 해탈 법
같은 한 법 중에서
이 일을 얻을 수 없네.

② 게송.
80가지 미묘하고 좋은 모습
18 불공법
이와 같은 모든 공덕
내 다 이미 잃었네."

[길장 2] 論釋爲二。 一者問偈意。 二者釋偈意。 論曰此偈示現何義者。 卽是問偈意。
나2. (세친의) 논의 해석이 둘이 된다.
❶다1. 제1 게송의 뜻을 묻고,

❶다2. 제2 게송의 뜻을 해석하였다.

논에 이르기를 '이 게송은 어떤 뜻을 나타내 보이느냐?' 하는 것이, 바로 이 게송의 뜻을 질문한 것이다.

(❶다1. 제1 게송의 뜻을 묻고,)
**【세친 2】釋曰 此偈 示現何義**

(세친이 직접)해석하여 이르면'이 게송은 어떤 뜻을 나타내 보이느냐?'

**[길장 3]** 舍利弗自呵責身下。第二答釋偈意。就文又二。初列呵責章門。次釋呵責章門。卽兼解偈。就初又三。一者總標自呵。二別明自呵。是故舍利弗下+三,總結。

'사리불이 스스로 자신을 가책하여' 라고 한 아래[세친 3]는,

❶다2. 제2 게송의 뜻을 해석하여 답하였다.

그 글에 나아가면 또 둘이다.

　@라1. 제1. 처음은 가책하는 글(章門)을 나열하였고, **【세친 3】**

　@라2. 제2. 다음은 가책하는 글을 해석하고 곧 겸하여 게송을 해석하였다.

　라1. 제1. 처음(가책하는 글)에 나아가면 또 세 가지다.

　　$다1. 제1. 자신의 가책을 전체적으로 표하고

　　$다2. 제2. 자신의 가책을 따로 밝혔다.

'이런고로 사리불아,' 라고 한 아래[세친 4]는,

　　$다3. 제3. (가책의) 총 결론지은 것이다.


(❶다2. 제2 게송의 뜻을 해석하여 답하였다.)

　(@라1. 제1. 처음은 가책하는 글(章門)을 나열하였고, **【세친 3】** )

**【세친 3】舍利弗 自呵責身言**

1) 我不見諸佛

2) 不往諸佛所

3) 及不聞佛說法

4) 不供養

5) (不)恭敬諸佛

6) 無利益衆生事 於未得法退

($.다1. 제1. 자신의 가책을 전체적으로 표하고)

2. 다2. 사리불이 스스로 자신을 가책하여 말하되,

($다2. 제2. 자신의 가책을 따로 밝혔다.)

♠가1. "나는 여러 부처님을 뵙지도 못하고,

♠가2. 여러 부처님 처소에 가지도 못하고,

♠가3. 또 부처님 설법을 듣지도 못하고,

♠가4. 여러 부처님께 공양하지도 못하고

♠가5. 공경하지도 못하고,

♠가6. 중생을 이익 되게 한 일도 없고.

아직 법도 얻지 못하였으니 물러갑니다." 라고 하였다.

[길장 4] 自呵凡列六句。一不見佛。謂身子但值頞鞞爾時不見佛也。二不往佛所者。值頞鞞時不往佛所也。三不聞佛說法者。值頞鞞時聞說三諦。得道 竟不聞佛說法也。

($다2. 제2. 자신의 가책을 따로 밝혔다.)

다2. 스스로 가책한 것이 무릇 여섯 구절이다.

♠가1. 제1. 부처님을 뵙지 못하였으니, 말하자면 신자(身子 : 사리불)는 다만 알비(頞鞞 : 5 비구. 1.교진여 2.알비. 3.발제. 4.십력가섭 5.마남구리)만 만나고 그 당시 부처님을 보지 못한 것이다.

- ♠가2. 제2. 부처님 처소에도 가지 않았다고 한 것은, 알비를 만날 당시 부처님 처소에는 가지 않은 것이다.
- ♠가3. 제3. 부처님 설법을 듣지도 못하였다고 한 것은, 알비를 만날 당시 (알비에게) 3제 (諦)의 설법을 듣고 도를 얻었으나 마침내 부처님 설법은 듣지 못한 것이다.

四不供養者。值頻鞞時不供養佛也。五不恭敬者。值頻鞞時未恭敬諸佛也。六無利益衆生事者。值頻鞞時 無利物心 及利事也。

- ♠가4. 제4. 공양하지도 못하였다 함은 알비를 만날 당시 부처님께 공양하지 못한 것이다.
- ♠가5. 제5. 공경하지도 못하였다 함은 알비를 만날 당시 여러 부처님을 공경하지 못한 것이다.
- ♠가6. 제6. 중생을 이익하게 한 일이 없었다고 함은, 알비를 만날 당시 중생을 이익하게 할 마음과 이롭게 한 일이 없었던 것이다.

前五明無上求心。後一明無下利心。於未得法中退者。應得上來六事。但取小果竟不得之。所以名退 是故舍利弗下。第三結自呵責。

앞에 다섯 가지는 위로 보리를 구할 마음이 없고 뒤에 하나(제6)는 아래로 (중생을) 이롭게 할 마음도 없었던 것이다.

여태껏 법도 얻지 못하였으니 중퇴한다고 한 것은, 응당 위에 온 여섯 가지 일(六事)을 얻겠지만 단지 소과(小果 : 소승과, 소승열반)만 취하여 끝내 얻지 못한 것이라 그래서 물러간다고 이름 한 것이다.

'이런고로 사리불이' 라고 한 아래[세친 4]는,


$다3. 제3. 자신의 가책을 총 결론지은 것이다.

【세친 4】 是故 舍利弗 作如是等 呵責自身

이런고로 사리불이 이와 같은 등의 자신을 가책한 것이다.


[길장 5] 不見佛者。第二釋上六門。卽兼解二偈。初釋第一不見佛章門。

'부처님을 보지 못하였다'고 한 것[세친 5]은,

❶다2. 제2. 위에 6문(門 : 세친3 가1-가6까지 6종.)을 해석한 것이니 곧 두 게송을 겸하여 해석하였다. ( [길장]3. ❶2. 제2 게송의 뜻을 해석하여 답하였다. 와 같다.)


♠가1 제1 부처님을 보지도 못하였다는 글(章門)을 해석하였다. 【세친 5】

【세친 5】 不見諸佛者 -(示現)不見 諸佛如來 大人之相 不生恭敬供養心故

(두 게송을 겸한 해석 - 공경((세친3. 가4)과 공양(세친3. (가5))을 겸한 해석)

여러 부처님을 보지 못하였다고 함은, 여러 부처님 여래의 대인의 모습을 보지 못하여 공경하고 공양하는 마음이 생기지 않았음을 나타내 보여주는 까닭이다.


[길장 6] 以不見佛故。不生恭敬供養之心

그래서 부처님을 뵙지 못한 고로 공경하고 공양하는 마음이 생기지 않는 것이다.


不住佛所者。釋第二章門。

'부처님 처소에 가지도 못하였다.' 고 한 것은,[세친 6]


♠가2 제2의 글(章門)을 해석한 것이다.

【세친 6】 不?(길장본) 往佛所者 示現敎化衆生力故

'부처님 처소에 가지도 못하였다.'는 것은, 중생을 교화하는 힘을 나타내 보여주는 것이다.

(往佛所者 示現敎化衆生力故 -부처님 처소에 갔다는 것은 중생교화의 힘을 나타내 보

인 까닭이다. -신수장경-묘법연화경 우바제사)

**[길장 7]** 若往佛所知佛者。有示現敎化衆生之力。便不取小果。今遂不住佛所 便取小果 失化物之力也  放金色光明者。上來釋二章。今解釋偈。

만약 부처님 처소에 가서 부처님을 알았다면 중생을 교화할 힘을 나타내 보일 수 있었을 것이니, 문득 소과(小果)를 취하지 않았을 것이다. 이제는 끝내 부처님 처소에 가지 못하여 문득 소과를 취하였으니 중생을 교화할 힘을 잃어버린 것이다.

'금색광명을 놓았다.' 고 한 것[세친 7]은, 위에서 온 두 글(二章 **【세친5. 6】** )을 해석한 것이고 지금은 게송을 해석하는 것이다.

問。論主 何故作此釋。答。前有二句。一不見佛。二不住佛所。若見佛 往佛所 卽見佛放金色光明三十二相。此二義相成。是故合釋。

㊀ 논주는 무엇 때문에 이런 해석을 하였는가?
㊁ 앞에 두 구절이 있다.
나1. 1은 부처님을 보지 못했고,
나2. 2는 부처님 계신 곳에 가지도 못한 것이다.

만약 부처님 계신 곳에 가서 부처님을 보았다면 부처님이 금색광명을 놓는 것과 32상을 보았을 것이다. 이 두 가지 뜻이 서로 이루어졌으니 이런 고로 합쳐 해석한 것이다.

**【세친 7】 放金色光明者 示 現+見佛 自身 異身 獲得無量諸功德故**

'부처님이 금색광명을 놓았다.' 고 한 것은, 부처님을 보니 자기 몸과 다른 몸이 한량없는 온갖 공덕을 얻었음을 나타내 보여주는 것이다.

**[길장 8]** 放金色光明者。牒初偈金色三十二也。示現見佛 自身異身者。用後見佛 釋前不見佛之過失也。自身卽是本身。異身謂化身也。見此二身 卽獲無量福。當知 前不見佛 不住佛

所 失無量福也。 聞說法者。釋第三章 門+前牒章門。

금색광명을 놓았다는 것은, 첫 게송에서 금색과 32상을 연계(牒)한 것이다.

부처님을 보니 자기 몸과 다른 몸이 나타내 보여준 것이라고 한 것은, 뒤늦게 부처님을 보고 앞서 부처님을 보지 못한 과실을 해석하는데 사용한 것이다.

자기 몸은 곧 본신(本身 : 법신)이요 다른 몸은 화신(化身)을 말한다. 이 두 몸을 보면 한량없는 복을 얻으리니 마땅히 알라! 앞서 부처님을 보지 못하고 부처님 처소에도 가지 못하였으니 한량없는 복을 잃은 것이다.

'설법을 듣는다.'고 한 것[세친 8]은,

♠가3 제3장(章門)을 해석한 것인데, 앞에 글(章門)을 연계하였다.

**【세친 8】聞說法者 示現能作利益 一切衆生故**

'설법을 듣는다.'고 한 것은, 일체중생을 이익 되게 일할 수 있음을 나타내 보여주는 것이다.

**[길장 9]** 示現能作 利益一切衆生事者。釋章門也。若聞佛說法 知佛能作利益之事。便不取小果也。今不聞法 便不知此事。故取小果也

'일체중생을 이익 되게 일할 수 있음을 나타내 보인 것'이라고 한 것은, 글(章門)을 해석한 것이다.

만약 부처님의 설법을 듣고 부처님께서 이익 되는 일을 할 수 있음을 아셨다면, 문득 소승과(小果 : 소승열반)를 취하지 못했을 것이다.

이제껏 법을 듣지 못하여 곧 이런 사실을 알아차리지 못하니, 그러므로 소과(小果)를 취하는 것이다.

力者 釋初偈中 十力之言。佛正住十力說法。能作利物之事。此二相 開=關。故一處合釋。

힘이란, **[세친 9]** 첫 게송 중에 10력(力)이라 한 말을 해석한 것이다. 부처님은 바로

10력에 머물러 설법하시니 중생을 이익 되게 할 일을 할 수 있는 것이다. 이 두 가지 모습으로 열었으니 그래서 한 곳에 합쳐 해석한 것이다.(위[세친 1]게송의 해설)


【세친 9】力者 示現衆生有疑 依十力斷疑故
3. '힘'이라는 것은, 중생이 의심이 있을 적에 10력에 의하여 의심을 끊는 것을 나타내 보여주는 것이다.


[길장 10] 初牒力章門。示現衆生有疑 依十力斷故者。釋章門。十力正明斷疑。如雜心論說 供養者。釋第四章門。

처음([세친 1의 게송])에 힘(10력)이라는 글(章門)을 연계하였다.

'중생이 의심이 있을 때에 10력(力-힘)에 의하여 끊는 것을 나타내 보여주는 것이다.'라고 한 것은, 글(章門)을 해석한 것이다.

10력은 의심을 끊는 것을 바르게 밝힌 것이다. 잡심논(雜心論)에 설한 것과 같다.

공양이란,[세친 10]


♠가4 제4의 글(章門)을 해석한 것이다.
【세친 10】供養者 示現 能教化衆生力故
4. 공양이란, 중생을 교화할 수 있는 힘을 나타내 보여주는 것이다.


[길장 11] 以供養佛 知佛示現敎化衆生力故。今遂不供養 卽不知此事。又佛所以 可供養者。爲佛有化物之力故也。

부처님을 공양함으로 부처님께서 중생을 교화하신 힘을 나타내 보임을 알았을 터인데, 이제껏 끝내 공양하지 못하였으면 이런 사실을 알지 못하는 것이다. 또 부처님께 공양해야 하는 까닭은 중생을 교화할 힘을 소유한 때문에 부처님을 위하는 것이다.

我若供養於佛 亦得此力。便不證小果。以不供養佛 取於小果 故失化物力也 十八不共法
者。釋第二偈第二句。以佛有十八不共法 無諸過失故 可供養。二義相成。故一處合釋。

내가 만약 부처님께 공양하였다면 또한 이런 힘을 얻었을 것이요, 선뜻 소과(小果)를 증득하지 않았을 것이다.

부처님을 공양하지 않았음으로 소과(小果)를 취하였으니 그러므로 중생을 교화할 힘을 잃은 것이다.

18불공법이란, 【세친 11】

([길장 2]- ❶2. 게송의 뜻을 [길장 3]- ❶2.↔ 연계)


❶2. 제2의 게송 제2의 구절 ( 80가지 미묘하고 좋은 모습 18 불공법 이와 같은 모든 공덕 내 다 이미 잃었네.) "을 해석한 것이다.

부처님은 18불공법을 소유함으로써 모든 과실이 없기 때문에 공양함이 옳은 것이다. 두 가지 뜻이 서로 이루어졌으니 그러므로 한곳에 합쳐 해석한 것이다.


### 【세친 11】 十八不共法者 示現遠離諸障礙故

5. 18불공법이란, 모든 장애를 멀리 여의었음을 나타내 보여준 것이다.


[길장 12] 初牒不共章門。示現遠離下。釋不共義。以無一切障礙過失 故名不共法。問。何故不解八十種妙好。答。此猶屬金色三十二也。又屬見佛等中攝。故不別釋  恭敬者。釋第五章門。

처음은 불공법(不共-함께 하지 못하는 법)의 글(章門)을 연계(牒)한 것이다.

'멀리 여의었음을 나타내 보여준 것이다.' 라고 한 아래는, 불공법의 뜻을 해석한 것이다. 일체의 장애나 과실이 없음으로 그래서 '불공법' 이라 한다.

㊀ 왜 80종의 미묘한 상호는 해석하지 않는가?

㊁ 이것은 마땅히 금색(광명)과 32상에 속한다. 또 '부처님을 보니' 라고 한 것들 중에

속하여 끼여 있다. 그러므로 별도로 해석하지 않았다.

'공경한다.' 라고 한 것은,

([세친 3]♠가5 공경하지도 못하고, ↔ 연계)


♠가5. 제5의 글(章門-공경하지도 못하고,)을 해석한 것이다.
【세친 12】恭敬者 示現出生 無量福德 依如來敎 得解脫故
6. 공경한다는 것은, (세상에) 태어나 부처님의 가르침에 의하여 해탈을 얻을 한량없는 복덕을 나타내 보여주시기 때문이다.


[길장 13] 初牒章。從示現下釋章。卽是釋恭敬之意。以恭敬佛故 得無量福 及得解脫。以不敬佛=恭敬,便失此利。

&가1. 제1. 처음은 글(章門-恭敬者)을 연계하고

'나타내 보여주시는 (示現出生 無量福德 依如來敎 得解脫故)'이라고 한데서부터 아래는,

&가2. 제2. 글(章門)을 해석한 것이다.

바로 이것이 공경해야할 뜻을 해석한 것이다.

부처님을 공경하므로 써 한량없는 복을 얻고 또 해탈을 얻는 것이다. 부처님을 공경하지 않아 불현듯 이런 이익을 잃는 것이다.


問。何故釋福德及解脫。不釋第六無利益衆生事。答。恭敬佛得福德及得解脫 卽是利益衆生事。又無利益衆生事。是總以上來句句 皆有此言故 不別釋也 以人無我 法無我者。釋第二偈 如是諸功德句。

▣ 왜 복덕과 해탈은 해석하면서 제6에 중생을 이익하게 한 일이 없음은 해석하지 않았는가?

▣ 부처님을 공경하여 복덕을 얻고 또 해탈을 얻으면 이것이 중생을 이익하게 하는 일

이며, 또 중생을 이익하게 하는 일이 없다는 것은, 이것은 전체적으로 위에서 온 구절구절마다 다 이런 말이 다 있었기 때문에 별도로 해석하지 않은 것이다.

사람에게 내가 없고 법에도 내가 없다(人無我 法無我)고 한 것은,

제2의 게송([세친 1]의 게송 중)에 '이와 같은 모든 공덕.' 이라고 한 구절을 해석한 것이다.

**[세친 13]** 以人無我及法無我 一切諸法 悉平等故

사람에게 내가 없고 또 법에도 내가 없음으로 일체의 모든 법이 다 평등한 때문이다.

**[길장 14]** 以二無我攝一切功德盡。又於諸功德中勝。亦可此語 釋上無利益衆生事。亦得重釋 上依佛教得解脫 是故 舍利弗下。釋偈第四 而我皆已失。又此文來者。初標呵責 於未得法中退。次釋自呵責 於未得法中退。今結自呵責 於未得法中退。

두 가지 내가 없음(二無我)이 일체의 공덕을 다 섭취고 또한 모든 공덕 중에 수승한 것이다.

또한 이 말은 위에서 중생을 이익하게 하는 일이 없음을 해석하였다고 할 수 있고, 또 위에서 부처님의 가르침에 의하여 해탈을 얻는다는 것을 거듭 해석한 것이다.

'이런고로 사리불이' 라고 한 아래[세친 14]는, 게송의 제4구에 '내 다 이미 잃었네.' 라는 것을 해석 한 것이다.

또 이 글의 내력에, 처음은 아직 법도 얻지 못한 도중에 물러감을 가책함(꾸짖음)을 표하고, 다음은 아직 법도 얻지 못한 도중에 물러감을 자기 스스로 가책함을 해석한 것이다.

지금은 아직 법도 얻지 못한 도중에 물러감을 자기 스스로 가책함을 끝맺는 것이다.

**[세친 14]** 是故 舍利弗 自呵責身言 我未得如是法 於未得中退故

이런고로 사리불이 스스로 자신을 가책하여 말하기를 '나는 아직 이와 같은 법을 얻지 못하고 얻지 못한 도중에 물러갑니다.' 라고 한 대문이다.

새로운 문단

[길장 15] 自此已下 爲七種人者。詳論意。上方便品 總爲衆生 總說一乘法。故論後文云。方便品五章 但爲破二歸一也。

'여기서부터 【세친 15】 아래는 7종의 사람을 위한다.' 라고 한 것은, 논의 뜻을 상세히 한 것이다.

위에 방편품은 전체적으로 중생을 위하여 전체적으로 1승법을 설하였다. 그러므로 논의 뒤에 글에 이르기를 '방편품의 5장(5문)은 오직 2승을 깨뜨려 1승에 돌아가기 위한 것이다.' 라고.

從火宅譬竟經　　別破十種人病。次明十種無上義也。就文爲二。初破十種人病。次明十種無上。初又二。第一總明爲十種人 能治所治心勸知。第二別破十種人病。初又二。

화택에 비유에서 경을 마치고 【세친 25】 따로
10종의 사람의 병을 깨뜨리고(고치고), 다음은
10종의 위없는 뜻을 밝혔다.

글이 둘이니

●가1. 제1. 처음은 10종의 사람의 병을 깨뜨리고,

●가2. 제2. 다음은 10종의 위없음을 밝힌다.

【(아래[길장 77] 가2. 제2. 10종의 위없는. 문단에서 거듭 이어서 다시 [길장121]에서 또 다시 연계해서 문단 끝까지 이어진다.)】

●가1. 제1. 처음이 또 둘이다.(여기서부터 아래[길장 76] 까지 한 문단.)

●나1. 제1. 10종의 사람을 위하여 능히 치료함과 치료할 대상의 마음을 전체적으로

밝혀 권하여 알게 하였고,

- ●나2. 제2. 10종 사람의 병을 나누어(따로) 깨뜨렸다.
- ●나1. 제1. 처음(10종의 사람을 위하여 능히 치료함과)이 또 둘이다.

前列爲七種凡夫人 能治所治勸知。次明爲無煩惱聖人 能治所治勸知。就初又四。一出所爲人。二明能治。三辨所治。四勸知。具足煩惱 染性衆生者。明所爲人。

- ★다1. 제1. 먼저 7종 범부의 사람을 위하여 능히 치료함과 치료할 대상을 나열하여 권하여 알게 하고,
- ★다2. 제2. 다음은 번뇌 없는 성인(聖人)을 위하여 능히 치료하는 것과 치료할 대상을 밝혀 권하여 알게 하였다.
- ★다1. 제1. 처음(7종 범부의 사람을 위하여 능히 치료함과)이 또 넷이다.
  - ※라1. 제1 사람을 사람 되는 것(所爲人)을 나타내고,
  - ※라2. 제2 능히 치료함을 밝히고,
  - ※라3. 제3 치료할 대상을 판별하고,
  - ※라4. 제4 권하여 알게 하는 것이다.

'번뇌를 구족하여 성품을 물들인 중생'이라고 한 것[세친 15]은 사람 되는 바를 밝혔다.


※(라1. 제1 사람 되는 것(所爲人)을 나타내고)

【세친 15】 自此已下 次爲七種 具足煩惱 染性衆生

★ 여기서부터 이하는, 다음에 7종의 번뇌가 구족하게 성품을 물들인 중생을 위함이니,


[길장 16] 具足煩惱。明是凡夫 爲煩惱所染 稱爲染性 說七種譬喩者。第二明能治也。

번뇌를 구족하였다함은, 이것은 범부가 번뇌에 물든 것을 밝힌 것인데 성품이 물들었다고 부르는 것이다.

'7종의 비유를 설한다.' 라고 한 것[세친 16]은,

※라2. 제2 능히 치료함을 밝힌 것이다.
**【세친 16】說七種譬喩**
7종의 비유를 설한다.

[길장 17] 對治七種增上慢者。第三明所治也。

'7종의 증상만을 대치(對治:상대(번뇌)를 치료함)한다.' 고 한 것[세친 17]은,

※라3. 제3. 치료할 대상을 밝힌 것이다.
**【세친 17】對治七種增上慢心**
★ 7종의 증상만의 마음을 상대하여 고친다.

[길장 18] 此七種人 竝於增上法中。而自高擧慢 而不求名增上慢 此義應知下。第四文也。

이 7종의 사람은 아울러 증상만의 법 중에 스스로 높여 거만하여 (도를) 구하지 않는 것을 '증상만' 이라고 이름한다.

'이 뜻을 마땅히 알라!' [세친 18]라고 한 아래는,

([길장 15]라4. 제4. 권하여 알게 하는 것이다. ↔ 연계)

※라4. 제4. 그 글(권하여 알게 하는 것)이다.

【세친 18】 此義應知

이 뜻을 마땅히 알라!

[길장 19] 所以勸知者。令行人識此七種過患。依經對治而捨離之。是故勸知 又三種下。第二次明無煩惱人亦四。一明所爲人。二辨所治之病。三明能治之藥。四勸知. 三種染慢 無煩惱人者。出所爲人也。

'권하여 알게 하는 까닭'이라고 한 것은, 수행하는 사람이 이 7종의 허물과 근심을 알게 하여 경에 의하여 대치하여 버리고 떠나게 하는 것이다. 이런고로 권하여 알게 하는 것이다.

또 '3종'이라 한 아래는,[세친 19]

([길장 15]★다1. 제1차. 먼저 7종 범부의 사람을 위하여 능히 치료함과 치료할 대상을.

　　　★다2. 제2. 다음은 번뇌 없는 성인(聖人)을 위하여 능히 치료함과 치료할 대상. 과↔ 연계)

★가2. 제2차로 번뇌가 없는 사람(★ 다1.)을 밝히니 또 네 가지다.

　나1. 제1 사람 되는 것(所爲人 : 사람 됨.)을 밝히고,

　나2. 제2 치료할 병을 판별하고,

　나3. 제3 능히 치료할 약을 밝히고,

　나4. 제4 권하여 알게 하는 것이다.

'세 가지 거만(三種慢)에 물들어 번뇌가 없다고 하는 사람'이라고 한 것은, 【세친 19】


※나1. 제1 사람 되는 것(소행)을 나타내었다.

【세친 19】 又復次 爲三種染慢 無煩惱人

★ 또 다시 다음에 세 가지 거만에 물들어 번뇌가 없다는 사람을 위함이니,

　　(위의 7종 증상만과 합하여 10종 사람의 병이 된다)

[길장 20] 斷小乘中 諸煩惱盡。故名無煩惱人。而望大乘 猶有煩惱。爲大乘煩惱所染。故稱爲染。未得究竟 自謂究竟。以此自高 稱之爲慢 三昧解脫見等染慢者。第二出所治之病。

다1. 제1. 소승 중에 모든 번뇌를 끊는 것이다. 그러므로 번뇌가 없다는 사람이라 한다. 그러나 대승에서 바라볼 때 오히려(猶=應) 번뇌가 있는 것이다.

다2. 제2. 대승에서는 번뇌에 물들인 것이 된다. 그러므로 물들었다고 칭한다.

다3. 제3. 아직 구경을 얻지도 못하고 자칭하여 구경이라고 하니 이것을 가지고 자신이 높은 체 함으로 '거만하다.'고 부르는 것이다.

'삼매·해탈·견해 등의 거만에 물든 것,' [세친 20]이라고 한 것은,

([길장 18] 나2. 제2 치료할 병을 판별하고, ↔ 연계)


☀나2. 제2. 치료할 병을 나타낸 것이다.

【세친 20】 三昧 解脫 見等染慢(신수본-身等染慢. 丹本에는 身見等染慢)

1.삼매·2.해탈·3.견해 등 거만에 물든 것이니,


[길장 21] 則釋上染慢也。如勝鬘云。三界外 恒沙煩惱。謂上=止,上煩惱觀 上煩惱等也。今明三昧中煩惱 卽是勝鬘 正受上煩惱。於大乘解脫中煩惱 卽是果上煩惱。見煩惱應是智上煩惱也。等者 等取一切恒沙煩惱也 對治此故下。第三出能治。

곧 위의 거만에 물든 것을 해석한 것이다.

승만경에 '3계(界) 밖에 항하사 같은 번뇌라.' 라고 한 것과 같다. 말하자면 상번뇌 관(上煩惱觀)과 상번뇌(上煩惱 : 근본 번뇌가 계속 일어나는 것. 현재의 번뇌) 같은 것(등等)이다.

이제 삼매 중의 번뇌를 밝히면 이는 승만경에 상(上)번뇌를 바로 받은 것이요,

대승의 해탈 중에 번뇌는 곧 이는 과상[果上 : 수행하는 동안을 인위(因位). 수행한 공으로 깨달음을 얻는 위(位)를 과지(果地)라 한다. 과지는 인위의 위이며 과상(果上)이라고도 한다.]의 번뇌요,

견번뇌(見煩惱 : 愛煩惱. 見惑과 같다. 온갖 正道에 대한 迷惑)는 마땅히 이는 지혜 위의 번뇌(智上煩惱)다.

등(等 : 같다는 것)이란, 일체 항하사 같은 번뇌를 같이 가지는 것이다.

'이것을 대치하는 까닭으로'[세친 21] 라고 한 아래는,

※나3. 제3 능히 치료함(能治)을 나타낸 것이다.
【세친 21】 對治此故 說三種平等
이것을 대치하는 까닭으로 3종의 평등법을 설한다.


[길장 22] 第四勸知。
※나4. 제4 권하여 알게 하는 것이다.
【세친 22】 此義應知
이 뜻을 마땅히 알아라!


[길장 23] 如文 何者七種具足下。第二別釋。又開爲二。初別釋七種人。第二別釋三種人。初又三。一標七種人。二明能治所治。三總結第一。前列七人。

글과 같이,
'어떤 것이 7종을 구족하는 것인가?' [세친 23]라고 한 아래는,
([길장 15] ●나1. 제1. 10종의 사람을 위하여 능히 치료함(약)과 치료할 상대의 마음(병)을. 나2. 제2. 10종 사람의 병을 나누어(따로) 깨뜨렸다. ↔ 연계)


●나2. 제2 따로 (그것을)해석하였다. 또 열어서 둘이 되니
　다1. 제1. 처음은 7종의 사람을 나누어 해석하고,
　다2. 제2. 3종의 사람을 나누어 해석하였다.
　다1. 제1. 처음(7종 사람)이 또 셋이다.
　　●라1. 제1. 7종의 사람을 표하고,

비유품 제3 391

●라2. 제2. 능히 치료함(약)과 치료할 대상(能治所治)(병)을 밝혔고,

●라3. 제3. 제1.(7종의 사람)을 전체적으로 끝맺었다.


●라1. 제1. 먼저 7종의 사람을 나열하였다.[세친 23](●라1. 제1. 7종의 사람을 표하고,)

【세친 23】 何者 七種具足 煩惱性人(이것은 길장 소의 글)(七種具足 煩惱染性衆生-세친,우바제사 원본) 一者求勢力人 二者求聲聞解脫人 三者求大乘人 四者有定人 五者無定人 六者集功德人 七者不集功德人

★ 어떤 것이 7종의 번뇌를 구족한 성품의 사람인가?

(7종의 구족한 번뇌가 성품을 물들인 중생 인가?)

●마1. 제1. 세력을 구하는 사람과

●마2. 제2. 성문의 해탈을 구하는 사람과

●마3. 제3. 대승을 구하는 사람과

●마4. 제4. 결정함이 있는 사람과

●마5 제5. 결정함이 없는 사람과

●마6. 제6. 공덕을 모으는 사람과

●마7. 제7. 공덕을 모으지 않는 사람이다.


[길장 24] 如文

●라1. 처음(.제1. 7종의 사람을 표하고,)은 글【세친 23】과 같고.


何等　七種增上慢心已下。釋上第二能治所治章門。就文爲二。一者依經略釋　第二。論主重釋。就釋七人卽成七別。一一中爲二。第一出所爲人。則明所治之病。二明能治之藥。顚倒求諸功德增上慢心者。此第一所治之病。

'어떤 것이 7종의 증상만의 마음인가?' [세친 24]라고 한 아래는, 위에

●라2. 제2. 능히 치료함(약)과 치료할 대상(병)의 글(章門)을 해석한 것이다.

그 글이 둘이니

마1. 제1. 경에 의하여 간략하게 제2(라2.제2 능히 치료함과 치료할 대상(能治所治) 【세친 24】)를 해석하였는데

마2. 논주(論主)가 【세친 23】을 거듭 해석한 것이다.

아래 7종의 사람을 해석한 것에 보면 곧 일곱 가지로 나누어지니 【세친 24】

바1. 제1.(7종의 증상만의 마음(★마1-1~★마7-7까지)) 하나하나 문장이 두 문장씩(◊사1.◊사2.)이 되니

◊사1. 첫째 사람이 되는 것을 나타낸 것인데 곧 치료할 대상의 병을 밝힌 것이고

◊사2 둘째. 능히 치료할 약을 밝힌 것이다.

'뒤바뀐(顚倒)체 온갖 공덕을 구하는 증상만의 마음' 이라고[세친 24],한 것은 이것은

◊사1. 제1 치료할 대상의 병이다.

【세친 24】 何等七種增上慢心 云何七種譬喩對治

一者顚倒 求諸功德 增上慢心 謂以世間中 諸煩惱染 熾燃增上 而求天人 勝妙境界 有漏果報

7 어떤 것이 7종의 증상만의 마음이며? 어떻게 7종 비유로 상대하여 치료하는가?(對治)(★마1-1~마7-7까지)

★마1-1. 뒤바뀐(顚倒)체 온갖 공덕을 구하는 증상만의 마음이니, '말하자면

1) 세간 중에 온갖 번뇌에 물들어 맹렬하게 더 타오르는 것(增上 : 힘을 더하여 더욱 강해짐)이라' '그리고

2) 하늘. 사람의 수승하고 미묘한 경계인 유루(有漏 : 새어 나가는 공덕, 富등)의 과보를 구하는 것이다.'

[길장 25] 如是倒取 三界實是苦境。而求常樂。故名顚倒

이와 같이 뒤바뀐 채 3계(界) 진실로 고통의 경계(세상)인데도 그런데 항상 한 낙(樂)을 구하여 취하니, 그러므로 '전도(顚倒뒤 바뀜)'라고 이름 하는 것이다.

初標顚倒 求諸功德增上慢心 (三+)二章門。謂世間中下。釋上增上慢心也。初遂近釋增上慢心。增上慢心者。謂世間中 諸煩惱 熾然增上也。而求天人勝妙境界下。釋上顚倒 求諸功德也 對治此故 明火宅喩者。第二明能治也。

처음은 전도된 채 온갖 공덕을 구하는 증상만의 마음을 표한 글이 둘이니,

'말하자면

1) 세간 중에'([세친 24]아사1 세간 중에).라고 한 아래는, 위의 증상만의 마음을 해석한 것이니

처음([세친 24]사1.) 알맞게 가까이(遂近) 증상만의 마음을 해석한 것이요.

증상만의 마음이란, 말하자면 세간 중에 온갖 번뇌가 맹렬하게 더 타오르는(增上 : 힘을 더하여 더욱 강해짐) 것이다.

' 2) 그리고 하늘 사람의 수승하고 미묘한 경계(수준)를 구한다.' 라고 한 아래는, 위에서 전도 된 채 온갖 공덕을 구하는 것을 해석한 것이다.

'이것(온갖 공덕을 구하는 것)을 상대하여 치료(對治)하는 고로 화택(火宅)의 비유를 밝힌 것이니.' [세친 25]


(비유품. 화택비유-네 번째 장항. 네 번째 게송.)


♧사2. 제2. 능히 치료하는 것(약)을 밝힌 것이다.

【세친 25】對治此故 爲說火宅譬喩 應知

●사1 이것을 대치(對治 : 상대하여 치료함)하기 때문에 화택의 비유를 설함을 마땅히 알아야 한다.

[길장 26] 二者聲聞人下。釋第二中亦二。初出所治。次出能治。

★마2-2. '제2에 성문인'이라고 한[세친 26] 아래는,

([세친 23] 마2. 제2. 성문의 해탈을 구하는 사람과 ↔ 연계)

★마2. 제2(성문의 해탈을 구하는 사람【세친 23】★마2, 제2)를 해석한 것 중에 또 둘이다.

&바1. 제1. 처음은 치료할 대상(병)을 나타내고,【세친 26】

&바2. 제2. 다음은 능히 치료함(약)을 나타낸 것이다.【세친 27】


(& 바1. 제1. 처음은 치료할 대상(병)을 나타내고.)

【세친 26】二者聲聞人 一向決定增上慢心 自言我乘與 如來乘 等無差別 如 是+顚倒取

★마2-2.

    1) 성문인은

    2) 오로지 결정된 증상만의 마음이라.

    3) 스스로 나의 가르침(乘)이 여래의 가르침과 같아 차별이 없다고 말한다.

    4) 이와 같이 전도된 생각을 가지는 것이다.


[길장 27] 聲聞人者。標其人也。一向決定增上慢者。敘其病也。自言我乘 與如來乘等 無差別者。釋上病也。

1) '성문인'이라고 한 것은 그 사람을 표한 것이다.

2) '오로지 결정된 증상만의 마음이란.' 그 병을 말한 것(敘)이다.

3) '자기 스스로 나의 가르침(乘)이 여래의 가르침과 같아 차별이 없다고 말한다.' 고 한 것은, 위에 병을 해석한 것이다.


求二乘人 謂佛與二乘人 同斷三界煩惱盡。同得盡無生智。同是三無學人 同得無餘。如是倒取者。佛與二乘 其實不同。不同謂同。故名倒取也 對治此故下。第二出能治。

2승을 구하는 사람은 '부처님과 2승인이 동등하게 3계의 번뇌를 다 끊고, 동등하게 무생지(無生智)를 다 얻었고 동등하게 이 셋은 무학(無學)인이라 동등하게 무여열반을 얻었다.'고 말한다.

4) 이와 같이 전도된 생각을 가진다. 라고 한 것은 부처님과 2승이 그 실은 동등하지 않은데도, 동등하지 않은 것을 동등하다고 말한다. 그러므로 '뒤바뀐 생각을 가졌다.' 라고 이름 하는 것이다.

'이것을 상대하여 치료(對治)하는 고로' 라고 한[세친 27] 아래는,

([길장 26] 제2. 다음은 능히 치료함(약)을 나타낸 것이다. ↔ 연계)


### (제4. 신해품-궁자의 비유)

&바2. 제2. 능히 치료함(약)을 나타낸 것이다.

**【세친 27】 對治此故 爲說窮子譬喻 應知**

●사2. 이것을 상대하여 치료(對治)하는 고로 궁자의 비유를 설하였음을 마땅히 알라!

[길장 28] 如窮子比 於長者 草菴 方於大宅。故二乘與佛不同也 三者大乘人 亦開爲二。一所治。二能治。

궁자를 장자에게 비교하건대 초암(草庵)은 바야흐로 대택(大宅)과 같은 것이다. 그러므로 2승과 부처님은 동등하지 않은 것이다.

([세친 23]마3. 제3. 대승을 구하는 사람과 ↔ 연계)

★마3-3 제3. 대승의 사람이니, 또한 열어서 둘로 하였다.

&바1. 제1. 치료할 대상(병)이고

&바2. 제2. 능히 치료하는 것(약)이다.

(&바1. 제1. 치료할 대상(병)이고.)

【세친 28】 三者大乘人 一向決定 增上慢心 起如是意 無別聲聞辟支佛乘 如是倒取

★마3-3.

 1)대승인이

 2)오로지 결정된 증상만의 마음으로

 3)이와 같은 뜻을 일으키니 성문과 벽지불승은 구별이 없다. 라고 하는

 4)이와 같이 전도된 생각을 가지게 되는 것이다.


[길장 29] 大乘人者。標人也。一向決定。標病也。起如是意。釋病也。謂無別二乘人。故稱爲病。

1) '대승의 사람'이라고 한 것은, 사람을 표한 것이다.

2) 오로지 결정되었다는 것은 병을 표한 것이다.

3) 이와 같은 뜻을 일으키는 것은 병을 해석한 것이다. 말하자면 2승인과 다름이 없다고 함이라. 그러므로 '병'이라고 칭하는 것이다.


此人 初聞一乘經 謂唯有佛乘 無有餘乘。遂有二失。一失於一說三。二失於緣成三。如是倒取者。實有二種。二乘有而言無。故言倒取 爲對治此故下。第二出能治。

 이런 사람이 처음 1승경을 듣고 오직 불승만이 있고 다른 승은 없다고 말하니, 마침내 두 가지를 잃는 것이 있다.

 제1. 1승에서 3승을 설함을 잃고.(알지 못하고)

 제2. 인연에서 3승을 이루는 것을 잃는 것이다.(3승의 인연-근기가 있어서 3승을 설함을 알지 못함)

4) 이와 같이 전도된 생각을 가지는 이는 실로 두 종류가 있다.

 2승은 있는데 그러나 없다고 말함이라. 그러므로 '전도된 생각을 가졌다.' 라고 말한다.

(5 약초유품-구름과 비의 비유)

'이것을 대치하기 위한 까닭으로' 라고 한 아래는,[세친 29]

&바2. 제2. 능히 치료함(약)을 나타내었다.
【세친 29】 對治此故 爲說雲雨譬喩 應知
◉사3 이것을 대치(對治)하기 위한 까닭으로 구름과 비의 비유를 설하는 것을 마땅히 알아야 한다.

[길장 30] 雖地雨是一 於草木成差。隨草木成差 雖理是一 隨緣成三。於緣成三也 第四人亦雨=兩,初明所治。第二明能治。

비록 땅과 비는 한 가지라하더라도 초목에는 차이가 난다. 초목에 따라 차이가 나는데 비록 이치는 한 가지라하더라도 인연에 따라 세 가지로 이루어지니, 인연에서 세 가지가 이루어지는 것이다.

([세친 23]마4. (마음에)결정함이 있는 사람과 ↔ 연계)
★마4.-4. 제4. 사람도 또한 둘이다.
&바1. 제1. 처음은 치료할 대상(所治-병)을 밝히고,
&바2. 제2. 능히 치료함(약)을 밝혔다.

(&바1. 제1. 처음은 치료할 대상(所治)(병)을 밝히고,)
【세친 30】 四者實無 而謂有增上慢心 已有世間有漏 二昧二摩跋提 實無涅槃 而生涅槃想 如是倒取
★마4.-4.
1) 실은 없는데 그러나 증상만의 마음이 있어서,

2) 이미 세간에 유루의 삼매·삼마발제가 있다고 말하고, 그리고
실은 열반이 없는데 그러나 열반의 생각(想)을 낸다. 이와 같이 전도된 생각을 가짐이라.

[길장 31] 所治中。初標實無功德 謂有增上慢心章門。以有世間有漏下。釋章門。此人得有漏定 實無涅槃 生涅槃想。此可有二人。

다스리는 것 중에,

제1). 처음은 실로 공덕이 없음을 표하니, 말하자면 증상만의 마음이 있다는 글(章門)이다.

제2). 세간에 유루(有漏)가 있다고 한 아래는 글(章門)을 해석한 것이다. 이 사람이 유루의 선정을 얻고 실은 열반이 없는데도 열반의 생각(想)을 내는 것이다.

여기에 두 가지의 사람이 있을 수 있다.

一者內道。如智度論云。有一比丘。得初禪時 謂得初果。乃至得四禪時 謂得四果。

제1. 내도(불도)다. 지도론에 '어떤 한 비구가 초선(初禪)을 얻었을 때는 초과(初果)를 얻었다고 말하고, 내지 4선(禪)을 얻었을 때는 4과(果)를 얻었다고 말한다.'라고 한 것과 같다.

二者外道之人。得非想無想二定 謂爲涅槃。如是倒取者。實無涅槃 謂是涅槃。故名倒取。又實是有漏 謂是無漏。故名倒取也。對治此故下。第二明能治。

제2. 외도의 사람이다. 비상(非想)의 선정(定)과 무상(無想)의 선정 두 선정을 얻고는 열반을 이루었다(爲)고 말한다. 이와 같이 전도된 생각을 가진 이는, 실은 열반이 없는데도 이것이 열반이라고 말한다. 그러므로 '전도된 생각을 가졌다.'라고 이름 한다.

또 실은 유루인데도 무루라고 말한다. 그러므로 '전도된 생각을 가졌다.'라고 이름 하는 것이다.

(제7. 화성유품-신통 변화로 만든 성의 비유)

'이것을 대치하는 고로' 라고 한[세친 31] 아래는,

&바2. 제2. 능히 치료함(약)을 밝혔다.[길장30] 연계
**[세친 31]** 對治此故 爲說化城譬喩 應知
◉사4 이것을 대치하는 고로 화성의 비유를 설한 것을 마땅히 알아라!

**[길장 32]** 此有二義。一者且說二乘涅槃 以爲眞城。爲治前二種人 虛僞之城。二者次爲此人 說於化城。二乘涅槃 尙是化城。汝之所得 云何眞實。

여기에 두 가지 뜻이 있다.

사1. 제1. 또한 2승의 열반을 설하고서 진실한 성으로 삼았으니, 앞에 두 종류의 사람을 치료하기 위하여 허위로 만든 성이었던 것이다.

사2. 제2. 다음은 이 사람을 위하여 화성(化城: 변화로 만든 성)을 설하였으니, 2승의 열반도 오히려 화성일진데 너의 얻은 것이 어찌 진실이란 말이냐?!

問。經文但言說化城。云何說眞城。答。化城品中 具敘今昔。意敘昔卽 明是眞。敘今卽明是化也。又 現=見,下論文也 第五人亦二。初明所治。次明能治。所治中初標二門。次釋二門。

🔲 경문에는 다만 화성(化城)으로만 설하였는데 어찌하여 진실한 성이라 말씀하는가?

🔲 화성유품 중에 지금과 옛적을 자세히 말씀하셨다. 뜻으로 옛것을 서술하면 곧 이는 진실을 밝힌 것이고 지금 것을 서술하면 곧 이는 화성을 밝힌 것이다. 또 아래 논문을 볼 것이다.

([세친 23]- 마5. 제5. 결정함이 없는 사람과 ↔ 연계)

★마5. (결정함이 없는) 사람도 또한 둘이다.

&바1. 제1. 치료할 대상(병)을 밝히고,

&바2. 제2. 능히 치료함(약)을 밝힌 것이다.

&바1. 치료할 대상 중에,

사1. 제1. 처음은 두 글(二門)을 표하고,

사2. 제2. 다음은 두 글(二門)을 해석하였다.


(사1. 제1. 처음은 두 글(二門)을 표하고,)

**【세친 32】五者 散亂.增上慢心**

★마5-5. 제1. 산란함과 제2, 증상만의 마음이니,


[길장 33] 標二門者。一散亂。二增上慢心 實無有定下。釋二門。

두 글을 표한 것에, 【세친 32】

제1은. 산란함이요, 제2. 증상만의 마음이다.

'실로 결정된 것은 없다.' 고 한 아래는, 【세친 33】


사2. 제2. 두 글(二門【세친 32】)을 해석하였다.

**【세친 33】實無有定 過去雖有大乘善根 而不覺知 不覺知故 不求大乘 於狹劣心中 生虛妄解 謂以爲第一乘 如是倒取**

1) 실로 결정함이(결정 된 것이) 없었으니. 과거에 비록 대승의 선근이 있었다하더라도 깨달아 알지 못하였고, 깨달아 알지 못한 때문에 대승을 구하지 않았고

2) '좁고 열등한 마음에서 허망한 앎(생각)을 내어, 이로써 제1의 승(第一乘-제일의 가르침)이라고 말하니'

3) '이와 같이 전도된 생각을 가짐이다'.

[길장 34] 初釋散亂章門。於狹劣心中下。釋增上慢章門。

처음 1).은 '산란함'이란 글(章門)을 해석하였고,

2),는 '좁고 하열한 마음을 끼고 있는 중에' 라고(위[세친 33]의 2))한 아래는,
. '증상만'이란 글(章門)을 해석한 것이다.

如是倒取者。小乘非第一。謂爲第一。故名倒取。又實有大乘而不求大乘。實無小乘而求小乘。亦是倒取 爲對治下。第二明能治。

3) 이와 같이 전도된 마음을 가졌다는 것은, 소승은 제1이 아닌데 제1이라고 함이다. 그러므로 '전도된 마음을 가졌다.'고 하는 것이다.

또 실은 대승이 있지만 그러나 대승을 구하지 않음이요, 실은 소승이 없는데도 소승을 구하니 또한 이것도 전도된 마음을 가진 것이다.

**(제8. 500제자 수기품 -옷 속의 보배 구슬의 비유)**

'대치' 라고 한 아래는,[세친 34]

&바2. 제2. 능히 치료함(약)을 밝힌 것이다. ([길장32]&바2.)

**[세친 34]** 對治此故 爲說繫寶珠譬喩 應知

●사5 이것을 대치(對治)하기 때문에 보배 구슬을 달아준 비유를 설하신 줄 마땅히 알라!

[길장 35] 說繫珠譬。令其憶菩提心 捨小求大 第六亦二。初所治。次能治。

구슬을 달아준 비유를 설하여(500제자 수기품) 그들이 보리심을 기억하게 하여 소승을

버리고 대승을 구하게 하였다.

([세친 23] ★마6. 공덕을 모으는 사람과 ↔ 연계)

　★마6-6.이 또 둘이다.

　　&바1. 제1. 치료할 대상(병)이고.

　　&바2. 제2. 능히 치료함이다.(약)【세친 36】


(&바1. 제1. 치료할 대상(병)이다.)
【세친 35】六者實有功德 增上慢心 聞說大乘法 而取非大乘 如是倒取
★마6.-6 실은 공덕이 있다는 증상만의 마음은 대승법을 설하는 것을 듣고도 그리고 대승이 아니라는 생각을 가짐이라. 이와 같이 전도된 마음을 가짐이라.


[길장 36] 聞大乘法 取非大乘者。此人本學大乘。但作有所得學。故聞說大乘 退大取小果。

'대승법을 듣고도 대승이 아니라는 생각을 가진다.' 라고 한 것은, 이런 사람은 본래 대승을 배웠으나 다만 배워서 얻은 것이 있다는 생각을 할 뿐이다.

그러므로 대승을 설하는 것을 듣고도 대승에서 물러나 소과(小果-소승 열반)를 취하는 것이다.


如大品中 有大鳥之譬。初生無翅鳥子 未有兩翅 而學飛。故遂便墮落。有所得人 雖發大心大行 無慧方便。聞說大乘 退取小果。故大品中 六十菩薩 聞說波若 成阿羅漢 此中是凡夫人。不同大品成阿羅漢。與其大略相似也。

대품 중에 큰새의 비유가 있는 것과 같이, 처음 태어난 날개 없는 새끼는 아직 양 날개가 없는데도 나는 것을 배우다.(연습) 그러다가 마침내 불현듯 떨어진다.

얻을 것이 있다는 사람도 비록 큰마음을 내어 크게 행한다하더라도(대승 행) 지혜의 방편이 없어 대승을 설하는 것을 듣고도 물러나 소과(小果)를 취하는 것이다.

그러므로 대품 중에 60보살이 반야를 설하는 것을 듣고 아라한이 된 것이다. 이 중에 범부의 사람이 대품에서 아라한을 이룬 것과는 같지 않으나 그들과 대략 서로 엇비슷하다.

如是倒取者。實有大乘而不取大。實無小乘 而取小乘。故名爲倒。又實學大乘 而取於小、故是倒也 對治此故下。第二明能治。

이와 같이 전도된 마음을 가진 이는, 실은 대승이 있는데 그런대도 대승을 취하지 않고, 실로 소승은 없는데도 그러나 소승을 취한다. 그러므로 이름 하여 '전도' 라고 한다.

또 실은 대승을 배웠어도 소승을 취한다. 그러므로 이것도 전도된 것이다.

(제14. 안락행품–상투속의 구슬의 비유)

'이것을 대치하기 때문에' 라고 [세친 36]한 아래는,

&바2. 제2. 능히 치료함(약)을 밝혔다.

**【세친 36】 對治此故 爲說輪王解 髻中明珠與之譬喩 應知**

●사6 이것을 대치하기 때문에 륜왕(전륜성왕)이 상투속의 밝은 구슬을 풀어서 주는 비유를 설하게 된 것을 마땅히 알라!

[길장 37] 頂髻之珠 最爲尊貴。一乘最勝。以此賜之 令其取大 第七人亦二。初明所治。第二明能治。

정수리에 상투의 구슬은 가장 존귀한 것이요. 1승은 가장 수승함이라. 이것을 줌으로써 그들이 대승을 가지게 하는 것이다.

([세친 23] ★마7. 공덕을 모으지 않는 사람이다. ↔ 연계)

★마7. 의(공덕을 모으지(쌓지)아니하는)사람도 또 둘이다.

&바1. 제1. 처음은 치료할 대상(병)을 밝히고,

&바2. 제2. 능히 치료함(약)을 밝혔다.


&바1. (제1. 처음은 치료할 대상을 밝히고,)

**【세친 37】** 七者實無功德 增上慢心 於第一乘 不曾修集 諸善根故 聞說第一乘 心中不取 以爲第一 如是倒取

★마7.-7 제7. 실로 공덕이 없다는 증상만의 마음은 제1승에서는 일찍 온갖 선근을 닦아 쌓지 아니한 때문이다. 제1승의 설법을 듣고는 마음속에 가지지 아니 하고 이로써 제1이라고만 한다. 이와 같이 전도된 마음을 가진 것이다.


**[길장 38]** 初牒實無功德 及增上慢心二章門。於第一乘 不修習諸善根故。釋上實無功德。此人過去 不集大乘善根故也。

●바1. 제1. 처음은 실로 공덕이 없는 것과, 또 증상만의 마음이라는 2장(章門★마7.-7) 의 글을 연계하였다. 1승에서 온갖 선근을 닦아 익히지 않은 때문이라는 것은, 위에서 '실은 공덕이 없다.' 라고 한 것을 해석한 것이다. 이 사람이 과거에 대승의 선근을 모으지 아니한 까닭이다.


聞說大乘下。釋上增+上慢心。如是倒取者。於第一法 謂非第一。故名倒取 爲對治下。第二 明能治。

●바2 .제2. 대승에 설법을 들었다고 한([세친 37]에 聞說第一乘) 아래는, 위의 증상만의 마음을 해석한 것이다. 이와 같이 전도된 마음을 가진 이는 제1법임에도 제1이 아니라고 말하니, 그러므로 '전도된 마음을 가진다.' 라고 이름 한다.

(제16. 여래수량품 - 의사의 비유)


'대치(對治 : 상대하여 치료함)'한다. 라고 한[세친 38] 아래는,


&바2. 제2. 능히 치료함(약)을 밝혔다. [길장 37]&바2.제2 연결.

**【세친 38】對治此故 爲說醫師譬喩 應知**

●사7 이것을 대치하는 까닭으로 의사의 비유를 설한 것임을 마땅히 알라!


**[길장 39]** 良醫正治狂子。佛示涅槃令服大乘 第一之藥也 第一人者已下。第二論主 就義 重釋。令七種人 竝皆成佛 亦成七段。初文有三。

어진 의사는 바로 미친 아들을 치료한다. 부처님은 열반을 보여 대승의 제1가는 약을 복용하게 한 것이다.


★라1. 제1인이라고 한[세친 39] 아래는,

([길장 15] (●나1. 제1. 10종의 사람을 위하여 능히 치료함과 치료할 상대의 마음을)

　　　　　(●나2. 제2. 10종 사람의 병을 나누어 깨뜨렸다 와 연계. = 2회 거듭 해석)


●나2. 제2. 논주가 뜻에 대하여 거듭 해석하여 7종의 사람(★마.-1에서 ★마7-7 의 사 람)을 아울러 다 성불하게 하였는데


★다1. 제1. 또 7단(段-7인)을 이룬다.

★라1. 처음 글( 【세친 39】 )에 셋이 있다.(마1.-마3)

**【세친 39】第一人者 示世間中 種種善根 三昧功德方便令喜 然後令入大涅槃故**

★라1. 제1인은,(★마.1-1의 사람. 【세친24】 )

마1. 세간 중에 가지가지 선근을 보이고,

마2. 삼매와 공덕, 방편으로 기쁘게 한 후에,

마3. 대열반에 들어가게 하는 까닭이다.

[길장 40] 第一前標其人。示世間中 種種善根 三昧功德者。出化此人之方也。

바1 제1. 앞에 그런 사람을 표하고 【세친 39】

　　세간 중에 가지가지 선근과 삼매의 공덕을 보인다고 한 것은, 이 사람을 화성(化城)에서 벗어나게 하는 방법이다.

此中 示世間中善根者。此釋佛意。佛意我本說 世間善根。拔汝三塗重苦。令汝歡喜。然後令入 大涅槃城。云何乃保 爲勝妙果報。爲治此故。故說火宅譬喻。

　이 가운데 세간 중에 선근을 보인다고 한 것은, 이것은 부처님의 뜻을 해석한 것이다.

　부처님의 뜻은 내가 본래 세간의 선근을 설하여 너희의 3악도의 무거운 고통을 뽑아, 너희를 환희하게 하고, 그런 후에 대반열반의 성에 들어가게 하는 것이다.

　어찌해야 이에 수승하고 미묘한 과보를 보호하는가? 이것을 치료하려는 때문에 그래서 화택의 비유를 설한 것이다.

問。前第一人 正求世間人天果報。今云何言 示世間中 種種善根。答。此中世間 異上世間。上之世間 是三界世間。今明未得 眞無漏 已來 發菩提心。及十信等 地前方便 名爲世間。

　图 앞에 제1의 사람은 바로 세간의 사람과 하늘의 과보를 구하는 것이다. 지금은 어찌하여 세간 중에 가지가지 선근을 보인다고 말하느냐?

　图 이 가운데 세간은 위의 세간과 다르다. 위의 세간은 이는 3계의 세간이다. 지금은 아직 참된 무루(無漏)를 얻지 못한 체 온지라 보리심을 내고 또 10신(信) 등의 지전(地前 : 10지(地) 이전)의 방편을 밝힘을 이름 하여 '세간'이라고 한 것이다.

下論釋法師品中。及分別功德品。並明地前未得眞無漏 故名世間。今說地前 種種功德 令其歡喜。

아래 논은 법사품 중에서와 분별공덕품을 해석한 것인데, 아울러 지전(地前)에 아직 참된 무루를 얻지 못한 것을 밝힌 것이니, 그러므로 '세간' 이라 하는 것이다. 지금은 지전(地前)의 가지가지 공덕을 설하여 그들을 환회 하게 하였다.

善根者+謂 無貪瞋癡 三種善根。以其人 正貪著三界故 說無貪等善根。其人正貪著五欲等外樂故。爲說有覺有觀等 諸禪三昧 以爲入大涅槃方便。卽是因世間 證出世間也。

선근이란, 말하자면 탐·진·치가 없는 3종의 선근(보시·자비·지혜)이다. 그런 사람이 바로 3계를 탐하고 집착하기 때문에 탐·진·치가 없는 선근을 설하는 것이다.

그런 사람이 바로 5욕 등 밖의 쾌락에 집착하기 때문에, 위하여 깨달음도 있으며 관함도 있다는 등 온갖 선정(禪)과 삼매를 설함으로써 대열반의 방편에 들어가게 하는 것이니 바로 이 세간으로 인하여 출세간을 깨닫는 것이다.

言大涅槃者。以大涅槃樂 代其貪著世間小樂也。然後入大涅槃者。前是行因。今令得果。其人前求有漏果報。今得無漏大涅槃果 釋第二人。

대열반이라고 말한 것은, 대열반의 낙으로써 그들이 세간의 작은 낙에 탐착하는 것을 대신하는 것이다. 그런 후에 대열반에 들어가게 하는 것이다.

앞은 수행의 인이고 지금은 과를 얻게 하는 것이다. 그런 사람이 먼저 유루의 과보를 구하였고 지금은 무루의 대열반과를 얻게 하는 것이다.

바2. 제2의 사람을 해석하였다.

**【세친 40】第二人者 以三爲一 令入大乘故**

★라2. 제2인은, 3승으로 1승을 성취(爲)하여 대승에 들어가게 하는 것이다.

[길장 41] 以三爲一 令入大乘者. 非是三外別更有一. 以會三乘終歸一乘. 如會三聚米 成於一斗米也. 一論大宗如是. 故下文云. 破二歸一. 又上文云 三乘同一乘者 同一法身故 釋第三人.

3승으로 1승을 성취(爲)하여 대승에 들어가게 한다는 것은, 3승 외에 따로 다시 1승이 있는 것이 아니요 3승을 모아 마침내 1승에 돌아가는 것이다.

마치 세 무더기의 쌀을 모아 한 말의 쌀이 되는 것과 같은 것이니, 한 논의 대종(大宗 : 중심. 주류.)이 이와 같은 것이다.

그러므로 아래에서는 글에 '둘을 깨뜨려 하나로 돌아간다.'고 하였고, 또 위의 글에 '3승이 1승과 동등하다.'라고 한 것도, 동일한 법신 때문이다.

바3. 제3의 사람을 해석하였다.

【셰친 41】第三人者 令知種種乘 異諸佛如來 平等說法 隨諸衆生善根種子 而生牙+芽故

★라3. 제3인은 가지가지 가르침(乘)을 알게 하려고, 모든 부처님 여래의 평등 설법과 다르게, 온갖 중생들의 선근 종자에 따라 싹이 트는 까닭이다.

[길장 42] 令知種種乘者. 令知五乘也. 諸佛說法 隨衆生善根種子 而生牙者. 衆生過去世 稟過去佛五乘敎門. 有五乘種子. 而故五乘人 感佛出世 說五乘法 令五乘種子 生五乘牙 乃至果實 釋第四人.

가지가지 가르침(乘)을 알게 한다는 것은, 5승을 알게 하는 것이다.

모든 부처님의 설법은 중생의 선근의 종자에 따라 싹이 트는 것이니, 중생이 과거의 세상에서 과거의 부처님(過去佛)에게서 5승의 가르침(敎門)을 품수 받아, 5승의 종자가 있는 것이다.

그러므로 5승의 사람이 부처님이 세상에 출현하시어 설하신 5승법을 깨달아(感), 5승의 종자에 5승의 싹과 내지 과실까지 생기게 하는 것이다.

바4. 제4의 사람을 해석하였다.

【세친 42】第四人者 方便令入涅槃城故 涅槃城者 所謂諸佛 禪三昧城故 過彼城已 然後 令入大涅槃城故

★라4. 제4인은, 방편으로 열반성에 들어가게 하는 것이다. 열반 성(城)이란, 이른바 모든 부처님의 선정·삼매의 성(城)인 때문에 저 성을 지나고 나서 그런 후에 대열반의 성에 들어가게 하기 때문이다.

[길장 43] 云方便令入涅槃城故者。論意明欲令其人前知。世間非是眞城 方便說小乘涅槃 以爲眞城。然後 始令捨小城 入大乘涅槃城也 釋第五人。

방편으로 열반성에 들어가게 하는 것이라고 한 것에, 논의 뜻은 그런 사람으로 하여금 세간이 이는 진실한 성이 아니라 방편으로 소승의 열반을 설하여 이로써 진실한 성으로 삼을 뿐이라는 것을 먼저 알게 하고자 함을 밝힌 것이다.

그런 후에 비로소 적은 성을 버리고 대승의 열반성에 들어가게 하는 것이다.

바5. 제5의 사람을 해석하였다.

【세친 43】第五人者 示其過去所有善根 令憶念已 然後 教令入三昧故

★라5. 제5인은, 과거에 있던 선근을 보여 기억하여 생각하게 하고 나서 그런 후에 가르쳐 삼매에 들어가게 하는 까닭이다.

[길장 44] 前示其過去善根。令其憶念 曾發菩提心。已然後 令得三昧 常憶菩提心不忘也 釋第六人。

먼저 그들의 과거의 선근을 보여 그들이 기억하고 생각하게 하여 일찍 보리심이 내게 하고 나서 그런 후에 삼매를 얻게 하여 항상 보리심을 기억하여 잊지 않게 하는 것이다.

바6. 제6의 사람을 해석하였다.

**【세친 44】** 第六人者 說大乘法 以此法門 同十地行滿 諸佛如來密與授記故

★라6. 제6의 사람은, 대승법을 설하시니 이 법문으로 동등하게 10지의 수행을 채우면 모든 부처님 여래가 비밀하게 수기를 주시는 까닭이다.

**[길장 45]** 說大乘法者。卽是賜其頂䯻明珠 。以此法門 同十地行滿者。此法門 卽是一乘法門。一乘法門 明十地行 究竟圓滿。故得成佛。

대승법을 설한다는 것은, 곧 정수리의 상투속의 밝은 구슬을 주는 것이다. 이 법문으로 동등하게 10지의 수행을 채운다고 한 것은, 이 법문이 곧 1승의 법문이다. 1승의 법문은 10지의 수행이 구경에 원만함을 밝혔다. 그러므로 성불을 얻는 것이다.

問。此釋何義。答。釋頂上明珠 最爲尊極。一乘經 同十地行滿 亦是尊極。諸佛如來 密與授記故者。以賜其珠密 欲令其成轉輪王也。爲說法華 卽是密與授記 令其成佛也 釋第七人。

▣ 이것은 무슨 뜻을 해석한 것인가?

▣ 정수리 위에 밝은 구슬을 풀어주는 것은 가장 존중함의 극치라 하였다. 1승경에 '동등하게 10지의 수행이 원만하니 또한 이것도 존귀함의 극치로다.' 라고.

모든 부처님 여래가 비밀스럽게 수기를 주시는 까닭이란, 그 구슬을 비밀스럽게 줌으로 그들로 하여금 전륜왕이 되게 하려는 것이다.

법화경을 설하기 위하여 곧 이에 비밀스럽게 수기를 주어 그들로 하여금 성불하게 하는 것이다.

바7. 제7의 사람을 해석한다.

**【세친 45】** 第七人者 根未純熟 爲令熟故 如是示現 得涅槃量

★라7. 제7의 사람은, 근기가 아직 순수하게 성숙하지 않아 성숙하게 하기 위한 까닭으로 이와 같이 열반을 헤아려(量) 얻는 것을 나타내 보인 것이다.

비유품 제3  411

[길장 46] 根未熟 令熟故者。卽是狂子 未敢服藥。欲令其服也。示現涅槃量。如父欲令服藥故 現死。佛今亦爾。欲令衆生了悟 示現涅槃 爲是義故 如來說此七種譬喻。卽是也。第三總結爲七人。說七種譬喻。

근기가 아직 미숙한 것을 성숙하게 하려는 까닭이란, 곧 미친 아들이 아직 약을 복용하지 않으니 그들을 복용하게 하려고 하는 것이다.

열반을 헤아려 나타내 보이는 것은, 아비가 약을 복용하게 하고자 하는 까닭으로 죽음을 나타낸 것과 같다.

부처님도 지금 또한 그러하여 중생으로 하여금 깨달아 알게 하고자 열반을 나타내 보인 것이다.

이런 뜻을 위한 때문에 여래가 이 7종의 비유를 설하셨으니, 바로 이것이다.

([세친 39] 마3. 제3. 대열반에 들어가게 하는 까닭이다. ↔ 연계)

([길장39] ●나2. 제2. 논주가 뜻에 대하여 거듭 해석하여 7종의 사람을 아울러 다 성불하게  하였고.-연계)


●나3. 제3. 일곱 가지 사람을 위하여 7종의 비유를 설하신 것을 모두 끝맺는다.

【세친 46】爲是義故 如來說此 七種譬喻

이 뜻을 위한 때문에 여래가 이 7종의 비유를 설하신 것이다.


[길장 47] 何者 三種無煩惱人下。第二釋上爲三種無煩惱人 說三種對治。就文爲二。初總明爲三種人說三對治。第二別明授記。就文又二。第一明所治。第二明能治。所治中有二。初總標。次別釋。

'어떤 것이냐? 3종의 번뇌가 없다고 하는 사람이' 라고 한[세친 4/] 아래는,

(제1. 3종 번뇌가 없는 사람을 위하여 3종의 대치법을 설한 것이고)[세친19] 연계)

가2. 제2. 위에 3종의 번뇌가 없는 사람([세친19] [길장19] ★가2. 연계.)을 위하여 3종의 대

치법을 설한 것을 해석한 것이다.

글이 둘이니

⊙나1. 제1. 처음은 3종의 사람을 위하여 3종의 대치법을 설함을 전체적으로 밝혔다.

⊙나2. 제2. 수기주심을 따로(나누어) 밝혔다.

⊙나1. 그 글이 둘이니

△다1. 제1. 치료할 대상(병)을 밝혔다.

△다2. 제2. 능히 치료함(약)을 밝혔다.

△다1.치료할 대상 중에 둘이 있다.

▼.라1. 제1. 처음은 전체적으로 앞에 표하고,

▼.라2. 제2. 다음은 나누어 해석하였다.


(▼.라1. 제1. 처음은 전체적으로 앞에 표하고,)

【세친 47】何者 三種無煩惱人 三種染慢 所謂三種顚倒信故

8. 어떤 것이냐? 3종의 번뇌가 없다는 사람이 3종의 거만에 물드니, 이른바 3종의 전도된 것을 믿는 까닭이다.


[길장 48] 如文 何等爲三下。第二.別出三病。

▼.라1.처음(▼.라1.전체적으로 앞에 표하고)은, 글 【세친 47】 과 같고.

'어떤 것이 셋이냐?' 라고[세친 48] 한 아래는,


▼.라2. 제2 세 가지 병을 나누어 나타내었다.

【세친 48】何等爲三 一者信種種乘異 二者信世間涅槃異 三者信彼此身異

어떤 것이 셋이냐?

★마8-8. 제1. 가지가지 가르침(乘)이 다르다고 믿는다.

★마9-9. 제2. 세간과 열반이 다르다고 믿는다.
★마10-10. 제3. 피차(彼此)의 몸이 다르다고 믿는다.


[길장 49] 一者實無乘異 而信三乘異。故名顚倒。二者實無世間涅槃異。無異謂異。故名顚倒。三者實無彼此身異。無異謂異故。故名顚倒 爲對治三種下。第二明能治亦二。一總標 二別釋。

마1. 제1. 실은 가르침(乘)이 다른 것이 없는데, 3승이 다르다고 믿는 것이다. 그러므로 '전도' 라고 이름 한다.

마2. 제2. 실은 세간과 열반이 다른 것이 없는데, 다른 것이 없는 것을 다르다고 말한다. 그러므로 '전도' 라고 이름 한다.

마3. 제3. 실은 피차(彼此)의 몸이 다른 것이 없는데, 다른 것이 없는 것을 다르다고 말하기 때문이다. 그러므로 '전도' 라고 이름 한다.

'3종을 상대하여 치료(對治)하기 위한 것이다.' [세친 49]라고 한 아래는,

△다2. 제2. 능히 치료함(약)을 밝혔다. ([길장 47].△다2.-연계)

또 둘이다.

라1. 제1. 전체적으로 표하고,

라2. 제2. 따로 해석하였다.


(라1. 제1. 전체적으로 표하고,)

【세친 49】爲對治此 三種染慢故 說三種平等 (此義)應知

이 3종의 거만에 물든 것을 상대하여 치료(對治)하기 위한 때문에 3종의 평등함을 설하신 것을 마땅히 알라!


[길장 50] 初如文 何者三種下。第二別釋卽成三別。

.라1. 제1.(처음 전체적으로 표한 것은) 글 【세친 49】과 같다.

'어떤 것이 세 가지냐?' 【세친 50】 라고 한 아래는,


라2. 제2. 따로 해석한 것인데, 세 가지로 따로 이루어진다.
【세친 50】 何者 名爲三種平等 云何對治
一者乘平等 謂與聲聞授菩提記 唯有大乘 無二乘故 是乘平等 無差別故
어떤 것을 이름 하여 3종 평등이라 하며 어떻게 상대하여 치료하는가?
◉사8 ◉제1. 가르침(乘)이 평등함이니, 성문과 더불어서 보리의 수기를 주는 것을 말하는 것이다.

오직 대승만 있고 2승이 없기 때문에 이 가르침(乘)이 평등하여 차별이 없는 까닭이다.

◉ 참고-성문·연각·보살을 막론하고 다 더불어 수기주시니 차별 없이 평등하다는 것이다.


[길장 51] 謂與聲聞 授菩提記。謂乘平等一句。釋塔品已 前乘權乘 實經文。

성문과 더불어 보리의 수기를 주는 것을 말함이니, '가르침이 평등함(乘平等)'이 하나의 구절(一句)임을 말하는 것이다. 보탑품에 이미 해석하였지만 앞의 가르침(乘)은 방편의 가르침(權乘)이라 경문이 진실이다.


【세친 51】 二者世間涅槃平等 以多寶如來 入於涅槃 世間涅槃 彼此不等無差別故
◉사9. ◉제2. 세간과 열반이 평등함은, 다보여래가 열반에 드심으로 세간과 열반이 피차가 평등하여 차별이 없는 까닭이다.


[길장 52] 釋第二中。云多寶如來 入於涅槃。此句 標世間涅槃平等章門也。世間涅槃 彼此平等 無差別故者。以多寶如來 常在十方世界中 而稱入涅槃。故知 世間涅槃平等 釋第三章。

위 【세친 51】 제2를 해석한 것 중에 '다보여래가 열반에 드셨다.' 라고 하였다. 이 구절

은 세간과 열반이 평등한 글(章門)을 표한 것이다.

'세간과 열반이 피차가 평등하여 차별이 없는 까닭이다.' 라고 한 것은, 다보여래가 항상 시방세계 안에 계시는데도 열반에 드셨다고 말함이다. 그러므로 알라! 세간과 열반이 평등한 것이다.

사3. 제3 글 【서천 52】을 해석한다.

【서천 52】 三者法身平等 多寶如來 已入涅槃 復示現身 自身他身法身 平等無差別故

◉사10 ◉제3. 법신이 평등함이다. 다보여래가 이미 열반에 들고도 다시 몸을 나타내 보이시니 자신(自身)·타신(他身 : 남의 몸)·법신(法身)이 평등하여 차별이 없는 까닭이다.

[길장 53] 多寶如來 已入涅槃 復示現身者。此牒上世間涅槃平等也。

다보여래가 이미 열반에 드셨는데도 다시 몸을 나타내 보인 것은, 이것은 위에 세간과 열반이 평등하다는 것을 이끌어 온 것(연계한 것)이다.

上即指多寶如來在世者。是涅槃。今明多寶入涅槃者。常在世間。故知 世間涅槃平等。世間涅槃既平等。故知 自身他身法身+,亦平等也。自身即多寶身。他身謂十方佛 釋迦佛身。文相正爾。須作深觀行取之。

위에서는 다보여래가 세간에 계시는 것을 가리켜 이것이 열반이라 하고, 지금은 다보여래가 열반에 드신 것을 밝혀 항상 세간에 계신다고 하였다. 그러므로 알라! 세간과 열반이 평등한 것이다.

세간과 열반이 이미 평등하니 그러므로 알라! 자신(自身)·타신(他身 : 남의 몸)·법신(法身)이 또한 평등한 것이다.

자신(自身)은 곧 다보의 몸이요, 타신(他身)은 시방불과 석가불의 몸을 말한다. 글의 모양새가 바로 그러하다. 모름지기 깊은 관하고 행(觀行)을 지어 가질 것이다.

又多寶雖入涅槃 常示現世間. 以此爲世間涅槃不等. 卽類釋迦等十方佛. 雖在世間常是涅槃 亦是世間涅槃不等. 又多寶佛 常在世間 而稱入涅槃. 釋迦等十方佛 雖在世間 亦是涅槃也. 故知 多寶與釋迦 自他不異也. 亦自他(法)身平等也.

또 다보여래가 비록 열반에 드셨으나 항상 세간에 나타나 보이시니, 이로써 세간과 열반이 평등한 것이다. 곧 석가 등 시방불이 같은 부류다.

비록 세간에 항상 계시더라도 이것이 열반이요, 또한 이것이 세간과 열반이 평등 한 것이다. 또 다보불이 항상 세간에 계시지만 그러나 열반에 드셨다고 칭한다. 석가 등 시방불이 비록 세간에 계신다고할지라도 역시 열반인 것이다.

그러므로 알라! 다보와 석가는 자신(自身)과 타신(他身 : 남의 몸)이 다르지 않은 것이요, 또한 자타의 몸이 평등한 것이다.

維摩有三種如. 謂一切法亦如也 一切衆生亦如也 衆賢聖亦如也. 一切法亦如也. 是第三平等. 一切衆生亦如也. 此是第二平等. 衆賢聖亦如也. 是第一平等. 欲示世間涅槃平等 如中論涅槃品云. 世間與涅槃 無有小分別. 涅槃與世間 亦無小分別. 生死之實際 及與涅槃際. 如是二際者 無豪氂差別.

유마경에 '3종의 같음이 있다.' 라고 하니, 말하자면,

1. 일체법이 또한 같고.

2. 일체중생이 또한 같고.

3. 많은 현인과 성인이 또한 같고.

　　일체법이 또한 같으니 이것이 제3의 평등이다.(법신평등)

일체중생이 또한 같으니 이것은 제2의 평등이다.(세간과 열반의 평등)

많은 현인과 성인이 또한 같으니 이것이 제1의 평등이다.(가르침의 평등)

세간과 열반이 평등한 것을 보이고자 하신 것이다.

저 중론(中論)의 열반품에 이른 것과 같이 세간과 열반이 조금도 분별이 없고 열반과

세간도 또한 조금도 분별이 없다. 생사의 실제와 열반의 실제와 이와 같은 두 실제는 털끝만한 차별도 없다.

智度論云。唯大乘法中 說生死涅槃平等。小乘法中 無有此理。與法華論意同 如是三種 無煩惱人者。第二別論受記義。亦是重釋三平等中 初乘平等。又二乘作佛 是法華正宗。

지도론에 이르기를 '오직 대승법 중에서만 생사와 열반이 평등하다고 설하고, 소승법 중에 이런 이치는 없다. 라고 하였으니, 법화론과 뜻이 같다.

'이와 같은 3종의 번뇌가 없다는 사람' 이라고 한 것 【세친 53】 은,

([길장47]제1. ⊙ 나1. 처음은 3종의 사람을 위하여 3종의 대치법을 설함을 전체적으로 밝혔다.
　　　　　⊙ 나2. 제2. 수기의 뜻을 (따로)나누어 논하였다-연계)

⊙나2. 제2. 수기의 뜻을 (따로)나누어 논하였다. 역시 3평등을 거듭 해석한 것 중에,

([세친 48] 마1. 제1. 가지가지 가르침(乘)이 다르다고 믿는다. ↔ 연계)

다사1. 처음의 가르침(乘)의 평등이다.

**또 2승이 부처가 된다 함은 이것은 법화경의 정종(正宗 : 本論)이다.**

如智度論云。法華經是祕密法。明阿羅漢作佛故也。就文有五。第一明授記所由。第二明受聲聞菩薩記差別。第三明受記不同。第四明聲聞得記不得記。第五重論三乘一乘。就初文又二。第一敍病。第二明對治藥。就初又四。第一總明三種人有染慢之心。

지도론에 '법화경은 비밀법이라.' 라고 한 것과 같다. 아라한이 부처된다는 것을 밝힌 까닭이다.

그 글이 다섯 가지가 있다.

●라1.제1. 수기를 주는 연유를 밝혔다.

●라2.제2. 성문과 보살이 수기를 받는 차별을 밝혔다.

●라3.제3. 수기 받는 것이 동일하지 않음을 밝혔다.

●라4. 제4. 성문이 수기를 얻고 수기를 얻지 못함을 밝혔다.

●라5. 제5. 3승과 1승을 거듭 논하였다.

　●라1. 제1 처음 글(수기를 주는 연유를 밝혔다.)이 또 둘이다.

　　마1. 제1. 병을 말하고,

　　마2. 제2. 대치(對治 : 상대하여 치료함)하는 약을 밝혔다.

　　마1. 제1. 처음( 자1. 제1. 병을 말하였다.)이 또 네 가지다.(바1-4)


　　　바1. 제1. 3종의 사람이 거만에 물든 마음이 있음을 전체적으로 밝혔다.

【세친 53】如是三種 無煩惱人 染慢之心

이와 같은 3종은 번뇌가 없다고 하는 사람이, 거만에 물든 마음은,


[길장 54] 卽是無明心也　見彼此身 所作差別者。第二見六道三乘不同。

곧 이것이 무명의 마음이다. '피차의 몸을 보고 차별을 짓는 것' 이라고 한 것은,[세친 54]


　　　바2. 제2. 6도(道)를 보니 3승이 동일하지 않은 것이다.

【세친 54】見彼此身 所作差別

피차의 몸이 짓는 것이 차별 난 것을 보나니.


[길장 55] 此卽是分別心也　以不知彼此法身佛性悉平等故。第三不得無分別智也。

이것은 곧 분별심이다. 피차가 법신과 불성이 다 평등함을 알지 못하는 까닭이다.


　　　바3. 제3. 무분별지(無分別智)를 얻지 못한 것이다.

【세친 55】以不知彼此 佛性 法身 悉平等故　卽謂彼人(此人) 我證此法 彼人不得。

피차의 불성과 법신이 다 평등함을 알지 못하기 때문이니, 곧 저 사람은 '나는 이 법을 증득했는데' 저 사람은 얻지 못하였다고 말하는 것이다.

**[길장 56]** 第四重起分別心。

바4. 제4. 분별하는 마음을 거듭 일으킨 것이다.

卽謂彼人我證此法 彼人不得　對治此義。第二明能治之藥。

곧 저 사람은 나는 이 법을 증득했는데 저 사람은 얻지 못하였다고 말하는 이 뜻(이치)을 상대하여 치료하니

(6. 수기품-성문에게 수기를 주다)

마2. 제2.에 능히 치료하는 약을 밝혔다. [길장53] 마다2.연계.

**【세친 56】對治此故 與諸聲聞 授記應知**

이것을 대치하는 고로 모든 성문에게 수기를 주는 것을 마땅히 알라!

**[길장 57]** 彼聲聞等 爲實成佛下。第二論聲聞菩薩 得記不同。就文爲二。初問。次答。問中有二。初定二關。

'저 성문들이 진실로 성불한다.' 라고 한 아래[세친 57]는,

(제1. 수기를 주는 연유를 밝혔다.[길장53] ●아1.연속)

●아2. 제2. 성문과 보살이 수기를 얻음이 동일하지 않음을 논한 것이다.

글이 둘이나.

자1.제1. 처음은 질문이다.

자2.제2. 다음은 대답이다.

자1.제1. 질문 중에 둘이 있다.


차1.제1. 처음은 두 관문(定二關)을 정하였다.
【세친 57】問曰彼聲聞等 爲實成佛故 與授記 爲不成佛與授記耶
1) 저 성문들이 진실로 성불하기 때문에 수기를 주는 것이냐?,
2) 성불하지 못하는 데 수기를 주느냐?


[길장 58] 從若實成佛者。第二雙結兩難。
'만약 진실로 성불한다는 것을 따른다는 것은 【세친 58】


차2. 제2. 두 난관을 쌍으로(함께) 맺는 것이다.
【세친 58】若實成佛者 菩薩何故 於無量劫 修集無量種種功德 若不成佛者 云何虛妄與之授記
마1. 만약 진실로 성불한다면 보살은 왜 무량겁에 한량없는 가지가지 공덕을 닦아 모아야 하며
마2. 만약 성불하지 못한다면 왜 허망하게 수기를 주는가?


[길장 59] 文處易知 彼聲聞等 得受記下。第二雙通兩難。就文亦二。第一雙答。第二雙非。第一雙答卽成二別。今前通答第一難。
글의 있는 곳을 쉽게 알 것이다.
'저 성문들이 수기를 얻을 것이' 라고 한[세친 59] 아래는,
제2의 두 난관(관문 【세친 57】)을 쌍으로(함께) 소통시켰다.
글이 둘이다.

바1. 제1. 쌍으로 대답하고(雙答),

■바2. 제2. 쌍으로 부정하였다.(雙非)

■바1. 제1. 쌍으로 대답(雙答)한 것이 둘로 나누어지니

▲사1. 제1. 이제 먼저 제1의 난관(세친 57) 圖 1) 을 소통시킨 대답이다.
【세친 59】 答曰彼聲聞等 得授記者 得決定心 非謂聲聞 成就法性+故

囧 저 성문들이 수기를 얻는다는 것은 결정하는 마음을 얻는 것이지 성문이 법성을 성취한다는 것을 말하는 것이 아니다.


[길장 60] 難意云。若聲聞實成佛 菩薩何故 無量劫修習無量功德。故今釋云。聲聞得受記者 但得決定心耳。

난의에 말하되 '만약 성문이 진실로 성불한다면 보살은 무엇 때문에 무량겁에 한량없는 공덕을 닦고 익히는가?' 라는 것이다.

그러므로 이제 해석하여 말하면 '성문이 수기를 얻었다는 것은 다만 결정하는 마음을 얻는 것뿐이다.' 라는 것이다.


言得決定心者。決定者名信。得入十信位 非成就法性故。正答其問。下文明法性 卽是法身。聲聞未成法身。初明得決定心。卽十信之始 非成就法性。未得究竟之修=終 如來依彼三種平等 說一乘法故者。釋第二難。

결정하는 마음을 얻는다고 말한 것은, 결정이란 믿음을 이름한다. 10신(信)의 지위에 들어가게 됨이지 법성을 성취한다는 것이 아니다. 그 질문에 바르게 대답한 것이다.

아래 글에서 법성을 밝혔는데 이것이 법신이다.

성문은 아직 법신을 이루지는 못 하였다.

아1. 처음은 결정한 마음을 얻게 됨을 밝힌 것이다. 곧 10신(信)의 시작이지 법성을 성취 한 것은 아니다. 아직 구경의 (수행)끝을 얻지는 못한 것이다.

'여래는 저 3종의 평등함에 의하여 1승법을 설하신 때문이다.' [세친 60]라고 한 것은,

아2. 제2의 난관(【세친 57】 ▣ 2) 성불하지 못하는데 수기를 주느냐?)을 해석한 것이다.

【세친 60】 如來 依彼三種平等 說一乘法故 以如來法身 與彼聲聞法身 平等無異故 故與授記

여래는 저 3종의 평등함에 의하여 1승법을 설하신 때문에, 여래의 법신도 저 성문의 법신과 평등하여 다름이 없는 것이다. 그러므로 수기를 주는 것이다.

[길장 61] 難意云。聲聞 若不成佛 云何虛妄爲之受記。是故先釋云。以如來法身 與聲聞法身 平等無異故 與受記。非是虛妄。

난관의 뜻을 말하면 '성문이 만약 성불하지 못한다면 왜 허망한 수기를 주느냐?' 하는 것이다. 이 때문에 먼저 해석에 '여래의 법신은 성문의 법신과 평등하여 다름이 없기 때문에 수기를 주는 것이다.' 라고 하였으니, 이는 허망한 것이 아니다.

問。前云得決定心故與受記。後明依佛性平等故與受記。此二何異。答。前是緣因 後是正因。又前是引出佛性。後是自性 住佛性。所以爲異 非是具足修行功德+故,者。第二雙非結酬前兩難也。

▣ 먼저는 '결정심을 얻게 되기 때문에 수기를 준다.' 라고 하였고, 뒤에는 '불성이 평등함에 의한 때문에 수기를 준다.' 라고 밝혔다. 이 둘이 무엇이 다른가?

▣ 먼저는 이것은 연인(緣因)이고, 뒤는 이것은 정인(正因)이다. 또 먼저는 불성을 이끌어 낸 것이고, 뒤는 자성이 불성에 안주한 것인 만큼 까닭(연고)이 다른 것이다.

'이는 수행한 공덕이 구족하지 못한 때문이다.' 라고 한 것[세친 61]은,

◼ 바2. 제2. 쌍으로 부정한(雙非)것은 [길장 59 ◼바2.] 앞의 두 난관을 서로 주고 받아(酬) 끝맺은 것이다.

【세친 61】非卽具足修行功德故 是故菩薩功德具足 諸聲聞人 功德未具足

곧 수행의 공덕이 구족하지 못한 때문이다. 이런 고로 보살은 공덕이 구족하고 모든 성문인은 공덕이 아직 구족하지 못한 것이다.


[길장 62] 前結酬初難也。是故菩薩功德具足 諸聲聞人功德未具足。結酬第二難也 言受記者 有六處示現下。第三論受記不同。就文爲二。第一總標授記不同。第二別釋。就初又二。第一總明六處示現。

앞(곧 수행의 공덕이 구족하지 못한 때문이다.)은 제1의 난관을 서로 주고받아(酬) 끝맺은 것이다.

이런고로 보살은 공덕이 구족하고 모든 성문인은 공덕이 아직 구족하지 못한 것이다. 라고 한 것은 제2의 난관을 서로 주고받아 끝맺은 것이다.

'수기를 받는다고 말한 것은 여섯 가지의 경우로 나타내 보인 것이 있다.' 라고 한 [세친 62]아래는,

([길장 53] ●라3. 제3.] 수기 받는 것이 동일하지 않음을 밝혔다. ↔ 연계)

●라3  제3. 수기 받는 것이 동일하지 않음을 논하였다.

글이 둘이니

마1. 제1. 수기 주는 것이 동일하지 않음을 전체적으로 표하였다.

마2. 제2. 나누어 해석하였다.

마1.처음이 또 둘이다.


▼바1. 제1. 여섯 가지의 경우로 나타내 보인 것을 전체적으로 밝혔다.

【세친 62】言授記者 有六處示現

수기를 받는다고 말한 것을 여섯 가지의 경우로 나타내 보인 것이 있다.


[길장 63] 五是如來記 一是菩薩記下。第二別明結授記人 唯有兩種。

'다섯 가지는 여래가 수기한 것이고, 한 가지는 보살에게 수기한 것이다.' 라고 한 [세친 63]아래는,

🏳️바2. 제2. 따로 수기하여 줄 사람을 밝히고 끝맺는데, 두 종류가 있다.(사1.-2)
【세친 63】 五是如來記 一者菩薩記
사1. 다섯 가지는 여래가 수기한 것이고,
사2. 한 가지는 보살에게 수기한 것이다.

[길장 64] 如來記者。第二別釋二人。卽成二別。就釋如來記五人 卽成五別。第一人衆所知識 名號不同故 與別記。
사1. '여래가 수기한 것' 【세친 64】 이라고 한 것은,
🏳️아2. 제2. 따로 두 가지 사람을 해석하니 곧 두 가지로 따로 이루어졌다.
♥자1. 제1. 여래가 수기한 5인을 해석함에 대하여 다섯 가지로 나누어 이루어졌다. (차1-5)

Ⓒ차1. 제1. 제1의 사람은 대중이 아는 바이나 이름이 같지 않기 때문에 따로 수기(別記)를 주었다.
【세친 64】 如來記者 謂舍利弗 摩訶迦葉等 衆所知識故 名號不同 故與別記
1) 여래가 수기한 것은, 사리불·마하가전연 등 대중이 아는 바이나 이름이 같지 않은 때문에 따로 수기를 준 것을 말한다.

[길장 65] 身子迦葉等 四大聲聞。此之五人 是衆所知識。成佛名號不同故 前後與記。稱爲別記也 第二。類成佛 同一名號。故俱時與記。
신자와 가섭 등은 4대 성문이다. 이들의 5인은 대중이 아는 바이나 성불하는 명호가 같지 않기 때문에 전후로 수기를 주니 '별기(別記 : 개별로 수기함)' 라고 칭한다.

ⓒ차2. 제2. 제2 같은 류(類)는 동일한 명호로 성불한 것이다. 그러므로 함께 동시에 수기를 준 것이다.

**【세친 65】** 富樓那等 五百人 千二百人等 同一名故 俱時與記

부루나 등 500인·1200인 등은 동일한 명호 때문에 함께 동시에 수기를 준 것이다.

**[길장 66]** 第三類 成佛 俱同一號。但非衆所知識。故與第二爲異。亦俱時與記。

ⓒ차3. 제3의 부류는 함께 동일한 명호로 성불하는 것이다. 다만 대중이 알지 못하니 그러므로 제2와 달리 하며 또한 함께 수기를 준 것이다.

**【세친 66】** 學無學等 俱同一號 又復非是衆所知識故 一時與記

학·무학들이 함께 동일한 이름(名號)이고, 또 대중이 알지 못하기 때문에 일시에 수기를 준 것이다.

**[길장 67]** 與+提婆達多記者。上之三類與善人記。今與惡人記。

제바달다에게 수기를 준다고 한 것[세친 67]은,

위에 3가지 부류는 선인(善人)에게 수기를 준 것이요,

ⓒ차4. 제4. 지금은 악인(惡人)에게 수기를 준 것이다.

(제12. 제바달다품-제바달다에게 수기를 주다)

**【세친 67】** 與提婆達多記者 示現如來無怨惡故 示現如來無怨惡者。

제바달다에게 수기를 주는 것은 여래께는 원망과 악함이 없음을 나타내 보이기 때문이며, 여래께 원망하고 싫어하는 이가 없음을 나타내 보인 것이다.

[길장 68] 調達迹中 造三逆罪 名爲怨惡。今示佛無有怨惡。故與授記 前之四類 雖有善之與惡 皆是男子。第五比丘尼 與天女 卽幽顯二女。對前善惡 兩男亦皆得記。

조달의 자취 중에 3역죄(逆罪)를 지은 것을 이름 하여 원망과 악함이라 한다. 지금 부처님이 원망과 악함이 없음을 보여준 것이다. 그러므로 수기를 준 것이다.

앞의 네 부류는 비록 선함과 더불어 악함도 있으나 다 이들은 남자다.

ⓒ차5. 제5. 다섯째 비구니(나타난 것)와 천녀(天女-숨은 것)는 곧 숨고 나타난 두 가지 여자다. 앞에 선악에 대한 두 가지 남자는 또한 다 수기를 얻었다.

【세친 68】與比丘尼 及諸天女記者 示現女人在家出家 修菩薩行者 皆證佛果故

비구니와 모든 천녀에 수기하였다는 것은, 여인이 재가했든 출가했든 보살행을 닦는 이는 다 불과(佛果)를 깨닫는다는 것을 나타내 보여준 것이다.

[길장 69] 法華文中。不見天女得記。但有龍女。或可卽詺=詔,龍女以爲天女。授女人記意者。示預是修菩薩行者 皆得得佛故也。菩薩授記者。釋第二章門。

법화경의 글 중에서는 천녀(天女)가 수기를 얻는 것을 보지 못했다. 오직 용녀만 있으니 혹 천여라고 해야 할 것으로 용녀라고 이름 붙였을 수도 있으리라.

여인에게 수기를 준다는 뜻이란, 이는 보살행을 닦는데 참예하는 이라면 다 부처님이 되게 된다는 것을 보여준 것이다.

(제20. 상불경 보살품-보살에게 수기를 주다)

보살에게 수기를 준다는 것은, 【세친 69】

♥자2 제 2)의 글(【세친 63】사2.) 을 해석한 것이다.

【세친 69】 菩薩授記者 如不輕菩薩品 示現應知 禮拜讚歎 作如是言 我不輕汝 汝等皆當作佛者 示諸衆生 皆有佛性故

사2). 보살에 수기 준다고 한 것은, 상불경보살품에 나타내 보인 것과 같음을 마땅히 알라! 예배하고 찬탄하며 이와 같은 말을 하였으니,

'나는 그대들을 가벼이 여기지 않노니 그대들도 다 마땅히 부처가 될 것이니라.' 라고 한 것은, 모든 중생이 다 불성이 있음을 보여준 것이다.

( 6. 수기품-성문에게 수기를 주다)

[길장 70] 正示衆生 有佛性者 皆得成佛。故與受記  聲聞授記者下。第四簡聲聞得記不得記。就文爲二。初列四種聲聞。

중생도 불성이 있다고 한 것은, 다 성불하게 된다는 것을 바로 보여준 것이다. 그러므로 수기를 준 것이다.

'성문에게 수기를 준다.' 라고 한 【세친 70】 아래는,

([길장 53] ●아4.제4. 성문이 수기를 얻고 수기를 얻지 못함을 밝혔다. ↔ 연계)

●아4. 제4 성문이 수기를 얻고 수기를 얻지 못함을 간단히 한 것이다.

글이 둘이니

▲자1. 제1 처음은 4종의 성문을 나열하였다.

【세친 70】 言聲聞授記者 聲聞有四種 一者決定聲聞 二者增上慢聲聞 三者退菩提心聲聞 四者應化聲聞

성문에게 수기를 준다고 말한 것에, 성문이 4종이 있다.

차1. 제1. 결정한 성문이고,

차2. 제2. 증상만의 성문이고,

차3. 제3. 보리심에서 물러난 성문이고,

차4. 제4. 교화에 응하는 성문이다.

[길장 71] 從二種聲聞下。第二明得記不得記。就文又二。初就佛明二種聲聞得記 二種不得記。從菩薩與授記者下。第二明菩薩通得與記。

'2종의 성문에게' 라고 한데서부터 아래는, 【세친 71】

◢자2. 제2 수기를 얻고 수기를 얻지 못함을 밝혔다.

그 글이 둘이다.

차1. 제1 처음은 부처님이 2종의 성문이 수기를 얻은 것과 2종이 수기를 얻지 못 한 것에 대하여 밝혔다.

'보살에게 수기를 준다는 것은' 이라고 한데서부터 아래는, 【세친 72】

차2. 제2 보살을 통틀어 수기를 주게 된 것을 밝혔다.


(차1. 제1 처음은 부처님이 2종의 성문이 수기를 얻은 것과 2종이 수기를 얻지 못 한 것에 대하여 밝혔다)

【세친 71】 二種聲聞 如來與授記 謂應化聲聞 退已還發菩提心者 決定者.增上慢者 二種聲聞 根未熟故 如來不與授記

카1. 2종의 성문에게 여래가 수기를 준 것은, 교화에 응한 성문과 물러났다가 도로 보리심을 낸 이들을 말하고,

카2. 결정한 사람과 증상만의 사람이라고 한 2종의 성문은 아직 근기가 미숙한 까닭으로 여래가 수기를 주시지 않은 것을 말한다.


[길장 72] 就菩薩與記中有二。第一句正明菩薩與授記。

보살에게 수기를 주는 것에 대한 것 중에 【세친 72】 둘이 있다.

타1 제1의 구절은 보살에게 수기 주는 것을 바르게 밝힌 것이다.

菩薩與授記 從菩薩記者已下。第二釋疑。

보살에게 수기를 주는데,

'보살에게 수기를 한다고 한 것' 아래는, 【세친 72】


타2. 제2 의심을 해석한 것이다.
### 【세친 72】 菩薩授記者 方便令發菩提心故
보살에게 수기를 준다는 것은, 방편으로 보리심을 내게 하는 까닭이다.


[길장 73] 疑者云。若增上慢聲聞佛不與受記者。不輕菩薩 何故通二人與之受=授記。

의심하는 사람이 '만약 증상만의 성문에게는 부처님이 수기를 주시지 않는다고 했다면, 상불경보살은 왜 두 가지 사람을 통틀어 수기를 준 것이냐?' 라고 하였다.


釋云。佛就根熟未熟。故與記不與記。菩薩約二種義故。所以與記。一者如前明有佛性故 得與授記。二者方便令發菩提心故 與提記也。

해석에 '부처님께서는 근기가 성숙하고 미숙함에 따른 것이다.' 라고 하였다.

그러므로 수기를 주기도 하고 수기를 주지 않기도 하는데, 보살의 두 가지 뜻에 따라 그래서 수기를 주는 것이다.


([길장 72] 자1. 제1의 구절은 보살에게 수기 주는 것을 바르게 밝힌 것이다. ↔ 연계)
차1. 제1. 앞에서 밝힌 것과 같이, 불성이 있기 때문에 수기(授記)를 주는 것이다.
차2. 제2. 방편으로 보리심을 내게 하기 때문에 보리의 수기를 주는 것이다.


問。若爾 佛何故 不依此二義 通授此四種人記。答。以菩薩 例佛義亦得也 又依何義故下。第五論三乘名一乘義。就文爲二。一者問。二者答。

📓 만약 그렇다면 부처님은 무슨 까닭으로 이 두 가지 뜻에 의하지 않고 통틀어 이 4종의 사람에게 수기를 주느냐?

📓 보살은 부처님의 뜻을 본보기로 함으로써 또한 얻게 되는 것이다.

'또 어떤 뜻에 의한 까닭에' 라고 한 아래는,[세친 73]

([길장 53] 아5. 제5. 3승과 1승을 거듭 논하였다. ↔ 연계)

●아5. 제5. 3승을 논하고도 이름은 '1승의 뜻' 이라고 하였다.

그 글이 둘이니

사1. 제1. 질문이다.

사2. 제2. 대답이다.


(사1. 제1. 질문이다.)

【세친 73】 又依何義故 如來說三乘 名爲一乘

또 어떤 뜻에 의한 까닭에 여래는 3승을 설하고도 이름은 1승이라 하였는가?


[길장 74] 問意云。佛依何義 說三乘 名爲一乘 依同義故者。第二答。就答爲二。一據今敎明同義故 三乘名一乘。第二約昔義 明不同故 有三乘。就初又二。初標同義。

아1. 제1. 📓 뜻을 물어 말하되 부처님은 어떤 뜻에 의하여 3승을 설하고도 이름은 1승이라 하였는가?

'같은 뜻에 의한 때문에' 라고 한 것은[세친 74],

아2. 제2. 📓 대답이다. 대답에 나아가면 둘이 된다.

▲자1. 제1. 지금 가르침에 근거하여 동일한 뜻을 밝힌 때문에 3승을 1승이라고 이름 하였다.

▲자2. 제2. 옛적의 뜻에 따르면 동일하지 않다고 밝힌 때문에 3승이 있었던 것이다.

▲자1. 제1. 처음에 따르면 또 둘이다.

▲차1. 제1. 처음은 같은 뜻을 표하고

【세친 74】依同義故 與諸聲聞大菩提記

동일한 뜻에 의한 때문에 모든 성문에게 대 보리의 수기를 주었다.


[길장 75] 同義者已下。擧法身平等 以釋同義。

'같은 뜻' 이라고 한 【세친 75】 아래는,


▲차2. 제2. 법신이 평등함을 들어서 같은 뜻을 해석하였다.

【세친 75】 言同義者 以如來法身 聲聞法身 彼此平等 無差別故

같은 뜻이라고 말한 것은, 여래의 법신과 성문의 법신이 피차가 평등하여 차별이 없기 때문이다.


[길장 76] 以三乘同有 法身平等。是故三乘同名一乘 以諸聲聞下。第二明約昔敎 有三乘不同。

3승도 같이 법신이 평등함이 있음으로, 이 때문에 3승도 동일하게 1승이라 이름 한 것이다. '모든 성문' 이라고 한 아래는[세친 76],


▲자2. 제2. 옛적 가르침에 따르면 3승이 동일하지 않은 것이 있음을 밝혔다[길장 74] 연계.

【세친 76】 以諸聲聞 辟支佛等 異乘故 有差別 以彼二乘 非大乘故

모든 성문과 벽지불 등은 가르침(乘)이 나른 고로 차별이 있는 것이다. 그는 2승으로 대승이 아닌 때문이다.

**[길장 77]** 以昔敎未說 三乘同法身平等故也  如來說言 不離我身 是無上義者。自上已來 破十種人病 明十種對治竟。

옛적 가르침에는 아직 3승도 동일하게 법신이 평등하다는 것을 설하지 않았기 때문이다.

"여래가 설한 말씀에 '나의 몸을 떠나지 아니하니 이것이 위없다는 뜻이다.'" 라고 한 것은,[세친 77] 위로부터 오면서 10종의 사람의 병을 깨뜨리고, 10종의 대치법을 밝혀 마쳤다.

從此已去  第二明十種無上。就文爲二。第一總明無上意。第二別明十無上。就初又二。第一 標無上義 唯在於佛。第二明說無上 不說無上意。

여기서부터 가서,

**([길장15] 가1. 제1. 처음은 10종의 사람의 병을 깨뜨리고,  가2. 제2. 다음은 10종의 위없음을 밝힌다..-연계)**

가2. 제2. 10종의 위없는 것(無上)을 밝힌다. 글이 둘이다.

나1. 제1. 위없는 뜻을 전체적으로 밝히고,

나2. 제2. 열 가지 위없는 것으로 나누어 밝혔다.

나1. 제1. 처음의 글(위없는 뜻을 전체적으로 밝히고,)이 또 둘이다.

▼다1. 제1. 위없는 뜻이 오직 부처님에게만 있음을 표하고

▼다2. 제2. 위없음은 설하고 위없는 뜻은 설하지 않았음을 밝혔다.

**【세친 77】如來說言 不離我身 是無上義**

여래가 설하신 말씀에 '나의 몸을 떠나지 아니하니 이것이 위없는 뜻이다.' 라고,

**[길장 78]** 如來說言 不離我身 是無上義者。佛於一切人中 最爲無上。故判無上 唯在於佛 而言不離我身者。謂不離法身 最是無上。

"여래가 설한 말씀에 '나의 몸을 떠나지 아니하니 이것이 위없는 뜻이다.' "라고 한 것은, 부처님은 일체의 사람 중에 가장 위없음이 됨이다. 그러므로 위없음을 판단하면 오직 부처님에게만 있을 뿐이니 그래서 '나의 몸을 떠나지 않는다.'고 말한 것이다.

말하자면 법신을 떠나지 않으니 가장 이것이 위없다는 것이다.

問。何因緣故 忽此此語來。答。因上同不同義故生。今明三乘 同有法身。昔明三乘 不同法身。因於此語故 明同有法身 便是無上。若前門中 不明同有法身 便非無上也。一切聲聞下。第二明說無上 不說無上意。初明二乘法中 不說無上義。

▣ 무슨 인연 때문에 갑자기 여기서 이런 말이 나온 것인가?

▣ 위에서 동일하다 동일하지 않다는 뜻에 인한 때문에 나온 것이다.

지금은 3승도 동일한 법신이 있다고 밝혔고 옛적에는 3승은 법신이 동일하지 않다고 밝혔다. 이 말에 인연한 때문에 동일한 법신이 있음을 밝혔으니 문득 이것이 위없음이요, 만약 앞에 가르침(門) 중에 동일한 법신이 있음을 밝히지 않았다면 문득 위없음이 아닌 것이다.

'일체 성문' 이라고 한 아래는[세친 78],

▼다2. 제2. 위없음은 설하고 위없는 뜻은 설하지 않았음을 밝혔다.


★라1. 제1. 처음은 2승법 중에 위없는 뜻을 설하지 않았음을 밝혔다.

**【세친 78】一切聲聞辟支佛 二乘法中 不說此義 以其不能 如實解故**

일체 성문·벽지불의 2승법 중에서는 이 뜻을 설하지 않았다. 그들로서는 능히 여실하게 알 수 없기 때문이다.


**[길장 79]** 以二乘人 不能解故 以是義故下。明菩薩法中 說於無上。

2승인으로서는 능히 알 수 없기 때문이다.

'이런 뜻 때문에' 라고 한 아래는, [세친 79]

보살법 중에 위없음을 설한 것을 밝혔다.

【세친 79】 以是義故 諸菩薩等 行菩薩行 非爲虛妄

이런 뜻 때문에 모든 보살 등이 보살행을 수행함이 허망하지 않은 것이다.


[길장 80] 以菩薩能解能行 非爲虛妄。此同攝大乘 論十種勝相 幷=辨,無等聖敎也 無上義者。第二別釋十種無上。就文又二。初總標十。第二別釋十。總標中。初一句牒無上義。

보살로서는 능히 알고 능히 행함으로 허망하지 않은 것이다. 이것은 동등하게 대승을 섭취하여 10종의 수승한 모습을 논하여도 동등함이 없는 성인의 가르침을 판별하는 것이다.

'위없는 뜻' 이라고 한 것은,[세친 80]

나2. 제2. 열 가지 위없는 것을 따로 해석하였다.([길장77] 나2 와) 연계.

그 글이 또 둘이다.

&다1. 제1. 처음은 10종을 전체적으로 표하고

&다2. 제2. 10종을 따로 해석하였다.

&다1. 제1. 전체적으로 표한 중에,


라1. 제1. 처음 한 구절은 위없다는 뜻을 이끌어오고(牒).

【세친 80】 無上義者

9 ● 위없는 뜻이라고 한 것은,


[길장 81] 自餘殘修多羅下。示明無上經處。仍勸物令知。

'나머지는 수다라(修多羅 : 경)로부터' 라고 한 아래는,[세친 81] 위없음이 경에 있는 곳을 밝혀 보여주고 이에 중생에게 권하여 알게 한 것이다.

(&다1. 제1. 처음은 10종을 전체적으로 표하고)

**【세친 81】自餘殘修多羅 明無上義 無上義者 有十種應知**

● 나머지는 수다라(修多羅)로부터 위없는 뜻을 밝혔는데, 위없는 뜻이라고 한 것에는 10종이 있음을 마땅히 알라!

[길장 82] 亦如攝論。應知 勝相等 一者示現種子無上故下。第二釋 卽成十階。就初文爲三。初標章。

또한 섭논 과도 같으니, 마땅히 알라! 수승한 모습 등은

●가1. '제1에 종자가 위없음을 나타내 보여준 것이다.' 라고 한[세친 82] 아래는,

&다2. 제2. (10종)해석이니 곧 10단계로 이루어진다.

라1. 제1 글이 셋이 되니


◉마1. 제1. 처음은 글을 표하고

**【세친 82】何等爲十 一者示現種子無上故**

어떤 것들을 열 가지라 하느냐?

●가1. 제1. 종자가 위없음을 나타내 보인 까닭이다.


[길장 83] 種子無上 卽是菩提心。華嚴云。菩提心者 是十方三世 諸佛種子。三世諸佛 以菩提心 成正覺故 說雲雨譬喩下。第二示經處。

종자가 위없음은 곧 이는 보리심이다. 화엄경에 '보리심이란 시방삼세의 모든 부처님의 종자다.' 라고 하였다. 3세의 모든 부처님이 보리심으로 정각을 이루기 때문이다.


### 제5. 약초유품-(구름과 비의 비유)

'구름과 비의 비유를 설하였다.' 라고 한 아래는,[세친 83]

◉마2. 제2. 경에 있는 곳을 보여준 것이다.

**【세친 83】說雲雨譬喩**
구름과 비의 비유를 설하였다.

**[길장 84]** 雲雨是能生種子之法。故舉能生 以顯所生。又雲雨譬中 明種子無上故也 汝等所行 是菩薩道。第三釋經。

구름과 비는 이것은 능히 종자가 생기는 법이다. 그러므로 능히 생기는 것을 들어 생겨날 것(대상)을 나타낸 것이다. 또 구름과 비의 비유 중에서 종자가 위없음을 밝힌 때문이다.

'너희들이 행할 바는 보살도니라.' 라고 한 것은,(아래[세친 84]에)

◉마3. 제3. 경을 해석한 것이다.

**【세친 84】**汝等所行 是菩薩道者 謂發菩提心 退已還發者 前所修行善根不滅 同後得果故

'너희들이 행할 바는 보살도니라.' 라고 한 것은, 말하자면 "보리심을 냈다가 물러났다가 도로 낸다고 한 것은," 먼저 수행한 선근이 멸하지 않고 동등하게 뒤에 과를 얻게 된 까닭이다.

**[길장 85]** 初牒經。謂發菩提心 退已還發者。敍聲聞人有三時。一過去本發 菩提心時。二者中間 退菩提心時。三者聞法華經 還發菩提心時。

([길장 82] 마1. 제1. ◉ 처음은 글을 앞에 내세웠다. ↔ 연계)
◎마1. 제1. 처음은 경을 이끌어왔다.

말하자면 &"보리심을 냈다가 물러났다가 도로 낸다고 한 것은," 성문인은 세 가지 때(三時)가 있음을 서술한 것이다.

바1. 제1. 과거에는 본래부터 보리심을 내었을 때요,

바2. 제2. 중간에는 보리심에서 물러났을 때요,

바3. 제3. 법화경을 듣고 돌이켜 보리심을 내었을 때다.

今卽取前後菩提心 爲種無上。故取此文 而釋之也。前+所修行善根不滅 同後得果故者。過去發菩提心 行菩薩行。中間雖退 菩提心種子不滅。

지금은 앞뒤의 보리심을 가지고 위없는 종자로 삼았다. 그러므로 이 글을 가지고 해석한 것이다.

먼저 수행한 선근이 멸하지 않고 동등하게 뒤에 과를 얻게 되기 때문이라고 한 것은, 과거에 보리심을 내어 보살행을 행하다가 중간에 비록 물러났다고는 하더라도 보리심의 종자만은 멸하지 않는 것이다.

如攝大乘論云。此種子茲附著梨耶。同後得果者。初發菩提心 同後重發菩提心 得成佛果故也 二者示現行無上故者。釋第二。前釋。次示經處。

섭대승론에 '이 종자는 어우러져 아뢰야식에 붙었다가 동등하게 뒤에 과를 얻게 된다.'라고 한 것과 같다. 처음에 보리심을 낸 것과 동등하게 뒤에서도 거듭 보리심을 냄으로 불과를 이루게 되기 때문이다.

([세친 82] ●가1. 제1. 종자가 위없음을 나타내 보여준 것이다.--다음 ↔ 연계)

●가2. '제2 수행이 위없음을 나타내 보여준 것이다.' 라고 한 것은,[세친 85]

◎마2. 제2 해석이다

*바1. 제1. 먼저 해석하고,

*바2. 제2. 다음은 경이 있는 곳을 보여준 것이다.

(*바1. 제1. 먼저 해석하고,)

【세친 85】二者示現修行無上故

●가2. 제2. 수행이 위없음을 나타내 보여준 까닭이다.


[길장 86] 以初發菩提心。次令修菩薩行。菩薩行比四乘行 最爲無上。故言行無上也 次示經處。

처음 보리심을 냄으로써 다음에 보살행을 닦게 되는 것이다. 보살의 행은 4승(乘)의 행에 비교하면 가장 위없는 것이 된다. 그러므로 행이 위없다고 말하는 것이다.


*바2. 제2. 다음은 경이 있는 곳을 보여준 것이다.

(제7. 화성유품)


【세친 86】說大通智勝如來 本事等故

대통지승여래의 본사(과거의 일) 등을 설한 것이다.


[길장 87] 三根聲聞 及十六沙彌。於大通智勝佛時 行佛行也 三者示現增長力無上者。釋第三。

3근기의 성문 및 16사미는 대통지승불 시절에 부처님의 행을 행한 것이다.

●가3. '제3은 더욱 자라는 힘이 위없음을 나타내 보여준 것으로' 라고 한 것은,[세친 87]


*바3. 제3 해석이다.

【세친 87】三者示現增長力無上故 說商主+之譬喩

●가3. 제3. 더욱 자라는 힘이 위없음을 나타내 보여준 까닭으로 상인의 대표를 비유하여 설하였다.

[길장 88] 以行菩薩行故 菩薩行便增長。故言增長力無上。故說商主譬喩者。商主卽是化城品導師也。經取能道=導衆人。故以導師爲譬。論取能令 價客獲於珍寶。故以商主爲譬。

보살행을 행하는 까닭으로 보살행이 문득 더욱 자라는 것이다. 그러므로 더욱 자라는 힘이 위없다고 말한 것이다.

그러므로 상인의 대표를 비유하여 설한다고 한 것은, 상인의 대표는 곧 화성유품에서의 인도하는 스승(도사)이다.

경은 대중을 인도하는 것을 취함이라. 그러므로 도사에다 비유한 것이고, 논은 상인으로 하여금 보배를 얻는 것을 취함이라. 그러므로 상인의 대표에다 비유한 것이다.

(제8. 500제자수기품)

【세친 88】四者示現令解無上故 說繫寶珠譬喩

●가4. 제4. 위없음을 알게 하려고 나타내 보여주기 때문에 (옷 속에) 달아준 보배 구슬을 비유를 설한 것이다.

[길장 89] 四者示現令解無上者。親友示衣內之[殊>珠]。衣內之珠 卽菩提心。解菩提心 是悟解中 無上之解。故名解無上。

●가4. 제4. '위없음을 알게 하려고 나타내 보여주는 것이다.' 라고 한 것은 【세친 88】 친구에게 옷 속의 구슬을 보여주니 옷 속의 구슬은 곧 보리심이요 보리심을 알면 이것은 깨달아 아는 중에 위없는 앎이라. 그러므로 '위없음(최고의 경지)을 안다.' 라고 이름 한 것이다.

問。何故云令解無上。答。過去十六沙彌 說法華經。令三根人 得無上解故 發菩提心。故云令解無上

🖼 무슨 까닭으로 위없음을 알게 한다고 하느냐?

🖼 과거 16사미가 법화경을 설한 것은 3근기의 사람으로 하여금 위없는 앎을 얻게 하려는 까닭으로 보리심을 낸 것이다. 그러므로 위없음을 알게 한다고 한 것이다.

五者示現淸淨國土無上者。上來四種 竝是敍因無上。從此已下明果無上。

●가5. 제5. '청정한 국토가 위없음을 나타내 보인다.' 라고 한 것은,[세친 89] 위에서 온 4 종은 아울러 인(因수행)의 위없음을 서술한 것이고, 여기서부터 아래는 과(果 : 결과, 깨달음)의 위없음을 밝혔다.

問。上四種明因 爲是釋迦因。爲是所化衆生因。答。通得明於二種。別正是敍釋迦因。以釋迦初發菩提心故。有第一種子無上。發菩提心 後=信,於大通智勝佛所修行故

🖼 위에 4종은 인을 밝혔는데 이것이 석가의 인이 되느냐 교화할 중생의 인이 되느냐?

🖼 공통으로는 2종을 밝힌 것이 되고 개별로는 바로 석가의 인(因)을 서술한 것이다. 석가가 처음 보리심을 낸 때문에 제1의 종자가 위없음이 있는 것이니, 보리심을 낸 후에 대통지승불의 처소에서 수행한 때문이다.

有第二行無上。以行增長 能導引示衆人之力。故云增長力無上。以力增長故 能於過去世 繫於寶珠。故有能令解無上。

[세친 85] ●가2. 제2에서 수행의 위없음(無上)이 있어서 수행이 더욱 자람으로 능히 많은 사람을 이끌어 인도 할 힘을 보여 주는 것이다.
그러므로 더욱 자란 힘이 위없다(無上)고 한 것이다.

힘이 더욱 자란 때문에 과거세에 보배 구슬을 달아줄 수 있었던 것이며, 그러므로 무상(無上)을 알게 할 수 있었던 것이다.

問。旣云能令衆生 得無上解 名解無上者。亦令衆生 修行增長 名增長力無上以不。答。亦得

爾互文也。問。何以能知 竝就釋迦 辨十無上。答。初總標中 不離我身 有無上義。故前十種 無上 敍釋迦從初發心 乃至成佛 始終事盡也。

▣ 이미 중생으로 하여금 무상(無上)의 깨달음을 얻게 할 수 있다고 하였으니, '깨달음이 위없다'고 한 것이며, 또 중생으로 하여금 수행이 더욱 자라게 하였으니 '더욱 자라난 힘이 위없다.' 라고 한 것이 아닌가?

▣ 역시 글도 서로 그렇게 된 것이다.

▣ 무엇으로 능히알며 아울러 석가에 대한 10종의 위없음을 판별할 수 있겠는가?

▣ 제1에서 (10종을) 처음 전체적으로 표한 중에 '나의 몸을 떠나지 아니하니 위없는 뜻이 있음이다.' 라고 하였다.

그러므로 앞의 10종의 위없음은 석가가 초발심부터 내지 성불할 때까지 시종의 일을 다 서술한 것이다.


釋迦旣爾。說此十事 亦令衆生 同於釋迦 具於十種。攝論有無等境 無等行 無等果。今此經 十種無上 正明無等行無等果。境蘊在其中。

석가가 이미 그러하듯이 이 10종의 일을 설함도 또한 중생으로 하여금 석가와 동등하게 10종을 갖추게 하려는 것이다.

섭논에 '동등함이 없는 경계와 동등함이 없는 수행과 동등함이 없는 과(果)가 있다.' 라고 하였다.

지금 이 경에서 10종의 위없음이, 동등함이 없는 수행과 동등함이 없는 과(果)를 바르게 밝힌 것이다. 경계(동등함이 없는 경계)는 그중에 싸여 있다.


五者示現淸淨+國土無上者。釋第五。從此已去明果無上。問。何以得知前四是因。答。種子 及行此二是因。故知繫珠是過去世事 亦是因。卽繫珠還領商主。繫珠旣是因 商主亦是因。繫珠商主由是一人故 兩義說之。能導作佛。故名商主。令不失菩提心義故 名繫珠。

●가5 제5. '청정한 국토가 위없음을 나타내 보인다.' 라고 한 것은, [세친 89] 제5를 해

석한 것이다. 여기서부터 가면서 과(果)가 위없음을 밝힌다.

▣ 어떻게 앞의 4가지가 이것이 인(因)임을 알 수 있는가?

▣ 종자와 수행과 이 둘은 인이다. 그러므로 알라! 구슬을 매달아준 이것은 과거세의 일이니 또한 이는 인이다. 곧 구슬을 매달아주고는 상인을 거느린 대표로 되돌아갔다.

구슬을 매달아준 것은 이미 인이고 상인의 대표도 또한 인(因)이다.

구슬을 매달아준 이와 상인의 대표는 한 사람인 고로 두 가지 뜻으로 설한 것이다. 부처가 되게 인도할 수 있으니, 그러므로 '상인의 대표' 라고 이름 하였고, 보리심의 뜻을 잃지 않게 하는 고로 '구슬을 매달아준다.' 라고 한 것이다.

初明淨土 要前有土 然後 佛方出也。前明淨土無上

처음에 정토를 밝힘에 반드시 먼저 국토가 있고 그런 후에 부처님이 바야흐로 출현하시는 것이다. 앞은 정토의 위없음을 밝힌 것이다.


(제11. 견보탑품)


【세친 89】五者示現清淨國土無上故 示現多寶如來塔

●가5. 제5는 청정한 국토가 위없음을 나타내 보이는 까닭으로 다보여래의 탑을 나타내 보여준 것이다.


[길장 90] 如塔品 一一方 四百萬億那由他土。合爲一土。即一切土中 最勝爲淨土無上也。

보탑품에 '하나하나 방향마다 400백 만 억 나유타의 국토가 있는데, 합쳐 한 국토를 만드니 곧 일체 국토 중에 가장 수승하여 위없는 정토가 된 것이다.' 라고 한 것과 같다.


(제14. 안락행품)

【세친 90】 六者示現說無上故 說解髻中明珠譬喩

●가6. 제6은 설법이 위없음을 나타내 보여주는 고로 상투 중의 밝은 구슬을 풀어주는 비유를 설한 것이다.


[길장 91] 次示現說無上者。讓頂珠賜之。卽是爲說平等大慧。謂一切說中 最勝爲說無上。旣有淨土 便有敎門故。次辨說無上也 次敎化衆生無上。

●가6. 다음은 '위없는 설법을 나타내 보여준다.' 라고 한 것은, 이마의 구슬을 넘겨주어 하사한 것이다. 곧 이것이 평등한 대 지혜임을 설하기 위함이다.

말하자면 일체의 설법 중에 가장 수승하여 위없는 설법이 되는 것이다. 이미 정토가 있으면 문득 가르침이 있는 까닭이다.


다음은 위없는 설법을 갖추는 것이요, 다음은 위없는 중생을 교화함이다.

(제15. 종지용출품)


【세친 91】 七者 示現敎化衆生 無上故 地中涌出 無量菩薩摩訶薩等故

●가7. 제7은 중생을 교화함이 위없음을 나타내 보여주기 때문에 땅속에서 무량한 보살 마하살 등이 솟아난 것이다.


[길장 92] 旣有敎門 便有眷屬故。次明敎化衆生無上。以化得千世界塵數菩薩。三十二相皆已具足。數多德積 一切所化衆生中最勝。謂衆生無上。卽眷屬果也

이미 가르침이 있으면 문득 권속이 있는 것이다.

●가7 다음은 중생을 교화함이 위없음을 밝힌다. 교화로 1000세계 미진 수 보살을 얻었으니 32상이 다 이미 구족하고, 수많은 덕을 쌓아 일체 교화한 중생 중에 가장 수승함이다. 말하자면 중생이 위없음이니 곧 권속이 된 결과다.

八示現菩提無上。旣有所化 便有能化故。次辨得菩提果。有三乘菩提佛菩提。於二菩提中最勝。故云無上。就佛菩提中有五種。

●가8. 제8은 【세친 92】 위없는 보리를 나타내 보여준 것이다. 이미 교화 할 것(중생)이 있으면 문득 교화할 수 있는 분(부처님)이 계시는 것이다.

다음은 보리의 과를 얻는 것을 판별한다. 3승의 보리와 부처님의 보리가 있으니 두 보리 중에 (불보리가) 가장 수승함이라. 그러므로 위없다고 하는 것이다.

부처님의 보리에 대한 중에 5종이 있다.
一發心菩提。二伏心菩提。三明心菩提。四出到菩提。五無上菩提。今明第五菩提。故云菩提無上。此文釋壽量品菩提無上文也。

나1. 제1. 마음을 내는(발심하는) 보리,

나2. 제2. 마음을 항복받는 보리,

나3. 제3. 마음을 밝히는 보리,

나4. 제4. 나가서 도달하는 보리,

나5. 제5. 위없는 보리다.

지금은 제5의 위없는 보리를 밝힌다. 그러므로 위없는 보리라고 말한다. 이 글은 수량품의 위없는 보리의 글을 해석한 것이다.??(자아게에 爲說無上法. 得入無上慧(道)의 글??)

凡釋二事。第一釋三種菩提。第二釋本行菩薩道等三句。合釋六句經文。釋三菩提卽三。一釋化身菩提。二釋報身菩提。三釋法身菩提。

대체로 두 가지 일을 해석하였다.

◆다1. 제1. 3종의 보리(도)를 해석하고,

◆다2. 제2. 본행의 보살도(아래[세친 110]에) 등의 3구절을 해석한 것인데, 합하여 6구절의 경문을 해석하였다. ● 본행(本行 : 보살이 因位에서 행한 보살의 만 가지 수행)

※라1. 제1. 3종 보리를 해석하는데 곧 세 가지다.

마1. 제1. 화신(化身)의 보리를 해석 하고,

마2. 제2. 보신(報身)의 보리를 해석 하고.

마3. 제3. 법신(法身)의 보리를 해석 하였다.


若就修行次第 前明法身。法身卽是 自性住佛性故。根本有佛性。所以第一前明法身 以有佛性故 行因滿足。佛性顯現 稱曰報身菩提。自德旣成。次明化物故 有化身菩提。

 수행의 차례에 나아가 먼저 법신을 밝힐 것 같으면,

 법신은 곧 자성이 불성에 머무는 것이니 근본적으로 불성이 있다. 그래서 제1로 먼저 법신을 밝힌 것이다.

 불성이 있기 때문에 인을 수행하여 만족하면 불성이 드러나는 것이니 '보신의 보리'라고 칭한다.

 자신의 덕은 이미 이루었고 다음에 중생을 교화함을 밝히기 때문에 '화신의 보리'가 있는 것이다.


今明說門次第 釋迦八相成道 示現於伽耶得佛。故知化身菩提。此之化身 由報身故。次明報身菩提。報身由法身故。次明法佛菩提。就中有二。一者標菩提無上。總明三種菩提。

 이제는 설법의 가르침(門)을 차례로 밝힌다.

바1. 제1 석가의 8상 성도는 가야에서 성불함을 나타내 보여준 것이니 그러므로 화신(化身)의 보리인 줄 알라! 이러한 화신은 보신을 연유한 것이다.

바2. 제2. 다음에 보신의 보리를 밝히면 보신은 법신을 연유한 때문이다.

바3. 제3. 다음은 법신불의 보리를 밝힌다. 그 중에 둘이 있다.


 사1 제1. 위없는 보리를 표하고 3종 보리를 모두 밝힌다.

**【세친 92】八者示現成大菩提無上故 示現三種佛菩提**

● 가8. 제8은 대 보리(큰 도)를 성취함이 위없음을 나타내 보여주기 때문에 3종의 불보리를 나타내 보인 것이다.

[길장 93] 從一者已下。第二別明三菩提。卽成三別。一一中有二。初正釋。次引經。釋中有二。初標應化。

※나1. 제1 ' 이라고 한데부터 아래는,[세친 93]

※라2. 제2. 3보리를 따로 밝히는데 곧 세 가지(【세친 93】※나제1.제2.제3.)로 따로 만들었다. 하나하나 에 둘씩 있다.

#마1. 제1. 처음은 바로 해석하고.

#마2. 제2. 다음은 경을 인용하였다.

#마1. 제1. 바로 해석한 중에 둘이 있다.

&바1. 제1. 처음은 응신,화신을 표하고
【세친 93】 一者應化佛菩提
※나1. 제1. 응,화의 부처님의 보리다.

[길장 94] 隨所應見下。合釋應化。
'응하는 것(중생)에 따라 보이므로' 라고 한 아래는,

&바2. 제2. 응신·화신을 합하여 해석하였다.
【세친 94】 隨所應見而爲示現故
응하는 것(중생)에 따라 나타나므로 나타내 보여준다고 한 것이다.

[길장 95] 此與攝論三佛小異。攝論分應化爲二。今合應化爲一。
이것은 섭론의 3불과 조금 다르다. 섭론에는 응·화를 나누어 둘로 하였고, 지금은 응화를 합하여 하나로 하였다.

何以然者。攝論 明應身與眞如相應。卽是此論 報身化身 卽是八相成道。故分應化成二門。今此中 明自德爲報身。化他之義 名應化身。

왜 그런가 하면 섭논에는 응신이 진여와 상응함을 밝혔다. 곧 이것은 이 논의 보신·화신이니 곧 이것이 8상 성도다.

그러므로 응·화를 나누어 두 문(二門)으로 만들었다. 지금 이 중에 자신의 덕이 보신이 됨을 밝혔다. 남을 교화하는 뜻을 응화신이라고 이름 하였다.

又攝論及同性經。淨土中 化諸菩薩名曰應身。今此中合若淨土穢土 悉屬化他 合名應化身也。論云。報身常住 隨所應見。而爲示現 名爲化身。

또 섭논(攝論 : 섭대승론)과 동성경(同性經)에는 정토(淨土) 중에 모든 보살을 교화하는 것을 '응신' 이라 이름 하였다.

지금 이 중에는 정토든 예토든 합쳐 다 남을 교화하는 데 속하면 합쳐 '응화신' 이라고 이름 하는 것이다.

논에 '보신은 항상 머물러있어 응하는 것(중생)에 따라 나타나니, 그래서 나타내 보여주기 위함이니 이름 하여 화신이라고 하는 것이다.' 라고 하였다.

(제15. 종지용출품)

【세친 95】如經 皆謂如來 出釋氏宮 去伽耶城不遠 坐於道場 得阿耨多羅三藐三菩提故

경에 "다 '여래는 석씨궁을 나와 거리가 가야성에서 멀지 않은 도량에 앉아 아뇩다라삼먁삼보리를 얻었노라.' 라고 말한다." 라고 한 것과 같은 까닭이다.

[길장 96] 引經易知

#마2. 제2. 경을 인용한 것을 쉽게 알 것이다.[길장93]

二者報身菩提亦二。初釋。次引經。

※나2. 제2. 보신의 보리 【세친 96】 도 또한 둘이다.

@다1. 제1. 처음은 해석하고

@다2. 제2. 다음은 경을 인용하였다.


(@다1. 제1. 처음은 해석하고)

【세친 96】 二者報佛菩提十地行滿足 得常涅槃證故

※나2. 제2. 보신은 부처님의 보리로 10지의 수행이 만족하여 항상 한(불변의) 열반을 깨달아 얻는 까닭이다.


[길장 97] 攝論云應身。今明報身者。與眞如相應。故名應身。行因所得 酬因義邊 自＝目,之 爲報。義不相違。二論各擧其一而無違也。得常涅槃證者。還是佛性顯現。故名爲報。佛性旣 常 故報身常。報身旣常 顯前化身 卽是無常。

섭논에 '응신은 이제 보신을 밝히면 진여와 상응한다. 그러므로 응신이라 이름 한다.' 라고 하였다.

인을 수행하여 얻는 바 인의 뜻(이치) 저변(극단)까지 서로 주고받으니 그것을 지목하여 보신이 되는 것이다.

뜻(이치)에 서로 어긋나지 않고 두 논이 각각 한 가지씩만 들었으니, 어긋남이 없는 것이다.

항상한 열반을 깨달아 얻었다는 것은, 이것은 도로 불성 명백하게 드러난 것이니, 그러므로 이름 하여 '갚음(報 : 보신)' 이라 한다. 불성은 이미 항상 함이라 그러므로 보신도 항상 함이며 앞에 나타난 화신만 곧 무상한 것이다.


(제16. 여래수량품)

【세친 97】 如經 善男子 我實成佛以來 無量無邊 百千萬億那由他劫故

경에 '선남자야, 내가 실로 성불한 지가 무량무변 백 천 만억 나유타 겁이니라.' 라고 한 것과 같다.(수량품 자아게)


[길장 98] 引經易知

@다2. 제2. 경을 인용한 것을 쉽게 알 것이다.


三者法佛菩提。就文有三。一略釋。二引經。三釋經。

※나3. 제3. 법불(法佛 : 법신불)의 보리다. 글이 셋이니.

▽다1. 제1. 간략히 해석하고

▽다2. 제2. 경을 인용하고

▽다3. 제3. 경을 해석하였다.


(▽다1. 제1. 간략히 해석하고)

【세친 98】 三者法佛菩提 謂如來藏性淨涅槃 常恒淸凉 不變義故

※나3. 제3. 법신불의 보리다. 여래장의 성품은 청정한 열반이라 항상 맑고 서늘하여 변하지 않는 뜻(불변의 이치)을 말하는 것이다.


[길장 99] 初標法佛菩提。法卽是性淨 涅槃眞如法。卽如體有覺義。故名爲佛。至妙虛通名之爲道。道卽菩提也。謂如來藏性 淨涅槃者。出法佛菩提體 經論不同。

다1. 제1. 처음은 법신불의 보리를 표하니

　　　법은 곧 성품이 깨끗한 열반(涅槃 : 大圓寂)과 진여(眞如 : 本體. 如實)의 법이니, 곧 체(體 : 몸. 本體)에 깨달음의 뜻이 있는 것과 같다. 그러므로 이름 하여 '부처(佛)' 라고 한다. 지극히 미묘하고 허공같이 통함을 이름 하여 도(道)라 하니, 도는 곧 보리다.

말하자면 여래장의 성품이 깨끗한 열반이라는 것은 법불의 보리의 몸(體)에서 나왔다. 경과 논이 같지 않다.

餘經云. 隱名如來藏. 顯名法身. 此論正以如來藏爲法身. 顯卽名報身. 言性淨涅槃者. 涅槃有二種. 一性淨. 二方便淨. 本性淸淨 名爲性淨. 修方便 斷煩惱得淨 名方便淨. 今此用性淨涅槃 是法佛菩提. 方便淨屬報佛也.

다른 경에 '숨어 있는 것을 여래장이라 하고 나타난 것을 법신이라 한다.' 라고 하였다. 이 논은 바로 여래장으로 법신을 삼은 것이요 드러난 것을 보신이라 한다.

다2. 성품이 깨끗한 열반이라고 말한 것은, 열반에 두 종류가 있다.

 라1. 제1. 성품이 깨끗함이요,

 라2. 제2. 방편이 깨끗함이다.

  본성이 청정한 것을 성품이 청정하다하고, 방편으로 닦아 번뇌를 끊고 깨끗함을 얻는 것을 방편이 깨끗하다고 말한다.

지금은 이 성품이 깨끗한 열반을 사용하였으니 이것이 법신불의 보리다.

방편이 깨끗한 것은 보신불(報佛)에 속한다.


二淨 卽是攝論 有垢眞如 無垢眞如也. 常恒淸涼不變者. 出性淨涅槃體. 此性淨涅槃. 體是常住故言常恒. 攝論云. 淸者是淨. 涼者是樂. 是淨樂二德故 言淸涼也. 又云. 淸者有餘. 涼者無餘. 宜用前意釋此文. 不變如上釋 如經已下. 第二示經處.

두 가지가 깨끗함은, 곧 섭논에서 때가 있는 진여와 때가 없는 진여라고 한 것이다.

항상 맑고 서늘하고 변하지 아니하는 것은, 성품이 깨끗한 열반의 체(體)에서 나온다. 이렇게 성품이 깨끗한 열반은 체가 상주하는 고로 항상 하다고 말하는 것이다.

섭논에 이르기를 '맑다는 것이 깨끗한 것이요 서늘하다는 것은 즐겁다는 것이다. 이 깨끗하고 즐거움의 두 덕(德) 때문에 맑고 서늘하다고 말하는 것이다.' 라고 하였다.

또 이르기를 '맑다는 것은 남음이 있는 것이요 서늘하다는 것은 남음이 없는 것이다. 마땅히 앞의 뜻을 사용하여 이 글을 해석하였다. 변하지 않는 것은 위에 해석과 같다.

'경과 같이(如經)' 라고 한 아래는,[세친 99]

([길장 98]. ▽나2. 제2. 경을 인용하였다. ↔ 연계)


▽다2. 제2. 경을 보여준 곳이다.(▽나2. 제2. 경을 인용하고)

【세친 99】如經 如來如實知見 1.三界之相 ' 2.無有生死 若退若出 3.亦無在世 及滅度者 4.非實非虛 非如非異' 5.不如三界 見於三界故

경에 " 여래는

라1. 1. 삼계(욕계, 색계, 무색계)의 모습을 참답게 알고 보아,

라2. 2. 나고 죽거나 혹은 물러나거나(五住) 혹은 나옴이(二死果) 없으며,

라3. 3. 또 세간(생사의 세계)에 있거나 멸도 할 사람도 없으며,

라4. 4. 진실도 아니고(멸도가 진실이 아니요) 허망함도 아니며(생사가 허망함도 아님)

　　같지도 않고 다르지도 아니하여

라5. 5. 삼계를 삼계로 봄이 같지 않으니라. 라고. 함과 같다.(시각의 차-수량품 첫 번째 장항(長行))

　　*(중생은 삼계를 다르다 하고 이승(二乘)은 같다 하고 부처님을 같지도 다르지도 않다고 봄),


[길장 100] 從如來如實知見 乃至不如三界 見於三界。竝是釋法佛菩提文 言三界相者。第三釋經。凡釋五句經文。卽成五段。一一中有二。初牒經。次釋。

'여래는 여실하게 보고 알아'에서부터 내지 '또 삼계를 삼계로 보지 아니함에 이르느니라.'에 까지 아울러 이것은 법신불의 보리의 글을 해석한 것이다. '삼계의 모습' 이라고 말한 것은,

▽다3. 제3. 경을 해석하였다.

　　　대체로 위의 5구절의 경문 【세친 99】을 해석하면 곧 5단을 이루고 하나하나 중에 둘씩 있다.

*라1. 제1. 처음은 경을 이끌어오고 【세친 99】

*라2. 제2. 다음은 해석이다. 【세친 100】


(*라1. 제1. 처음은 경을 이끌어오고 【세친 99】)
【세친 100】 三界相者
◉마1. '삼계의 모습'이라고 한 것은,


[길장 101] 三界相者。牒初句經也 謂衆生界 卽涅槃界。第二釋經。
◉마1. 제1. '삼계의 모습'이라고 한 것은,
◇첫 구절의 경(세친 99 라1.)을 이끌어온 것이니 말하자면 중생계가 곧 열반계인 것이다.


*라2. 제2. 경을 해석한 것이다.
【세친 101】 謂衆生界 卽涅槃界 不離衆生界 有如來藏故
말하자면 중생계가 곧 열반계니 중생계를 여의지 않고 여래장이 있는 것이다.


[길장 102] 衆生界 本來四絶。卽涅槃界也。不離衆生界 有如來藏故者。上標卽。今以不離 釋上卽也 無有生死 若退若出者。釋第二句。初牒。

중생세계를 본래 네 번 끊은 것(1생·2사나 혹은 3물러나거나 혹은 4나타나는 것이 없다는 것)이 곧 열반계다.

'중생계를 여의지 아니하고 여래장이 있는 것이다.'라고 한 것은, 위의 즉(卽-衆生界 卽 涅槃界)으로 표한 것이다.

지금 '중생계를 여의지 않았다.'라는 것으로써 위에 즉(卽)을 해석한 것이다

.([세친 100] ◉마1. 제1. '삼계의 모습'이라고 한 것의 연계)

●마2. 제2 '생·사나 혹은 물러나거나 혹은 나타나는 것이 없다고 한 것은,'[세친 102]

◇제2구절(2.나고 죽거나 혹은 물러나거나(五住) 혹은 나옴이(二死果) 없으며,)을 해석한 것이다.


바1. 제1. 처음은 이끌어 오고

【세친 102】 無有生死 若退若出者 謂常恒淸涼 不變義故者.

●마2. 생·사나 혹은 떠나거나 혹은 나타나는 것이 없다고 한 것은, 말하자면 항상 맑고 서늘하고 변하지 않는다는 뜻(義) 때문인 것이다.


[길장 103] 釋經。

바2. 제2. 경을 해석한 것이다.


謂常恒淸涼不變義故 以如來藏 常恒淸涼不變故。無有生死 若退若出也 亦無在世 及滅度者。釋第三句。初牒經。謂如來藏 眞如之體。第二釋經。

항상 맑고 서늘하고 변하지 않는 뜻(이치) 때문에 여래장은 항상 맑고 서늘하고 변하지 않는 것이다. 생·사나 혹은 떠나거나 혹은 나타나는 것도 없는 것이다.

●마3. 제3 '또 세간에 있거나 또 멸도함도 없다.' 라고 한 것은,[세친 103]

◇제3구절(3. 또 세간(생사의 세계)에 있거나 멸도 할 사람도 없으며, )을 해석한 것이다.

바1. 제1. 처음은 경을 이끌어오니 말하자면 여래장이 진여의 체인 것이다.


바2. 제2. 경을 해석한 것이다.

【세친 103】 亦無在世 及滅度者

●마3. '또 세간에 있거나 또 멸도함도 없다.' 라고 한 것은,

[길장 104] 釋經有二。初牒如來藏體。謂如來藏 眞如之體 不卽衆生界 不離衆生界。釋上經文。

바2. 제2. 경을 해석한 것에 두 가지가 있다.

사1. 제1. 처음은 여래장의 체(體)를 연계한 것이다.

말하자면 여래장은 진여의 체(몸)로 중생계에 나아가지도 않고 중생계를 떠나지도 않는다. 위에 경문 【세친 103】 을 해석한 것이다.

【세친 104】 不卽衆生界 不離衆生界故
중생계에 나아가지도 않고 중생계를 떠나지도 않는 것이다.

[길장 105] 不卽衆生界。釋上無有在世。不離衆生界。釋上及無滅度者。亦得云如來藏 不在世間故 不卽衆生界。如來藏無有滅度 不離衆生界。故經論得反覆相釋也。

중생계에 나아가지도 않으니 위에 세간에도 있지 않음을 해석한 것이요, 중생계를 떠나지도 않으니 위에 또 멸도함도 없는 것을 해석한 것이다.

또한 특별히 말하기를 '여래장은 세간에 있지 않은 고로 중생계에 나아가지도 않음이요, 여래장은 멸도가 없으니 중생계를 떠나지도 않는다.' 라고 하였다.

그러므로 경과 논에서 특별히 반복하여 서로 해석한 것이다.

又於理未始二。故不離衆生界。於緣未始一。故不卽衆生界也。亦是六道常法身故 不離法身。於緣成六道故不卽 非實非虛非如非異者。釋第四句。初牒。

또 이치에 있어서는(於理) 본래 두 가지가 아니다. 그러므로 중생계를 떠나지 않는 것이요, 연(緣)에 있어서는 본래 하나가 아니다. 그러므로 중생계에 나아가지도 않는 것이다.

또한 이 6도(道)에는 항상한 법신 때문에 법신을 떠나지 아니하는 것이요, 연(緣)에 있어서도 6도를 이루기 때문에 나아가지도 않는 것이다.

●마4. 제4. '진실하지도 않고 허망하지도 않으며 같지도 않고 다르지도 않다.' 라고 한 것은,[세친 105] 제4구절을 해석한 것이다.


*바1. 제1. 처음은 연계하고(이끌어오고)

【세친 105】 非實非虛 非如非異者

●마4. '진실하지도 않고 허망하지도 않으며 같지도 않고 다르지도 않다.' 라고 한 것은,


[길장 106] 謂離四種相者。第二釋經也。

'말하자면 4종의 모습을 여읜 것이니,' 라고 한 것은,[세친 106]


*바2. 제2. 경을 해석한 것이다.

【세친 106】 謂離四種相 有四種相者 是無常故

말하자면 4종의 모습을 여읜 것이니, 4종의 모습이 있다는 것은 이것이 무상한 때문이다.


[길장 107] 言四種相者。依此文 謂實虛如異 以爲四也。

'4종의 모습'이라고 말한 것은, 이 글에 의한 것이다. 말하자면 진실·허망·같음·다름을 가지고 네 가지로 한 것이다.


問。此四 云何是無常。答。此四竝是 名言所及。故是無常。法身絕於名言。所以常住。若依佛性論 明四相者。一者緣相。二者因相。三者生相。四者[壞>壞]相。緣相是無明煩惱。謂方便生死。因相是無漏業。謂因緣生死。生相是有 有生死。壞相是無 有生死。離此四種相 卽+良,無四種生死。故法身常住

⓯ 이 4종을 왜 무상(無常)이라 하는가?

⊞ 이 4종을 아우른 이것은 명칭과 말이 미치는 바이라 이러하므로 무상이라고 한 것이요, 법신은 명칭과 말이 끊어져버리니 그 까닭에 항상 머물러있는 것이다.

만약 불성논에 의하여 네 가지 모습을 밝힌다면,

사1. 제1. 연(緣-조건)의 모습이요,

사2. 제2. 인(因-원인)의 모습이요,

사3. 제3. 생(生-결과)기는 모습이요,

사4. 제4. 허물어지는(壞) 모습이다.

연(緣)의 모습은 무명의 번뇌다. 말하자면 방편은 생사요 인의 모습은 무루(無漏)의 업이니 말하자면 인연과 생사다.

생기는 모습은 있는 것이니 생사가 있고, 허물어지는 모습은 없는 것이니 생사가 있다.

이 4종의 모습을 떠나면 4종의 생사가 없어지니, 그러므로 법신이 항상 머물러있는 것이다.

不如三界見於三界者。釋五句。初牒經。

●마5. 제5 '삼계를 삼계 같이 보지 않는다.' 라고 한 것은, [세친 107] 제5 구절을 해석 한 것이다.


*바1. 제1. 처음은 경을 연계하고

【세친 107】 不如三界 見於三界者

●마5. '삼계를 삼계 같이 보지 않는다.' 라고 한 것이다.


[길장 108] 如來能見下。第二釋經。

'여래가 능히 본다.' [세친 108]고 한 아래는,

비유품 제3   457

*바2. 제2. 경을 해석한 것이다.

【세친 108】如來能見能證 眞如法身 凡夫不見故

여래는 진여·법신을 능히 보고 능히 깨닫고, 범부는 보지 못한다.


[길장 109] 是故 經言 如來明見。此第三句。長取一經 證第五句也。

이런고로 경에 '여래는 밝게 본다.---' 라고 하였다.[세친 109]


([길장 92] 나5) **제5 위없는 보리에** 대체로 두 가지 일을 해석하였다--.
  ◆다1. 제1. 3종의 보리(도)를 해석하고,
  ◆다2. 제2. 본행의 보살도(아래[세친 110]에) 등의 3구절을 해석한 것인데, 합하여 6구절의 경을 해석하였다.
↔ 다시 재해석 연계)


  ◆다2. 제2. 이것은 제3구절이다. 한 경을 길게 가져다 제5구절(◆마5【세친 107】)을
  증명한 것이다.


【세친 109】是故 經言 如來明見 無有錯謬故

이런고로 경에 '여래는 밝게 보아 그릇됨이 없는 것이다.' 라고 하였다.


[길장 110] 我本行菩薩道 今猶未滿者。自上已來 解三佛菩提竟。此下第二. 更釋三句經 卽成三別。第一前釋行菩薩道 滿本願經。以得三佛菩提竟 須滿本願故。次釋滿本願經。初牒經。

'내 본래 보살도를 행하였으나 지금도 오히려 아직 차지 않았다.' 라고 한 것은, [세친 110]
위로부터 여기까지 3불(三佛)의 보리를 해석하여 마쳤다.
이 아래는 ([길장 109] 다2. 제2. 이것은 제3구절이다. ↔ 연계)

다2. 제2에 다시 3구(句)의 경을 해석했는데, 곧 세 가지로 나누어 만들었다.

라1. 제1. 먼저 보살도를 행하여 본원을 채우는 경을 해석하여 이로써. 3불의 보리를 얻음을 마치니 모름지기 본원을 채웠기 때문이다.

라2. 제2. 다음은 본원을 채우는 경을 해석하였다.

마1. 제1. 처음은 경을 연계(牒)하였다.
【세친 110】我本行菩薩道 今猶未滿者
'내 본래 보살도를 행하였으나 지금도 오히려 차지 않았다.' 라고 한 것은,

[길장 111] 以本願未滿者。此釋經也。
'본원이 아직 차지 않았다.' 라고 한 것은,

마2. 제2. 이것은 경을 해석한 것이다.
【세친 111】以本願故 衆生界未盡 願非究竟故 言未滿者 非謂菩提不滿足故
본원(本願) 때문에 중생계를 다하지 못하니 원(願)이 끝나지(究竟) 않았기 때문이다. 채우지 못했다고 말한 것은, 보리가 만족하지 못함을 말하는 것이 아닌 까닭이다.

[길장 112] 爲菩薩時 願度法界衆生令盡。今雖得佛衆生未盡。故願未滿。非謂菩提 不滿足故者。
보살이 되었을 때 법계의 중생을 제도하여 다하게 하리라 서원하였건만, 이제 비록 부처가 되었으나 중생을 아직도 다하지 못하였다. 그러므로 서원이 만족하지 못한 것이지 보리가 만족하지 못하였다고 말하는 것이 아니다.

論主+卽,恐尋經人 聞行菩薩道 本願未滿。言是菩提未滿足。故簡之云 是願未滿, 非是菩提未滿 所成壽命 復倍上數者。釋第二句經文。前牒經。

논주는 아마 경을 살펴보는 사람이 보살도를 행함에 본원을 아직 채우지 못한 것을 보리가 아직 만족하지 못하였다고 말하는 줄로 들을까봐 염려한 것이다.

그러므로 간단하게 '서원이 아직 만족하지 못한 것이지 보리가 아직 만족하지 못한 것이 아니다.' 라고 말한 것이다.

([길장 110] 라1. 제1.먼저 보살도를 행하여 본원을 채우는 경을 해석하였다.)

라2. 제2. 다음은 본원을 채우는 경을 해석하였다. ↔ 연계)


라2. 제2. '이룬 바의 수명이 다시 위에 수보다 갑절이다.' 라고[세친 112] **라2.]** 한 것은, 제2구절( **【세친 110】 【세친 111】** 경문을 해석한 것이다.


*마1. 제1. 먼저 경을 이끌어오니

**【세친 112】 所成壽命 復倍上數者**

라2. 제2. '성취한 수명이 다시 위에 수보다 갑절이다.' 라고 한 것이다.


[길장 113] 此文 示現如來常命者。第二釋經。就文爲二。初標常命以釋經。巧方便顯多數故者。釋上常命也。

'이글은 여래의 항상 하신(불멸의) 수명을 나타내 보인 것이다.' 라고 한 것은,

*마2. 제2.경을 해석한 것이다.

글을 둘로 하였다.

▲바1. 제1. 처음은 항상 하신 수명 【세친 113】 을 표하고 이로써 경을 해석 하였다.

▲바2. 제2. '선교(善巧)의 방편으로 많은 수를 나타낸 것이다.' [세친 114]라고 한 것은,  위에 항상(불멸)하신 수명을 해석한 것이다.


(▲바1. 제1. 처음은 항상 하신 수명 【세친 113】 을 표하고 이로써 경을 해석하였다.)

【세친 113】 此文 示現如來常命

이 글은 여래의 항상 하신(멸하지 않는) 수명을 나타내 보인 것이다.


[길장 114] 上明四種數。一世界不可知。二末世界爲塵不可知。三約塵數劫。劫不可知。四明佛壽。復過上三數不可知。今是第五數。復過前四。以壽數不可知。所以爲常  言巧方便者。歎如來有善巧方便。

▲바1. 위에 밝힌 4종의 (수명의) 숫자는.(부처님 수명은 얼마나 될까?)

사1. 제1. 이 세계로도 알 수 없고,

사2. 제2. 세계를 갈아서 먼지를 만들어도(비교해 보아도) 알 수 없고.

사3. 제3. 먼지 같은 수의 겁에 따라도 겁(수명이 몇 겁인지)을 알 수 없고.

사4. 제4. 부처님 수명을 밝히면 다시 위에 세 가지 수보다 더 넘어(많아) 알 수가 없다.

지금 【세친 114】 은 제5의 수다. 다시 앞에 네 가지보다 더 넘어 수명의 수를 알지 못한다. 그 까닭에 항상 하다 【세친 113】 고 하는 것이다.

'선교의 방편으로' 【세친 114】 라고 한 것은, 여래께 선교(善巧-교묘한)의 방편이 계심을 찬탄한 것이다.


(▲바2. 제2. '선교(善巧)의 방편으로 많은 수를 나타낸 것이다.' [세친 114]라고 한 것은, 위에 항상(불멸)하신 수명을 해석한 것이다.)

【세친 114】 善巧方便 顯多數 過上數量 不可數知故

선교의 방편으로 많은 수를 나타내어 위보다 수량이 넘어 수를 알지 못하는 것이다.


[길장 115] 能作=化 如此多數 過上數量 不可得知。以顯壽以數 不可知故。所以爲常。

교화할 수 있는 일도 이와 같이 수가 많아, 위보다 수량이 넘어 알 수가 없다.

수명을 나타내는데 숫자를 가지고는 알 수 없기 때문에 그 까닭에 (수명이) 항상(불변)

하다고 하는 것이다.


昔僧叡法師 對羅什翻法華云. 多寶照其不滅壽量 定其非數. 爾時論猶未來. 而言之與意 俱與論合. 什公[火-毛]舌不 爛. 可謂翻之與釋得經旨也.

옛적에 승예법사가 나즙이 번역한 법화경에 대하여 말하기를 '다보는 그의 불멸의 수명의 양을 비춰보면 결정코 그것은 수가 아니다.

그 당시 마치 미래라도 논(論)한 듯이 말한 뜻과 논에 갖추어진 것과 맞아떨어지는데, 나즙공의 혀가 (멸도한 뒤에-화장하여) 불에 타지 않았다는 것에서 번역한 해석과 더불어 경의 취지를 얻었다고(알았다고) 말할 수 있는 것이다.' 라고 하였다.


問. 何故+明如來常命不可盡. 答. 凡有五義. 一爲滿本願故. 佛命若無常 不得常度於物. 卽本願不滿. 以佛常住故 常度衆生得滿本願也. 二者破小乘人執. 佛無常灰身滅智 不復度物. 卽成負誓之佛.

문 무엇 때문에 여래의 항상 하신 수명은 끝이 없다고 밝혔느냐?

답 대체로 다섯 가지 뜻이 있다.

사1. 제1. 본원을 만족하기 위한 때문이다. 부처님 수명이 만약 무상(無常)하다면 항상 중생을 제도 할 수 없으니 곧 본원이 만족하지 못한 것이다.

부처님이 항상 머물러계시기 때문에 항상 중생을 제도하여 본원을 만족하게 되는 것이다.

사2. 제2. 소승인의 집착을 깨뜨리는 것이다.

부처님이 무상(無常)하시어 회신멸지(灰身滅智 : 몸은 재가 되고 지혜도 없어짐)하여 다시는 중생을 제도하지 못하면 곧 서원을 등져버린 부처님이 되는 것이다.


三者示有因果義. 初發心時 願成佛道 普度一切. 初發心願此卽是因 今得佛常住 普度一切. 名之爲果. 故因果義成. 若如小乘佛者 卽是有因無果. 初心願度爲因. 得佛欲人涅槃 便是無

果。然旣無果 因亦不成。

사3. 제3. 인과가 있다는 뜻(이치)을 보여주신 것이다.

초발심 때 불도를 이루어 널리 일체를 제도하시기 서원하였으니, 초발심 때 서원이 이것이 인(因)인 것이요, 이제는 부처님이 되시어 항상 머물러계시며 널리 일체를 제도하시니, 이름 하여 '과(果)'라고 하는 것이다. 그러므로 인과의 뜻이 성립된다.

만약 소승의 부처님과 같다면 이분은 인(因)은 있지만 과는 없다. 초심의 성불과 제도의 서원은 인(因)이 되지만 부처님이 되어 사람이 열반하고자하면 문득 이분은 과(果)가 없는 것이다. 그렇듯 이미 과가 없으면 인도 또한 이루어지지 못하는 것이다.

(현재의 과는 미래의 인을 이룬다. 고로 과가 없으면 인이 이루어지지 못함을 말한다)


四者佛若無常 卽與二乘涅槃俱盡。二乘之流 便不捨小求大。欣果行因。今欲令一切衆生 欣果行因 捨小求大。故辨佛常命也。

사4. 제4. 부처님이 만약 무상(無常)하다면 곧 2승의 열반과 함께 다 없어진다. 2승의 부류는 언뜻 소승을 버리고 대승을 구하지 못한다.

과(果-깨침,제도)를 기뻐하여(欣) 인(因-수행)을 행하여야 한다. 이제 일체중생으로 하여금 과를 기뻐하여(欣) 인을 행하여 소승을 버리고 대승을 구하게 하고자 하는 고로 부처님의 항상 하신 수명(항상 계심)을 분명하게 판별하는 것이다.


又昔北土江南 五宗四時。正用復倍上數之言。證法華猶是無常之佛。今論正用此句。顯佛是常。故知凡夫講人 多有愚癡謗罪。經無論者 難可釋成 我淨土不毁 而衆見燒盡者。釋經第三句。自上已來釋正果。今此一句 次釋依果。初牒經也。

사5. 또 옛적 강북 쪽의 땅과 강남의 5종과 4시(五宗四時)는 바로 다시 위의 수보다 배가 된다는 말을 사용하였고, 법화도 오히려 무상(無常)의 부처님을 증명하였는데 지금 논에 바로 이 구절을 사용하여 부처님이 항상 계심을 나타내었다.

그러므로 알라!

범부로서 강연하는 사람은 대부분 어리석어 비방하는 죄를 지으며 경에 논한 것이 없으면 해석을 이루어내기가 난감한 것이다.

'나의 정토는 헐리지 아니하나 중생은 불에 타 없어짐을 보노라.' 라고 한 것은,[세친 115]

([길장 113] ▲바2. 제2. 항상 하신 수명을 해석한 것이다. ↔ 연계)

▲바3. 경의 제3구를 해석한 것이다.

위로부터 내려오면서 정과(正果 : 유정들의 심신(心身)을 정과(正果)· 정보(正報), 밖에 의지하고 있는 것을 의보(依報)· 의과(依果)라 함-산 천, 집. 의복. 음식 등)를 해석하였다.

사1. 제1. 이제 이 1구절은 다음의 의과(依果=依報-중생이 머무는 곳)를 해석한다.


*아1. 제1. 처음은 경을 연계한 것이다.

【세친 115】 我淨土不毀 而衆見燒盡者

'나의 정토는 헐지 못하나 중생은 불에 타 없어짐을 보노라.' 라고 한 것은,


[길장 116] 報佛如來下。釋經。卽是擧人釋土。

'보불(報佛 : 보신불) 여래' 라고 한 아래는,[세친 116]


*아2. 제2. 경을 해석한 것이다. 곧 사람을 들어 국토를 해석하였다.

【세친 116】 報佛如來 眞實淨土 第一義諦之所攝故

보신불 여래의 진실한 정토는 제1의제(최상의 진리)에 섭취(攝)된 까닭이다.


[길장 117] 報佛旣常 如前所釋。當=故,知報佛之土 亦常 以常故 不可燒也。

보불은 이미 항상 있으니 앞의 해석과 같다. 그러므로 알라! 보불의 국토도 또한 항상 함이니 항상 하신 고로 태울 수 없는 것이다.

問。旣是常土. 云何得有 諸天擊鼓 及散華等耶。答。於常土無障礙用故 得有斯事也 九者示現涅槃無上。前牒章。故說醫師譬喩下。第二示經處。

圕 이미 항상 하신 국토라면 어째서 모든 하늘이 북을 치고 또 꽃을 흩는 등이 있게 된 거냐?

圕 항상 하신 국토는 장애됨이 없이 사용하는 고로 이런 일이 있게 된 것이다.

([세친 92] ●가8. 제8. 더 위없는 대 보리를 성취함을 나타내 보여준...↔ 연계)

●가. 제9. 열반이 위없음을 나타내 보여준 것이다.[세친 117]

*나1. 제1. 먼저 글(章)을 연계하였다.(牒)

'그러므로 의사의 비유를 설하였다.' 라고 한 아래는,[세친 118]

*나2. 제2. 경 보여준 곳이다.

**【세친 117】九者示現涅槃無上**

●가9. 제9. 열반이 위없음을 나타내 보여준 것이다.

[길장 118] 小乘灰身滅智 實入無餘。此是有上涅槃。今爲狂子 方便言滅 三德涅槃。實非永滅 故是無上。上釋菩提無上 謂果義。今釋涅槃無上 謂果果義。竝與涅槃經意同。而昔作無常 及覆相 常以釋法華者 一何謬哉。

소승은 회신멸지(灰身滅智 : 몸은 재가 되고 지혜도 없어짐)하여 진실로 무여열반에 들어간다는 것은, 이것은 위가 있는 열반이다.

이제 미친 아들을 위하여 방편으로 멸도 한다고 말한 것은, 3덕(德)의 열반이다.

진실로 영원한 멸도가 아니니 그러므로 이것이 위없다는 것이다. 위에서 보리가 위없음을 해석한 것은, 과(果)의 뜻을 말한 것이다.

지금 열반이 위없음을 해석한 것은, 말하자면 과과(果果)의 뜻이다. 아울러 열반경과 함께 뜻이 동일하다.

그리고 옛적에는 무상(無常)과 또 복상(覆相=번뇌의 모습)을 지어 항상 이로써 법화경을 해석하였는데 어찌(一何) 잘못 된 것일까? (번뇌를 가지고 법화경을 해석함?)

◉ 과과(果果) : 보리는 수행의 결과이니 그것이 과(果)다. 보리에 의하여 열반을 증득하니 그것을 과과(果果=열반)라 한다)

◉ 복상(覆相) : 복(覆)은 소번뇌지법(小煩惱地法)이니 소승75법 중 5종 심소법(心所法)의 하나. 분(忿)·복(覆)·간(慳)·질(嫉) 등)

**【세친 118】故說醫師譬喩**

그러므로 의사의 비유를 설하였다.

**[길장 119]** 問。醫師之譬 是長行其文在前。我淨土不毀 是偈其文在後。論主何故 迴文釋耶。答。論主取前三菩提 爲正果。淨土 爲依果。此二竝明常義故 總屬菩提無上。故一處釋之。涅[樂>槃]無上 明果果義。故在後釋也

▣ 의사의 비유다. 이것은 장항(長行 : 서사시(敍事詩))인데 그 글이 앞에 있다.

'나의 정토는 헐리지 아니한다.' 라고 한 이 게송은 그 글이 뒤에 있다.

논주(論主)는 왜 글을 돌려(바꾸어) 해석하였느냐?

▣ 논주는 앞의 삼보리를 가지고 정과(正果)로 삼고 정토를 의과(依果)로 삼았다. 이 둘은 아울러 항상 함의 뜻을 밝힌 때문에 전체적으로 보리가 위없음에 속한다.

그러므로 한 곳에서만 해석한 것이다.

열반이 위없음은 과과(果果)의 뜻을 밝힌 것이다. 그러므로 뒤의 해석에 두었다.

十者示現力無上。第十無上。就文爲三。一標總示經處。二重論多寶塔 土無上義。三者復宗還釋力無上。初文又二。前標名。

●가10. 제10. 힘이 위없음을 나타내 보여준 것이니, 제10의 위없음이다.

글이 따라 셋이니

나1. 제1. 전체적으로 경이 있는 곳을 표하고.

나2. 제2. 다보탑의 국토가 위없는 뜻을 거듭 논하였다.

나3. 제3. 다시 제자리로 돌아와 힘이 위없음을 해석하였다.

나1. 처음에 글이 또 둘이다.


＊다1. 제1. 먼저 이름을 표하고

【세친 119】十者示現勝妙力無上故.

●가10. 10에 수승하고 미묘한 힘이 위없음을 나타내 보여준 것이다.


[길장 120] 言勝妙力無上者。共歎法華有勝妙巧用。故名之力也　自餘殘修多羅者。第二示經處。

'수승하고 미묘한 힘이 위없다.' 라고 한 것은,[세친 119] 법화가 수승하고 미묘하고 교묘한 작용이 있음을 다 같이 찬탄한 것이다. 그러므로 '힘' 이라고 이름 한 것이다.

'나머지는 수다라로부터' 라고 한 것은,[세친 120]


＊다2. 제2. 경이 있는 곳을 보여준 것이다.

【세친 120】自餘殘修多羅 說示現 應知

나머지 경(수다라)에서 (위없음을 거듭)설하여 나타내 보여준 것을 마땅히 알라!

(나머지 경(품)에서 위없음을 거듭 설하여 보여 준 것을 알라.-여기서 아래는)


[길장 121] 卽是從分別功德品去竟一經也　多寶如來塔下。第二重論前十無上中　第五示現淸淨國土無上。仍釋見寶塔一品。.

([길장 15] 가2. 제2. 다음은 10종의 위없음을 밝힌다. ↔ 거듭 연계)

([길장 77] 제1. 위없는 뜻을 전체적으로 밝히고, ↔ 거듭 연계)

([길장 77]  제2. 열 가지 위없는 것으로 나누어 밝혔다. ↔ 거듭 연계)

([길장 77]  제1. 처음의 글에 따라 또 둘이다. ↔ 거듭 연계)

([세친 85]=[길장 85] 제2. '제2는 위없음을 수행하여…… ↔ 거듭 연계)

([세친 89]=[길장 89] 제5. '청정한 국토가 위없음을……. ↔ 거듭 연계)

((제11. 견보탑품)=[세친 89]에서 1차 시작함 ↔ 거듭 연계)


곧 이것은 17.분병공덕품에서 부터 가서 한경(나머지 경)을 끝마친다.

'다보여래의 탑'이라고 한 아래는,[세친 121]

두 번째로 앞에 10종의 위없음 중에 제5의 청정한 국토가 위없음을 나타내 보여준 것을 거듭 논하였다. **견보탑품** 1품도 거듭(仍) 해석하였다.


問。何故不卽就前 第五無上中釋。至此方解耶。答。上來數解此門=問。今欲示有疑者不了前意。故重論之。就文有二。初總明八種。次別釋。總明又二。初總明是淨土。第二別明八種

⟦문⟧ 왜 앞에 제5의 위없음 중에서 해석하여 나가지 않고 예까지 이르러 이제야 해석하느냐?

⟦답⟧ 위에서 오면서 수차 이 가르침(門)을 해석하였다. 지금은 의심이 있는 이가 앞의 뜻을 분명하게 알지 못한 것이 있어서 보여주고자 한 것이다. 그러므로 거듭 논한 것이다.

**[길장 15] [길장 77]연계**

([세친 89]=[길장 89] 제5. '청정한 국토가 위없음을……. ↔ 거듭 연계)

가1. 제1. 그 글(제5정토가 위없음)이 둘이 있다.

◉나1. 제1. 처음은 8종의 위없음을 전체적으로 밝히고.【세친 121】

◉나2. 제2. 다음은 8종을 나누어 해석하였다.【세친 122】 부터.

◉나1.전체적으로 밝힌 것이 또 둘이다.

◉다1. 제1. 처음은 이 정토를 전체적으로 밝히고.

◉다2. 제2는 8종을 나누어 밝혔다.

(제11. 견보탑품)

( ●다1. 제1. 처음은 이 정토를 전체적으로 밝히고.)

**【세친 121】** 多寶如來塔 顯示一切佛土淸淨者 示現諸佛實相境界中 種種衆寶 間錯莊嚴 故

●라1. 다보여래의 탑은 일체의 불국토가 청정함을 나타내 보인 것이다. 모든 부처님의 실상의 경계 중에 가지가지 온갖 보배를 사이마다 섞어 장엄한 것을 나타내 보이신 까닭이다.

[길장 122] 多寶如來塔者。此句牒多寶佛塔也。顯示一切佛土淸淨者。明欲開寶塔 現一切淨土意也。

((([길장 121] *제1. 처음은 이 정토를 전체적으로 밝혔다. ↔ 연계)

●라1. 제1. '다보여래의 탑'이라고 한 것에서, 이 구절은 다보불탑을 연계한 것이다. 일체의 불국토가 청정함을 나타내 보인다고 한 것은, 보탑을 열어 일체 정토(一切佛土淸淨)를 나타내고자 한 뜻을 밝힌 것이다.

此非獨釋迦佛土。故言顯示一切佛土也。示現諸佛實相境界中者。出淨土事也 示現有八種者下。淨土是總 總攝八事。於淨土中別明八種事。

이것은 오직 석가의 불 국토만이 아니다. 그러므로 일체의 불국토를 나타내 보인다고 말한 것이다.

'모든 부처님의 실상의 경계를 나타내 보인 중에'라고 한 것은, 정토의 일을 나타낸 것이다.

'8종이 있음을 나타내 보인 것이다.'라고 한 아래는,[세친 122] 정토는 이 전체로 8종의 일을 전체적으로 섭취한 것이다.

◐라2. 제2. 정토(一切佛土淸淨)중에 8종의 일을 나누어 밝혔다.

【세친 122】 示現有八種 一者塔 二者量 三者略 四者住持 五者示現無量佛 六者離穢 七者多寶 八者同一塔坐

◐라2. 제2. 8종이 있음을 나타내 보이니

※마1. 제1. 탑이다.

※마2. 제2. 량(量)이다.

※마3. 제3. 간략함이다.

※마4. 제4. 주지(住持 : 머물러 지킴)함이다.

※마5. 제5. 무량한 부처님을 나타내 보였다.

※마6. 제6. 때(번뇌)를 여읨이다.

※마7. 제7. 다보(多寶)다.

※마8. 제8. 같은 탑에 앉으신 것이다.


(◐나1. 제1. 처음은 8종의 위없음을 전체적으로 밝히고 【세친 121】 --

◐나2. 제2. 다음은 8종을 나누어 해석하였다. 【세친 122】 부터.)-연계.


[길장 123] 如文 塔者已下。第二別釋八事成八別。一一中初標章。次解釋。

경문과 같이.

'탑' 이라고 한 아래는,[세친 123]

◐나2. 제2. 8종의 일을 나누어 해석하는데 여덟 가지로 나누어진다.[길장121]연계.

하나하나 중에

*다1. 제1. 처음은 글을 내세우고 【세친 123】

*다2. 제2. 다음은 해석하였다.

(*다1. 제1. 처음은 글을 표하고 【세친 123】)

【세친 123】 塔者 示現如來舍利住持故

([세친 122] ☀마1. 제1. 탑이다. ↔ 연계)

☀마1. 제1. 탑이라고 한 것은, 여래의 사리가 있음(住持)을 나타내 보여주는 것이다.

[길장 124] 示現如來舍利住持者。所以立塔者。爲欲住持舍利 利益物故也  量者。釋第二。初牒章。

바1. 제1. '여래의 사리가 있음(住持)을 나타내 보인 것이다.' 라고 한 것은, 탑을 세우는 까닭인 것이다. 사리가 있어 중생을 이롭게 하고자하기 위한 때문이다.

'양(量)' 이라고 한 것은,[세친 124]


*다2. 제2. 해석이다.

&라1. 제1. 처음은 글을 연계하였다.(牒)

【세친 124】 量者

☀마2. 제2. '양' 이라고 한 것은,


[길장 125] 量有二義。一者土果形量。謂一一方四百萬億那由他土果形量。二者因量。謂無漏善根生 非有漏善根起也  方便示現下。還釋上二量。初釋果量。

양에는 두 가지 뜻이 있다.

바1. 제1. 국토와 과실과 형상의 양이다. 말하자면 하나하나 방향마다 400만억 나유타의 국토와 과실과 형상의 양이다.

바2. 제2. 인(因)의 양이다. 말하자면 무루(無漏)의 선근은 생겨나고 유루(有漏)가 아닌 선근이 일어나는 것이다.

'방편으로 나타내 보여준다.' 라고 한 아래는,[세친 125] 도로 위에 두 가지 양(제1.제2)을 해석하였다.

사1. 제1. 처음은 과실(果實 : 결과의 사실)과 양(量)을 해석하였다.

**【세친 125】** 方便示現 一切佛國土 淸淨莊嚴

방편으로 일체의 불국토가 청정하게 장엄함을 나타내 보여준 것이다.

[길장 126] 是出世間下。釋因量。

사2. 제2. 이 '출세간' 이라고 한 아래는,[세친 126] 원인(因)의 양을 해석한 것이다.

**【세친 126】** 是出世間淸淨 無漏善根所生 非是世間有漏善根之所生故

이것은 출세간의 청정한 무루의 선근이 생기는 곳이요, 세간의 유루의 선근이 생기는 곳이 아닌 까닭이다.

略者。

※마3. 제3. '간략하다.' 라고 한 것은,

[길장 127] 釋第三。初牒。略者 次釋。

＊바3. 제3을 해석한 것이다.

사1. 제1. 처음은 연계하고
'간략하다.' 라고 한 것은,

사2. 제2. 해석이다.

**【세친 127】** 多寶如來身 一體 示現攝取 一切諸佛 眞法身故

다보여래의 몸은 한 몸에 일체 부처님들의 참 법신을 섭취하였음을 나타내 보인 것이다.

**[길장 128]** 多寶身一體 攝一切佛法身故者。此以多寶之一 對分身之多故也。

([길장 127] 사1.제1. 처음은 연계하고. ↔ 연계)

아1. 제1. '다보의 몸은 한 몸에 일체 부처님의 참된 법신을 섭취한 것이다.' 라고 한 것은, 이것은 다보의 한 몸으로 분신의 많은 몸을 상대하기 때문이다.

以法身不二故 多寶唯一。以化用不一故 分身卽多。亦是釋疑。故來疑者云。何故唯一多寶塔 無有多塔涌現。是故釋云。多寶是法身。十方諸佛 同一眞如法身。故多寶法身 攝一切佛法身。所以唯一也。

법신은 둘이 아니기 때문에 다보도 오직 하나다. 교화하는데 쓰임새가 하나뿐이 아닌고로 분신이 많은 것이다. 역시 의심을 풀어준 것이다.

예부터 오면서 의심하는 이가 이르기를 '왜 오직 하나 뿐인 다보탑에서 많은 탑이 솟아나타나남이 없느냐?' 라고 하였다.

이런고로 해석하여 이르기를 '다보는 법신이다. 시방의 제불도 동일한 진여 법신이다. 그러므로 다보의 법신이 일체 부처님 법신을 끼고 있으니 그래서 오직 하나뿐인 것이다.' 라고.

問。多寶爲是法身。爲表法身。答。依光宅等師 乃言。多寶是化身家 舍利非三身所攝。亦得屬佛寶所攝。今明四種意。

問 다보는 법신이라 하였다. 법신을 드러내야 하느냐?

答 광택(光宅) 등의 스승에 의하면, 이에 말하기를 '다보는 이분은 화신의 집이고 사리는 3신(三身)에 끼어 있는 것이 아니고 또한 불보(佛寶)에 속하여 끼어 있는 것이다.' 라고 하였다.

([길장 127] 사2. 제2. 다음 해석하였다. ↔ 연계)

아2. 제2. 지금 네 종류의 뜻을 밝힌 것이다.

◉ 광택(光宅 : (467 - 529) 중국 당나라 승려. 이름은 법운(法雲)이며 光宅寺에 있어서 붙은 명칭이며 저서로는 법화경의소(法華經義疏)가 있다)

◉ 불보(佛寶 : 3보(三寶)의 하나. 3보는 (1)불보(佛寶), (2)법보(法寶), 승보(僧寶)다. 불보는 自覺, 覺他의 行이 원만하여 보배와 같다는 말이다)

◉ 3신(三身 : 불신(佛身)을 셋으로 나눈 것. (1)법신(法身), (2)보신(報身), 응신(應身=화신(化身)))


一者據迹而言 是佛舍利故。八義中。初義云 塔者 示現如來舍利住持故。二者以多寶表法身。如叡云。多寶明其不滅。寄多寶之身 顯法身不滅也。

자1. 제1. 자취(迹)에 의거하여 말하면 이것은 부처님사리인 까닭이다. 여덟 가지 뜻 (八義) 중에 처음의 뜻에 '탑이란 여래의 사리가 있음(住持)을 나타내 보여주는 까닭이다.' 라고 하였다.

자2. 제2. 다보로써 법신을 드러낸 것이다. 승예(僧叡)가 이르기를 '다보는 그분은 멸하지 않음을 밝혔으니, 다보의 몸에 의지하여 법신이 불멸함을 드러낸 것이다.' 라고 한 것과 같다.


三者天親 前釋三平等中。明多寶身 卽是法身。以多寶此身 卽是入涅槃。此是入三德涅槃 三德涅槃卽是法身。又八義中第三義。多寶如來身一體 攝一切諸佛法身。故知 卽是法身。

자3. 제3. 천친(天親)이 앞에서 세 가지 평등함을 해석한 것 중에 다보의 몸이 그대로가 법신임을 밝혔다. 다보는 이 몸으로 그대로 열반에 들어갔다. 이것이 3덕의 열반에 들어가는 것이다.

3덕의 열반은 그대로가 법신이다. 또 여덟 가지 뜻(八義) 중에 제3의 뜻이다.【세친 122】 다보여래의 몸은 한 몸에 일체 제불의 법신을 끼고 있다. 그러므로 알라! 그대로가 법신이다.


四者多寶雖入涅槃 常在世間。故世間涅槃不二。卽非世間非涅槃。言亡慮絶也。故中論云。

生死之實際 及以涅槃際。如是二際者 無豪釐差別 住持者釋第四。

자4. 제4. 다보가 비록 열반에 들어도 항상 세간에 있음이다. 그러므로 세간과 열반이 둘이 아니다. 곧 세간도 아니요 열반도 아니며 말이 없어지고 생각이 끊어진 곳이다.

그러므로 중논에 이르기를 '생사의 실제(實際)와 또 열반의 실제 이와 같이 둘의 실제(實際)는 털끝만한 차별도 없다.' 라고 하였다.


(.[세친 122] 제4. 주지(住持 : 머물러 지킴)함이다.-연계)

✽마4. 제4. '주지' 라고 [세친 128]한 것은 [세친 122]✽마4.제4를 해석한 것이다.

**【세친 128】** 住持者 示現諸佛如來 法身自在身力故

✽마4. 제4. '머물러 가진다.' 라고 한 것은, 제불 여래의 법신의 자재한 몸의 힘을 나타내 보여준 것이다.


**[길장 129]** 釋中。諸佛法身 自在身力者。此釋多寶 於十方世界涌現 及發聲歎佛之事。以法身遍一切處故。能於一切處 有此功德。住持佛法故 爲住持也 示現無量佛者。釋第五。

해석 중에 '제불의 법신의 자재한 몸의 힘' 이라고 한 것은, 이것은 다보가 시방세계에 솟아 나타나고 또 소리 내어 부처님의 일을 찬탄한 것을 해석한 것이다.

법신이 일체 처에 두루 한 고로 능히 일체 처에 이런 공덕이 있고, 불법을 주지하는(머물러 지킴)고로 주지라고 하는 것이다.

'무량 불을 나타내 보인다.' 라고 한 것은,[세친 129]


✽마5. 제5. 제5를 해석하였다.

**【세친 129】** 示現無量佛者 示現彼此所作諸業 無差別故

✽마5. 제5. '무량 불을 나타내 보인다.' 라고 한 것은, 피차가 지은 모든 업이 차별이 없음을 나타내 보여준 것이다.

[길장 130] 釋中。云示現彼此 所作諸業 無差別故。釋意明示現 十方分身佛。故目之爲彼。釋迦之身 稱之爲此。亦得十方分身 相望 自=目,爲彼此。十方諸佛 同欲弘道利人。故云十方諸佛 所作諸業 無有差別也。

해석 중에 '피차가 지은 바의 모든 업이 차별이 없음을 나타내 보여주기 위한 까닭이다.' 라고 한 것은, 뜻을 해석하건대 시방의 분신불(分身佛)을 나타내 보여 준 것이 분명하다. 그러므로 지목하여(目) 피(彼)라하고 석가의 몸을 칭하여 차(此)라고 한 것이다.

또한 특히 시방의 분신불이 서로 바라보고 지목하여 피차라고 하였다. 시방의 제불이 동일하게 도를 널리 펴고 남을 이롭게 하고자 함이니, 그러므로 시방의 제불이 지은 모든 업이 차별이 없다고 말한 것이다.

又十方分身佛 同住淨土 同說一乘 同化菩薩。卽是顯諸佛道同。故名所作業無差別。諸佛道旣同故。當知今日釋迦 亦同諸佛 遠離穢不淨下。釋第六。

또 시방의 분신불이 동등하게 정토에 계시고 동등하게 1승을 설하며 동등하게 보살을 교화하시니, 그대로 제불의 도가 동등함을 드러낸 것이다. 그러므로 '지은 업이 차별이 없다.' 라고 이름 한다. 제불의 도는 본래부터 동등한 때문이다.

마땅히 알라! 오늘날에 석가는 또한 제불과 동등함이다.

'때 묻어 깨끗하지 못한 것을 멀리 여읜다.' 라고 한 아래는,[세친 130]


☀마6. 제6을 해석하였다.

【세친 130】 遠離穢不淨者
☀마6. 제6. '때 묻어 깨끗하지 못한 것을 멀리 여읜다.' 라고 한 것은,


[길장 131] 卽是釋經中 移諸天人及山海事也。
곧 경을 해석한 것 중에 여러 하늘사람과 또 산과 바다의 일을 옮긴 것이다.

【세친 131】 示現一切諸佛國土 平等淸淨故
일체 제불의 국토가 평등하고 청정함을 나타내 보여준 것이다.


[길장 132] 言多寶者。釋第七。
'다보' 라고 말한 것은,[세친 132]

☀마7. 제7을 해석하였다.
【세친 132】 言多寶者
☀마7. 제7. '다보' 라고 말한 것은,


[길장 133] 卽釋經中 以瑠璃爲地。乃至以華布地等也。
곧 경을 해석한 것 중에 유리로 땅 만들고 내지 꽃을 땅에 깔고 라는 등이다.


【세친 133】 示現一切諸佛國土 同寶性故 (示現一切諸佛國土同實??性故)
일체 제불의 국토가 동등한 보배의 성품임을 나타내 보여준 까닭이다.


[길장 134] 同一塔坐者。釋第八。
'같은 탑에 앉으셨다.' 라고 한 것은,[세친 134]

☀마8. 제8을 해석한 것이다.

【세친 134】 同一塔坐者 示現化佛(非化佛-세친) 法佛 報佛等 皆爲成大事故
☀마8. 제8. '같은 탑에 앉으셨다.' 라고 한 것은, 화신불·(화신이 아닌 불.) 법신불· 보신불 등을 나타내 보임은 다 큰일을 이루기 위한 때문이다.

[길장 135] 釋中。云示現化佛報佛法佛等 皆爲成大事故者。明三佛同爲一大事。一大事者 大品云。救一切衆生 名爲大事。今明。釋迦共多寶同一塔座。同命覓弘經人之令周旋往返 十方世界 弘一乘道。竝皆成佛。謂之爲大事也。

해석 중에 '화신불・보신불・법신불 등을 나타내 보임은 다 큰일을 이루기 위한 때문이다.' 라고 말한 것은, 3불이 동반하여 일대사를 위함을 밝힌 것이다.

일대사란 대품경에 이르기를 '일체중생을 구원하는 것을 이름 하여 대사(大事 : 큰 일)라 한다.' 라고 하였다.

지금 석가가 다보와 함께 동일한 탑에 자리하여 동일한 명(命-수명)으로 경을 홍보할 사람을 찾아 시방세계를 오고가며 돌고 돌아 1승도를 널리 펴게 하고 아울러 다 성불하게 하려함을 밝힌 것이다. 말하자면 일대사를 위함인 것이다.


問。唯多寶與釋迦 同一塔坐。分身不同塔坐。云何言三佛同一大事。答。卽釋迦自具三佛。示現伽耶成佛 謂化身也。久已成佛 同行,因所得 謂報身佛也。有眞+如故 卽有法身。故釋迦具三身。卽是三佛同坐 共成一大事也。

問 오직 다보와 석가만이 동일한 탑에 앉았고 분신은 같은 탑에 앉지 않았다. 어찌하여 3불이 동반하여 일대사(大事)라는 말을 하였느냐?

答 곧 석가 스스로 3신불을 갖추었다. 가야에서 성불을 나타내 보인 것은 화신(化身)을 말하는 것이요, 오래전에 이미 성불하여 동일한 인(수행)을 행하여 얻은 것(소득)(구원실성-久遠實成)은 보신불을 말하는 것이요, 진여가 있는 고로 법신이 있음이다. 그러므로 석가는 3신을 갖춘 것이다.

곧 이것이 3불이 똑같이 앉아 함께 일대사(一大事)를 이루는 것이다.


問。乃知釋迦具三身。文中但云 釋迦與多寶同坐。此是二佛。云何言三佛共作大事。答。分身乃不同坐。而諸佛意 同成大事。

圖 이래서 석가가 3신(身)을 갖춘 것을 알았는데 글 중에 다만 석가는 다보와 동석하여 앉았다고 했는데 여기 이 두 분은 부처님이시다. 어찌하여 3불이 다 같이 대사(大事)를 짓는다는 말인가?

圖 분신은 동석하여 앉지 않았다. 그러나 제불의 뜻은 동반하여 대사를 이루는 것이다.

問。多寶釋迦分身佛 此三是何佛耶。答。依文判者論主云。多寶是法身。釋迦爲報身佛。分身爲化身佛也。

圖 다보·석가·분신불은 여기 세 분은 무슨 부처님이신가?

圖 글에 의하여 판단할 것 같으면, 논주가 이르기를 '다보는 법신이시고 석가는 보신불이 되시고 분신은 화신불이 되신다.' 라고.

問。前明隱時爲法身。多寶豈是隱時耶。答。論解二種法身。一者隱時名法身。此非多寶也。二者顯時名法身。卽多寶也。

圖 앞에서 숨었을 때는 법신이라 한다고 밝혔는데 다보가 어찌 숨었을 때이냐?

圖 (세친의) 논에서는 2종의 법신을 해석하였다.

바1. 제1. 숨었을 때 법신이라 하니 이것은 다보가 아니다.

바2. 제2. 나타났을 때 법신이라 하니 곧 다보다.

問。若爾與報佛何異。答。體一義殊。酬因義邊目之爲報。衆法所依正法爲身。故名法身也。有人言。分身佛是應身佛。何以知之。攝論及同性經竝言應身。住淨土中 說法化菩薩。今分身竝在 淨土中說法。當知卽是應身 應身卽報身也。

圖 만약 그렇다면 보신불과는 어떻게 다르냐?

圖 체(體)는 하나나 뜻은 다르다. 인(因)의 뜻(이치)을 저변(극단)까지 서로 주고받아 그것을 지목하여 보신(報)이라하고, 온갖 법이 의지하는 데는 정법이 몸이 되니 그러므로 법신이라 하는 것이다.

어떤 사람이 말하기를 '분신불은 이는 응신불이라 하는데 어떻게 알 수 있는가?' 라고.

섭논 및 동성경(同性經)에 아울러 '응신은 정토 중에 계시면서 설법하여 보살을 교화하신다.' 라고 말하였다.

지금은 분신도 아울러 정토 중에 계시면서 설법하신다. 마땅히 알라! 바로 이것이 응신이요 응신이 바로 보신인 것이다.

釋迦在穢土 故是化佛。今明作斯釋者。亦得然也。各取一義 自此已下。示現法力持力修行力。此第三料簡多寶塔。竟還復宗釋 前勝妙力無上。就文爲二。一總標三力勸知。

석가는 예토(穢土 : 사바세계)에 계시니 그러므로 화신불이다. 지금 이 해석을 지어 밝히면 또한 그렇다. 각각 한 가지 뜻만 취한 것이다.

여기서부터 아래라고 한 데서 부터는[세친 135] 법력과 지력(持力)과 수행력을 나타내 보여준다. 이 제3은 다보탑을 간추려 간략하게(料簡)한 것이다.

(윗줄) 끝마치고,

([세친 82] ★가1.- [세친 117] ★가9. 제9. 열반이 위없음을 나타내 보여준 것이다. ↔ 연계)
　　★가10 제10. 힘이 위없음을 나타내 보여준 것이니, 제10의 위없음이다.([세친119]
　　★가.10 수승하고 미묘한 힘이 위없음을 나타내 보여준 것이다.↔ 거듭 연계 )

도로 본래대로 돌아가 앞에 『수승하고 미묘한 힘이 위없음[세친 119 ★가10]』을 해석하겠다.

　　★가10. 제10 그 글이 둘이다.

　　나1. 제1. 세 가지 힘(三力)을 모두 표하여 알게 권하였다.

**[세친 135] 自此已下 示現法力 持力 修行力 應知**

여기서부터 아래는,

다1. 제1. 법력과,

다2. 제2. 지력(持力 : 지니는 힘)과,

다3. 제3. 수행력을 나타내 보여준 것이다. 마땅히 알라!

[길장 136] 從法力者已中。別釋三力 卽成三別。一一中有二。一標章。二解釋。法力者。標章也。

다1. 제1 '법력' 이라고 한 것[세친 136]에서, 이미 그 중에 세 가지 힘을 나누어 해석하였으니

라1. 곧 세 가지 구별을 이룬다.

하나하나 중에 둘씩 있다.

＊마1. 제1. 글을 표하고(標).

＊마2. 제2. 해석이다.

다1. 제1. '법력' 이라고 한 것 【세친 136】 은, 글을 표한 것이다.

【세친 136】 法力者

◆다1. 제1. '법력' 이라고 한 것은,

[길장 137] 法卽是法華之法 有勝功用。故稱法力 五門示現者。第二示解釋處。開爲二。一者總標列五門。二者別釋。就初文三。第一總標五門。

법은 곧 법화의 법이니 수승한 공용(功用 : 공들인 보람과 효과. 공효)이 있다. 그러므로 법력이라 칭한다.

'5종의 글(門)로 나타내 보였다.' 라고[세친 137] 한 것은,

다2. 제2. 해석한 곳을 보인 것이다.

열어서 둘로 만들었다.

&라1. 제1. 5문을 나열하여 전체적으로 표하고(앞에 내세웠다.) 【세친 137】

&라2. 제2. 따로 해석하였다.

&라1. 제1. 처음에 나아가면 글이 셋이다.


&마1. 5문을 전체적으로 표하고(앞에 내세우고). 【세친 137】

【세친 137】 五種門示現

마1. 제1. 5종의 글(문)로 나타내 보였다.


[길장 138] 一者證已下。第二列五門。

★바1. '제1. 깨달음이다.' 라고 한 이하는,[세친 138]


&마2. 제2 5문을 나열하였다.

【세친 138】 一者證門 二者信門。 三者供養門 四者聞法門 五者讀誦持說門

　★바1. 제1. 깨달음의 문.

　★바2. 제2. 믿음의 문.

　★바3. 제3. 공양의 문.

　★바4. 제4. 법을 듣는 문.

　★바5. 제5. 독송하고 수지하고 설법하는 문이다.


[길장 139] 四種門 彌勒品中示現者。第三示門處。

'4종의 문은 미륵품 중에 나타내 보였다.' 라고 한 것은,[세친 139]


&마3. 문(門)이 있는 곳을 보였다.

【세친 139】 彌勒菩薩品中示現四門。常精進菩薩品中示現一門。

미륵품(제17. 분별공덕품)중에 4종의 문을 나타내 보이고, 상정진보살품 중에 한 법문을 나타내 보인다.


[길장 140] 示現彌勒品 卽是分別功德品。常精進品 卽法師功德品。此二從人以立名。羅什經 從法以受稱 彌勒品中四門者。第二別釋。初牒四。一者證門已下。次釋四門。

미륵품은 곧 것이 바로 분별공덕품이요, 상정진품은 바로 법사공덕품이라는 것을 나타내 보여준 것이다. 이 두 가지(2품)는 사람을 따라 이름을 세웠다.

나즙의 경(나즙이 번역 한 경)은 법을 따라 명칭을 받았다.

'미륵품 중에 4종문' 이라고 한 것은,[세친 140]

&라2. 제2. 따로 해석하였다. [길장 137] 연결.

마1. 제1. 처음은 4문(【세친 138】1,깨달음의 문 등)을 이끌어왔다.

★바1.'제1 깨달음의 문이다.' 라고 한,[세친 141] 아래는

마2. 제2. 다음은 4문을 해석하였다.


(&라2. 제2. 따로 해석하였다.)

**【세친 140】彌勒品中四種門者**

'미륵품 중에 4종문' 이라고 한 것은,


[길장 141] 釋四門卽四。初門爲二。一標證門。

마2. 제2. 4문을 해석한 것이 넷이다.(★바1.에서 바4)

★바1. 제1. 처음의 문(깨달음의 문)이 둘이다.


*사1. 제1. 깨달음의 문을 앞에 내세웠다.

**【세친 141】一是證門**

★바1. 제1. 깨달음의 문이다.


[길장 142] 如經已下。第二引經示+釋處。就文爲二。第一釋初得無上+生,忍。第二釋八生乃至一生得三菩提。初又二。一牒經。

'경과 같이(如經)' 라고 한 아래는.[세친 142]

　*사2. 제2. 경을 인용하여 해석한 곳을 보였다.

　그 글이 둘이니

　　아1. 제1. 처음 무생인(無生忍)을 얻는 것을 해석하고

　　아2. 제2. 8생 내지 1생에 삼보리를 얻은 것을 해석하였다.

　　아1. 제1. 처음(무생인(無生忍))이 또 둘이다.


(제17. 분별공덕품)


　*자1. 제1. 경을 이끌어오고(연계하고).

【세친 142】如經 我說是如來壽命長遠時 六百八十萬億那由他 恒河沙衆生 得無生法忍故。

　경에 '내 여래의 수명이 장원함을 설할 때 600만억 나유타 항하사 중생들이 무생법인을 얻었노라.' 라고 한 것과 같다.


[길장 143] 得無生法忍下。第二釋經

　'무생법인을 얻었노라.' 라고 한 아래는,

　*자2. 제2. 경을 해석하였다.

【세친 143】此言無生法忍者 謂初地證智 應知

여기서 무생법인 이라고 말한 것은, 말하자면 초지에서 깨달은 지혜임을 마땅히 알라!

[길장 144] 如智度論 一初地無生七地無生。今此中明初地無生也。以初地初 證得眞如法身無生故 云得無生忍也

차1. 제1. 지도론에 '초지의 무생과 7지의 무생이다.' 라고 한 것과 같다.

지금 이 중에 초지의 무생을 밝힌 것이다. 초지의 처음에 진여법신의 무생인(無生)을 증득한 고로 '무생인을 얻었다.' 라고 말한 것이다.


八生乃至一生下。第二釋最後經。就文亦二。一牒經。二釋經。牒經中有二。一牒八生乃至一生。

8생 내지 1생이라 한 아래는,[세친 144]

차2. 제2. 최후에 경을 해석하였다.

글이 또 둘이다.

&카1. 제1. 경을 연계하였다.

&카2. 제2. 경을 해석하였다. 경을 연계한 중에 둘이 있다.

*타1. 제1. '8생 내지 1생' 이라 한 것을 연계하였다.

【세친 144】 八生乃至一生

타1. 제1. 8생 내지 1생(에 성불한다는 것)이다.


[길장 145] 二牒得阿耨三菩提。

*타2. 제2. 아뇩다라삼보리를 얻은 것을 연계하였다.

【세친 145】 得阿耨多羅三藐三菩提者

'아뇩다라삼보리를 얻는다.' 라고 한 것은,

**[길장 146]** 謂證初地菩提故下。第二釋經。就文爲三。一就位釋。二解八生一生。三與異人諍經。

'말하자면 초지에 보리를 깨달은 까닭이다.' 라고 한 아래는,[세친 146]

&카2. 제2. 경을 해석하였다. 글을 셋으로 하였다.

　타1. 1. 위계(位階)에 대한 해석.

　타2. 2. 8생 1생의 해석.

　타3. 3. 다른 사람과 경을 다투는(논쟁) 것이다.


(타1. 1. 위계(位階)에 대한 해석.)

**【세친 146】 謂證初地菩提法故**

**말하자면 초지에 보리의 법을 깨달은 까닭이다.**


**[길장 147]** 謂初地菩提者。經有二句。一者八生乃至一生。二者得三菩提。今前逐近釋得三菩提。謂初地菩提故也。

([길장 142] 아2. 제2. 8생 내지 1생에 얻은 삼보리를 해석하였다. ↔ 연계

말하자면 초지의 보리란 경에 두 구절이 있다.

　파1. 제1. 8생 내지 1생이다. (8생 내지 1생에 보리를 얻는 것) **【세친 147】**

　파2. 제2. 삼보리를 얻는 것이다. 이제 앞(첫 번)에 맞추어 삼보리를 얻는 것을 해석하니 초지의 보리를 말하는 까닭이다. **【세친 148】**


(타2. 제2. 8생 1생의 해석.)

**【세친 147】 八生一生者 謂諸凡夫決定 能證初地隨力隨分 乃八生乃至一生 證初地故**

타2. 제2. 8생 1생이란, 말하자면 모든 범부는 결정적으로 힘에 따라 분수에 따라 초지를 깨달을 수 있는데, 곧 8생 내지 1생에 초지를 깨닫기 때문이다.

[길장 148] 八生一生者。牒初句經也。謂諸凡夫下。釋經明地前菩薩是凡夫。聞法華經 隨力淺深 或經八生 入於初地。乃至或經一生 得入初地也 言阿耨三菩提者。第二與異人諍經。

'8생 1생'이라고 한 것은, 첫 구절의 경을 연계한 것이다. 말하자면 모든 범부라고 한 아래는 경을 해석하여 지전(地前)의 보살을 범부라고 밝힌 것이다.

법화경을 듣고 힘이 얕고 깊음에 따라 혹은 8생에 걸쳐 (닦아) 초지에 들어가거나 내지 혹자는 1생에 걸쳐 초지에 들어가게 되는 것이다.

'아뇩삼보리'라고 말한 것은,[세친 148]

( ● 본문 [길장 146]은 제3.이고 여기는 제2.로 되었는 데 제3.으로 바로잡는다)

타3. 제3. 다른 사람과 경을 다투는(논쟁) 것이다.

【세친 148】言阿耨多羅三藐三菩提者 以離三界中 分段生死 隨分能見 眞如佛性 名得菩提 非謂究竟 滿足 如來方便涅槃故

'아뇩다라삼먁삼보리'라고 말한 것은, 3계를 여의는 중에 분단생사에서 분수에 따라 진여불성을 볼 수 있음으로 '보리를 얻는다.'라고 이름 한 것이요 구경을 만족한 여래의 방편의 열반을 말하는 것이 아니다.

[길장 149] 異人言。經云阿耨三菩提五種菩提中。此是無上菩提 非初地菩提。初地乃是明心菩提耳。爲有此疑故 論主 牒阿耨三菩提經文來。

다른 사람이 말하기를 '경에는 아뇩다라삼먁삼보리의 5종 보리 중에 이것은 무상(無上)의 보리지 초지의 보리가 아니다. 초지의 보리는 그래서 마음의 보리일 뿐임을 밝혔다. 이런 의심이 있기 때문에 논주가 아뇩삼보리의 경문을 연계하여 가져온 것이다.

以離三界中 分段生死者。論主釋經有二句。前明是初地菩提。次明非無上菩提 以離三界 分段生死。明有所離也。以此文證 地前菩薩 猶受分段生死。以定諸解也。有攝論師等 或言地前 已離分段。無文證也。復證地前 竝是凡夫也。

3계를 여의는 중에 분단생사란, 논주(論主)가 경을 해석한 것에 두 구절이 있는데,

*파1. 제1. 먼저 초지의 보리를 밝혔다.

*파2. 제2. 다음은 무상(無上)의 보리가 아니고 3계를 여의는 분단(分段)생사를 밝힌 것이다. 여의어야 할 것이 있음을 밝힌 것이다.

이런 글을 증거(文證)로 지전의 보살이 오히려 분단생사를 받더라도 이로써 모든 해석을 결정하는 것이다.

어떤 섭논의 스승들은 혹간 지전은 이미 분단을 여의었다고 말하는데 증명할 글이 없다. 또 지전(地前 : 10지 이전)에 깨달은 이들은 전부 범부다.

問。攝論云。十解菩薩 得人無我 名爲聖人。此論云 地前是凡夫。云何會通。

图 섭논에 이르기를 '10해(解 : 10住)의 보살이 인무아(人無我)의 경지를 얻은 것을 이름하여 성인(聖人)이라 한다.' 라고 했는데, 이 논에는 이르기를 지전은 범부라고 하였다. 어떻게 둘을 모아서 소통하겠는 가? 회통(會通)

答。依仁王瓔珞 及以此論 地前是伏忍 相似聖耳。未卽是聖也。隨分能見下。上明所離。今明所得。此對地前 未得眞如 非是無上。登地能見眞如。故名無上菩提耳。

图 인왕경・영락경 및 이 논에 의하면 지전(地前)은 복인(伏忍)으로 상사(相似 : 비슷한)의 성인일 뿐이라 아직 성인은 아니다.

● [伏忍-보살의 수행을 다섯 단계로 나눈 것.
● 첫째 복인(伏忍)은 번뇌를 제복(制伏)하였으나 아직 끊지는 못한 10지(地) 이전의 3현(賢),
● 둘째 신인(信忍)은 무루(無漏)의 신(信)을 얻은 초지・2지(地)・3지(地),

(위[세친 148]에) 분수에 따라 볼 수 있다고 한 아래는,

위에서는 여의는 것을 밝혔고 지금은 얻는 것을 밝혔다.

이것은 지전(地前)에 대하여 아직 진여를 얻지 못하였으니 이것은 무상(無上 : 위없음)이 아니다. 지(地)에 올라야 진여를 볼 수 있는 것이다. 그러므로 무상(無上)의 보리라고 이름 한 것뿐이다.

非謂究竟下。第二辨非無上菩提。方便涅槃 卽是方便淨涅槃。此涅槃是究竟 其人未得此涅槃。故非果地無上也 二者信門。釋第二發菩提心。

'구경을 말하는 것이 아니다.'.[세친 148]라고 한 아래는

*과2. 제2. 무상(無上)의 보리가 아님을 판별한 것이다.

방편의 열반은 곧 방편의 깨끗한 열반이다. 이러한 열반이 구경이다. 그런 사람은 아직 이러한 열반을 얻지 못하였다. 그러므로 과지(果地 : 깨달은 결과)의 무상(無上)이 아니다.

([세친 138] ★바2 제2. 믿음의 문. ↔ 연계)


★바2. 제2. 믿음의 문이다. 제2 보리심을 내는 것【세친 150】을 해석하였다.

【세친 149】二是信門者

★바2. 제2.믿음의 문이라고 한 것은,


[길장 150] 卽入十信位名爲信門 如經已下。示釋處。

곧 10신의 계위(十信位)에 들어감을 이름 하여 '믿음의 문'이라 한다.

'경과 같이(如經)' 라고 한 아래는,[세친 150]


*사1. 제1.해석한 곳을 보인 것이다.

**【세친 150】** 如經 復有八世界微塵數衆生 皆發阿耨多羅三藐三菩提心故

경에 '다시 8세계에 미진수의 중생이 있어 다 아뇩다라삼먁삼보리의 마음을 내었다.' 라고 한 것과 같다.


[길장 151] 問。此中利益有何次第。答。此中明三種利益。一者上品利益。謂初得無生 乃至轉淸淨法輪。二者中品利益。謂八生乃至一生得三菩提。三下品利益。謂八佛世界衆生發菩提心。

問 이 중에 이익은 어떤 차례가 있는가?

*사2. 제2. 問 이 중에 3종의 이익을 밝혔다.

    아1. 제1. 상품(上品)의 이익이다. 말하자면 처음 무생을 얻어 청정한 법륜을 굴리는 데 이르기까지다.

    아2. 제2. 중품(中品)의 이익이다. 말하자면 8생에서 1생에 삼보리를 얻는데 이르기까지다.

    아3. 제3. 하품(下品)의 이익이다. 말하자면 8불의 세계의 중생이 보리심을 내는 것이다.


吾初讀此論 執天親八生一生 得三菩提言。初從得無生 乃至八生一生 竝是增數自淺之深。不知三品之益。講數百遍 始乃解之。

내가 처음 이 논을 읽고 천친의 8생에서 1생에 걸쳐 삼보리를 얻는다는 말에 집착하였다. 처음 무생을 얻고부터 8생에서 1생을 아울러 수를 더할수록 옅은데서 깊은 데까지 이른다. 3품의 이익을 알지 못하였는데 수백 번을 강론(講:익힘)하고서야 비로소 이에 안 것이다.


問。八生一生 云何是中品利益。答。初聞法華 卽得無生。乃至有能轉淸淨法輪。今聞法華經 八過受生 方入初地。乃至經一過 受生方入初地。故是中品利益

▣ 8생에서 1생이 어떻게 중품의 이익이 되느냐?

▣ 처음 법화경을 듣고 곧 무생인(無生)을 얻고 내지 능히 청정한 법륜을 굴릴 수 있는 데까지 이다.

이제 법화경을 들은 지 8생을 지나고서 생을 받아 드디어 초지에 들어가고 내지 1생을 더 거쳐 생을 받아 드디어 초지에 들어가니, 그러므로 이것이 중품의 이익이다.

論主合此三益 以之爲二。初二益竝稱爲證。以同得無生。後一始得發心。故稱爲信也。

논주는 이 세 가지 이익을 합쳐 둘로 만들었다.

처음은 두 가지 이익을 아울러 칭하여 깨달음(證)이라고 하고 이로써 동일하게 무생을 얻는다. 뒤에 한 가지는 비로소 발심하는 것이다. 그러므로 '믿음' 이라고 칭한다.

問。說壽量一品。何故顯有多人得道。答。此敍釋迦 從初發心 至後際等。一切化主敎門徒衆 處所時節。其中若事若理若權若實。無不顯現。故得道者多也 三供養門者。牒第三門解釋。

▣ 수량품 한 품을 설하였는데 어떻게 많은 사람들이 득도하는 것을 나타냈는가?

▣ 이것은 석가가 초발심에서 후제(後際 : 미래)까지 이르는 등을 서술한 것이다. 일체의 화주(化主)・교문(敎門)・도중(徒衆)・처소(處所)・시절(時節) 그 중에 혹은 일이거나 이치거나 방편이거나 혹은 진실이 나타내지 않은 것이 없다. 그러므로 득도할 사람이 많은 것이다.

★바3. 제3. 공양의 문이란,[세친 151] 제3의 문(三門)의 해석을 이끌어 온 것이다.
　　【세친 138】　★바3. 제3. 공양의 문.↔연계)
【세친 151】三供養門 如經 是諸菩薩摩訶薩 得大法利時 於虛空中雨曼陀羅華 如是等故
　★바3. 제3. 공양의 문이란, 경에 '이 모든 보살 마하살이 큰 법의 이익을 얻을 때 허공 중에서 만다라 꽃비가 내리니, 이러한 등과 같으니라.' 라고 한 것과 같다.

[길장 152] 壽量品 是如來說法功德。分別功德品 是如來說人功德。以法無不顯人 無不利故。數感八種供養 四聞法門 如隨喜品說 應知者。釋第四。

수량품은 여래가 설하신 법의 공덕이요, 분별공덕품은 여래가 설하신 사람의 공덕이다. 법은 사람을 나타내지 못함이 없으며 이롭게 하지 못함이 없는 때문이다.

자주자주 8종의 공양에 감복하라.

★바4. '4. 법문을 들음이 수희품의 설법과 같음을 마땅히 알리라.' 라고 한 것은,

    [세친 152]

(제18 수희공덕품)

★바4. 제4를 해석한 것이다.
【세친 152】四聞法門 如隨喜品說 應知
★바4. 제4. 법문을 들음이 수희품의 설법과 같음을 마땅히 알리라.

[길장 153] 聞法而生歡喜。轉更爲他說。故言聞法。

법을 들으면 환희심이 생기니 설하고 다시 남을 위하여 설하니, 그러므로 법을 듣는 다고 말한다.

問。前云屬彌勒品。今云何屬隨喜品。答。隨喜品初 至彌勒問隨喜。依此義亦得 稱爲彌勒品。若從隨喜義 立名 稱隨喜。故不相違也。亦可是翻經人 謬語也

▣ 앞에서는 (분별공덕품이) 미륵품에 속한다고 하였는데, 지금은 어찌하여 수희품에 속한다고 하느냐?

▣ 수희품 초에 미륵이 수희함을 질문함에 이르니. 이 뜻에 의하여도 또한 미륵품이라고 칭하여도 된다. 만약 수희품의 뜻에 따라 이름을 세운다면 수희라고 불러야 하리라. 그러므로 서로 어긋나지 않는다. 또한 이것은 경을 번역한 사람의 그릇된 말이라 할 수도

492 법화론 소

있다.

一法門下。上法力有五門。前釋四。卽今釋第五讀誦持說門。就文爲四。初牒門示品處。

'한 법문' 이라고 한 아래는,[세친 153] 위에 법력에 5문이 있는데 앞에 네 가지는 해석하였고,

**(제19. 법사공덕품=상정진보살품)**

이제야

★바5. 제5의 독송·수지·설법의 문을 해석한다. 그 글을 넷으로 한다.

◆사1. 제1. 처음은 글(門)을 연계하여 품이 있는 곳을 보여준 것이다.
**[세친 153]** 一法門 常精進菩薩品示現者
한 법문을 상정진보살품에 나타내 보여준 것이다.

**[길장 154]** 謂讀誦下。第二略釋。卽是章門。
'말하자면 독송' 이라고 한 아래는,[세친 154]

◆사2. 제2. 간략하게 해석하였다. 바로 이 글(章門)이다.
**[세친 154]** 謂讀誦解說書寫等 得六根淸淨故
말하자면 독송·해설·서사 등으로 6근의 청정함을 얻는 까닭이다.

**[길장 155]** 讀誦等爲因。得六根淸淨等爲果 如經下。第三引經處 證上因果。初證上因。是人當得下。次證上果。

독송하는 등은 원인이 되고 6근이 청정하다는 등은 과(果)가 된다.

'경과 같이(如經)'라고 한 아래는,[세친 155]

　◆사3. 제3 경을 인용한 곳으로 위에 인과(因果)를 증명하였다.

　　＊아1. 제1. 처음은 위에 인(因)을 증명하였다.

　　　'이 사람이 마땅히 얻으리라.'라고 한 아래는,[세친 156]

　　＊아2. 제2. 다음으로 위에 과(果)를 증명하였다.


(＊아1. 제1. 처음은 위에 인(因)을 증명하였다.)

【세친 155】如經 若善男子善女人 受持法華經 若讀若誦若解說 若書寫

경에 '선남자 선여인이 법화경을 받아 지니고 만약 읽거나 외우거나 해설하거나 혹은 베껴 쓰면'이라고 한 것과 같다.


(＊아2. 제2. 다음으로 위에 과(果)를 증명하였다.)

【세친 156】是人當得 八百眼功德 乃至千二百意功德故

이 사람은 마땅히 800가지의 눈의 공덕(효능)과 또 1200가지의 뜻의 공덕을 얻으리라.


[길장 157] 此得六根清淨者。第四論釋。就釋中爲二。初就位釋。次重釋六根清淨也。就位釋中有二。初釋。次引經證。

　'이 6근이 청정함을 얻는다는 것은,'[세친 157]

　◆사4. 제4 논의 해석이다. 그 해석한 중에 둘이 되니

　　아1.제1. 처음은 계위에 따른 해석이다.

　　아2. 제2. 다음은 6근이 청정한 것을 거듭 해석하였다.

　　아1. 제1. 계위에 따라 해석한 중에 둘이 있다.

자1. 처음은 해석이다.

자2. 다음은 경을 인용하여 증명하였다.


(자1. 처음은 해석이다).

【세친 157】此得六根淸淨者 謂凡夫人 以經力故 得勝根用 未入初地菩薩正位。此義應知

이 6근이 청정함을 얻는다는 것은, 말하자면 범부의 사람이 경의 힘 때문에 수승한 근을 얻어 사용하여도 초지보살의 바른 계위에는 들어가지 못한다. 이 뜻을 마땅히 알라!


[길장 158] 謂凡夫以經力故 得勝根用 未入初地者下。證地前是凡夫也 如經已下。次引經證。

'말하자면 범부가 경의 힘을 가진 때문에 수승한 근기를 얻어 사용하여도 초지보살의 바른 계위에는 들어가지 못한다.' 라고 한 아래는,

지전(地前 : 10지 이전)은 범부임을 증명한 것이다.

'경과 같이(如經)' 라고 한 아래는,[세친 158]


([길장 157] 자2. 다음은 경을 인용하여 증명하였다. ↔ 연계)

자2. 다음은 경을 인용하여 증명한 것이다.

【세친 158】如經 以父母所生淸淨肉眼 見於三千大千世界 如是等故

경에 '부모가 낳아준 청정한 육안으로 3천 대천세계를 본다. 이와 같은 등의 까닭이다.' 라고 한 것과 같다.


[길장 159] 旣云父母所生肉眼。故是凡夫未得初地法身法眼

이미 부모가 낳아준 육안이라 하였다. 그러므로 이는 범부로 아직 초지의 법신의 법안

을 얻지 못한 것이다.

又六根淸淨者。第二重釋。此文可有三義故來。一者上釋眼根見三千乃至意亦爾。今釋六根互用。二者上釋眼根事。今釋鼻根事。三者上明六根各用。今釋互用也。就文爲二。初正明六根互用。

'또 6근이 청정하다.' 라고 한 것은,[세친 159]

**자2.** 제2. 거듭 해석한 것이다.

이 글에 세 가지 뜻(三義)이 있다고 예부터 전해 내려오는데,

  **차1.** 제1. 위에서는 눈으로(眼根) 3천세계를 보고 내지 뜻도 또한 그러함을 해석하였고, 지금은 6근의 상호 작용을 해석하였다.

  **차2.** 제2. 위에서는 눈(眼根)의 일을 해석하였고, 지금은 코(鼻根)에 대한 일을 해석 하였다.

  **차3.** 제3. 위에서는 6근의 각각의 작용을 밝혔고, 지금은 상호 작용을 해석한 것이다. 글이 둘이다.


  *카1. 제1. 처음은 바로 6근의 상호작용을 밝혔다.

【세친 159】 又六根淸淨者 於一一根中 悉能具足 見色聞聲 辨香別味 覺觸知法等 諸根互用 此義應知 眼所見者 聞香能知。

'또 6근이 청정하다.' 라고 한 것은, 하나하나의 뿌리(根) 중에 다 능히 색을 보고 소리를 듣고 향을 판별하고 맛을 구별하고 촉각을 느끼고 법을 아는 등을 구족하였다.

모든 뿌리가 상호 작용하는 이 뜻을 마땅히 알라! 눈으로 보는 것은 향기를 맡고도 알 수 있는 것이다.


[길장 160] 此略就一根釋互用。

이것은 간략하게 한 가지 뿌리(根-눈,귀등)에 따른 상호 작용을 해석한 것이다.

眼所見者 聞香能知 如經以下. 引經證眼見 聞香能知也.

눈으로 보는 것은 향기를 맡고도 알 수 있는 것이다.
'경과 같이(如經)' 라고 한 아래는, (아래[세친 160]에)

*카2. 제2. 경을 인용하여 눈으로 보고 향기를 맡고도 알 수 있는 것을 증명한 것이다.

【세친 160】如經 釋提桓因+(自在,)在勝殿上 五欲娛樂 乃至說法故 聞香知者 此是知境 以鼻根知故

경에 '석제환인이 수승한 궁전 위에서 5욕으로 오락하고 내지 설법하는 까닭이다. 이르므로, 향을 맡고도 안다는 것은 이는 경계를 아는 것이니 코(鼻根)로써 알기 때문이다.' 라고 한 것과 같다.

[길장 161] 聞香知 此釋聞香能知也. 此是知境者. 香者是鼻根所知境也. 以鼻根知故者. 出能知也.

향을 맡고도 아는 것은, 향을 맡고 알 수 있는 것만 해석한 것이다. 이것은 경계를 아는 것이다. 향이란 코로 아는 경계(대상)다. 코로 아는 까닭이란 능히 아는데서 나온 것이다.

又以眼所見境者. 以鼻根知故 是互用 持力者. 自上已來 釋法力竟. 今釋第二持力. 就文爲二. 初標.

또 눈으로 보는 경계라면 코도 알기 때문에 이것이 상호 작용이다.
지니는 힘이란 (아래[세친 161]) 위에서 부터 내려오면서 법력을 해석하여 마쳤고.

([세친 135]. 다2. 제2. 지력(持力 : 가진 힘)과 ↔ 다음번호 연계)

◆다2. 지금은 제2. 가진 힘([세친 135]다2 제2)을 해석한다.

글이 둘이다.

*라1. 제1.처음은 앞에 내세웠다.(標)

【세친 161】持力者

◆다2. 제2. 가진 힘이라는 것은,

[길장 162] 言持力者。以受持經有大功用。故言持力 有三種法門者。第二釋持力也。就文爲二。一總釋三品。二別釋法師+品。

'지니는 힘'이라 한 것은, 경을 받들어 지니면 큰 공의 작용이 있다. 그러므로 가진 힘이라고 말하는 것이다.

'세 가지 법문이 있다.'라고 한 것은, (아래[세친 162]에)

*라2. 제2. 가진 힘을 해석한 것이다.

글이 둘이니

마1. 제1은 3품을 전체적으로 해석하고

마2. 제2는 법사품을 나누어 해석하였다.

【세친 162】有三種法門示現 如法師品 安樂行品 勸持品等 廣說 法力 如經應知

세 가지 법문(法門)이 있어 나타내 보이니, 법사품·안락행품·권지품 등에 널리 설함과 같다. 법력은 경과 같음을 마땅히 알라!

[길장 163] 如法師品。即指三品 爲三種法門也。

법사품과 같이 곧 3품을 가리켜 3종의 법문이라 하는 것이다.

問。羅什經但云持品。今何以云勸持品。答。牒前之勸 明後之持。故云勸持品。

亦是因勸而持。故云勸持。實是持品。廣說法力者。

▣ 나즙경에는 다만 지품이라 하였는데 지금은 어째서 권지품 이라 하는가?

▣ 먼저 권함(勸)을 이끌어오고 (연계하고) 뒤에 지니는 것을 밝혔다. 그러므로 권지품이라 한다.

또한 이것은 권함으로 인하여 지니는 것이다. 그러므로 권지라 하나 실은 이것이 지품이다. 자세히 법력을 설한 것이다.

問。應云廣說持力。云何乃言法力耶。答。有二義。一者出所持之法。故言法力。實是持力也。二者此是三品中 指法師品爲法力。何以知之。以次此文 即釋法師品經故也 其心決定知水必近者。此第二別釋法師品中語也。

▣ 마땅히 널리 지니는 힘을 설한다고 하였는데, 어찌하여 이에서 법력을 말하는가?

▣ 두 가지 뜻이 있다.

바1. 제1. 지닌 법에서 나온다. 그러므로 법력이라 하나 실은 이것이 지니는 힘(持力)이다.

바2. 제2. 이것은 3품 중에 법사품을 가리켜 법력이라 한다. 어떻게 아는가?

다음에 이 글을 가지고 법사품의 경을 해석한 때문이다. 그 마음에 결정코 (샘을 파는데) 물이 반드시 가까움을 아는 것이다.

이것은 제2에서 법사품 중의 말을 따로 해석한 것이다.

【세친 163】 其心決定 知水必近者 受持此經 得佛性水 成阿耨多羅三藐三菩提故

그 마음에 결정코 (샘을 파는데) 물이 반드시 가까운 것을 아는 것이다. 이 경을 받들어 지니면 부처님 성품의 물을 얻어 아녹다라삼먁삼보리를 이루기 때문이다.

[길장 164] 修行力者。釋第三力。初牒 次釋。

수행하는 힘이란,

◆다3. 제3의 힘을 해석한 것이다.
　라1. 제1.처음은 연계하고
　라2. 제2.다음은 해석이다.


(라1. 제1.처음은 연계하고)
**【세친 164】修行力者**
◆다3. 제3. 수행하는 힘이란,


[길장 165] 言修行力者 依經修行 有勝功用。故言修行力也　有五門示現下。第二解釋 文爲三。初總列五門。次別釋五門。三別料簡第三門。

'수행하는 힘'이라고 말한 것은, 경에 의하여 수행하여 수승한 공용(功用: 공들인 작용, 보람과 효과. 공효)이 있는 것이다. 그러므로 수행력(修行力)이라 말하는 것이다.
'다섯 문(五門)이 있어 나타내 보인다.'라고 한 아래는, (아래[세친 165]에)
　라2. 제2. 해석이다. 글이 셋이 된다.
　　마1. 처음은 5문을 모두 나열하고
　　마2. 다음은 5문을 따로(나누어) 해석하였다.
　　마3. 제3문을 따로(나누어) 요간(料簡: 간추림.)하였다.


(마1. 처음은 5문을 모두 나열하고)
**【세친 165】五門示現 一者說力 二者行苦行力 三者護衆生諸難力 四者功德勝力 五者護法力**
　바1. 제1. 5문(五門)으로 나타내 보였다.
　　♣사1. 제1. 설법하는 힘.
　　♣사2. 제2. 고행을 행하는 힘.

♣사3. 제3. 중생의 모든 어려움을 보호하는 힘.

♣사4. 제4. 공덕의 수승한 힘.

♣사5. 제5. 법을 수호하는 힘이다.

[길장 166] 初如文 說力者已下。第二別釋五門。一一門中。初牒 次釋。

처음은 (글을 표한 것은)글 【세친 165】 과 같다.

'설법하는 힘' 이라고 한 아래는, (아래[세친 166]에)

마2. 제2. 5문을 나누어 해석하였다. 하나하나의 문(門-글) 중에, 둘이 있다.

♣바1. 제1. 처음은 연계하고,

♣바2. 제2. 다음은 해석하였다.

【세친 166】 說力者

♣사1 제1. '설법하는 힘' 이라고 한 것은,

[길장 167] 言說力者。佛爲十方世界衆生說法。故名說力。亦是謦欬中說偈。令十方世界聞名爲說力 有三種已下。初總標三種示品處。

♣사1. 제1. '설법하는 힘' 이라고 말한 것은, 부처님은 시방세계의 중생을 위하여 설법 하심이라. 그러므로 '설법하는 힘'이라 이름 한다.

또 기침하는 중에 게송을 설하여 시방세계로 하여금 듣게 하는 것을 '설법하는 힘' 이라고 한다.

(제21. 여래신력품)

'3종이 있다.' 라고 한 아래는, (아래[세친 167]에)

&아1. 제1. 3종을 전체적으로 앞에 내세워 품(品)이 있는 것을 보여준 것이다.

【세친 167】 有三種法門 神力品中示現

●아1. 3종의 법문이 있는데 신력품 중에 나타내 보였다.


[길장 168] 一出舌相令憶念故者。第二別釋也。

자1. 제1.에 '혀를 내는 모습을 생각하게 하는 때문이다.' 라고 한 것은,[세친 168]


&아2. 제2. 따로 해석하였다.

【세친 168】 一出廣長舌者 令憶念故 二謦欬聲者 說偈令聞故 令聞聲已 如實修行 不放逸故 三彈指 令覺悟衆生者 令修行者 得覺悟故

자1. 제1. 넓고 긴 혀를 낸다는 것은, 생각하게 하는 까닭이요,

자2. 제2. 기침하는 소리란, 게송을 설하여 듣게 하는 까닭이요, 소리를 듣게 하고나서 여실하게 수행하여 방일하지 않는 까닭이다.

자3. 제3. 손가락을 퉁기어 중생이 깨닫게 하는 것은, 수행하는 사람으로 하여금 깨달음을 얻게 하는 까닭이다.


[길장 169] 言憶念如來 有此舌相 異一切世間故。佛語必可信受。

말하자면 여래는 이러한 혀의 모양이 있어 일체세간과는 다르다는 것을 기억하고 생각하기 때문에 부처님의 말씀은 반드시 믿고 받들 수 있는 것이다.


又舌相正上說法。亦是說力。二謦欬聲令聞者。羅什經直明謦欬。此論意謦欬 出聲說偈。 令十方聞 修行不放逸故 釋第二苦行力有二品。

자1. 제1. 또 혀의 모습은 바른 설법이 위주인지라 또한 이것도 설법의 힘이다.

자2. 제2. 기침하는 소리를 듣게 한다는 것은 나즙의 경에는 기침하는 것을 직접 밝혔다.

이 논의 뜻은 기침하는 소리를 내고서 게송을 설하여 시방이 듣고 수행이 방일하지 않게 하려는 때문이다.

♣사2. 제2는 고행하는 힘을 해석하는데(【세친 165】♣사2. 제2) 두 가지 품(약왕,묘음품) 이 있다.

(제23. 약왕보살품)

【세친 169】 行苦行力者 藥王菩薩品 示現敎化衆生故

♣사2. 제2. 고행을 행하는 힘이란, 약왕보살품에 중생을 교화하는 것을 나타내 보여 준 때문이다.

[길장 170] 又行苦行力者 妙音菩薩品 示現敎化衆生故　問。藥王可是苦行。妙音云何亦是苦行。答。妙音分形四生六道。爲物弘經。及救濟諸難 亦是苦行　釋第三護難力亦二品。

♣사2. 제2. 또 고행을 행하는 힘이란, 묘음보살품에 중생을 교화하는 것을 나타내 보여준 때문이다.

▣ 약왕은 고행이라 할 수 있으나 묘음도 어찌하여 또 고행인가?

▣ 묘음은 4생(生)·6도(道)에 형상을 나누어 중생을 위해 경을 홍통하고 또 모든 어려움을 구제하니 역시 고행인 것이다.

(제25. 관세음보살 보문품 · 제26. 다라니품)

♣사3. 제3은 어려움에서 보호하는 힘을 해석하였는데 또 두 품이 있다.

【세친 170】 護衆生諸難力者 觀世音菩薩品 陀羅尼品示現

♣사3. 제3 중생을 모든 어려움에서 보호하는 힘이란, 관세음보살보문품과 다라니품에 나타내 보였다.

[길장 171] 觀音以人護難。陀羅尼品以法護難。又觀音品一人護難。陀羅尼衆人護難。

관음은 사람의 어려움을 보호하고, 다라니품은 법의 어려움을 보호한다. 또 관음품은 한 사람의 어려움도 보호하고, 다라니품은 많은 사람의 어려움도 보호한다.

(제27. 묘장엄왕본사품)

【세친 171】功德勝力者 妙莊嚴王品示現 依過去功德 彼二童子 有如是力故

♣사4. 제4. 공덕의 수승한 힘이란, 묘장엄왕품에 나타내 보였다. 과거의 공덕에 의하여 저 두 동자가 이와 같은 힘이 있는 까닭이다.

[길장 172] 釋第四功德勝力者。正明淨藏淨眼 二童子得諸三昧。又得六度道品 又得神通 回父邪見。引導衆人 見佛聽受法華。故言二童子 有如是力 第五護法力。

제3은 어려움을 보호하는 힘을 해석하였는데 또 두 품이 있다.

♣사4. 제4의 공덕의 수승한 힘을 해석한다는 것은, 바로 정장·정안의 두 동자가 온갖 삼매를 얻었음을 밝힌 것이다.

또 6도(度)의 도품을 얻고 또 신통을 얻어 아버지의 사견을 돌리고 많은 사람을 인도하여 부처님을 뵙고 법화경을 듣고 받았다. 그러므로 두 동자가 이와 같은 힘이 있다고 말한다.

(제28. 보현보살 권발품)

([세친 165] ♣제5. 법을 수호하는 힘이다. ↔ 연계)

♣사5. 제5. 법을 수호하는 힘이다.

**【세친 172】護法力者 普賢菩薩品 及後品示現**

♣사5. 제5. 법을 수호하는 힘이란, 보현보살품과 또 뒤 품에 나타내 보였다.

**[길장 173]** 普賢正是護法。故文云。若法華經行閻浮提。皆普賢之力。及後品者 是囑累品中佛付諸菩薩。令諸菩薩 弘通正法。亦是護法也

●아1. 제1. 보현은 바로 법을 보호한다. 그러므로 글에 이르기를 '만약 법화경이 염부제에 행해진다면 다 보현의 힘이다.' 라고 하였으며 또 ※뒤의 품이라고 한 것은 촉루품 중에 부처님이 여러 보살에게 부촉하여 여러 보살로 하여금 정법을 홍통하게 하신 것이다. 또한 이것도 법을 보호하는 것이다.

(※뒤품-구경, 첨품,정법화경에는 제27 촉루품을 가장 뒤에 두고 28품중의 한품 제12 제바달다품이 없음으로 27품이다.)

※품의 앞뒤 차례가 바뀌어 배정된 위치가 다름.- 구경(舊經) 첨품,정법화경)은 「촉루품(囑累品)」이 「약왕보살품(藥王菩薩品)」 앞에 있는데, 논의 경에는 「보현보살권발품(普賢菩薩權發品)」 뒤에 있다.

구마라집은 뜻에 의거한 때문에 앞에 두었고, 천친은 상식적인 방법으로 경전과 같게 한 때문에 뒤에 둔 것이다.※

又說言受持觀世音下。第二料簡上第三護難力經文。就文又三。一牒經標平等。二釋平等。三結平等。

또 설하시기를 '관세음을 받아 지니고' 라고 말한([세친 173]에) 아래는,

(**[길장 173]** ●제1. 3종을 전체적으로 앞에 내세워 品(品)이 있는 것을 보여준 것이다. 와 연계)

●아2. 제2. 위에 '[세친165. ♣사3. 제3문 '어려움을 보호하는 힘' 이라고 한 경문을 간추린(料簡)것이다.

글이 또 셋이다.

◇자1. 제1. 경을 연계하여 평등함을 앞에 내세우고.(標)

◇자2. 제2. 평등함을 해석하고.
◇자3. 제3. 평등함을 끝맺었다.


(◇자1. 제1. 경을 연계하여 평등함을 앞에 내세우고.(標))
【세친 173】又說言受持觀世音菩薩名 及受持六十二億恒河沙等諸佛名號 彼功德平等者
또 설하시기를 '관세음보살의 이름을 받아 지니고 또 62억 항하사 등의 모든 부처님의 명호를 받아 지녀라.' 라고 말씀하셨다. 저 공덕이 평등하다는 것은,


[길장 174] 初如文 有二種義下。第二釋平等。就經中有二。初列二門。次釋二門。
*자1. 제1.처음(경을 연계 한 것(牒經標平等)은 경문 【세친 173】과 같다.
'두 가지 뜻이 있다.' 라고 한 아래는, (아래[세친 174]에)
◇자2. 제2. 평등함을 해석한 것이다. 경에 둘이 있다.
&차1. 제1. 2문을 나열하고
&차2. 제2. 2문을 해석하였다.


(&차1. 제1. (평등함의)2문을 나열하고)
【세친 174】有二種義 一者信力故 二者畢竟知故
카1. 제1. 두 가지 뜻(문)이 있으니.(공덕이 평등 한 2문)
타1. 제1. 믿는 힘 때문이요.
타2. 제2. 필경에 아는 까닭이다.


[길장 175] 言二門者。一者信力。卽是地前信平等。二者畢竟知。謂登地證平等 從信力下。第二釋二門。前釋信力門。
카1. 제1. 말한 2문(二門)이란

타1. 제1. 믿는 힘이다. 곧 이 지전(地前-10지 이전 단계)은 믿음이 평등하다.

타2. 제2. 필경에 아는 것이다. 말하자면 지(地-10지)에 오르면 깨달음이 평등하다.

'믿는 힘' 이라고 한 아래는, (아래[세친 175])

&차2. 제2. 2문(믿는 힘과 필경에 아는 것)을 해석하였다.

*카1. 제1. 앞에 믿는 힘의 글(門)을 해석하였다.

【세친 175】信力者 有二種 一者求我身如觀世音 自在無異 畢竟信力故 二謂於彼生恭敬心 如彼功德 我亦如是 畢竟得故

카1. 제1. 믿는 힘이라고 한 것은 두 가지가 있다.

파1. 제1. 내 몸이 관세음과 같이 자재함이 다름없기를 구하는 것이니, 필경에는 믿는 힘 때문이다.

파2. 제2. 말하자면 저들에게 공경하는 마음을 내어 저들의 공덕과 같이 나도 또한 이와 같이 필경에는 얻게 되기 때문이다.

[길장 176] 信平等有二。一者信己身 與觀音身平等 彼此同一法身。二者德平等。既同一法身 亦同一功德。初亦是人平等。後是法平等 從畢竟知者下。釋第二門。

[길장175] 카1. 제1. 2문(二門)이라고 말한 것은, ↔ 이중 연계)

카1. 믿음이 평등함에 둘이 있다.[길장 175]

⊙파1. 제1. 자기 몸이 관음의 몸과 평등하여 피차가 동일한 법신임을 믿는 것이다.

⊙파2. 제2. 덕이 평등하다. 이미 법신이 동일하니 또한 공덕도 동일하다.

⊙파1. 제1 처음은 역시 사람이 평등함이고

⊙파2. 제2. 뒤는 법이 평등함이다.

'필경에는 안다.' 라고 한데서부터 아래는,([세친 176]에)

([길장 175] &차2 제2. 2문(믿는 힘과 필경에 아는 것)을 해석하였다. ↔ 연계)

&차2 제2. 제2문(二門)을 해석한 것이다.

【세친 176】畢竟知者 謂能決定知法界故 言法界者 名爲法性 彼法性者 名爲一切諸佛菩薩平等法身故 平等法身者 謂眞如法身 初地菩薩 乃能證能入

'필경에는 안다.' 라고 한 것은, 말하자면 능히 결정적으로 법계를 아는 때문이다. 법계라고 말한 것은 이름 하여 '법성' 이라 하며, 법성이란 이름 하여 '일체 불보살의 평등한 법신' 이라 하며, 평등한 법신이란 진여법신인데 초지의 보살이 이에 능히 깨닫고 능히 들어가는 것을 말한다.

[길장 177] 初明法界法性法身。皆是異名。從初地能證 入平等法身也 是故受持下。第三結平等。

처음에 밝힌 법계(法界)·법성(法性)·법신(法身)은 다 이름만 다르다. 초지(初地)에서 능히 깨달아 평등법신에 들어가는 것이다.

'이런고로 수지한다.' 라고 한 아래는, (아래[세친 177])

([길장 173] *제3. 평등함을 끝맺었다. ↔ 연계)

◇자3. 제3. 평등함을 끝맺었다.

【세친 177】是故 受持六十二億恒河沙等 諸佛名號 受持觀世音名 號 所得功德無差別

이런고로 62억 항하사 등의 모든 부처님의 명호를 수지하고, 관세음의 명호를 수지하여 얻는 바의 공덕은 차별이 없음이다.

[길장 178] 以觀音 與六十二億 同證法身平等。是故功德等。

관음과 62억이 동일하게 법신이 평등함을 깨달은 것이다. 이런고로 공덕도 평등하다.

問。同證法身故 平等者 何故但云六十二億 答。是趣擧一數耳。問。但應明證入法身平等。何故擧信平等耶。答。擧地前之信欲顯後證平等也。又論主欲通釋一切平等。一切平等 不出信等 及以證等也 第一序品下。第三重牒章門。追示分齊。

㉠ 동일하게 법신을 깨닫기 때문에 평등하다면, 왜 다만 62억 뿐이라고 하였는가?

㉠ 이 취지는 한갓 숫자만 들었을 뿐이다.

㉠ 다만 법신이 평등함을 깨달아 들어감을 밝히는 것은 마땅하지만 왜 믿음이 평등함을 들었는가?

㉠ 지전(地前)의 믿음을 들어 뒤에 평등함을 깨닫는 것을 나타내고자 한 것이며, 또 논주(論主)가 일체가 평등함을 통틀어 해석하고자 한 것이다. 일체가 평등함은 믿음(믿음의 문) 등과 또 깨달음(깨달음의 문) 등에서는 나오지 않는 것이다.

'제1 서품' 이라 한 아래는,[세친 178]

([길장 166] ♣바2. 제2. 다음은 해석하였다. ↔ 다음번호로 연계)

제2. 다음은 해석하였다.

♣자3. 제3. 거듭 글(章門)을 이끌어와 구별한 내용(分齊)에 따라 미루어 보여준 것이다.

【세친 178】第一序品 示現七種功德成就 第二方便品 有五分 示現破二明一 餘品 如前處分易解

제1. 서품에서는 7종 공덕의 성취를 나타내 보였고,(7종 공덕으로 분류 함)

제2. 방편품 에서는 다섯 가지로 나눔이(五分=5단(段)) 있어 2승을 깨뜨리고 1승을 밝혀 나타내 보였다.

제3. 나머지 품(제3 비유품부터 이후 28품)은 앞(비유품)에서 처분(處分 : 어떠한 기준에 따라 처리하여 분류)한 것과 같으니 쉽게 알리라.

[길장 179] 言餘品 如向處分者。卽是破十病。及述十無上也。

'나머지 품은 앞에서 처분(분류) 한 것과 같다.' 라고 한 것은, 바로 열 가지 병을 깨뜨리고 또 열 가지 위없음을 서술한 것을 말하는 것이다.

**법화론 소 권하 (비유품 끝) (法華論疏卷下 畢)**

**법화론 소 끝.**

## 부록(인물 고(考))

무착,세친, 제바달다, 승랑, 구마라집, 보리유지 호길장.  단어-7유(喩)등

**무착(無着**-4=5세기)- 북인도 건타라국 부루사부라성의 바라문 출신. 아버지는 교시가(憍尸迦).아우는 세친(世親) 또는 사자각(師子覺)이라 한다. 소승 화지부(化地部)에 들어가 출가 빈두라(나한의 이름)를 따라 소승의 공관을 닦다. 미륵보살이  중인도 아유차국 강당에서 유가사지론등 5부의 대론을 설할 때 밤마다 쉬지 않고 들었다. 대승교리를 선양하고 많은 논소(論疏)를 지어 대승경을 해석함. 현양성교론(顯揚聖教論)20권 섭대승론 3권. 대승아비달마집논 7권. 미륵보살의 말이라고 전해진  유가사지론 100권. 대승장엄논3권이 있다. 서장전(西藏傳)에는 왕사성에서 75세로 입적 하였다 함.

**세친(世親**=4-5세기)-천친(天親)이라고도 하고 바수반두(婆藪槃豆'범어 Vasubandhu)'라 음역(音譯). 학승(學僧)으로 북인도 건타라국 부루사부라성(지금 파사와peshawar)의 바라문 출신. 아버지는 교시가(憍尸迦). 불멸(佛滅) 900년 후·용수(龍樹) 200년 후에 무착(無着, 범어(梵語)로 '아상가(Asaṅga)'310(?)-390(?))의 동생(同生)으로 처음에는 형 무착(無着)과 함께 소승 설일체유부에 출가 하였으나 형 무착이 대승(大乘)으로 돌아서니 이는 국금(國禁-국법)을 범하는 일이어서 무착은 이름을 고치고  가슴미라 국으로 들어가 설일체유부의 교의(敎義)를 배우고 다시 고국으로 돌아와 대비바사논(아비달마대비바사론200권,500비구가 편집하여 지음,)-을 강의하며 대승을 선전하였는데 아우 세친은 많은 저술을 하여 처음에는 논리적(論理的)으로 철저하게『구사론(俱舍論)』30권을 지어 인도 전역(印度全域)을 휩쓸고 다니면서 대승(大乘)을 비방(誹謗)할 정도로 철저한 소승 비구(小乘比丘)였는데, 형(兄)이 이런 동생(同生)을 제도(濟度)하려다 병(病)이 나자 대·소승(大小乘)을 따지지 말고 세속적(世俗的)인 형제(兄弟)로 만나자는 제안(提案)을 하여 함께 만나게 되었음.

그 자리에서 동생(同生)은 형(兄)의 놀라운 대승 법문(大乘法門)을 듣고는 회심(回心)하여 대승(大乘)을 비방(誹謗)했던 혀를 자르려 하자, 형(兄)이 "대승(大乘)을 비방(誹謗)했던 그 혀로 대승(大乘)을 전하면 되지 않겠느냐"고 하여 대승(大乘)으로 귀향(歸鄕)해 대승불교(大乘佛敎)를 홍기(興起)한 보살(菩薩)이 되었음.

세친(世親)은 『십지경론(十地經論)』의 일부인 「화엄십지품(華嚴十地品)」의 해석(解釋)으로 육상원융(六相圓融)의 묘리(妙理)를 설(說)하여 전하면서, 모든 것이 다 이 육상(六相)에 들어 있다고 해석(解釋)하였으며, 또한 설일체유부(說一切有部 : '아공법유(我空法有)' 나(我)는 공(空)이지만 법(法)은 존재(存在)한다함을 강조하는 부파불교(部派佛敎) 가운데 가장 큰 세력(勢力)을 가진 집단(集團)임)에서 주장(主張)하는 원시 불교(原始佛敎)의 방대한 교리 체계(敎理體系)를 설명(說明)한 『구사론(俱舍論)』을 짓기도 하였는데, 그 후 아유다국으로 가서 국왕 초일(超日).신일(新日)의 비호로 대승의 교세를 확장하다가 80세 그 곳에서 입적. 남아있는 저서는 구사론. 금강반야바라밀논. 유식논송(唯識論頌). 결정장논. 십지경논. 섭대승논석. 승사유범천소문경논. 불성논. 묘법연화경우바제사(논) 무량수경우바제사현생게. 등이 있다. 전반생(前半生)에 소승(小乘) 500부・후반생(後半生)에 대승(大乘) 500부를 지었다고 하여 1000부의 논사(論師)라 하였다.

○ 제바달다(提婆達多 BC 6) ?

인도의 불교 승려. 석가모니의 사촌동생으로 BC 6세기에 활동하였다. 석가모니에게서 승가의 지도권을 빼앗기 위하여 3번이나 그를 죽이려고 시도하였지만 실패하였다는 전설이 전해진다.

석가모니가 교단을 세운 지 20년째 되는 해에 아난다(阿難陀)와 함께 승가에 들어갔으며, 엄격한 수행규칙을 제의하여 승가의 개혁을 꾀하였으나 거부당하였다. 이에 반발하여 석가모니의 추종자 500여 명을 설득하여 승가를 탈퇴하였다.

중국 당나라 때의 승려인 현장()의 기록에 의하면 7세기에 벵골 지방의 수도승들이 데바닷타의 규칙을 따르고 있었다고 한다.

○ 승랑(僧朗) ??

고구려의 승려. 법도(法度)의 제자. 고구려 요동성(遼東城) 출생으로 양나라 장안(長安)에 들어가 구마라습(鳩摩羅什) 계통의 삼론(中論・十二門論・百論) 및 화엄을 연구하였다.

《삼론종》의 저자인 주옹()에게 삼론의 근본사상을 가르쳤고, 또 성실론(成實論)을 공부하던 양(梁)의 무제(武帝)로 하여금 성실론을 버리고 대승으로 개종하게 하였다.

○ 구마라집(343~413.AD)

　범어로 부터 중국어로 번역하신 스님은 구마라집 대사이다. 구마라집(343~413.AD)대사는 구자국의 왕족 출신이다. 그분은 잘 생긴 모습에서 비상한 재주와 영특한 두뇌를 소유하여 대승과 소승의 모든 경·율·논을 통달하였기 때문에 삼장(三藏)법사가 되었다.

　그뿐만 아니라 그는 수많은 언어와 문자에도 막힘이 없어서 그의 명성이 전 인도와 중국 천지에 아니 퍼진 곳이 없을 정도였다.

　중국 오호십육국의 하나인 부견이 세운 전진(前秦)이라는 나라가 있었다. 전진의 왕 부견이 바로 우리나라에 처음 순도스님과 불상과 경전을 고구려(소수림왕)에 불법을 전해준 장본인이다.

　전진왕 부견은 영토 확장을 꾀하기 위하여 여광이라는 장수에게 구자국을 치게 했다. 승리한 여광은 "전리품도 필요하지 않다. 단지 구마라집 대사만을 달라"고 요구했다.

　구자국은 비록 전쟁에서 졌을지라도 자기 민족의 최고 스승이며 정신적인 지주인 그분만은 절대로 보낼 수 없다고 거절했다. 그러나 고국의 안녕과 백성의 평안을 위해 어쩔 수 없이 대사는 구자국을 떠나기로 마음먹었다.

　백성들의 통곡 소리를 들으며 구마라집 대사는 여광을 따라 전진의 나라로 들어가는 사이 요흥이 세운 후진에게 망하고 말았다. 여광은 분개하여 자기가 전진의 후계자라고 주장하며 수도인 양주에 가서 스스로 왕위에 올랐다. 그 소식을 전해들은 요흥은 즉시 항복할 것을 명하였다. 그러나 여광은 이에 끝까지 불복하고 거세게 항거했다.

　요흥은 여광을 무찌른 후 구마라집 대사를 국빈으로 모시고 낙양으로 들어갔다. 그리고 그 낙양에다 구마라집을 위해 소요원과 서명각의 전각을 지어 바치며 역경불사에 전념하도록 보호했다. 그래서 그의 이름 앞에 요진구자삼장이라는 말이 붙게 되었다. 즉 요흥이 세운 진나라에 경전을 번역한 구자국의 삼장법사라는 말이다.

　그곳에서 대사는 74살 때 대사(大寺)에서 입적할 때까지 성실론·십송율·대품반야경·묘법연화경·아미타경·중론·십사비바사론 등 74부 380여 권을 번역하였다.

　그 뒤 약 200년 뒤 삼장법사 현장스님은 75부 1335권을 번역하였으며, 신라의 원효성사는 102부 303권을 번역하였다. 수많은 고승들이 인도의 경전을 중국어로 번역 하였지만 사실 그 분만큼 그의 역경에 대해 자신 있는 증명을 내건 일도 없었다.

"도대체 당신이 번역한 경전이 어떻게 부처님 말씀과 동일하다고 인정할 수 있겠는가"라고 논쟁과 시비를 좋아하는 사람들이 끊임없이 물어 왔었다. 그럴 때마다 그는 "내가 죽어 내 몸을 화장할 때 내 혀가 타버리면 나의 번역을 믿을 필요가 없을 것이다. 그러나 만약 내 혀가 타지 않고 그대로 있다면, 내 번역은 부처님 말씀과 동일하고 정확하다."고 했다.

그분이 입적 후 화장을 하였는데 그의 혀를 붉은 연꽃이 받들고 있었다고 전해져 온다. 생전에 그의 학식과 두뇌를 너무나 아깝게 생각하던 요홍은 "이런 성인은 한 당대를 살다가 이 땅을 떠나보내기에는 너무나 아까운 인재이다. 어떻게든 씨를 받아 이 중생계를 더욱 더 윤택하게 할 필요가 있다"고 하면서, 유혹하고 협박하고 일부러 궁녀를 그의 방안에 들여보내기도 했다. 그것은 신라시대 때 무열왕이 원효대사의 덕행을 사모해 그의 씨를 받으려고 요석궁으로 모셔 들인 것과 같은 감동적인 이야기다.

물론 이런 일은 티벳 불교를 완성시킨 연화생 비구에게도 일어났다. 747년에 티벳왕 걸률쌍데찬의 초청으로 티벳에 들어간 연화생 비구는 일체의 사법(邪法)들과 요물들을 모두 다 제복하고 티벳 특유의 비밀교인 라마교를 창시하였다.

O 보리류지(572-727.156세)

당대(唐代)의 역경(譯經)삼장이다. 남인도의 바라문 출신으로 성은 가섭(迦葉)이다. 어릴 때부터 총명했고, 12세 때 외도에 출가해서 바라사라(婆羅奢羅)에게 성명(聲明)·수론(數論)·주술(呪術)·의방(醫方) 등을 배워 능통했다.

O 호길장(胡吉藏) (동국대 경주 불교학과 교수 김 성 철 논문)

(549~623,안식국의 사람) 가상대사(嘉祥大師),삼론종의 창시자.三論宗創始人 수(隋)나라 때 금릉(金陵) 출신으로서, 성은 안(安)씨. 7세에 흥황사(興皇寺) 법랑(法朗, 507 581)을 은

사로 출가하였고 19세에 대중을 위하여 복술(復述)을 처음 열어(開始) 칭찬을 받았다. 스물한 살이 되어 구족계를 받는다.

남북조시대 말기의 혼란을 거쳐 수나라 통일후 회계(會稽-절강-소흥紹興)로 옮겨 살았다. 진망산 가상사(秦望山嘉祥寺)에서(41세 이후) 불법을 널리 전하고 그를 따라 배우는 자 1000 여인 이었다. 세상에서 가상대사라 하였다. 후 수양제의 청으로 장안 일엄사(日嚴寺)에 머물면서 삼론의 주소(注疏)를 완성. 당나라 초에 고조가 장안에서 10대덕을 설립하여 중승(衆僧)을 통령(統領-다스림)하는 데 길장도 이름이 열거 되었다.

그 후 양주의 혜일도량으로 잠시 거처를 옮겼다가(49~51세), 대위공 진왕을 따라 장안의 일엄사로 이주하고 만년(晩年)에 연흥사(延興寺)에 머물었으며 당 무덕 6년(武德六年) 623년 6월에 세수75세로 생을 입적했다(圓寂).

저서에 삼론현의(三論玄義一卷) 중론(中論) 중관론소(中觀論疏十卷), 백론소(百論疏三卷)、백론(百論), 십이문론소(十二門論) 법화현론(法華經玄論十卷) 〈삼론현의〉, 〈이제의〉, 〈대품경의소〉, 〈금강반야소〉 등 반야,삼론학과 관계된 것이 가장 많지만 〈법화의소〉, ,〈법화경통략〉, 〈법화론소(法華論疏)〉, 〈법화유의〉 등 〈법화경(法華經)〉과 관계된 저술 역시 그에 못지않다. 이 외에 〈유마경〉, 〈승만경〉, 〈화엄경〉, 〈인왕반야경〉, 〈금광명경(金光明經)〉, 〈무량수경〉, 〈관무량수경〉, 〈미륵경〉 길장은 정영사 혜원과 함께 중국불교역사상 가장 많은 저술을 남긴 인물로 평가된다. 총 50여종의 저술이 있었다고 하지만 약 절반만 현존한다. 등 대승불전들에 대한 주석서를 포함하여 총 26종 112권의 저술이 길장의 것으로 전해온다. 그러나 그 가운데 〈대품경유의〉와 〈미륵경유의〉는 법랑 문하에서 함께 공부했던 혜균의 저술로 추정된다. 선세(先世)는 서역 안식(安息)국 사람.뒤에 교광[(지금 월남,광서(廣西)]으로 옮겼고 또 금능(金陵)에 옮겨 살았다. 진(陳)의 말에 천하가 크게 어지러울 때 길장은 일사(一些)와 같이 배우며 앞에 각 절을 다니면서 불교의 글(文疏)를 수집하였다. 그래서 다른 글(文類)와 전적(典籍)을 섭렵(涉獵)한 것이 보통 광범(廣泛)한 것이 아니었다.

길장의 일생은 진,수,당.(陳, 隋, 唐) 세 조정을 거쳤(歷經)으며 모두 왕실의 존숭(尊崇)을 받았다. 그의 명성은 3조(朝)를 걸쳐 쇠퇴하지 아니 하였다. 이로 인해 불교학을 대하는데 정심(精深)하여 길장의 독창적인 학설이 창시 되었다. 처음에는 스승 법랑을 따라 삼론과 열반을 깊이 연구하고 이어서 천태종의 법화현의《法華玄義》를 섭취(攝取)하고 최후에 힘을 기울여 삼론을 천양(闡揚)하여 불학계(佛學界)연구에 남을 앞섰다.

고삼론(古三論)을 강습(講習)하는 데 앞에 승조(僧肇), 도융(道融), 이 있었고 뒤에 승랑(僧朗 450~530경.고구려 요동 출신)등이 있었다. 길장은 그 교의(敎義)를 모아 대성하여 삼론종(三論宗)의 창시(創始)자로, 죽기 전에 다시 일생 중 최후 글 사불포론《死不怖論》을 섰다(寫下).

# 생애와 저술

삼론학을 집대성한 길장(吉藏, 549~ 623C.E.)은 안식국(지금의 이란) 출신의 아버지와 금릉(지금의 남경) 출신의 어머니 사이에서 태어났다. 길장의 아버지는 조부 대에 남해로 이주했다가 길장이 탄생하기 직전에 금릉으로 왔다고 한다. 길장의 이름 앞에 간혹 호(胡)자를 붙이는 것은 이렇게 이민족의 피가 섞여 있기 때문이다.

길장이라는 이름은, 어릴 때 아버지와 함께 친견한 역경(譯經)승(僧) 진제삼장으로부터 받은 것이라고 한다. 출가한 아버지와 함께 생활하던 길장은 일곱 살이 되자

길장은 정영사 혜원과 함께 중국불교역사상 가장 많은 저술을 남긴 인물로 평가된다. 총 50여종의 저술이 있었다고 하지만 약 절반만 현존한다. 〈중관론소〉, 〈백론소〉, 〈십이문론소〉, 〈삼론현의〉, 〈이제의〉, 〈대품경의소〉, 〈금강반야소〉 등 반야 삼론학과 관계된 것이 가장 많지만 〈법화의소〉, 〈법화현론〉, 〈법화경통략〉, 〈법화론소〉, 〈법화유의〉 등 〈법화경〉과 관계된 저술 역시 그에 못지않다. 이 외에 〈유마경〉, 〈승만경〉, 〈화엄경〉, 〈인왕반야경〉, 〈금광명경〉, 〈무량수경〉, 〈관무량수경〉, 〈미륵경〉 등 대승불전들에 대한 주석서를 포함하여 총 26종 112권의 저술이 길장의 것으로 전해온다. 그러나 그 가운데 〈대품경유의〉와 〈미륵경유의〉는 법랑 문하에서 함께 공부했던 혜균의 저술로 추정된다.

# 학계(學系)

길장의 저술들이 후대에 끼친 영향은 지대하다. 그러나 길장이 독창적 사상가인 것은 아니었다. 길장의 저술들은 대부분 불전에 대한 주석서이며, 그 내용 중 많은 부분이 혜균의 〈대승사론현의기〉에도 실려 있기 때문이다. 길장 고유의 사상만을 추출하기 위해서는 길장과 혜균의 저술을 면밀히 비교하는 작업이 이루어져야 하며 이는 앞으로 동아시아불교 연구자들의 과제가 될 것이다.

길장의 삼론학은 승랑(僧朗, 450~530경)에게 기원을 둔다. 승랑은 고구려 요동 출신으로 제(齊, 479~502)가 개국한 후 얼마 지나지 않아 금릉 지역으로 내려와 섭산 등지에 은거하다가 승전(僧詮, ~512~)에게 삼론학의 진수를 전하였다. 승전의 제자 법랑이 흥황사에 주석하며 교화활동을 시작한 이후 삼론학파는 하나의 큰 세력을 형성하게 된다. 이렇게 승랑에서 시작한 삼론의 가르침을 방대한 저술을 통해 충실하게 정리한 인물이 바로 길장이었던 것이다.

길장은 자신의 학계를 삼론종이나 삼론학파가 아니라 섭령흥황 또는 일가(一家)라고 지칭한다. 섭령흥황의 섭령은 금릉 동북쪽의 섭산에 거주했던 승랑과 승전을 가리키고, 흥황은 금릉 외곽의 흥황사에 거주했던 법랑을 의미한다. 일가라는 호칭의 경우 혜균의 저술에서 자주 사용되는데 일(一)은 〈법화경〉의 종지인 일승을 의미하는 것으로 추측된다.

# 사상

길장의 다양한 저술들을 일관하는 사상은 무득정관(無得正觀)이다. 이는 반야·삼론에 근거한 것으로 '그 어떤 것에도 고착되지 않는 중도에 대한 바른 조망'을 의미한다. 삼론초장(三論初章), 횡수병관(橫竪竝觀), 중가체용(中假體用), 이제시교(二諦是敎), 삼중이제(三重二諦) 등 삼론학의 다양한 이론들은 모두 이러한 무득정관의 체득을 목표로 삼는다.

삼론초장은 '삼론학의 입문적 가르침'이란 의미인데, 예를 들면 다음과 같다. '있음'을 의미하는 '유(有)'와 '없음'을 의미하는 '무(無)'의 경우, 각각 별개로 실재하는 것이 아니다.

'있음'이라는 생각은 '없음'을 염두에 두지 않으면 발생할 수 없고, '없음'이라는 생각 역시 '있음'을 염두에 두지 않으면 발생할 수 없다. 따라서 '유'에는 '무'가 내재하고 '무'에도 '유'가 내재한다. '유'에 근거한 '무'는 확고한 '무'가 아니고, '무'에 근거한 '유' 역시 확고한 '유'가 아니다. '유'는 '유가 아닌 유'이고, '무'는 '무가 아닌 무'이다. 이렇게 유무는 비유비무(非有非無)의 중도를 드러낸다.

여기서 '유'와 '무'와 같은 대립적 개념쌍이 연기적 관계에 있다는 수평적 조망을 횡관(橫觀)이라고 부르며, 그를 통해 유에서 '비유'를 보고, 무에서 '비무'를 봄으로써 중도를 향해 상승하는 조망을 수관(竪觀)이라고 부른다. 이러한 횡관과 수관을 함께 닦음으로써(횡수병관) 모든 개념에 대한 고착에서 벗어난 중도를 정관(正觀)한다.

삼론초장의 조망은 '유'와 '무'에만 적용되는 것은 아니다. 모든 개념 쌍에 대해 이런 조망을 적용할 수 있다. 유와 무는 물론이고 발생과 소멸, 원인과 결과, 긴 것과 짧은 것, 생사와 열반 등 연기(緣起)한 모든 개념들은 허구의 것들이다. 그래서 가명(假名)이라고 한다.

이런 개념들이 모두 가명이긴 하지만 진리가 담겨 있는 가명이다. 삼론초장에서 가르치듯이 중도(中道)를 드러내는 가명인 것이다.

삼론학의 특징 가운데 하나는 체용론(體用論)을 삼론 해석의 틀로 삼는다는 점이다. 삼론초장에서 소재로 삼았던 가명으로서의 유와 무는 용(用)에 해당하고, 이런 유와 무의 연기관계를 파악함으로써 알게 되는 중도로서의 비유비무는 체(體)에 해당한다(중가체용). '불교적 진리(이법(理法))'와 '언어화된 가르침(교법(敎法))'에 대비시키면 중도인 '이법'은 체이고, 가명인 '교법'은 용이다. 진속이제설에 대입하면 진과 속은 가명이고 교법이며 용일 뿐이고(이제시교), 이제를 통해 드러나는 비진비속이 중도이며 이법이며 체이다.

만약 길장의 삼론학이 여기서 멈춘다면 본체와 현상, 실체와 작용을 가르는 단순한 체용론과 다를 게 없을 것이다. 그러나 길장의 체용론에서는 무득정관을 지향하면서 체를 용으로 부단히 격하시킨다. 여기에 삼론학 특유의 역동성이 있다.

예를 들어 유에 집착하는 사람에게는 이를 부정하는 무를 제시함으로써 그런 집착을 타파한다. 여기서 유는 속제가 되고 무는 진제가 된다. 유가 용이라면 무는 체가 된다. 이런 무는 유에 대한 집착을 타파하는 무득의 무이고, 유를 부정하는 중도정관의 진제이어야 한다(제1중 이제).

그러나 그런 무에 다시 집착을 낼 경우 유를 포함하여 그런 무도 부정하며 비유비무의 중도가 진정한 진제로서 제시된다. 진제이며 체였던 무를 유와 함께 용으로 속화(俗化)시키면서, 새로운 체인 비유비무의 중도를 진제로서 제시하는 것이다(제2중 이제).

또 새롭게 제시된 '비유비무'가 체인 중도일 수 있지만, 다시 그 말에 집착한다면 '유와 무(二)'는 물론이고 '비유비무(不二)'조차 속화시킨 후 이 모두를 부정하는 '비이비불이(非二非不二)'의 '메타(meta) 중도'가 제3의 진제로서 제시된다(제3중 이제). 이를 삼중이제설이라고 부른다.

물론 속제와 진제, 교법과 이법, 가명과 중도에 대한 변증법적 조망을 여기서 끝내야 하는 것은 아니다. 언어에 집착하는 한 진제, 이법, 중도의 위상은 무한히 상승할 수 있다. 인생 후반기인 장안 일엄사 시대에 길장은 '제3삼중 이제'의 비이비불이조차 속제로 격하시키고 언망려절(言忘慮絶)을 진제로 제시하는 사중이제설을 창안하기도 하였다.

이상과 같은 '무득정관[無得正觀]-무소득(無所得) 중도(中道) 정관(正觀)-3론종의 관법'의 정신에 근거하여 길장은 〈열반경〉, 〈법화경〉, 〈화엄경〉, 〈승만경〉은 물론이고 심지어 〈관무량수경〉과 같은 정토계 경전의 가르침까지 일미(一味)로 회통해 낸다. 〈열반경〉에서 가르치는 불성은 진여나, 아뢰야식이나, 진신(眞神)이나, 중생이 아니라 바로 '무득정관의 중도'이다(〈열반경유의〉). 〈법화경〉에서 보살의 인(因)과 성불의 과(果)를 설하지만 이는 〈법화경〉의 용(用)일 뿐이며, 이러한 인과 등의 견해에서 벗어난 비인비과가 〈법화경〉의 체(體)인 무득의 중도이다(〈법화유의〉). 〈화엄경〉의 비로자나불과 석가모니불은 서로 같지도 않지만 같음을 잃지도 않으며(不一而不失一), 다르지도 않지만 다름을 잃지 않는다(不異而不失異). 이러한 중도적 무득정관이 올바른 조망이다(〈화엄유의〉). 〈관무량수경〉의 십육관을 하면서 극락의 땅을 관(觀)할 때 땅이 땅이 아님을 관함으로써 죄가 소멸한다(〈관무량수경의소〉).

영향

무득정관의 조망을 통해 이질적이고 다양한 대승불전들을 일미의 가르침으로 엮어내고자 했다는 점에서 길장은 회통사상의 개척자라고 불릴 수 있다. 또 중국불교역사에서 단일 전통의 학파적 성격을 갖는 최초의 사상이었다는 점, 아비달마적인 소승불전 연구에 치중하던 중국불교계를 대승화 하는 데 크게 기여하였다는 점에서 삼론학이 후대 불교계에 끼친 영향은 지대하다.

그런데 그 영향 가운데 가장 중요한 것은 육조 혜능(638~713)과 하택 신회(668~760)로 대변되는 남종선 성립의 배경이 되었다는 사실일 것이다. 승전의 제자 혜포(518~587)가 선종의 혜가와 만나 법담을 나누었다든지, 길장과 동학이었던 명(明)법사가 우두종의 개창자 법융(594~657)에게 삼론을 가르쳤다는 등의 일화에서 보듯이 길장 이전부터 삼론학파와 선종 간에 교류가 적지 않았다.

북종선에서는 불성상주를 표방하며 〈능가경〉을 소의경전으로 삼았지만 남종선에서는 무주(無住), 무득(無得)의 반야주의를 표방하면서 〈금강경〉을 소의경전으로 삼았다는 점, 혜능의 〈열반경〉 이해가 열반학이 아니라 삼론학의 그것과 일치한다는 점, 하택 신회의 사상과 길장 사상의 흐름이 유사하다는 점 등 남종선과 삼론학은 사상적 계보를 같이 한다.

삼론학 전통은 길장 이후 얼마 지나지 않아 중국 불교계에서 그 외형을 완전히 감추었지만 사실은 달마계 선종 속에 깊이 스며들어 남종선을 탄생시켰고 그 무득정관의 가르침은 오늘의 우리 한국의 선불교에까지 이어져 활발발하게 살아 숨 쉬고 있다.

김 성 철 동국대 경주 불교학과 교수 논문 [불교신문 2303호/ 2월17일자]

단어.
**지전(地前)**은 복인(伏忍-보살의 수행을 다섯 단계로 나눈 것. **첫째 복인(伏忍)**은 번뇌를 제복(制伏)하였으나 아직 끊지는 못한 지(地) 이전의 3현(賢), **둘째 신인(信忍)**은 무루(無漏)의 신(信)을 얻은 초지·2지(地)·3지(地), 주석16)참조)

모양[覆相-복(覆)은 소번뇌지법(小煩惱地法)이니, 소승75법중 5종 심소법(心所法)의 하나, 분(忿),복(覆),간(慳),질(嫉)등]

O 지전(地前)은 복인(伏忍 : 보살의 수행을 다섯 단계로 나눈 것)

**첫째 복인(伏忍)**은 번뇌를 제복(制伏)하였으나 아직 끊지는 못한 지(地) 이전의 3현(賢),

**둘째 신인(信忍)**은 무루(無漏)의 신(信)을 얻은 초지·2지(地)·3지(地) (주석16)참조)

모양[覆相 : 복(覆)은 소번뇌지법(小煩惱地法). 소승75법중 5종 심소법(心所法)의 하나, 분(忿)·복(覆)·간(慳)·질(嫉)등]

O 7유(喩) 일곱 가지 비유.

**첫째** 비유 - 화택유(火宅喩 : 비유품)는 불타는 집에 비유한 내용이다. 어떤 사람이 집에 불이 나자 자식들을 구하기 위해 자식들이 좋아하는 물건 이름을 부르며 빨리 나와 가져가라고 했다. 이 사람은 세 가지의 수레에 물건을 가져왔는데, 이들 수레는 삼승(三乘) 즉 성문·독성·보살을 뜻한다.

**둘째** 비유 - 궁자유(窮子喩 : 신해품)는 어떤 사람의 아들이 어려서 가출하였는데, 아들을 찾아다녔으나 아들은 아버지가 두려워서 늘 도망 다녔다. 아버지는 꾀를 내어 아들이 친아들임을 사람들에게 밝히고 자신의 모든 재산을 상속하자 아들이 돌아왔다는 이야기이다. 여기서 아들은 2승의 사람이며, 재산은 대승임을 비유하고 있다.

**셋째** 비유 - 약초유(藥草喩 : 약초유품)는 같은 수분을 취하면서도 약초가 크고 작은 것이 있으며, 나무도 작은 것과 큰 것이 있다는 이야기이다. 각자가 성장하는 정도는 노력에 달려 있음을 비유한 것이다.

**넷째** 비유 - 화성유(化城喩 : 7화성유품)는 성(城)을 만든 이야기이다. 어떤 지도자가 사람들을 이끌고 길을 가다 힘든 길을 지나가게 되자 환상의 성을 만들어 고달픔을 잊게 한 뒤 진짜 목적지에 도달하였다.

**다섯째** 비유 - 의주유(衣珠喩 : 500제자수기품)로, 친한 친구가 취했을 때 옷 속에 귀한 보물을 넣었으나 친구는 그것을 깨닫지 못하고 계속 가난하게 산다는 이야기이다.

**여섯째** 비유 - 계주유(髻珠喩 : 14-안락행품)로, 전륜성왕의 상투 속에 있는 보석은 누구에게도 주어지지 않는다는 이야기이다. 곧 세상 사람이 다 믿지 않음을 비유하는 말이다.

**일곱째** 비유 - 의자유(醫子喩 : 여래수량품)는 독이 든 음식을 먹고 괴로워하는 아이(아들들)에게 약을 마시게 하는 방편을 비유로 설명한 것이다. 자신이 죽었다고 알리게 하여 아이가 마음을 바로잡아 약을 마시고 되살아나게 한다. 끝.

## 법화선원 마하사 출판 책명 2011신묘년 현재

| 권수 | 출판 책명 | | 판형 | 면수 | 가격 | 편역자 | 비고 |
|---|---|---|---|---|---|---|---|
| 1 | 사경용<br>한자풀이<br>법화삼부경 | 묘법연화경 전 12권 | 4×6판 | 총 2415쪽 | 권당 10,000원 | 김진철 | 출간 |
| 2 | | 무량의경 1권 | 4×6판 | 216 | 〃 | 〃 | 〃 |
| 3 | | 관보현보살행법경1권 | 4×6판 | 192 | 〃 | 〃 | 〃 |
| 4 | 사경용<br>한자풀이 | 금강경 외 8종 | 4×6판 | 170 | 10,000 | 〃 | 〃 |
| 5 | 〃 | 명심보감 | 4×6판 | 246 | 10,000 | 〃 | 〃 |
| 6 | 〃 | 천자문 | 4×6판 | 46 | 3,000 | 〃 | 〃 |
| 7 | 〃 | 사자소학 | 4×6판 | 52 | 3,000 | 〃 | 〃 |
| 8 | 〃 | 계몽편 | 4×6판 | 73 | 3,000 | 〃 | 〃 |
| 9 | 한자풀이 | 노자,장자일부.(합본) | 4×6판 | 155 | 10,000 | 〃 | 〃 |
| 10 | 〃 | 불교-금강경. | 〃 | 217 | 10,000 | 〃 | 〃 |
| 11 | 〃 | 불교.초발심자경문,기타7종<br>유교-천자문,기타5종합본. | | 317 | 10,000 | 〃 | 〃 |
| 12 | 한자풀이 | 중용, 대학(합본) | 〃 | 110 | 10,000 | 〃 | 〃 |
| 13 | 한자풀이 | 법화삼부경.5가해  1권 | 4×6판 | 2604 | 100,000 | 〃 | 〃 |
| 14 | 국역 | 세종왕조국역장경.<br>묘법연화경. 1권<br>계환해,일여집주 | 〃 | 1890 | 100,000 | 〃 | 〃 |
| 15 | 국역 | 알기쉬운묘법연화경(5가해) | 4×6〃 | 700 | 20,000 | 〃 | 〃 |
| 16 | 국역 | 법화론 소, 호 길장,<br>(세친,법화경논,우바제사 해설) | 국판 | 522 | 15,000 | 〃 | 〃 |
| 17 | 국역 | 8만 대장경 분석천태사교의 | 국판 | 439 | 15,000 | 〃 | 출간 |
| 18 | 〃 | 법화경 예규 | 4×6〃 | 189 | 8,000 | 〃 | 출간 |
| 19 | 한자풀이 | 지옥,극락가는 길<br>정토3부 경(미타삼부경) | 4×6〃 | 360 | 10,000 | 〃 | 출간 |
| 20 | 〃 | 단번에 깨닫는 6조단경 | 4×6〃 | 326 | 10,000 | 〃 | 출간 |
| 21 | 우리말 | 묘법연화경 | 4×6판 | | 20,000 | 〃 | 〃 |
| 22 | 국,한문,번역 | 법화경 예규 | 〃 | 200 | 8,000 | 〃 | 〃 |
| 23 | 동국대<br>영인본 | 세종왕조국역장경.<br>묘법연화경. 1권 | 4×6〃 | 781 | 15,000 | 백성욱<br>박사 | 출간 |
| 24 | 시.수필 | 빙선(氷船)에 의지하여 | | | | | 근간 |
| 25 | 동서 경전<br>번역 | 유불선,기독교,도통길라잡이 | | | | | 근간 |
| 26 | 증보 | 불교.초발심자경문, 외7종<br>유교-천자문, 외6종합14종. | 4X6 | 367 | 15,000 | 김진철 | 출간 |

역자소개

김진철 (법명 : 白牛. 堂號 玄空)
경주 생
소백산 입산
동국대 불교학과 졸
도서출판 법화원
법화 선원 마 하 사 창립

역서
동국대학 역경원 동참 역경
한자풀이(字解)법화삼부경. 묘법연화경 우바제사. 길장의 법화론 소. 천태사교의, 세종왕조 국역장경
묘법연화경 국역. 중용, 노자. 장자 일부. 알기쉬운 묘법연화경5가해. 국역묘법연화경.등 외 다수 역출(譯出)


알기쉽게 법화경을 분석 한 **법화론 소**

    불기 2555 신묘(2011) 9월 15일  초판 발행.
    편집 번역  백우(白牛) 김진철
        서울 동작구 동작동 329 신동아 1003호 법화선원 마하사,제1도량
        전화 02-591-4170  HP   010-8008-4170
        경기도 용인시 수지구 고기동 158-6   법화선원 마하사,제2도량
        전화 011,393 8937 031,261 4088
    발행인    김원범

    발행처    도서출판 법화원(法華園)
        서울 동작구 동작동 329 신동아 1003호.
        전화 02-591-4170.  HP 010-8008-4170

출판등록 2002,1,8  제15-599호             값 15,000.

ISBN 978-89-90440-17-4

    홈페이지 -법화선원 마하사
    지로, 국민은행   527801-01-019091.김진철